曾澜 / 著

地方记忆与
身份呈现

江西傩艺人身份问题的艺术人类学考察

生活 · 讀書 · 新知 三联书店

图书在版编目（CIP）数据

地方记忆与身份呈现：江西傩艺人身份问题的艺术人类学考察/
曾澜著. —北京：生活·读书·新知三联书店，2018.9
ISBN 978 - 7 - 108 - 06391 - 5

Ⅰ．①地… Ⅱ．①曾… Ⅲ．①傩文化-研究-江西
Ⅳ．①K892.24

中国版本图书馆 CIP 数据核字（2018）第 196273 号

责任编辑　刁俊娅
封面设计　刘　俊
责任印制　黄雪明
出版发行　生活·讀書·新知 三联书店
　　　　　（北京市东城区美术馆东街 22 号）
邮　　编　100010
印　　刷　常熟市文化印刷有限公司
排　　版　南京前锦排版服务有限公司
版　　次　2018 年 9 月第 1 版
　　　　　2018 年 9 月第 1 次印刷
开　　本　720 毫米×965 毫米　1/16　印张　26
字　　数　393 千字
定　　价　76.00 元

序

郑元者

这些年在与为数不少的人文社科博士的业务接触过程中，愈发觉得有一种着实让人不安和痛心的现象相当普遍：原本满载学术情怀的愿景，或突兀或长期无奈地被裹挟在各色功利追逐所汇成的洪流之中，技术上或实质上属苦心经营、精致包装甚或刻意伪装的各色学术假动作俯拾皆是，以至于按理完全可以用来挥洒学术才情的那份纯粹、那份坦荡、那份游刃有余，反倒流失了应有的功能性和指向性，而规避和脱离此类不堪境况，维护和捍卫自身的攻博初心，抵挡各种款式的悲伤表情包的来袭，却成了学术成长历程中难之又难的多重心曲。

幸运的是，还是有一批年轻人诚实地响应内心的召唤，奋勇面对本真自我，抵御名利诱惑，以非凡的价值定力拓示自身的学术导向，极力觅取可持续发展的最佳契机和长远路径。曾澜2007年9月考取我的博士研究生，攻读艺术人类学与民间文学专业的博士学位，毕业后仍一如既往地排除各种困难，援例以"高山仰止，景行行止"为念，在学术积累和研究重心上求真务实，系统规划，优化推进，于今已十载有余，真可谓幸运一族中的鲜活案例。由于她在攻读博士研究生之前的本科、硕士阶段学的均是英语专业，硕士毕业后数年在高校担任英语教师，所以，当她被录取为全国唯一的艺术人类学专业博士学位授权点的首位"戏剧人类学"方向的博士研究生时，博士学位授权学科所必需的专业知识架构上的连贯性、接续性、拓展性、创新性和前沿性等要求，自然就成了必须攻克的首要难关。

平心而论，这种攻关所需的态度、难度和挑战性，颇有《西游记》第七十七回里表述的"潜心笃志同参佛，努力修身共炼魔"之意味。好在曾澜早已下了果敢之心，不但在考博之前对专业知识储备做出了较为合理的布置和有针对性的努力，而且在正式入学之后，与专业书籍之间更是展开了近乎肉搏战式的热血拼杀。除了精读、消化好培养方案上明列的那些专业门槛书以外，她还凭借自己的专业外语条件和能力，以国图、北图、上图、复旦大学图书馆和不计其数的外文学术网站为基本依托，不计成本地积累和掌握了几个 TB 容量的电子版外文资料，对其中的文化/社会人类学、艺术人类学、艺术学、戏剧学、戏剧人类学、戏剧美学和文化研究等领域的外文资料尤为关注。在经年累月大浪淘沙式的高强度、高效能阅读和思考的跨学科洗礼之后，她对西方的诸多理论资源貌似有了非同凡响的自觉甄别和自主筛选的能力。其间，对有别于西方现有艺术人类学理论的新式艺术人类学和人类学美学的学术立场、核心理念和艺术起源学理论、史前意识形态理论、宗教起源理论、情境理论、互为他者理论、三维相关理论、生命感受理论、表达关系理论、实验性写作理论及相应的历史优先性原则等方法论，亦均有一番较高层次的认知和中肯的认识。据悉，她为此曾认真钻研了《艺术人类学与知识重构》（刊《文汇报·学林版》2000年2月12日）等系列篇什，联动阅读了《艺术之根：艺术起源学引论》（湖南教育出版社1998年版）、《美学与艺术人类学论集》（沈阳出版社2003年版）等论著，甚至将新式艺术人类学的学理进路上的某些起点论著《图腾艺术与生命感受的表达》（刊《民间文艺季刊》1989年第1期）、《图腾美学现代人类》（学林出版社1992年版）也尽收眼底，并与修读的相关高级学位课程上讲授的内容进行比照、验证，努力达成一种贯通式的理解和把握，由此足见其对本专业学科理论体系创新的满载期望、潜心含玩之心迹。

就高级专业人才的培养方案而言，本专业学科在知识架构、知识传承和理论创新平台上的连贯性、接续性和拓展性等要求也有足够的保障。在曾澜等博士生入学之前，复旦大学从1995年开始就已率先在国内高校开设《人类学美学》和《艺术人类学》等中文系本科课程以及全校公选课《艺术人类学专题讲座》，继而分别于1998年、2001年开始在国内首招文艺学专业人类学美学与当代文化批评方向的硕士生、艺术人类学方向的博士生，学位课程设置、专业知识教学内容和难度设计上亦开始同步匹配同类课程。其中，国家教育部"高等学校优秀青年教师教学科研奖励计划·首届（1999年度）青年教师奖"获奖者名单公布的专业一栏（刊《光明日报》2000年6月16日）把我原先填报的专业名称"美学、艺术人类学"直接简化框定为"艺术人类学"，为后续的"艺术人类学"学科建制提供了一个坚实的甚或雄辩的合法性依据，对此，当时不少知情的学界同行也深切意识到这实在是无比关键、无比珍贵的"神来一笔"。直至2004年2月经国务院学位办公室正式批准设立由我领衔创建的复旦大学"艺术人类学与民间文学"博士学位授予点（并按相关规定自动生成一个同名专业的硕士学位授予点），原先寄存在文艺学专业"当代人类学美学"方向这一新的前沿学科领域加以处理和研究的人类"艺术"问题，得以并联式升格、安顿至学科建制的层次，同时也标志着"艺术人类学"在我国终于正式成为一门与文艺学、人类学、艺术学同属二级学科的新兴独立学科。虽然学科建制的过程迁延日久，但专业人才培养上的本、硕、博"三位一体"并联通博士后的统合专业培养的实际格局可以说一直保持甚好。曾澜攻博期间恰巧跟我名下指导培养的文艺学、艺术人类学与民间文学、民俗学等专业多个研究方向的前几届硕士生、博士生和博士后同框，由于她格外珍惜这一来之不易的高端学术训练和学术攻坚机会，在2010年原本已完全达到博士学位申请条件的情况下仍然执意主动延期再攻读两年时间，客观上又跟她之后几届的硕士生、博士生和博士后同框，因此，无论在我讲授的高级学位课程《中国艺术人类学导论》《文学人类学导论》《人类学美学与当代文化批评》等研究生公开挂牌课上，还是在由我主持的博士生和博士后的内部小课上，她所适逢的学理吞吐量和汲取的专业滋养就显得异乎寻常，并时不时地直接用来检测自己的博士论文选题构想、每次小课报告的学理成色、博士论文初稿的学术效力。此情此景，如今回想起来，其坚信攻博初心之美、眷念学术缘遇之真情、恪守高端创新之信奉，常常让我感到莫大的欣慰。

数学家华罗庚先生曾形象地比喻过导师指导研究生完成学位论文的机理：导师负责给研究生指出兔子在哪里，指导学生学会打兔子的本领，而研究生则从导师那里了解到兔子的位置、大小、肥瘦，进而采用从导师那里学到的打兔子本领去擒获一只兔子。如果将这个比喻的意涵投射到曾澜的博士论文的话，那么，除了兔子的位置、大小和肥瘦之外，我想当时更关键的思量其实还是兔子的内在品质。据此导向，加上她在专业基础知识和前沿理论装备上可谓严格甚或严苛的科班训练，跟多届、多学科、多方向上的同学在学理触角上多年同框的独有经历，以及对已经出笼和攻读期间在"共炼魔"场景见证其渐次出笼的数十篇兔子战利品所铺展的艺术人类学、艺术民族志和人类学美学等学位论文的锻造过程记忆犹新，她自己的博士学位论文在正式开题、审议、研究过程开展、实际撰写、整体完稿和争取延期后两年的再打磨、再提升环节，自然就有了一副波澜不惊的景象和境界。如今，她把自己的博士论文《地方记忆与身份呈现：江西傩艺人身份问题的艺术人类学考察》又做了认真的修改和精简，定格成一本同名学术专著，历时十来年的马拉松式自我挑战，真可谓呕心沥血、精益求精，其治学态度和钻研精神用"如切如磋，如琢如磨"来形容，实不为过。

反观 20 世纪中国戏剧研究领域，傩戏研究确属重镇之一，而且实绩不凡，其中亦不乏经典之作。比如，据姜亮夫先生《自订年谱》记述，1932 年"9 月以来，撰《名原抉脉》《释傩》"，1934 年 6 月"《尚书新证》

《释傩》连成一篇"，可见其对《释傩》一文的重视，并以《傩考（古代之逐疫礼俗）》为题刊于《民族》杂志第2卷第10期（1934年10月）。不过该文跟《名原抉脉》一样"皆以古社会为目的"（引见《姜亮夫全集》第24卷，云南人民出版社2002年版，第408页）。1934年12月，陈逸人先生以鲁君为笔名在《中国文学》（温州中学）第2辑上发表了《傩与戏剧》一文。这两篇同年刊发的文章，其学理指向形同铺设了此后关于傩俗、傩戏、傩仪和傩舞研究的两条初始路径。特别是当傩戏被导入中国戏剧起源的问题领域时，傩戏研究近乎成了由特殊材料构筑而成的、扑朔迷离的智力竞技场。曾澜的博士论文在熟识同样以傩仪为研究对象的各学科领域现有研究路径和相应成果的基础上，率先从整体上把学理阐释的触角聚焦于作为文化系统的傩之行为者，亦即傩艺人，我认为是一次换道开车、别开生面的创新之举。她以新式艺术人类学等学科理念和方法为导引，对江西省南丰、万载和萍乡等傩乡的傩仪进行了多次扎实、有效的田野调查，凭借自身精心积累起来的丰富田野素材，辅以大量中外文学术资源，系统而又深入地解析了江西傩艺人的家族/宗族身份、地缘身份和族群身份与家族/宗族记忆、村落公共空间记忆和族群记忆之间的匹配和联动关系，既复现了有温度、有精度的历史记忆，又深切领略和揭示了中国乡村艺人身份问题所蕴含的现实指涉、逻辑张力及其背后所承载的中国民族民间艺术的文化肌理，是一部明显有才华的学术力作。所以，曾澜的博士学位论文在同行专家盲审、明审和答辩环节均被评定为一篇优秀的博士论文，如此一致的高度学术评价，我想应该不是偶然的。一方面真切地印证了她多年来孜孜不倦的奋发图强修成了正果，另一方面也的确显示了她没有辜负众人的厚望。无怪乎一位知名的人类学教授给她的博士论文明审时写下了不无动情的评语："一位博士候选人具备了抽象的思辨能力、细密的辨析能力、扎实的专业知识、高质量的田野作业……对贯穿全文的理论谱系的梳理，以及对论述语言的驾驭能力，无疑形成了成为未来优秀学者的综合素质，而这些作者都具备了。"虽然这一番评语貌似有点惊艳，但其奖掖后进之意，当足以促人感奋。当然，如果曾澜将来仍有意在此研究领域继续开掘，依我个人的看法，有些相关的问题链接似乎还值得深挖，比如，目前析出的江西傩艺人的家族/宗族身份、地缘身份和族群身份与家族/宗族记忆、村落公共空间记忆和族群记忆这样三层匹配关系，相当程度上出于学理阐释所必备的概念工具箱的需要，也确实颇具阐释效力，但傩艺人作为鲜活的文化行为主体，其三层身份与对应的记忆因子之间除了某种分层联动关系之外，是否还应该正面考究其一体化的具体表现？又如，傩戏、傩仪、傩舞和傩俗在中国傩文化版图上的现存遗迹不算少，倘若将江西南丰等傩乡的傩艺人身份问题延展到已被列入国家级非物质文化遗产代表性项目名录的武安傩戏、池州傩戏、侗族傩戏等，对整个中国傩艺人的身份问题做出全景式的系统探索，借此对包括江西傩艺人在内的中国傩艺人身份内涵的历史生成、源流关系和文化记忆表征的鉴别和认识是否会显得更加通透一些？

在与曾澜长达十余年的交往中，她为人上的忠厚、耿直、善良和感恩，个体人生旨趣上的高雅，业务上的严于律己、弃绝平庸、锐意进取，给我留下了深刻的印象。尤其是她在学术理路上能直接跳脱那种习惯复述西学理论话语或变戏法似的拾人牙慧却冒充创新的窠臼，对那些动辄把"田野"二字挂在嘴边实际上却时常流于摆姿态式的、把田野手段直接当作目的驱使的半吊子田野甚或走过场式的"田野秀"保持高度警戒，并在博士论文原有的附录部分特设专文"人类学田野反思札记"深切表述和揭示田野调查中遭遇的身份不对称问题，这对一位学术新秀来说实属难得的学术清醒和理论觉悟。在曾澜的第一本学术专著出版之际，希望她继续关注马林诺夫斯基以来的传统人类学田野所遭遇的认识论困境，以及诸如奈杰尔·巴利《天真的人类学家：小泥屋笔记》、保罗·拉比诺《摩洛哥田野作业反思》、詹姆斯·克利福德和乔治·E·马尔库斯编《写文化》等书中陈述的关于田野调查者的身份焦虑案例，在后现代理论语境中深度思考，有效回应人类学田野实践和理论中的内在危机问题。另外，我也热切地希望她在拓展已积累、沉淀多年的戏剧人类学研究的过程中，将人类学当作一种关注世界境遇、事物面目和人生真相的活性方式，在学术和人生真正得以存活、持存的根基处，构筑出位阶更高的戏剧人类学新力作，同时基于自身的心智蕴涵和自由，直面生命中的繁华和萧瑟，在为道、为学的损益间跟自我争锋，以出生入死的精神担当和学术度量诠释"人生如戏"和"戏如人生"之间的生命辩证法。

2018 年 5 月 20 日

复旦大学光华楼工作室

目　录

一 研究主题

作为一种古老而又神秘的文化现象，傩在公元前约 11 世纪的周朝就已经有了明确的记载。傩仪作为当时的一种宗法制国家宗教，是周朝朝野上下的重大仪式庆典。在此后的历史发展变迁中，傩仪不仅在汉唐时期流布到东南亚地区，而且直到现在依然顽强地存留于中国境内许多省、区的农村村落。

作为研究对象，傩仪有其自身的特殊性。第一，傩仪不仅是乡村的一种信仰仪式，还通过各种诸如面具雕刻、歌唱对白、舞蹈演戏等方式成为傩乡乡民抒发内心情感并获得精神愉悦的一种艺术形式，是当地乡民生活观念和文化观念的一种艺术性表达。这种艺术样式并没有被纳入传统美学以"美的艺术"（fine art）为标识的研究对象之中。第二，现存中国的傩仪仍然是一种活态的艺术行为，并处于中国社会从传统到现代的转型之中。傩仪投射出来的艺术行为方式、文化惯例以及行为与观念之间的互动与变奏，都不可避免地既（要）保留有传统的特质，又带有现代性的指向，这就使得这一艺术活动极富有情境性的约定，呈现出非常复杂的情境性样态。

　　傩仪的特殊性吸引了诸多关注的目光。现代意义上的傩研究始于 20 世纪五六十年代，兴盛于 20 世纪八九十年代："据不完全统计，80 年代和 90 年代，全国公开出版、发表的有关傩文化（包括面具文化）的专著、编著、画册不下 100 部，论文超过 2 000 多篇。"[1] 以傩仪为研究对象的成果集中体现在传统艺术学、民俗学和史学领域[2]，就笔者所掌握的文献资料来看，还没有对傩仪行为的展演者即傩艺人进行过专门的研究。笔者以为，这可能是因为大多数学者比较专注于傩本身这一文化或艺术事项的研究，而忽略了艺术背后的人的研究。尤其是当傩这一乡村活动背后的演绎者是土生土长、并不具有多少话语表述权的乡民时，傩仪这一艺术行为的展演者和传承者则作为傩文化现象的背景性因素被忽视，这种忽视在

---

〔1〕顾朴光：《贵州傩文化研究回顾与展望》，《贵州民族学院学报（哲学社会科学版）》1998 年第 3 期。

〔2〕这些研究成果数量众多，现仅将其代表作列举一二如下。在艺术学尤其是戏剧学研究方面，有《中国民族民间舞蹈集成·贵州省铜仁地区德江县资料卷》，民族民间舞蹈集成德江县卷编辑部，1990 年；昭通地区行署文化局编：《端公戏音乐》，文化艺术出版社，1994 年；民族文化宫编：《中国傩戏面具艺术》，学苑出版社，2012 年；广田律子、余大喜：《中国汉民族的假面剧》，木耳社，1995 年；田仲一成：《中国祭祀戏剧研究》，北京大学出版社，2008 年；《中国的宗族与戏剧》，上海古籍出版社，1992 年。民俗学、傩史研究方面，有姜亮夫，《傩考》，《民族》第 2 卷第 10 期，1934 年 10 月；钱茀：《傩俗史》，广西民族出版社，2000 年；王兆乾、吕光群：《中国傩文化》，汕头大学出版社，2007 年；曲六乙、钱茀：《东方傩文化概论》，山西教育出版社，2006 年；曲六乙、钱茀：《中国傩文化通论》，台湾学生书局，2003 年；广田律子：《"鬼"之来路——中国的假面与祭仪》，中华书局，2005 年；田仲一成：《中国乡村祭祀研究》，东京大学出版会，1989 年。专门研究江西傩仪的专著，有毛礼镁：《江西省万载县谭埠乡池溪村汉族丁姓的跳魁》，财团法人施合郑民俗文化基金会，1993 年；余大喜、刘之凡：《江西省南丰县三溪乡石邮村的跳傩》，财团法人施合郑民俗文化基金会，1996 年；章军华：《临川傩文化》，江西高校出版社，2001 年；毛礼镁：《江西傩及目连戏》，中国戏剧出版社，2004 年；曾志巩：《江西南丰傩文化》，中国戏剧出版社，2005 年。另外，1993 年台湾清华大学王秋桂教授组织海峡两岸一批学者，在大陆各地进行傩文化的田野调查，并在"民俗曲艺"系列丛书的名义下，出版了八十多种傩仪研究专著，包括调查报告、资料汇编、剧本或科仪本集、研究论文集。以人类学的视野研究傩文化的专著较少，主要有李岚：《信仰的再创造：人类学视野中的傩》，云南人民出版社，2008 年；张建建：《冲傩还愿：贵州傩仪的结构、类型、意义》，贵州人民出版社，1997 年；等等。

傩文化研究中甚至达到了"视而不见"的程度。但事实上,文化、艺术的创造和演绎从来都是就人的存在而言的,它只能是特定历史情境中人的存在的显现。本书的独特之处就在于,笔者聚焦于傩艺人[1]这一特殊的乡村文化演绎者,以傩艺人的身份问题为支点,尝试与傩艺人身份投射出的历史人生建立起深层次的情境性交流和对话,来更加深入地把握傩艺人身份中所蕴含的当地乡村特有的生存理念以及在社会转型中可能遭遇的价值认同问题。本书揭示了傩艺人身份(认同)在社会转型中的变异以及身份与地方记忆之间的密切关联。

由于傩仪是中国本土的文化现象,因此傩艺人身份问题的解析就不能直接套用西方的身份认同理论,况且英文的"identity"与汉语的"身份"概念在内涵上并非完全一致,而是各有侧重。"identity"源自拉丁词"idem",表示相同、同一(the same),被认为是"某一事物与其他事物的区别,其中包括对该事物自身统一性内部具有的所有变化和多样性的认可"[2]。当"identity"被用于描述人的某种文化特性时,延续了"同一、相同"的含义,表示人们在情感上将自我等同于其在文化上的描述,这种文化上的描述涉及了自我同一性与差异性、个体与社会的区别[3]。汉语中的

---

[1] 除了傩艺人,本书语境中还使用了"跳傩弟子"或"傩班弟子"的表述。"跳傩弟子"原本是江西石邮村对当地傩班弟子或跳傩人的俗称。在本书语境中,笔者为了便于论述,将其作为一个统称,指代所有现存跳傩仪式中展演傩仪的那一群跳傩人。跳傩弟子也就是笔者语境中的傩艺人,两者并无本质的区别。不同的只是,笔者在描述乡村傩仪或尽可能逼近乡村傩仪的生存情境和行为情境时,主要使用"跳傩弟子"这一乡村表达方式,以期用一种"主位"的方式在最大的可能性上贴近并契合进当地人的行为情境和观念情境。而在走出情境,以"客位"的方式进行观察并阐释的过程中,则多用"傩艺人"这一表达方式,以体现笔者作为一个研究者尽可能客观地进行理性分析的表述视角和立场。此外,在涉及主流文艺界以审美的评判尺度来赋予跳傩弟子身份时,笔者则会在傩艺人一词上加注引号,如"傩艺人""傩舞艺术家""民间艺术家"等等,以示与笔者语境中的傩艺人相区别。以上区分和转换贯穿于笔者的行文之中,不再另外注释。

[2] James M. Baldwin, *Dictionary of Philosophy and Psychology*, Volume 1, New York: The Macmillan Company, 1998, p. 504.

[3] Chris Barker, *The Sage Dictionary of Cultural Studies*, London: Sage Publications Ltd., 2004, p. 93.

"身份"是指"人的出身、地位或资格"[1]。国内学者从文化学的意义上对"身份"的这一定义进行了更为详细的补充,认为"身份"是"个人在某一社会制度中的地位,包括政治、法律以及阶层、职业上的地位。它集中体现在一社会组织对不同个人所规定的权利和义务上"[2]。从以上的释义中,我们可以看到,英文"identity"在概念上更加凸显的是身份的个体层面,强调了个体对自我同一性的认知。这种认知在很大程度上建立在个体内化和自我反省的能力基础之上,这种能力是"人类对自己来说既成为主体又成为客体的一种能力,可以通过'主格我'(例如作为自我的体验者)与'宾格我'(作为自我的被体验者)之间的对话,即一种内部交谈,予以概念化","这是个体所具有的关于他自己的、作为一个生理的、社会的、道德的和存在着的人的概念"[3]。汉语中的"身份"概念把自我视为社会分类的产物,是社会分类及其被赋予的社会特性已经被特定历史情境中个体所属的群体确认,并反过来成为该社会的某种分类的表征。因此,汉语中的"身份"侧重于身份的群体层面,看重的是个体在群体中的社会位置以及所属群体的行为和看法,强调了个体身份得以建立的社会参照体系以及依此获得的权利和义务。在这里,"身份"预设了一个被共同接受的事实或命题,呈现了个体与社会之间的客观联系,凸显了社会分类作用于个体身上的客观结果。在特定的文化情境中如本书中的江西传统傩乡,"身份"所强调的这种客观性甚至呈现出某种强制性或历史命定性。

因此,西方身份认同理论中对自我同一性以及对这种同一性认识能力的强调,并不完全适合于中国特定语境中的身份现象,中国文化中的身份问题亦无法被视为西方研究视野中身份研究的镜像。当研究对象是乡村傩艺人这样一群缺乏身份自我反省能力、不具有身份表述权力的边缘群体时,尤其如此。无论是在内涵上还是在表达方式上,中国普通民众尤其是

---

[1] 夏征农等主编:《辞海》(第6版),上海辞书出版社,2009年,第2001页。
[2] 覃光广等主编:《文化学辞典》,中央民族学院出版社,1988年,第403页。
[3] A.库伯、J.库伯主编:《社会科学百科全书》,上海译文出版社,1989年,第683页。

民间乡土艺人的身份问题乃至产生的文化认同问题都具有自身独特的问题脉络，也更具有本土性和民族性。因此，揭示不同历史情境中处于文化边缘的、以傩艺人为代表的乡土艺人的身份与认同问题的复杂性，反而更能够反思西方理论于中国问题运用的局限性，进而深化身份认同的本质内涵。

即便西方身份认同种种理论[1]的建构给予了人们可供参考和被指导的各种理论框架，使得具有身份反思能力的人对身份的认识愈益深刻，身份在当今时代依然是一个问题。当人们无法确知如何将自己定位于具有明显区别的行为方式和模式之中，也无法确认周围的他人是否会认为这种定

---

[1] 从西方身份理论的源起与发展脉络来看，身份问题是伴随着哲学中的自我及主体性观念的演变而逐渐得到发展的，因此可依据斯图尔特·霍尔区分的三种主体形式——"启蒙主体" (Enlightenment Subject)、"社会学主体" (Sociological Subject) 和 "后现代主体" (Postmodern Subject) 来综述身份理论研究阶段的成果。"启蒙主体"研究阶段以笛卡尔为代表，主要有 R. Descartes, *Discourse on Method*, Everyman Paperbacks, 1994; *The Principles of Philosophy*, Kessinger Publishing, 2010. "社会学主体"阶段的研究成果主要有以下几方面。以微观社会学为根基 (micro sociological roots) 的身份认同理论，可参见 P. J. Burke, "The Self: Measurement Requirements from an Interactionist Perspective," *Social Psychology Quarterly*, 43: 18 - 29, 1980; G. McCall and J. Simmons, *Identities and Interactions* (revised edition), New York: Free Press, 1978; S. Stryker, "Identity Salience and Role Performance: The Importance of Symbolic Interaction Theory for Family Research," *Journal of Marriage and Family*, 30: 558 - 64, 1968; R. H. Turner, "The Role and the Person," *American Journal of Sociology*, 84: 1 - 23, 1978; W. James, *Psychology: The Briefer Course*, New York: Holt, 1892; C. H. Cooley, *Human Nature and the Social Order*, New York: Scribner's, 1902; G. H. Mead, *Mind, Self and Society: from the Standpoint of a Social Behaviorist*, Chicago: University of Chicago Press, 1934. 以心理学为根基 (psychological roots) 的社会身份认同理论，可参见 M. A. Hogg and D. Abrams, *Social Identifications: A Social Psychology of Intergroup Relations and Group Processes*, Routledge, 1988; W. G. Austin and S. W. Monterey (eds.), *The Social Psychology of Intergroup Relations*, Brooks-Cole, 1979; H. Tajfel (ed.), *Social Identity and Intergroup Relations*, Cambridge: Cambridge University Press, 1982; J. C. Turner, M. A. Hogg, P. J. Oakes, S. D. Reicher and M. S. Wetherell, *Rediscovering the Social Group: A Self-Categorization Theory*, Oxford: Blackwell, 1987. 基于"后现代主体观"的身份理论主要有 S. Hall, D. Held and T. McGrew (eds.) *The Question of Cultural Identity*, *Modernity and Its Future*, Maidenhead: Open University Press, 1992; L. Nicholson, *Identity Before Identity Politics*, Cambridge: Cambridge University Press, 2008; J. Braziel and A. Mannur (eds.), *Theorizing Diaspora: A Reader*, New Jersey: Wiley-Blackwell, 2003; S. Hall and P. Du Gay (eds.), *Questions of Cultural Identity*, London: Sage Publications Ltd., 1996.

位正确和适当，以至于能够让双方都明白如何在各自的位置上持续下去的时候，身份问题就出现了。[1] 鲍曼的这一说法是针对后现代身份支离破碎的情状而提出来的。就鲍曼将身份问题与行为方式和行为模式密切关联这一点而言，他道出了身份问题的另一个层面，也是笔者在本书中极力去深描和阐释的地方，即身份问题并不是一个仅仅通过形而上的思考就能够解决"身份是什么"的本体论层面上的问题，它更是一个实践层面的问题，是当原有的身份偏离或脱离了身份实践的情境时主体才能够（深刻）体验到的问题。因此身份问题实质上还是一个关乎行为情境的问题。身份具有强烈的实践性、情境性和情境体验性。身份需要经过情境中的行为实践才能够生成、体验并不断被纳入自我的认知、认同过程之中，且这种行为实践往往是在过往的已经构成个体或集体记忆的生活经验指导下开展并完成的。

这一点对本书的研究对象江西傩艺人来说尤其如此。江西傩艺人是一群缺乏足够身份自觉、身份反思能力的乡土村民，他们对自我的了解既不可能通过各种身份理论的灌输、辨析和对这些理论的反思来达成，也不可能通过某一身份事件的事后追述和反思来达成。他们更多是在日常生活的实践中，尤其是在跳傩仪式活动的实践中以一种更为感性的方式来体验自己的角色及角色扮演。他们对自己身份的认知和体验往往是在日常生活感知的基础上达成的。这种日常生活感知并非是以某种理论或形而上的思考为框架而生成的，而是强烈地依赖于他们的过往经验和地方性知识的指导，是由地方性知识及其指导下的日常生活实践和仪式实践塑造的。也就是说，在本书语境中，傩艺人的身份问题不可能被傩艺人抽离于生活感知而成为一个抽象的理论反思或一个形而上的探究，傩艺人的身份问题与他们的生活情境和存在情境有着不可分割的关联。它更多地成为一个关联于

---

[1] Zygmunt Bauman, "From Pilgrim to Tourist-or a Short History of Identity," in *Questions of Cultural Identity*, eds. Stuart Hall and Paul Du Gay, London: Sage Publications Ltd., 1996, p. 19.

记忆及其实践情境的问题：当过往的生活经验及由此经验塑造的地方记忆在某种程度上不再适用于现有的有别于传统仪式的行为情境时，傩艺人才能体验到自身身份的变化。跳傩行为实践的情境不同，他们对自身身份的体验也不同，且这种体验是以一种感性的方式而非理性反思的方式来获得的。在这里，身份的事实性展开和体验（也即"呈现"一词所侧重的内容和方式）不仅与身份的表述之间存在着张力，还与规约身份的记忆之间存在着一定程度的张力。

笔者以"地方记忆与身份呈现"为题，将研究的对象聚焦于江西傩这样一种特殊的地方性艺术及其展演者——傩艺人，就是希望借由艺术人类学在历史情境中进行立体穿越、展开细部和去除遮蔽的方式[1]，跳出西方种种身份理论的框架，深入江西傩艺人身份实践的各种跳傩行为情境内部，在最大限度地逼近他们的生存情境的条件下，来把握这样一群处于边缘的、缺乏身份反思能力从而脱离西方身份理论涵括范围的江西傩艺人在不同跳傩行为情境中身份实践和身份体验的多样性，以此揭示出傩艺人身份与地方记忆之间的复杂性关联。

本书以田野考察为主要思维素材，以艺术人类学为主要研究方法，系统地探究了江西傩艺人家族/宗族身份、地缘身份、族群身份与家族/宗族记忆、村落公共空间记忆、族群记忆在历史和逻辑两个维度上的复杂性关联与互动。本书认为，傩艺人身份是地方记忆的一种具体化形态。在传统跳傩仪式情境中，江西傩艺人的身份不仅承载了地方记忆，而且还表现、维护和传承着地方记忆。但是以民族民间艺术或文化展演为目的而构建的跳傩表演情境赋予了江西傩艺人不同的身份内涵和意义，进而改变了江西傩艺人身份的传统内涵和身份承载地方记忆的功能。傩艺人身份在某种程度上已经超越了地方记忆的约定，这不仅使得傩艺人积极调适身份，而且还促使当地宗族对地方记忆进行选择性重构，原有的地方记忆内涵亦发生

---

[1] 郑元者：《艺术人类学立场与美学新思维》，《中文自学指导》2003 年第 5 期。

了变异。

第一章探讨了江西傩艺人的家族/宗族身份与家族/宗族记忆之间的关联。在传统傩仪情境中，傩神信仰和跳傩仪式依附于地方的家族或宗族而获得家族/宗族身份的属性，并且成为家族/宗族记忆的一种承载方式，傩艺人因而获得身份的家族/宗族内涵。在正月的跳傩仪式中，江西傩艺人以人神沟通者身份作为身份体验的核心，并通过仪式的操演来呈现身份的家族/宗族内涵，获得人神沟通者身份的自我确证和其他村民的身份认同。由于傩艺人的家族/宗族身份是家族/宗族记忆的具体化形态，因此，傩艺人身份之自我与他者的识别是以同一性为主导的，傩艺人与其他家族/宗族成员之间的身份大体上呈现为家族/宗族记忆规约之下傩艺人"我"与家族/宗族之"我们"的关联。跳傩表演情境的建构再加上家族/宗族势力的被削弱，使得傩艺人的个体身份意识不断增强，身份中的家族/宗族内涵亦不断被淡化，身份识别中以往因为家族/宗族记忆的约定而被同一性包裹的身份差异性凸显出来，并因为各类身份他者的出现而得到强化。这样，傩艺人的身份体验更多地以自我与他者的差异性为主导，呈现出身份自我与他者之"我"与"他/他们"的识别。

第二章则从江西傩艺人身份展演的空间及其间所建构的人际关系和社会交往模式入手，探讨了不同傩仪情境中傩艺人的地缘身份与村落公共空间记忆之间的关联。江西传统傩乡的地缘关系是血缘关系的投射，因此傩艺人的地缘身份在很大程度上是家族/宗族身份在村落公共空间的投射和蔓延。跳傩仪式情境中仪式性空间与表演性空间相互融合，打破了傩艺人与村民之间仪式性身份的壁垒，培育了一种以傩神信仰为象征的村落共同体意识。这种村落共同体意识确保与强化了傩艺人地缘身份的确证和认同。而在跳傩表演情境中，以舞台为核心的表演空间改变了跳傩行为的仪式性，凝视代替了参与，成为傩艺人身份塑造的主要方式。这样，表演性空间不仅与舞台中背景化的仪式性空间呈现出复杂交错的关系，而且其间关联的社会关系也不同于以往传统仪式情境中傩艺人与村民之间的社会关系。傩艺人身份实践被安置的空间因为各类他者的介入而不断得到拓展，其地缘身份内涵由此得到丰富，一种因为傩仪重建行为而引发的现代地方性认同也在生成之中。

第三章探讨了江西傩艺人的族群记忆与族群身份的关联。江西境内，汉族占据人口的绝大多数。在缺乏族群交往、汉族族群身份并无必需之社会重新认定亦无迫切之自我认同的情境中，江西傩艺人的汉族族群身份在很大程度上被傩文化研究者和傩艺人自己忽略了。然而这并不意味着族群身份就不存在。作为身份的一个基本维度，族群身份往往是以一种隐秘的方式沉潜于江西傩艺人的身份意识之中，而且江西的傩神信仰和跳傩仪式亦体现了汉族的族群文化记忆和文化观念。与其他族群的族群成员对自身族群身份敏感不同的是，江西傩艺人的族群身份意识是需要被唤醒的。在特定的被唤醒情境中，族群身份能够从身份的潜隐状态中凸显出来。而且，因为被唤醒情境对傩仪之民族文化身份的强调，江西傩艺人对族群身份的认同实际上并非指向傩艺人自身为汉族的族群身份认同，而是指向自身为"中国人"、傩仪为中华民族传统文化的民族身份认同。因此，江西傩艺人的族群身份呈现出跨层级认同的特征。

第四章深入分析了江西傩艺人的身份调适与地方记忆的选择性重构。在傩艺人不断走出乡村进行表演、外来他者不断走入乡村凝视表演的过程中，傩艺人和村民都积极地进行了身份的调适。本章从文化影响、经济利益、乡村现代地方性认同和傩艺人身份重新认知的内在要求几个方面着重分析了傩艺人进行身份调适的原因。当原有地方记忆的某些方面不再适合新的文化实践和身份建构，而新的身份内涵对村民和傩艺人来说是不可抗拒、无法抗拒——在某种程度上亦是他们不愿抗拒——的时候，身份调适行为的发生就必然会引起地方记忆的调整或选择性重构。地方记忆的选择性重构尤其体现在当地家族/宗族记忆的选择性重构和傩仪的主流公共话语被纳入地方记忆的重构之中。地方记忆的选择性重构使得地方记忆的内涵发生变异，地方记忆之于地方的意义也呈现出不确定性和多样性。

二　研究方法

　　本书将主要采取艺术人类学的核心理念、研究方法和实验性写作。[1]

　　本书的研究对象是江西傩仪和傩艺人，对这一研究对象，我们既不能用传统艺术学的探讨方式将其简单约化为傩舞、傩戏等艺术表演特征的静态分析，又不能只停留在对傩的民俗现象或民间信仰的表层分析上。艺术人类学秉持的学科理念以及倡导的研究方法和实验性写作显然有其他学科不可比拟的优势。艺术人类学致力于通过探求艺术的真理性意味来探索人的真理性存在，它不仅把包括了各个历史时期、各个区域、各个族群和各种表达方式的艺术品与人工制品及其相应的观念与行为作为研究对象，而且倡导一种走近和走进情境的研究方法，在努力将艺术还原为其原本所属的各个时期的生活和文化之中时，"在极其复杂的情境中来探究人类艺术的历史话语和精神内涵"[2]，尽可能如其所是地呈现出事物的本来面目。同时，我们如果要深入地把握江西傩艺人这一特殊群体的身份理解，就必须始终坚守这样一个理念，即把傩仪看成是当地人生活观念和文化观念的一种艺术性表达方式，它既不是传统美学意义上的"美的艺术"，亦不是单纯的宗教意义上的信仰、仪式，而是乡民和傩艺人表达对世界理解的一种独特方式。即便是当主流文化以压倒性的优势介入乡村传统之中，对传统进行改变时，村民和傩艺人亦会积极主动地将这种改变调适、转化为自身能够理解和接受的生存方式。这样一种特殊的生存方式及其转化显然极

---

〔1〕本书中提到的艺术人类学均为"新式艺术人类学"。关于新式艺术人类学的研究对象、研究方法、研究立场和实验性写作等观点均可参见郑元者文章：《艺术人类学与知识重构》《艺术人类学的生成及其基本含义》《艺术人类学立场与美学新思维》《完全的艺术真理观：艺术人类学的核心理念》《中国艺术人类学：历史、理念、事实和方法》《美学实验性写作的人类学依据》《〈本土化的现代性追求：中国艺术人类学导论〉述要》。下不另注。
〔2〕郑元者：《艺术人类学的生成及其基本含义》，《广西民族学院学报（哲学社会科学版）》2006年第4期；《艺术人类学立场与美学新思维》，《中文自学指导》2003年第5期。

富有情境性的约定。

傩艺人就是在这种具有约定性的特定行为情境中来展现和体验自己的身份，并获得自我确证及他人认同的。傩艺人的身份呈现潜藏于他们最具日常性、最具感性的生存实践之中。身份的情境性约定，要求我们在研究傩艺人的身份时，最大限度地搁置已有的关于艺术和身份的先在逻辑预设，摒弃任何大而无当的宏大社会理论，全身心地投入傩艺人的生活世界之中，运用艺术人类学的历史优先性原则和情境观念去真切地体悟现存的不同跳傩行为情境中傩艺人身份的情境性特征以及傩艺人对各类角色扮演的感受、感知和态度。只有这样，我们才能比较深刻地把握各类身份对江西傩艺人的意义。

现存乡村的傩仪是中国本土的民族民间艺术，极富中国的地方性艺术特色。在为解析傩艺人身份问题而借鉴西方身份理论的时候，如若忽略了傩艺人身份的观念情境和实践情境，就极有可能把这一问题置于西方身份理论的磨刀石之下，使其成为验证西方身份理论的一个案例，这样反而忽略了傩仪所携带的中国民族民间艺术特有的中国经验和中国标识。因此，在阐释江西傩仪及傩艺人的身份问题，笔者将尽量秉持艺术人类学所倡导的完全的艺术真理观和"全景式艺术景观"，即"中国艺术、日本艺术和印度艺术等，都不只是具有某种'地方性知识'、地方性经验和地方性价值的东西，确切地说，它们各自都是某种情境性的艺术，它们在认知自身的艺术经验、表达自身的艺术真理或本民族的人生真理的历史过程中，均有各自特有的生命感受和生存理解上的情境约定、情境内涵，因而和西方艺术一样有其自身独特的价值，具有西方艺术所无法替代的知识性价值和真理性内容"[1]。

为此，笔者将同时采用自我反思、自我批评的艺术人类学实验性写作。实验性写作正是基于实现完全的艺术真理观这一艺术人类学核心理念

---

[1] 郑元者：《完全的艺术真理观：艺术人类学的核心理念》，《文艺研究》2007 年第 10 期。

提出的战略性和战术性双重考量，"注重艺术人类学的实验性写作，也是新式艺术人类学的基本理念的有机组成部分"[1]。实验性写作是侧重于从研究者的角度对艺术人类学学科品格等主体性风貌的一个规约，要求艺术人类学"以真理为念，有更高层面的人文追求，全景式地解析过去、现在和未来各民族民间艺术中所折射出来的种种生存理解、生命感受和生命情怀，巡视每个时代的艺术在超越个体有限性、寻求精神无限性上的种种努力，倾听种种鲜活的、富于人生真理意味的信息，而不是用静态的方式、猎奇的方式看艺术，用一时一地、一族一国、一维一相的方式看艺术"[2]。也就是说，艺术人类学研究者要以全景式的复杂性眼光来看待作为阐释对象的艺术，在充分尊重阐释对象生存现实的前提下，努力推展和强化阐释者与阐释对象之间的情境，建立合理、有效、互为他者的对话性关系，而不能戴着厚重的现代人的价值面具，把研究者的自我凌驾于研究对象之上，成为一切他者之上的他者之王。[3]

　　具体到本书的研究情境，无论是从作为研究对象的傩仪、傩艺人自身的特殊性，还是从获取思维素材的田野调查方法，从以身份问题作为探究的着眼点来说，都需要以艺术人类学的实验性写作为念，把它作为策略、立场和武器[4]。仅就本书的身份问题而言，它自带研究者与被研究者之间的情境性关联，研究者的维度无法被忽略，因为身份概念的一个重要层面就关系到身份的反思维度。当我们提出个人与文化身份的空间与时间的连续性特征为谁而呈现时，我们就会遇到这一维度。[5]笔者在田野调查的过程中，在努力走近、走进傩艺人对于自身身份的体验的过程中，真切

〔1〕郑元者：《完全的艺术真理观：艺术人类学的核心理念》，《文艺研究》2007年第10期。

〔2〕同上。

〔3〕郑元者：《美学实验性写作的人类学依据》，《广西民族学院学报（哲学社会科学版）》2004年第5期。

〔4〕同上。

〔5〕约斯·德·穆尔：《赛博空间的奥德赛——走向虚拟本体论与人类学》，麦永雄译，广西师范大学出版社，2007年，第163页。

地感受到了傩艺人的身份问题实际上亦与笔者自身作为一名研究者和表述者的身份有着密切的关联。也就是说，笔者在田野中与这些傩艺人"在一起""相处"的事实亦成为傩艺人对于自身身份体认的一个因素：他们亦是在自我与作为他者侵入他们生活的笔者之间的识别过程中感知自己的身份的。随着笔者一次又一次的田野回访及与傩艺人熟识程度的增加，他们改变着对我这个外来者的态度，而这一态度的微妙改变亦成为他们对自身身份感知发生变化的一个原因。与此相应，笔者也在与这些傩艺人和乡民的多次接触中，在与他们的身份遭遇中体悟到自身身份的微妙变化，这使得笔者能够不断地针对身份的种种变化而做出反思。于是，把笔者作为论文完成者、人类学研究者和仪式观察者等不同身份的反思纳入本书的探究范围，就成为题中应有之义，这也符合艺术人类学把研究者本人的人生智慧、人格力量和责任伦理作为精神盾牌的实验性写作的根本旨趣[1]。

那么，身份如何才能在自我与他者相处的体验情境中获得认证？"体验维度的特征在于一种隐默的自身意识""自身觉知既不是对一个自身的觉知，也不是某一体验具有的对其自身的觉知。相反，人们必须意识到存在着不同类型的自身觉知"。[2] 也就是说，主体性并不是由传统意义上某个孤立的、固定不变的"自身觉知"构成，而是在多重的对自身的反思性体验中获得。作为"自身觉知"某一维度的身份同样也是由不同类型的身份觉知构成，身份由此成为一个受到文化情境制约的"复数"概念，且这些复数形式又具有某种共同的指向性，即这些以复数形式出现的身份在本质上是可以通约的，我们可以从身份的诸多复数形式中找到身份的最大公约数。

在整个田野调查中及写作中，无论我是作为本书的写作者，还是一个

---

〔1〕郑元者：《美学实验性写作的人类学依据》，《广西民族学院学报（哲学社会科学版）》2004年第5期。

〔2〕丹·扎哈维：《主体性和自身性——对第一人称视角的探究》，蔡文菁译，上海译文出版社，2008年，第125—186页。

好奇的人类学研究者，抑或是惊讶的仪式观察者，甚至是作为一个从田野返回整理笔记的记录者，等等，这些"我"都将在一定程度上影响着我和"他们"交往的态度、方式、关注重点以及提炼话题的角度。从这个意义上说，"我"是谁、我在"哪里"在某种程度上不能说决定但至少也影响着"他们"是谁、他们在"哪里"的表达。我的边界在哪里，我的视域有多宽，我的诚恳有多真，我的知识积累有多厚，甚至我对学科常识的反思勇气有多大，都将直接影响着我对问题提炼的精度、对现场信息摄取的准确度、对傩艺人的关切度以及对艺术人类学学科理念的领悟程度。在这一系列的"我"中，始终有系列的"他"或"他们"存在：譬如当我是一个论文写作者的时候，这个"他"可能是论文的读者，我的表达和思考必须符合他们的学术惯例和学术期待；当我作为一个田野提问者的时候，这个"他们"可能更多的是傩艺人和傩乡乡民，我需要设身处地地措辞和提问，以确保他们能够听懂，愿意回答，并且这些回答对我论文的研究有效。没有这些相对立的观照，这一系列的"我"也不可能存在，因为"一切人类活动都要受到如下事实的制约，即人必须共同生活在一起"[1]，"'个体我在'不仅仅生活在属于自己的'私人空间'，他还作为'个体生命'与他之外的其他'个体生命'处于相互关联之中"[2]。只有把"我"真正地放进田野情境和写作情境之中，充分考量不同情境中"我"与"他/他们"之间在田野及写作中的迂回、对话和反思，身份的阐释才能在最充分的现实性上因为"我"和"他"的共在而显得更为丰满和全面。

因此，我走进南丰、万载和萍乡等傩乡并不断返回整理写作的过程，既是一个不断寻找傩艺人、追问他们身份认同的过程，也是一个不断寻找自我身份认同甚至是不断追问艺术人类学为何的学科身份认同的过程。

从上述分析来看，"我"通过走近（走进）和走出情境寻找并确证主

---

〔1〕汉娜·阿伦特：《公共领域和私人领域》，载汪晖、陈燕谷主编《文化与公共性》，生活·读书·新知三联书店，2005年，第57页。
〔2〕贺来：《边界意识和人的解放》，上海人民出版社，2007年，第196页。

体性，深刻地揭示了主体性来自于对我与他人的区分以及自我意识的互相建构的某种真理性。自我意识在一定意义上呈现为他者投射的镜像叠加。同样的道理，傩艺人的身份认同也必须借助于他们的"他者"。在他们的"他者"复数中，作为研究者的我仅仅是一个单数而已，顶多在某种特定情境下，我能够成为复数的代表。比如我来自复旦大学，代表了一种对他们而言的学术殿堂，这对于作为崇尚耕读为本的江西农村而言是一种社会地位的象征；我是一个傩文化的研究者（我的走近就是表达了一种认同愿望），我是某种学术权威的代表；我来自大都市上海，这对于渴望走出去的农民而言，也许又是城市的象征。但是，至少在上述三个领域，无论是我自己还是他们都可能有一种意识，我并不是最佳的代表——我的代表性极其有限。我代表不了复旦大学，我只是一个博士研究生而不是教授；我代表不了傩文化研究者，我还只是一个初学者；我也代表不了大上海。在这个意义上，我在他们的"他者"中仅仅是一个单数。

但是回到本命题的研究情境中，他们首先是我的研究对象的重要组成部分，这使得我必须将"他们"变成"我"能理解的世界，变成能够向我敞开的"他者"；但对于他们而言，我不过是无数个研究者的一员，他们无须变成"我"。于是，在看似互为镜像的表象之后，隐匿着一个严重的不对称，即傩艺人对研究傩艺人身份的我而言，不可或缺，且这种不可或缺性与我对论文的重视程度、对傩文化研究在本人学术梦想中的占比程度相关。换句话说，"他们"在多大程度上成为"我"的"他者"，实际上有赖于我对自我设定和自我期许的高度，也即与我自己的现在和未来的追求密切相关。而我在多大程度上能够成为傩艺人（首先是南丰、万载、萍乡特别是南丰石邮村的傩艺人）愿意向之敞开的他者，就取决于他们对于我对自己的期许和设定的体会和信任。这种体会和信任（恰恰是没有功利和好奇的）在他们那里也许会转化为某种表象和细节，比如他们会观察我是谁介绍去的，我从哪里来的，我问的问题是不是符合他们的实际情况，我对"农村"生活是否习惯，等等。

田野调查中遭遇的这种身份不对称性很显然具有相当的普遍性。《天真的人类学家》《马林诺夫斯基田野笔记》以及《何处是田野》等著述里呈现的身份焦虑即为明证。那么田野观察者与被观察者以何种身份相遇才最真？作为研究者和被研究者是我和傩艺人最好的相遇方式吗？特别是当我将他们作为研究对象时，他们还是"本真"意义上的傩艺人吗？当他们把我当作一个研究者的时候，他们是以一个"本真"的傩艺人的面目呈现于我吗？身份又该在何种时空的坐标中得以确立？田野工作中我作为研究者的预设和他们作为被观察者的预设，其有效性和有限性对于民族志表述的真实性和客观性又有怎样的影响？这些都是我们在田野调查和民族志写作时不可回避的命定的追问，也是民族志表述问题深奥难解的一个主要原因。

艺术人类学提倡的自我批评、自我反思式实验性写作无疑给予了我们更为审慎、开放的态度来直面这种命定性。把握身份问题本质上是一种情境化的行为，无论身份实践的主体是观察者还是被观察者，他们都在各自的观察和被观察情境中展开身份的体认。一旦在尊重身份之各自文化情境的约定性和非约定性的前提下，把田野工作中观察者与被观察者的身份以及两者的身份遭遇同时坦诚地呈现出来，那么我们就会有更多的机缘来对身份问题进行深度扫描和考察。在这里，笔者将实验性写作的尝试纳入研究过程，尽己所能地反思或"悬置"西方身份的话语体系，努力用自己的心灵和情感来体验和反思他者、自我，并在写作中通过脚注的方式来呈现自己以不同身份在田野和理论阐释过程中经历的遭遇，使其与本书主体部分中傩艺人的身份呈现形成一种相互比照的态势，以期在更多面向上对身份的复杂性获得更为充分、彻底的认识。同时，笔者努力将江西傩仪和傩艺人置于其他地方傩仪和傩艺人的同一图谱之中进行比较，寻找其同质性和异质性，并将之与其他小型社会的艺术和中国主流文化中的艺术样式（如京剧舞台表演）及其艺人身份进行比较，在比较中努力体悟傩艺人独特的生命感受和生存理解，以及傩艺人与其他艺人在生命感受和生存理解之上的可通约性，尝试着把握中国民族民间艺术特有的文化肌理和中国乡村艺人身份问题的规律性脉络，为身份的中国话语与中国问题之间的关联性做出更为符合中国特定情境的阐释。

三　概念解析

1. 地方记忆的内涵

作为一个由"地方"和"记忆"组合的概念，"地方记忆"的内涵在不同的使用语境中具有不同的侧重。我们可以分别从"地方"和"记忆"这两个概念入手，来分析"地方记忆"在本书语境中的具体内涵。

"地方"的基本含义表示某一个地理区域，主要是一个空间维度的概念。但作为一个文化概念，"地方"显然并不仅仅指向一个特定的地理区域，更是与生存于这一特定空间之内的特定的人群及其生活相关联，体现了某一特定地理区域之内经由特定人群历时性和共时性生活而建构于该区域之上并与该特定地理区域形成某种密切关联之相对稳定的文化、传统、知识、习俗等等。文化意义上的"地方"至少可以在以下三方面获得被解读的可能。

首先，"地方"总是被赋予文化形象的特殊性。由于"地方"总是指向某一个特定的地理空间，这个地理空间，不仅因其地理位置和自然环境区别于其他地方，更因为居住于其间的特定人群所创造、传承的特定历史记忆和特定文化，总是与这种特殊的地理位置和自然环境相关，因而往往喻示着该地方文化的特殊性及其与其他地方文化之间的差异性。

其次，地方文化形象的特殊性具有一定程度上的文化排他性。这种文化排他性尤其体现在以血缘亲属纽带为主要联结方式形成的地方，诸如中国传统乡村。由于地方文化往往是某一相对固定的地理环境与其间生活的人经由对抗、碰撞、调适、融合等方式在长期的自然交往和社会交往过程中积淀而成的某种相对稳定的文化，因而，地方文化在很大程度上便体现了当地人的某种集体性格，亦培养了当地人对地方文化某种强烈的情感。这种情感往往使得当地人能够积极地维护地方文化而排斥其他地方的文化。从这个意义上来说，地方文化的排他性，从另一方面体现为当地人群对地方的某种特殊的强烈的认同感。而且地方文化的排他性越强，地方内部的认同感就越强；地方内部的认同感越强，把外部视为他者的意识也就越强，由此也导致地方对外部的接纳与认同也就越难。反过来说，地方内部的文化传承就越为稳固，越为久远，进而形成某种强烈的地方文化自组织性[1]。

最后，"地方"的提出隐喻了比较的视角，即"地方"往往是相对于作为预设与比较参照之"非地方"提出来的。"地方"是一种相对于"非地方"而言具有差异性质的话语表述。与此相应，"地方"所包含的文化特殊性，则是以文化全息性、普适性与文化进阶性为指涉背景的：相对于地方之下，地方文化是文化总体的表征和部分真理在场者；相对于地方之外，地方文化具有与普适文化相对的意义；相对于地方之上，地方文化具有与主流文化、中央文化、上级文化相对的意义。由"地方"塑造的文化形象特殊性在多大程度上获得普遍性的表述意义，要视"地方"所被限制的不同范畴而定。换句话说，"地方"这一概念是被置于一个层层包含与被包含或具有不同预设之概念系统的背景之中提出的（如相对于主流文化而言，地方文化所被喻示的非主流性），其具体的内涵则往往由不同概念系统的表述者来预设。在这种不同预设之概念系统的表述中，"地方"在很大程度上成为一个文化多维他者[2]的象征，具有文化的多维他者性，

---

[1] 自组织是指自主地或自发地组织化、有序化和系统化的运动过程。哈肯说："如果系统在获得空间、时间的或功能的结构过程中，没有外界的特定干预，我们便说系统是自组织的。这里的'特定'一词是指，那种结构和功能并非瓦解强加给系统的，而且外界是以非特定的方式作用于系统。"可参见 H. 哈肯：《信息与自组织》，四川出版社，1988 年，第 29 页。

[2] "多维他者"的概念来源于郑元者先生。"他者的多维化、细密化"是郑元者先生创建新式艺术人类学的一个核心观点和理念，可详见郑元者：《艺术人类学的生成及其基本含义》，《广西民族学院学报（哲学社会科学版）》2007 年第 4 期；《中国艺术人类学：历史、理念、事实和方法》，《杭州师范学院学报》2007 年第 6 期。以下同，不另注。

而且由于"地方"被预设的概念背景不同，这种他者性被赋予的文化范畴和文化内涵都不相同。对于本书的研究对象——江西地方傩仪而言，当人们仅仅拥有关于傩仪之不完全地方性知识的时候，还必须考虑它和以主流文化价值为表征之普遍性知识的关系及可能表述的意义，而且在全球化时代遭遇身份认同问题的时候，（对于普遍性知识之表述主体来说）其重要性可能远在对地方性知识的认识之上。譬如"非遗"的提出及其背后所隐含的身份认同危机。关于这一点，本书各章节都有所涉及，此处不详述。

而"记忆"则是关于过去的感知和体验，这些感知和体验经由历时性的社会生活实践验证、累积而逐渐生成为一种关于某一群体全部的比较稳固的生活知识的总体概念。在特定的时空范围之内，这一知识能够指导人们的日常行为和实践，并经由一代又一代人的熟练掌握与反复实践而得到传承。我们亦可从以下两点来进一步阐释"记忆"的内涵。首先，记忆体现了明确的时间意象和时间关联。"记忆"虽然在表面上指向"过去"，但是由于过去是在现在的回忆过程中形成的，是在记忆主体（个体或群体）的社会应用中形成的并形成着的过去，因此人们对于过去的感知与体验在很大程度上是以现在的感知和体验为视角来实践或审视的，过去与现在就有着千丝万缕、无法分割的联系，而且与现在形成一个非常复杂的对话过程。在这个意义上，记忆可以被认为是一个现在正在发生而且基本上被现在塑造的行为。因此，记忆具有自身的生成性特征。同时，记忆总是在与他人的关联中发生，"人们通常正是在社会之中才获得了他们的记忆的。也正是在社会中，他们才能进行回忆、识别和对记忆加以定位"[1]。在这里，与他人的关联指涉了一个大我群体的判断，记忆由此具有了伦理的维度，也为身份的确认及其认同提供了文化依据。

这样，由于"地方"与特定地理空间之中形成的具有地方特殊性的文

---

〔1〕莫里斯·哈布瓦赫:《论集体记忆》，毕然、郭金华译，上海人民出版社，2002年，第68—69页。

化、传统、知识、习俗等等因素相关联，且由于"地方"总是与发生于其间的历史文化传统及日常生活经历紧密勾连，因此，"地方"除了指涉某个特定的地理空间，它更是隐性地容纳了该特定空间之中过去、现在和未来三重指向的时间内涵。"记忆"除了关联于过去所塑造并绵延于现在的关于某一特定群体的全部知识，它所蕴含的知识亦是在某一个特定区域空间内生成并得到传承的，所以，"记忆"同样具有了特定时空意义上形成之全部知识的内涵。这样，"地方"与"记忆"在内涵上便具有了某种同质性。

质而言之，地方记忆就是指具有某一特定时空意义的地域生成的被纳入该地域群体集体使用之中主要涉及（但不仅仅限于）过去的知识，这种知识塑造了该地域群体的独特意识和身份认同。

在笔者所调查的江西大多数傩乡，跳傩仪式活动历史悠久。傩神信仰依附于当地的主要家族/宗族并被周边村庄的大多数乡民接受，形成覆盖范围大小不一的傩神信仰圈。每年的跳傩仪式在当地都是一个意义重大的文化实践，是对当地人生活价值和意义的重申，"仪式之所以被认为有意义，是因为它们对于一系列其他非仪式性行动以及整个社群的生活，都是有意义的。仪式能够把价值和意义赋予那些操演者的全部生活"[1]。在经由仪式复现记忆的过程中，江西傩乡年复一年的惯例性跳傩仪式和弥散于日常生活的傩神信仰在很大程度上成为乡民信仰者传承记忆和应对生活的主要方式和手段，围绕着当地傩神信仰及其仪式行为实践而传承、积淀的地方性知识亦构成了这些乡民生活的一种总体性把握方式和宇宙观表征。傩神信仰和跳傩仪式实际上成为傩乡地方记忆的一种承载方式。由地方傩神信仰和跳傩仪式所承载的地方记忆，主要是指围绕着当地傩神信仰及其仪式行为实践所形成的具有历史传承性和现实生活指导性意义的地方性知识，它包括傩神信仰及其与当地某一特定群体（如家族、宗族、族群等）

---

[1] 康纳顿：《社会如何记忆》，纳日碧力戈译，上海人民出版社，2000 年，第 50 页。

的历史渊源及历史传承，还有信仰圈内跳傩仪式实践的行为规则、生活禁忌、人际交往规则、乡村伦理道德及其背后所投射出来的地方群体、群体生活与鬼神信仰所隐喻之宇宙关联的全部知识，这种知识为当地乡民身份认同及生存意义提供了依据。

这样，根据笔者所分析"地方记忆"这一概念本身所内涵的时空维度及其在江西傩乡的具体体现——承载了地方记忆的傩神信仰和跳傩仪式，在时间维度上体现的生成、传承和（想象性）绵延特征以及在空间维度上体现的信仰传播及其中构建的人际关联特征——我们可以将江西现有傩乡的地方记忆具体化为三个层面的内容，即家族/宗族记忆、村落公共空间记忆与族群记忆。在这三类地方记忆中，家族/宗族记忆是直接以生物性血缘关系为纽带形成的，而血缘关系是社会学意义上的，即在家族或宗族的凝聚和相互济助当中体现出的社会关系纽带。以血缘关系为基础形成的地方家族/宗族记忆关联于当地血亲关系的代际扩张、传承、维系和凝聚的全部历史。家族/宗族记忆体现在傩神信仰和跳傩仪式的这一承载方式之上，则主要指地方性家族/宗族与傩神信仰、跳傩仪式的历史渊源、行为实践、代际传承、政治经济扶持、伦理价值表述等等之间的相关性记忆。实际上，乡村神灵祭祀类戏剧活动依附于家族/宗族并承载家族/宗族记忆的现象普遍地存在于中国的传统乡村之中："从宋元至明清，可以说就是从地缘性的市场——村落祭祀戏剧，向血缘性的宗族戏剧收缩的历史。"[1] 江西的傩仪亦如此。自宋元以来，江西的傩仪已经具有了戏剧化的趋势，且事实上，从江西遗存傩仪的现状来看，大多数受到家族/宗族势力扶持的傩仪，都能够比较完整地保存至今。从这个意义上来说，江西傩神信仰和跳傩仪式成为家族/宗族记忆的具体表现形态具有历史的必然性。

与家族/宗族记忆强调血缘性传承、发展历史相类似的则是族群记忆。

---

[1] 田仲一成：《中国的宗族与戏剧》，上海古籍出版社，1992年，第321—322页。

一般而言，族群记忆是指某一群体的全体成员在较长时段内形成的基于该族群过去的整体意象和历史知识，包括了该族群的起源神话、族群的发展变迁史、族群内部关系等等。在本书语境中，则特指傩神信仰和跳傩仪式承载的族群意象和族群文化特征。很显然，家族/宗族记忆和族群记忆都是在记忆的时间维度上呈现出来的记忆内涵。与记忆的空间维度紧密相关的则是村落公共空间记忆。地方记忆之村落公共空间记忆显然是在村落公共空间中形成的，它关联于这一特定空间内以傩神信仰和跳傩仪式为媒介塑造的相对固定的人际交往知识和社会关联模式，这种知识和模式在很大程度上规定了村落公共空间中村民之间甚至是村际之间的人际交往准则和社会交往的标准样式。由于这种人际交往在很大程度上是以傩神信仰和跳傩仪式为媒介而形成的，因此村落公共空间记忆是在傩神信仰于村落公共空间的传播和跳傩仪式于公共空间的行为实践过程中形成的，这一过程中，公共空间显然成为当地知识生产、实践的场域。

虽然上述三类地方记忆在内涵的所指上各不相同，具有明显的差异性，但是这三类记忆的内涵既非构成三个完全不相关的意义领域，亦非无序地杂糅在一起，而是彼此之间具有交集，相互关联，具有内在的一致性，共同构成了江西傩乡地方记忆的整体内涵。

对于大多数乡民尤其是传统傩艺人来说，这三类地方记忆的重要性是不同的。在聚族而居、宗族发达的江西传统傩乡，家族/宗族记忆无疑居于地方记忆的核心位置。对于集体记忆而言，处于前台的总是那些最大数量的成员都关注的事件和经验的记忆[1]，而傩乡的地方记忆作为一种集体记忆，其记忆的主体和核心与地方的家族/宗族记忆有着密切的关联，我们甚至可以说，江西大多数傩乡的地方记忆，主要体现的就是当地家族/宗族的文化记忆。当家族/宗族有意识地将自身的家族/宗族记忆和文化价值观融入傩神信仰和跳傩仪式之中时，傩神信仰和跳傩仪式承载的记

---

〔1〕A. Whitehead, *Memory*, London and New York: Routledge, 2009, p. 129.

忆无疑就以家族/宗族记忆为核心，家族/宗族记忆亦在很大程度上居于地方记忆的核心位置。它极大地影响甚至决定了其他两类记忆的生成及其在当地记忆结构中的重要性序列布局。村落公共空间记忆是傩乡地方记忆的另一类重要记忆，以家族/宗族记忆为基点而得以生长、扩延，并随着地方上家族/宗族势力的变迁和记忆的变化发生着具体的变化。因此，它是家族/宗族记忆在村落公共空间的投射和蔓延。在族群交往贫乏、族群关系缺失的江西傩乡，地方记忆所体现出来的汉族族群性，离乡民的日常生活最远。地方记忆虽然具有族群性，但是在很大程度上被封存于他们记忆的意识层面之下，处于被忽略或潜隐的状态之中。

地方记忆包含的这三个层面由于各自所指的不同及其与村民和傩艺人生活的切近程度不同，意义的重要性也就不同。对于以血缘关系为聚居特征的江西傩乡乡民来说，家族/宗族记忆始终是他们记忆内容的核心构成部分，而村落公共空间记忆是记忆的重要补充性部分，族群记忆则处于村民记忆重要性序列中的最底层，它往往沉潜成为地方记忆的一种潜意识记忆。由此，我们可以看到，江西傩乡地方记忆的三个层面——家族/宗族记忆、村落公共空间记忆、族群记忆，实质上具有某种同质性，其内核可以看作是地方记忆通过以"宗亲血缘记忆"为基点，在历史的时空流变中不断粘连和裹缠进家族的、地缘的、族群的记忆，它们形成了本书语境中的这三个记忆层面。江西傩乡的这三个层面的记忆构成了江西傩乡地方记忆内涵的总体框架。虽然有些层次上的记忆在某一时刻被人们遗忘，但遗忘的并非真的就消逝了，而是在人们没有意识到的情况下，以一种记忆碎片或意识图式的方式进入无意识的领域，却仍然发生作用，因为"我们的记忆在本质上是潜意识的，那些留下了最深刻的记忆也毫不例外。它们有可能成为意识，但毫无疑问它们在潜意识状态中开展它们的所有活动"[1]。

而且，在传统乡村社会中，这个记忆框架一般而言是较为稳固的，具

---

[1] 弗洛伊德：《梦的释义》，张燕云译，辽宁人民出版社，1987年，第486页。

有历史的绵延性和清晰的边界。因此，虽然具体的乡民个体记忆会有所差异，他们对于各个层面的记忆关联于自身生活的重要性认知也有所差异，但是乡民个体的记忆基本上都被框定在这个已经形成的记忆框架之内。稳定的记忆框架能够维持乡民个体之间的基本记忆关联，并为他们的行为实践、对于自我的理解和身份认同提供方向。当然，即便是再传统的乡村，在它遭遇外来文化无法避开的重大冲突时，地方记忆的框架也会随之动摇甚至被拆卸，地方乡民亦会主动或被动地对地方记忆的内容进行重新选择、加工甚至再创造，以确保地方记忆总是能够不断地适应历时性和共时性的生活、文化变迁。

2. 傩艺人身份的内涵

(1) 身份与记忆的关联

在身份的研究中，身份与记忆的关联性问题并非一个总是被提及的问题。这一方面是因为记忆往往被当作社会文化建构中一个想当然的基本构成部分而隐没在身份与文化、身份与社会之间关系的探讨背景之下，比如在身份认同理论和社会身份认同理论中，"社会"这一宏大的概念就直接吞没了记忆对自我认知的作用，而成为两大身份理论派别探讨的核心概念之一。另一方面则是因为关于记忆的系统性研究本身亦出现得比较晚："文学家、埃及学家、史学家、传媒学家、神经生理学家、社会学家和心理学家们研究回忆和记忆现象，至今已足足二十余年了。"[1] 韦尔策（Harald Welzer）这里所说的"足足二十余年"是从他写这篇序言的2001年往前回溯的二十余年。也就是说，学术界关于记忆问题的系统研究最早是从20世纪80年代开始的，尽管"记忆"一词早在古希腊时代就已经成为当时哲学思考的一个命题。即便启蒙时期、浪漫主义时期的哲学思考把记忆与身份关联起来，也只是将问题的聚焦点放在"记忆"

---

[1] 哈拉尔德·韦尔策等编：《社会记忆：历史、回忆、传承》，季斌等译，北京大学出版社，2007年，代序第3页。

上，放在记忆对自我认知的影响及记忆所承载的社会伦理价值等等方面，身份并未成为与记忆并驾齐驱的关键词，身份与记忆的关联亦未能成为当时及后来文化身份研究话语中的核心问题。"启蒙时期与浪漫主义时期对记忆与自我这一关联性的探讨一直延续到 19 世纪晚期和 20 世纪，成为'现代后期'（late-modern）记忆话语中一个关键层面的中心话语。"[1]

英国经验主义哲学家洛克（John Locke）是将记忆与身份勾连并进行过详细阐释的首要、关键人物，"将身份、自我和记忆等同起来，是 18 世纪早期洛克的一个发现"[2]。洛克语境中的"身份"是从"同一性"方面来论及的。他认为："人格同一性（或有理性的存在物的同一性）就只在于意识。而且这个意识在回忆过去的行动或思想时，它追忆到多远程度，人格同一性亦就达到多远程度。现在的自我就是以前的自我，而且以前反省自我的那个自我，亦就是现在反省自我的这个自我。"[3] 很显然，在这里，洛克不仅将人格同一性与意识等同，而且将自我与回忆中的行动或思想进行了等同，也就是说，如果个人无法回忆起过去的行动或者经验，那么这一部分回忆就不构成自我的一个组成部分。这样，洛克在把对于自我的同一性归结为意识的同一性的同时，也把意识的同一性归结为经验记忆的可连续性，自我由此便与记忆等同起来。

虽然洛克在将自我同一性与记忆的可连续性等同的时候，并没有进一步考虑到记忆自身可能存在的断裂性特征和记忆亦可能出现差错的情况，也没有论及记忆连接作为自我同一性的唯一根据的可靠程度（与洛克同一

---

[1] Anne Whitehead, *Memory*, London and New York: Routledge, 2009, p. 83.

[2] Paul Ricoeur, *Memory*, *History*, *Forgetting*, trans. Kathleen Blamey and David Pellauer, Chicago and London: University of Chicago Press, 2004, p. 97.

[3] John Locke, *An Essay Concerning Human Understanding*, Pennsylvania: Pennsylvania State University, 1999, p. 319. 中文翻译参见洛克：《人类理解论》（全两册），关文运译，商务印书馆，1959 年，第 310 页。

时代及后来的研究者尤其是浪漫主义者都对这些问题进行了不同方式的探索[1]，这里限于论题的集中和本书篇幅，将其他研究者关于记忆与身份关联的探索放在了脚注中），但是，洛克把记忆的持续性而不是行动、行为或形象的一致性看成是个体身份的标识，则无疑揭示了以自我同一性为识别方式和核心内容的身份确实与身份主体的记忆之间存在着本质意义上的关联。

也就是说，身份是经由回忆而形成的对自我同一性的一种认知。这就意味着，一方面记忆能够以作为一个动词的方式参与身份的建构，身份是在记忆的回忆和反思过程中获得的。记忆的反思过程不仅能够选择记忆的某些特征，使其成为身份合法性的认证来源，亦能够根据认知的需要来缝合记忆的某些裂缝，从而维持记忆的连续性。在回忆和反思过程中，记忆的选择性特征和连续性特征能够给予自我一致性的印象，这种印象塑造了自我身份的认知与身份认同。另一方面，记忆亦能以一个名词的方式，用丰富的内涵规约记忆过程中所形成的身份，即身份是在对自己的记忆和对自己所属之大我群体的记忆的感知和诠释中来界定和认同的。

质而言之，身份是记忆的一种具体化形态，身份不仅承载了记忆，而

---

[1] 譬如与洛克同一时代的休谟（David Hume）认为个人的同一性存在于一个联想（association）的过程之中，我们对这一过程在很大程度上都是无意识的，直到我们反思这一过程，这种反思填补了直觉之间的缝隙，因此给了我们一种直觉即我们的自我存在是持续的、一致的，关于自我或身份的概念由此产生。继启蒙主义之后，浪漫主义思想家譬如卢梭（Jean-Jacques Rousseau）通过《忏悔录》（The Confessions）以文学的方式强调了个体体验的唯一性和独特性，反击了启蒙时期的经验主义将记忆建立在外在世界完全客观的经验之上。此后的华兹华斯（William Wordworth）亦用自己的作品提出了个人记忆和对自我的认知与公共体验之间的关联性问题和个人主义的局限性问题。可参见 John Locke, *Some Thoughts Concerning Education and of the Conduct of the Understanding*, Indianapolis, IN and Cambridge, MA: Hackett Publishing, 1996; *An Essay Concerning Human Understanding*, ed. Roger Woolhouse, London and New York: Penguin, 1997; David Hume, *A Treatise of Human Nature*, New York: Oxford University Press, 2000; Jean-Jacques Rousseau, *The Confessions*, London and New York: Penguin, 1953; William Wordsworth, "Lines Written a Few Miles Above Tintern Abbey, On Revising the Banks of the Wye During a Tour, July 13, 1798," in *Lyrical Ballads* (2nd edition), eds. R. L. Brett and R. Jones, Oxford and New York: Routledge, 1991。

且表现记忆，维护记忆，传承记忆。

（2）傩艺人身份的内涵

江西傩艺人身份的建构自然也离不开由傩神信仰和跳傩仪式所承载的地方记忆。由于身份是记忆的一种具体化形态，因此傩艺人的身份亦为傩乡地方记忆的一种具体化形态。也就是说，江西傩艺人的身份不仅承载、呈现了包括家族/宗族记忆、村落空间公共记忆和族群记忆在内的地方记忆，而且承担着地方记忆的传承和维护功能。这样，根据前面我们所分析的江西傩乡地方记忆的三个层面的内涵，我们亦可以将江西傩艺人的身份内涵划分为这样三个层面，即家族/宗族身份、地缘身份和族群身份。

家族/宗族身份是傩艺人依据傩神信仰和跳傩仪式的家族/宗族依附属性及家族/宗族文化记忆承载而获得的家族/宗族文化成员身份。当然，傩艺人获得家族/宗族文化成员身份，并不意味着他们本身就必须是某一家族或宗族的成员。由于文化成员身份是由身份中所承载的文化记忆及意义来界定的，因此这种文化成员身份可以超越成员自身的血缘和地缘限制而获得。譬如在笔者田野调查的重点乡村——石邮村，虽然傩艺人是外姓弟子，但是傩艺人身份承载的却是当地的吴氏宗族文化记忆，傩艺人对身份的体验亦是在吴氏宗族扶持、管理和表述之下的跳傩仪式行为中展开的。当然，在傩仪只能于本族人员之中传承的传统傩乡，这种家族/宗族文化成员身份是以傩艺人本身就是家族/宗族成员为前提而获得的。江西傩艺人的地缘身份则是基于地缘关系即村落公共空间架构的人际交往和社会关联模式，并以跳傩仪式为主要手段而获得的地方文化成员身份。傩艺人的地缘身份亦是家族/宗族身份的一个重要补充。傩艺人的族群身份是指在特定的族群交往中，傩艺人基于傩仪展演之特定情境中被唤醒的族群意识而生成的文化成员身份。虽然族群性是身份的本质属性之一，但是江西境内族群交往的贫乏使得族群身份在很大程度上处于潜隐的状态，只是在特定的傩仪展演情境中被唤醒。在被唤醒情境中，族群身份意识亦可能超越家族/宗族身份和地缘身份而转变成为民族国家身份意识，从而成为该特定情境中傩艺人身份意识结构中具有第一重要性地位的身份意识。关于江西傩艺人这三个层次的身份及其呈现，笔者在接下来的章节中各有所详细的阐释，此处从略。

虽然傩艺人身份层面各有其特定的内涵，但是由于身份所被建构的地方记忆的三个层面具有同质性，那么由此记忆而规约的身份，无论其在特定的情境中呈现出来的是家族/宗族身份还是地缘身份、族群身份，都具有某种同质性。

一般而言，在传统乡村社会结构并未发生变化时，赋予傩艺人身份内涵及其功能的传统地方记忆总是以一种弥散于日常生活中且具有引导作用的风俗、惯习等地方性知识的方式，充当了传统的角色或如海德格尔所揭示的"理解前结构"，从而规约了傩艺人的身份内涵、身份实践和身份体验。因此，传统地方记忆的框架能够赋予傩艺人身份相对的稳定感和认同感。当跳傩活动分化为跳傩仪式活动和跳傩表演活动，不同傩仪展演情境强调的身份层面有可能成为情境中身份呈现的主要特征，如传统正月跳傩仪式情境中强调的家族/宗族身份、地域性民俗文化比较情境中凸显的地缘身份、民族或民俗文化展演情境中强调的族群身份。尽管不同情境强调的也许是身份的某一个层面，但身份的这三个层面始终存在于傩艺人的身份整体之内，彼此之间相互影响，共同构成了傩艺人的身份内涵。

第一章

家族/宗族记忆与傩艺人的
家族/宗族身份呈现

从历史观之，尽管傩的原初形态发生了各种变异，但是傩仪的发生、发展从来没有脱离其最初的借助于神的力量来驱鬼逐疫这一核心的文化内涵。"鬼""疫"是生活、生命中各种无法预知、无法理解之灾难的原始意象，而傩神及傩神力量则成为信仰者解决灾难、摆脱苦难、回归生存秩序的心理诉求。这些原始意象和原始心理留存于意识之中，形成傩神信仰者的某种心理结构和心理认知图式，在代际传承之间作为一种心理体验而积淀成为当地傩神信仰们的民俗心理。这种民俗心理本质上来源于"同一类型的无数体验的心理残迹"[1]。如今遗存傩文化所呈现出来的特殊性与多样性无疑就是这一原始心理外化的各类民俗事象。这类民俗事象投射出特定地方的文化结构并呈现了地方文化的特殊性与多样性，具有独特的"地方性"，与人们的世俗生活紧密关联。正是由于乡村生活的世俗性以及傩之原初心理与乡民于功、利之冀求的生发和黏合，傩才能够历经千年，存活于现今广大的乡村之中。在常年的生存实践中，傩所构成的信仰体系在某种程度上已经转化成为当地乡民的一种生存技术。原初的抽象鬼疫结

---

[1] 荣格：《心理学与文学》，冯川、苏格译，生活·读书·新知三联书店，1987年，第121页。

合各地的民间信仰或鬼神崇拜发展成为丰富多彩的、具体的、人格化的神、鬼形象。而以逐除为主要消灾方式的原始、简单手段也在历史的演变中成为独具地方性、族群性特色的程式化的仪式展演行为，如贵州安顺地戏、河北武安跳黄鬼、土家族傩堂戏、彝族撮泰吉等。

尽管跳傩仪式的形态各异，但是我们依然可以发现，在中国遗存有跳傩仪式的乡村中，无论是汉族地区还是少数民族地区，大多数跳傩仪式都是通过依附于当地某一个特定的家族、宗族或族群而遗存下来。这一点尤其体现在笔者田野调查的江西傩乡。在江西传统傩乡，跳傩仪式活动的组织和管理权力总是掌握在当地势力强大的家族或宗族手中，而当地的家族或宗族也总是有意识地把自己的家族、宗族文化渗透进傩神信仰之中，并通过轮回式的跳傩仪式活动不断对其加以重申和强调，使傩神信仰和傩仪活动在某种程度上成为宣扬当地家族、宗族伦理价值和加强家族、宗族血缘承续的方式。跳傩仪式的仪式起因、神鬼传说和仪式传承也与当地家族、宗族或族群记忆紧密勾连，生发为一种独特的地方家族、宗族性傩文化。傩仪由此成为家族/宗族记忆的一种具体化形态。

同时，由于身份总是在与他人的历史联系中获得，"是在与他人的这些联系的历史、依赖性和依托性的历史中，进而在一个更大的范围上，在他赖以并存的全部社会关系网络的历史中，获得了自己的特征。这个（基于传统的）历史，这个人际关系网络，无时无刻不伴随着他，并且通过他得以展现"[1]，因此，在传统的、具有稳固性的村落空间与具有循环性的村落时间之中，当傩神信仰和跳傩仪式具有家族/宗族的文化属性并承载家族/宗族记忆时，傩艺人的身份也必然首要地被赋予了当地家族/宗族的文化属性，与家族、宗族的历史记忆和家族/宗族成员的日常生活叙事有了密切的关联。与之相应，傩艺人也在轮回式的傩仪活动中通过种种情境性的条件实践其人神沟通者的核心角色，并由此而获得仪式中的各种身份

---

〔1〕诺贝特·埃利亚斯：《个体的社会》，翟三江、陆兴华译，译林出版社，2003年，第31页。

片段，诸如仪式活动的主持者、施法者等等。因此，在传统的江西傩乡，江西傩艺人身份不仅获得了家族/宗族文化内涵，亦具有了承载、体现、维护并传承家族/宗族记忆的功能。

然而，当传统的乡村社会受到冲击，尤其是当家族/宗族力量遭到削弱，家族/宗族文化及其话语表述遭到挤压甚至被覆盖的时候，原本赋予傩仪、傩艺人文化身份之地方记忆的连续性和稳固性也会遭到破坏，蕴含于地方记忆之中的传统家族/宗族文化价值观亦会不同程度地受到破坏甚至被颠覆。与此同时，代表主流文化价值的外来者进入乡村，有意识地发现并挖掘出传统傩仪行为的文化、艺术意义。当跳傩仪式被开发成为当地一种不断被建构起来的艺术或民俗表演，傩仪和傩艺人自然而然就成为不同身份版本的表述对象。这样，一方面，在各类身份表述中，傩艺人被赋予了诸如"民间艺术家""民间艺人""民族文化传承人"的身份，这类身份与傩艺人原有身份的生活实践并无深刻的关联，因此并不能为傩艺人和村民完全理解。但是，这类身份所携带的文化权力和文化权益往往难以被傩艺人和其他村民忽略，事实上，他们反而是越来越重视这类身份。这就使得傩仪、傩艺人的家族/宗族身份内涵受到了挤压，甚至被边缘化。另一方面，在不同的身份呈现情境中，尤其是在以民间、民族文化或艺术呈现为核心指向的跳傩表演情境中，傩艺人身份被赋予的现代文化意义和文化功能自然而然会随着傩艺人不断参与表演情境而被傩艺人意识到。当傩艺人越来越朝向主流文化的价值观念来实践身份时，他们身份中原有的家族/宗族依附意识往往会越来越被淡化，身份的个体自我意识则会不断得到增强。

本章节即探讨了传统乡村社会中江西傩艺人家族/宗族身份的获得、实践和体认，以及在家族/宗族的现代变迁过程中，他们又是如何在不断参与跳傩表演情境时认知并丰富自己的身份意识，以至于淡化自己的家族/宗族身份意识，增强个人自我意识的。

在正式进入论题的具体阐述之前，笔者需要说明的是，学界对宗族概念的界定比较一致，认为宗族是由共同的祖先界定出来的父系群体；而对于与宗族相关的另一重要概念——家族的看法，则莫衷一是，并没有达成共识。有学者认为家族即家庭，有的则认为家族是小家庭的扩大或组合，是家庭与宗族之间的组织，还有的把家族作为包括低层次家庭和高层次宗族的概念[1]。

鉴于本书研究的主旨，笔者并不想从发生学的角度来探讨家族与宗族之间的差别，也无法一一细究依附于家族的傩班与依附于宗族的傩班之间具体细微的差别。就本书所关注的江西傩仪而言，虽然大多数傩神信仰及傩祭活动具有家族或宗族属性，但是各地现存的傩班情况都存在差别，傩班的历史变迁程度、历史记载或传承方式也并不相同：有的傩班已经消失，近乎无迹可考；有的傩班则完全转型，成为另一种形式的仪式性戏剧；而有的傩班至今保存尚好。江西现存傩仪比较普遍的情况是，那些依附于小家族的傩班大多消失了，或者在很大程度上已经转变为一种以娱乐为主要功能的表演形态，遗存下来的往往是那些依附于有着强大经济扶持能力和严格管理制度的宗族的傩班。而且这些宗族傩班仍然沿袭了由宗族管理、组织傩仪活动的惯例，这也在很大程度上维护了傩仪结构的相对完整性和傩神信仰的传承。随着特定社会语境的变迁及其造成村民生活方式的变迁，这些宗族傩班和傩艺人也正发生着各种各样可以被我们看见的转型。对笔者聚焦的身份问题层面而言，正是这些活态的、处于历史变迁进程中的宗族傩仪活动及傩艺人，具有了更为重大的研究意义。因此，虽然笔者在行文上把家族和宗族并置在一起，但笔者语境中的傩祭活动及傩艺人身份的核心阐释和意义指向是以那些宗族傩班的实际存在状态为主要依托的，只是在特别需要注明的地方，会标明该傩班的家族特性或宗族特性，以示区分。

---

[1] 详见常建华：《20世纪的中国宗族研究》，《历史研究》1999年第5期。

第一节 傩艺人的家族/宗族身份内涵

　　一般而言，当我们提及汉族的家族/宗族时，总是离不开家族/宗族组织的几个基本要素，即家族/宗族的祖先祭祀活动、继嗣观念与制度、族田公产、祠堂族谱、家族/宗族伦理等等。"宗族既是一般意义上的血缘群体，也是一种功能性组织。作为功能性的组织，宋代以后新的宗族形态，以立族长、建祠堂、定族规、设族田、修族谱、办族学为标志，传播儒家思想，进行宗族互助，通过收族活动以维护基层社会秩序。"[1] 傩神信仰要能够被纳入家族/宗族文化之中，成为家族/宗族文化及其成员生活不可分割的一部分，它就必然要与家族/宗族组织的上述几个要素有所勾连。事实上，江西傩乡当地的家族、宗族也总是通过这些要素来赋予傩神信仰及跳傩仪式以家族、宗族身份内涵。

　　当然，傩神信仰依附于家族/宗族与家族/宗族在传统乡村社会结构中的地位有着密切的关联。中国传统社会中，乡村一直处于皇权统治的边缘，实行某种"乡村自治"的运作机制，以维持乡村秩序的稳定及解决乡村各种公共事务。费孝通先生在研究中国乡土社会秩序时认为，乡土社会是一个"无法有礼"的社会，乡村社会秩序的维持更多地依赖于"礼治"。"因为乡土社会是'礼治'的社会……礼是社会公认合式的行为规范。合于礼的就是说这些行为是做得对的，对是合式的意思。如果单从行为规范一点说，本和法律无异，法律也是一种行为规范。礼和法不相同的地方是维持规范的力量。法律是靠国家的权力来推行的。'国家'是指政治的权力，在现代国家没有形成前，部落也是政治权力。而礼却不需要这有形的

---

〔1〕常建华：《宗族与农村基层社会控制的历史和现实——考察宋以来江西宗族的发展》，载肖唐镖、史天健主编《当代中国农村宗族与乡村治理：跨学科的研究与对话》，西北大学出版社，2002年，第83页。

权力机构来维持。维持礼这种规范的是传统。"[1] 费先生所说的"礼治"是相对于现代国家的"法治"来阐释的，这种"礼治"传统形成的一套行为规范体系及用于指导行为规范的道德规范体系，是一种内生性力量，有其存在的根深蒂固的稳固性和自主性质，能够维持乡村社会的秩序。这种具有内在规约性的传统"礼治"力量，在远离皇权直接控制的情况下，依然能够超越历史的变迁、王朝的更替和社会的动荡而延续下来，必有其他潜在的权力形式来推行和监督，譬如乡绅、地主、宗族或会馆等村社组织即为这种权力形式。

在明清时期的中国乡村，乡村宗族成为维持传统"礼治"的中坚力量。[2] 当源于历史之初带有贵族属性的宗族宗法制度在宋明庶民化之后，这种宗法宗族制的作用就从对血缘伦常关系的书写转变为乡村政治权力话语的代言。[3] 宗族把传统文化资源转化为乡村宗族权力的合法性或正统性来源，从而成为建构乡村权威，凝聚、整合乡村地方记忆，同化及规范乡村社会行为和心理的重要组织。"传统中国农村社会的所有实体性和非实体性的组织都可被视为乡族组织，每一社会成员都在乡族网络的控制之中，并且只有在这一网络中才能确定自己的社会身份和社会地位。"[4]

江西是一个宗族现象非常典型的地区，聚族而居是普遍现象。江西农村社会结构以宗族为特色。[5] 那么，江西地方上的宗族是如何通过傩神信仰和跳傩仪式来赋予傩艺人身份宗族内涵的？傩艺人又是如何把这样一

〔1〕费孝通：《乡土中国》，上海人民出版社，2007年，第47—48页。
〔2〕明清时期虽然于广大乡村推行保甲制度，以衔接国家权力，但是里老也得到当地强宗大族的支持，"里老作为国家权力代表的同时也成了强宗大族的代表"。具体可参见方志远：《明代国家权力结构及运行机制》，科学出版社，2008年，第366—380页。
〔3〕参见李文治、江太新：《中国宗法宗族制和族田义庄》，社会科学文献出版社，2000年，第一章。
〔4〕傅衣凌的"乡族"概念是以乡村的宗族组织为核心，详情可参见傅衣凌：《中国传统社会：多元的结构》，《中国社会经济史研究》1988年第3期。
〔5〕常建华：《宗族与农村基层社会控制的历史和现实——考察宋以来江西宗族的发展》，载肖唐镖、史天健主编《当代中国农村宗族与乡村治理：跨学科的研究与对话》，西北大学出版社，2002年，第105页。

种身份内涵纳入自我身份的认知当中并加以认同的呢？我们可以通过傩神信仰来源的传说、傩艺人身份的传承、身份对宗族的经济政治依附、身份之宗族伦理的表述等方面来探讨傩艺人的家族/宗族身份内涵。

一　信仰来源传说与身份传承的家族/宗族特性

笔者在江西田野调查中发现，乡村傩神信仰和跳傩仪式的来源总是与它所依附的当地某个主要的家族或宗族先祖有关，两者之间的历史渊源往往被载入家谱或族谱，成为一种独特的家族或宗族记忆，并成为族人日常生活叙事的一个组成部分。

江西乐安县流坑村有着悠久的跳傩习俗。流坑村建于五代南唐昇元年间（937—942），全村人主要姓董，自称是董仲舒的后代，一千余年，子孙繁衍，至今已有八百余户，四千多人，为董氏大宗族村。[1] 流坑村董氏跳傩习俗相传始于北宋时期。传说自从北宋御史董敦逸将"傩"带回了家乡，傩就被奉为神明。据《乐邑流坑董印明房傩神会略》载：

> 古者岁终而时傩……我先祖立庙北垣，就拱宸门上架造敌楼，中祀炎储关帝，旁纳诸傩神面。所由来者，吾族地居谷口，实为闽广山寇经途，扰攘之时，屡遭其害。我先祖尝修武备，借戏舞以为训练，内以靖其氛，亦外以御其侮也。……每年冬月，弟子操习拳棍团牌。新春月之初，结台演戏，装扮古传，成部教演战阵兵法。凡房下喜庆，俱得借以致贺。元宵装扮神像，扫荡街巷。[2]

---

[1] 这一数据来源于专门研究流坑村的周銮书先生在 1989 年做出的约略统计，该年全村拥有耕地 3 572 亩，山林 53 400 亩，人口 4 290 人，820 户。转引自李秋香、陈志华：《流坑村》，河北教育出版社，2003 年，第 13 页。

[2] 详情可参见李秋香、陈志华：《流坑村》，河北教育出版社，2003 年，第 57—58 页。

由此记载，我们可以看到，跳傩活动由董氏祖先带到流坑村，目的是训练族人，对外抵御山寇的侵扰，对内驱逐族内的鬼疫，营造一种神圣的气氛。自此，傩神便顺理成章地成为董氏宗族的地方性保护神，并被纳入董氏宗族的祭祀活动之中。傩神信仰与傩祭活动经由代际传承，便与董氏宗族成员的日常生活相关联，成为他们重要生命节点的外在行为表达。比如，董姓八大房都有傩会，每年正月初二起到正月十四日，凡在头一年有升官、生男孩（称"添丁"）、娶媳妇、"接郎崽"（即嫁女）等等喜事的人家，都要请傩神到各自家中厅堂做一番表演，以示庆贺，并感谢傩神的护佑。

万载县池溪村丁氏宗族跳傩活动的来源传说虽与流坑村董氏宗族的不同，但是和宗族记忆的勾连关系却与之大同小异。据池溪村 1990 年统计的资料，当年全村共有 878 户，其中丁姓 616 户，其他均为杂姓，全村人口为 3 729 人[1]。据当地丁姓族人告知笔者，池溪村先有跳傩，后有傩庙。他们虽然说不清楚池溪村具体什么时候有傩神崇拜，但都知道沙桥傩神庙是由丁氏宗族修建和维护的，因此该村的傩祭仪式记忆便归于丁氏宗族名下。据清同治年《万载县志》记载："傩神庙祀杨吴将军欧阳晃。凡八：一耕畬布名耕畬庙。一范塘。一沙江桥名沙江祠，明初丁姓建，国朝嘉庆间重修。"[2] 而《沙桥丁氏族谱》也有类似记载："沙江之下，有傩神古祠。邑志载城西六十里丁姓建祠。自有明以来，风侵日炙渐归朽败。嘉庆丙子光曩等首倡，合族输金重建。而傩祠因得复古焉。"[3] 丁氏沙桥傩庙供奉的欧阳晃将军，又称欧阳金甲将军，俗称"大菩萨"。在丁氏宗族的主持和管理下，池溪村每年正月都要举行跳傩仪式，每年农历的九月初一在傩神庙为当地傩神老爷欧阳金甲将军举行隆重的生日祭祀仪式，丁

---

〔1〕以上数据来自毛礼镁：《江西省万载县潭阜乡池溪村汉族丁姓的"跳魁"》，财团法人施合郑民俗文化基金会，1993 年，第 10 页。

〔2〕卫鹓鸣修，郭大经撰：《万载县志》卷二十六"祠庙"，清道光十二年刊本，第 25 页。

〔3〕丁耀华：《沙桥丁氏族谱》卷末下《濠堰傩祠试馆义塾合记》，民国二十五年修，第 21 页。

氏族人和远近村民都要到傩祠来朝拜。此外，平时还进行各类许愿还愿仪式和扫屋仪式（即驱鬼驱邪气仪式）。丁氏后代孙丁启和、丁复生、丁锡锋在20世纪90年代接受访谈时都说："跳魁是我们丁家的传家宝，年年都要跳，祈保宗族太平吉祥。"[1] 笔者在田野中也经常听丁氏子弟说，跳魁是祖传的，不能让它失传之类的表达。"传家宝""祖传"就意味着傩神信仰和傩祭活动已经经由最初的先祖传说而打上了丁氏宗族的文化烙印，成为丁氏后人的宗族记忆。

除了傩神信仰、傩仪的出现与地方上家族/宗族某一先祖的引介行为相关联之外，傩祭仪式行为的展开也往往与当地某种疫病或者灾难的逐除事件形成发生链条上的因果关联，而家族/宗族先祖引入傩神这一行为则正好促成了两者因果环节的连接。据笔者了解，江西大部分遗存于乡村的傩神信仰及跳傩仪式，都缘起于家族/宗族生活中难以克服的某场灾难，源于当地族人诉诸"宇宙神秘力来满足他们愿望的一种尝试"[2]。譬如石邮村吴氏族谱中记载的石邮村跳傩仪式是其先祖太尹公在海南潮州任职期间，潮州发生瘟疫才"奉迎神像"，之后"时疫立止"，并"立庙于治署，塑望朝服祀之"。[3] 太尹公解职回乡时便把傩神信仰和跳傩仪式带回石邮村，"立庙祀然"。这之后，石邮村遭遇的各种诸如疫病、兵灾等当地村民无法诉诸人力来解决的灾难[4]，都通过石邮傩神的威能得以解除或被村民以傩神禁忌的破坏来加以解释，石邮村傩神灵验的声名在外，傩神信仰由此开始留传，并日渐深入民心。即便是按照有些学者的考察确证经由汉族传播而遗存在少数民族地区的傩仪，傩神信仰的来源也总是与当地族群

---

〔1〕该采访记录转引自毛礼镁：《江西省万载县潭阜乡池溪村汉族丁姓的"跳魁"》，财团法人施合郑民俗文化基金会，1993年，第34页。
〔2〕薛曼尔：《神的由来》，上海文艺出版社，1990年，第5页。
〔3〕吴其馨修撰：《乡傩记》，载《吴氏重修族谱》，清光绪十八年，第84页。
〔4〕这些与傩神相关的民间传说都是由村民口传下来，有些故事如雷公背太尹公回家过年的《正月初一过大年》《石邮傩神不派兵》《潭中锣鼓响》等，被载入《中国民间故事集成·江西卷》，可参见《中国民间故事集成·江西卷》编辑委员会编：《中国民间故事集成·江西卷》，中国ISBN中心，2002年，第425—426、427—428、277—278页。

的灾难驱除形成某种因果关联。贵州德江县土家族的傩堂戏，据民间传说，同样也是始于当地的一场瘟疫：

> 第二年春天，瘟疫流行，很多孩子都患了病，各种药都用尽了，就是不见好转，急得家长们愁眉苦脸，唉声叹气。这时不知是谁说，放牛娃们祭的人头（这些人头据传说就是土家族的祖先，也就是土家族现存傩坛戏中的"傩公"和"傩母"二神——笔者注）还显灵来守牛，我们不妨去许个愿看看。于是人们邀约着提点吃的东西去放牛娃祭人头的山洞里焚香许愿。谁知过不了几天得病的娃儿们都好了，人们就按照当初许的愿去敬供那洞中的人头，并在洞口搭垒了祭台，唱歌跳舞，感谢神恩。
>
> 一天，太上老君从上空经过，见下方烟雾缭绕，人们在唱唱跳跳，就降下云头，化装成村民观看究竟。他见人们乱唱乱跳没个规矩，于是把演唱傩堂戏的书本传给大家。后来演傩堂戏时，在正坛中都要挂李老君的画像，还尊称他为二殿君主。……此外，土家族的祖先亦成为傩神神灵。[1]

无论上述这些民间传说或神话是否准确地记载了当地傩神信仰的历史渊源，我们可以肯定的是，傩神信仰的这些民间传说已经借由族谱的记载与当地的家族/宗族记忆扭结在一起，傩神因为家族/宗族的祭祀而得到了信奉，家族/宗族则通过傩神的护佑而获得了平安和延续。

虽然实际上家族/宗族先祖从外地携入傩祭仪式，或发现面具，或重修当地原本就有的傩庙等行为在很大程度上具有某种偶然性，但是这一偶然事件在载入族谱的那一刻，便经由编撰者的叙述策略而使得族谱记忆中

---

[1] 关于德江傩堂戏的民间传说，具体可参见李华林主编：《德江傩堂戏》，贵州民族出版社，1993年，第6—11页。

傩神来源事件与灾难事件的发生具有了某种必然性：傩神神灵在当地的安置和供奉，就是当地家族/宗族先祖为应对可能到来的那些灾难以庇佑其族人平安而采取的手段。这就使得宗族后人及其他乡民在受到傩神护佑的同时，也能深切地感受到宗族祖先的恩荫。由此，家族或宗族后人就把傩神这样一种具有普泛性的民间信仰转变为当地先祖的一件功德，并经由家谱族谱的叙述和宣扬而被表述为地方性家族或宗族祖先荫佑后人的一个集体记忆。傩神信仰因而也被纳入家族/宗族文化记忆之中，傩仪式活动更是依赖于家族/宗族的组织管理和经济扶持，被打上了家族/宗族文化的归属烙印。

把傩神信仰的来源传说与宗族先祖的功德事迹并置在一起，纳入族谱，使得傩神信仰成为家族/宗族记忆和文化价值的主要承载方式，这不仅是傩神信仰之家族/宗族文化归属的一个重要表述方式，更是家族/宗族通过傩仪行为及与信仰有关的诸种规矩或禁忌予以家族/宗族价值观合法化的一个主要方式。神话的功能就是强化传统，它是某一传统的真实原始事件，这一事件在神话中不仅被美化，同时还更超自然化、更富有神力。通过追溯这样一个原始事件，神话赋予传统更高的价值以及更深刻的影响力。[1] 这些承载了家族/宗族记忆的傩神信仰神话或传说，经过几代人的传承，便成为某种根深蒂固的地方性习俗，成为他们应对现实生活中无法克服之困厄的一种生存之道和心理需求，傩神信仰及仪式中被渗入和最终融合的家族/宗族文化记忆和价值观念亦随之而成为地方上的集体记忆和不言自明的指导性观念。

与之相应，傩艺人身份也因为傩神信仰和傩仪活动的家族/宗族身份属性而具有了家族/宗族身份属性的特征。这一特征集中体现在傩艺人身份传承的家族/宗族姓氏约定之上。在笔者采访的江西傩乡，大多数族傩

---

[1] Bronislaw Malinowski, "Culture," in *Encyclopedia of the Social Sciences*, eds. Seligman and Johnson, Macmillan Pubishing Co., Volume Ⅳ, 1931, pp. 634 - 642.

（包括家族傩和宗族傩）都是在家族或宗族内部传承的。傩祭仪式的法事程序及各项跳傩技艺必须由本族姓氏的弟子来传承，并由本族姓氏弟子来展演，仪式活动的展开也主要是在宗族内部；外村的信仰者如要请傩神，必须要提前出示拜帖延请傩神。譬如，在以家族的方式传承傩仪的南丰县罗家村罗家堡，傩祭活动由罗氏三房分别组织傩班继承，并管理各自傩班的面具。元宵跳傩的时候，三班合在一起活动，活动范围仅限于罗姓人家，从不去村里的其他人家跳傩仪。[1] 万载县池溪村的傩班弟子都是由丁姓子弟来承担，外人是不允许加入傩班的，傩仪活动的各个动作也不能外传。笔者在采访中询问跳魈案班的人员构成时，丁姓族人都说，自从有跳傩以来，都是由丁姓弟子来跳魈，别的姓氏要学，一般都不会教，即使是好玩，也只是现场教一两个普通的动作，丁姓跳魈案班特有的动作是不会教的，这是他们的特色，不外传。其实民间这种经由宗族保存下来并表述为宗族祖先遗产之类的民间技艺，技艺的传承总是被规定在本族之内。

值得注意的是，在被誉为"天下第一傩"的江西南丰县石邮村，傩班里的八个跳傩弟子均为外姓人氏，跳傩技艺的传承也是由外姓人氏来担当。石邮村是一个以吴姓为主的宗族村落，吴氏子弟占据村里人口的98%，其他姓氏如罗、叶、刘等人丁稀少。因此，在传统社会，吴氏宗族主导了石邮村的政治、经济和乡村秩序，石邮村的地方记忆亦以吴氏宗族记忆为表述核心。然而，据笔者了解，在有记载以来的文献中，石邮村傩艺人几乎一直由外姓人担任。石邮村傩艺人在当地俗称"跳傩弟子"，最初的八位弟子由谁担任，石邮傩的研究者们意见并不一致。有些认为最初的八位弟子均为客家弟子（估计这是由吴潮宗从广东带回傩神推导出来的），此后则由石邮外姓担任[2]；也有说最初的八位弟子就是石邮外姓弟

---

[1] 详见曾志巩：《江西省南丰傩文化》，中国戏剧出版社，2005年。
[2] 余大喜、刘之凡：《江西省南丰县三溪乡石邮村的跳傩》，财团法人施合郑民俗文化基金会，1996年，第114页。

子[1]。虽然关于最初八位弟子的确切身份目前因为历史记载的几乎不可考而没有定论，但是在石邮跳傩弟子为外姓人氏这一点上，却是非常肯定的，事实上也确实如此。而且石邮村跳傩弟子的传承规矩、辈分地位，在仪式中扮演的角色、仪式中遵循的程序与规矩、仪式禁忌等等，都是由吴氏宗族规约的。这些已经成为石邮村跳傩仪式的传统，并内化为石邮村跳傩弟子和村民的信仰常识和惯习。这亦是非常肯定的。

那么，为什么在石邮传承几百年成为乡民日常信仰和年度仪式最重要形式的傩，展演者一直是外姓人？

在笔者田野调查的访谈中，有一种普遍的意见是，石邮吴姓一直是大姓兼主姓，傩神信仰、傩仪活动以及傩班弟子的挑选等一直由吴氏宗族来管理。而跳傩人就好比戏子，吴姓人员的加入会失却主姓的身份，所以，即使有些吴姓人氏对跳傩非常了解，想参与跳傩，也会遭到家人及其他族人的笑话和阻挠。也有少部分乡民告诉笔者，当初由于想要参与跳傩的吴姓子弟太多，为了避免入选人员产生纷争，所以吴氏先祖就决定让人数很少的杂姓人氏跳傩。[2] 不管当初外姓人氏成为跳傩弟子的原因如何，我们可以肯定的一点是，虽然傩神由这些外姓人氏来扮演，但是傩神信仰和傩仪活动的解释体系和活动框架都是由吴氏宗族来规约的。易言之，石邮村的傩祭仪式仍然是依附于吴氏宗族的。

由此我们也不难发现，在以吴氏宗族为主的石邮村，傩艺人虽然是外姓人，但是他们作为跳傩人的身份仍是通过依附于吴氏宗族来获得，而且身份的这重宗族依附性显然是在石邮村当地历史的变迁发展过程中逐渐形成的。那么，吴氏宗族当初是如何把傩神信仰和跳傩仪式纳入本族文化之中，并通过"驯服"外姓跳傩弟子来呈现其吴氏宗族身份和记忆内涵的呢？

---

[1] 曾志巩：《江西省南丰傩文化》，中国戏剧出版社，2005年，第109页。
[2] 在笔者访谈中，也偶尔有人提及，吴姓不参与跳傩是吴姓人太多，为了避免入选人员时产生纷争，故让人数很少的杂姓人跳傩。从后来的分析来看，此说存疑。

"如果我们想要将历史融入我们对社会活动的分析和解释当中，我们就必须关注人们建构过去的方式。"[1] 我们只有在历史情境中才能厘清傩艺人身份的生成及其内涵。在石邮村，傩班弟子的宗族依附身份亦是吴氏宗族在当地历史及地方记忆的建构过程中完成的，身份的宗族文化内涵也是在居于石邮村权力核心的吴氏宗族组织化和政治化的历史过程中被赋予并生成的。吴氏宗族通过祖先祭祀与傩神信仰的整合、民间信仰与宗族权力的整合，把外姓跳傩弟子的身份表述纳入宗族伦理价值观之中，使其不仅在经济上、政治组织上依附吴氏宗族，而且通过赋予外姓人氏傩艺人身份，使其在文化信仰上也依附于吴氏宗族，并通过傩仪活动的轮回式展演，使傩班弟子在被赋予的人神沟通者身份体验中有意识或无意识地接受吴氏宗族的伦理价值观念，最终完成对这一身份的自我确证与认同。这样，即便是由外姓人氏担当跳傩仪式的展演者，石邮村傩艺人的传统身份依然附属于吴氏宗族，身份内涵仍然以吴氏宗族文化为内核。

大多数傩乡中跳傩仪式传承的家族/宗族成员规约，无疑表达了仪式和仪式展演者的家族/宗族文化属性和文化内涵，这种身份属性因其一目了然与理所当然，往往遮蔽了傩神信仰和傩仪活动中宗族身份被表述的一面。而石邮村跳傩弟子既是外姓人又是吴氏族傩的展演者和传承者，两重身份之间的差异性关联，以及在仪式活动中身份差异性向着身份同一性的转变，反而更能投射出傩艺人的家族/宗族身份表述。

二 身份的家族/宗族经济政治依附

不容置疑的是，傩神信仰和傩仪活动能够历经千年而在乡村留存下

---

〔1〕海斯翠普编:《他者的历史——社会人类学与历史制作》，贾士蘅译，中国人民大学出版社，2010年，第16页。

来，除了驱鬼逐疫的信仰内核能够满足当地村民膜拜神灵以得到护佑的心理需求，对村民生活本身具有工具性意义之外，家族或宗族在政治上、经济上和组织上对傩仪活动给予的支持亦是一个不可忽视的原因。乡村家族或宗族通过以族长和族贤为代表的宗族机构，承担起了乡村的行政组织管理职能，并将傩神信仰和傩仪活动的管理和扶持也纳入其中，使当地的傩祭仪式能够定期举行并得到传承。

从经济方面来看，家族/宗族的经济支持对傩神信仰和傩祭仪式的传承是不可或缺的。傩仪在经济上得到家族/宗族扶持的现象普遍存在于江西傩乡。据笔者了解，即便现代社会中跳傩仪式的规模远远不及传统，仪式活动的各项开支，诸如傩庙的修葺，傩面具的雕刻、开光，仪式中使用的蜡烛、爆竹，跳傩弟子的服装、道具，等等，仍然需要很多花费。在传统社会，这些开销都是由家族或宗族来支撑的。万载县池溪村以丁氏宗族为主，但凡涉及包括傩神在内的神庙修缮、祭祀等活动，都由丁氏宗族合族进行资助管理："历年傩神祠、永泰庵大小宗宇迭次捐输，资财未免告匮，幸大祠尚有余金，各支会会众各户殷实，与凡合族之小康者，竭力科费……"[1]"族人助有香火田三百余亩，召僧祀之，每年令收租，供洒扫、灯油之费。道光末年，适值倾圮，合族重为捐修……所愿族人矢公矢慎，毋致有初而鲜，终庶神得所凭，依人亦赖以庇荫，不将垂盛举于勿替也……"[2]可见，对宗族来说，神庙及祭祀仪式的资助也是他们赖以获得神灵庇佑的保证。

石邮村亦如此。据笔者田野了解，石邮村每年举行跳傩仪式的时候，傩仪的管理者——吴氏头人事先都会安排好协助傩祭活动的人员，细分为各个不同的分会，如"蜡烛会""爆竹会""炮会""灯会"等。即便是现

---

〔1〕丁耀华：《沙桥丁氏族谱》卷末下《合族重修砂江桥记》，民国二十五年修。
〔2〕丁耀华：《沙桥丁氏族谱》卷末下《永泰庵》，民国二十五年修。

在，这些分工依然存在（如图 1.1[1] 所示）。关于祭祀经费的来源，据说 1949 年前宗族分给傩神庙庙宇将近 6 亩土地，交人耕种，可收 130 公斤白米，充当傩祭费用。此外，傩神庙还拥有竹山，作为傩祭仪式活动部分开支的来源。

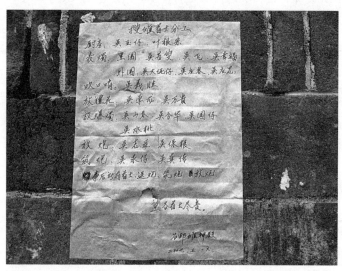

图 1.1　贴于石邮村傩庙外墙上的正月十六搜傩吴氏首士责任分工表
（笔者摄于 2009 年正月十八）

与石邮傩仪得到吴氏宗族扶持相同的是，傩艺人作为外姓人氏，他们

---

[1] 有关本书中的图片来源，需要说明一下。笔者在田野调查期间所使用的拍摄工具为照相机和摄录机。江西傩仪大都是在正月进行，当笔者在某一地进行田野时，可能就错过了另一地的跳傩仪式；而且笔者重点调查的江西南丰石邮村，搜傩仪式是在晚上举行，笔者虽用摄像机进行了全程拍摄，但乡村夜晚光线不好，笔者拍摄技术也不太好，截取的图片并不理想。因此，本书除了使用笔者拍摄的图片，还使用了南丰县政府刊印的一些宣传资料中的图片，以达到更好的视觉阐释效果。这些资料是非正式出版物，并无出版年月和出版社信息，也没有每张图片的具体摄影者，笔者无法一一注明，只能注明出自哪本资料。主要包括：《石邮傩舞》（南丰县三溪乡党委政府主办，夏俊主编，张邦人、张鸿波摄影）、《南丰傩》（中共南丰县委宣传部、南丰县文化体育广播电视局编印，刘慧、黄福平策划，许小轩、曾志巩、李杭、邓梅龙、许安、郭晶摄影）、《中国橘都：南丰》（中共南丰县委、南丰县人民政府编印，朱章明、饶剑明主编，欧阳萍、王伟东、曾志巩、许小轩、吴昀、黎兴旺、江修礼、章斌、曾志诚、江强、彭忠诚、黄建平摄影）。另外还有一些图片来自当地某部门内部资料，没有明确注明具体的摄影者。笔者在图片中都有一一注明出处。下不另注。

的生活在很大程度也依赖于吴氏宗族的土地租种。为更好地理解石邮傩艺人对吴氏宗族的经济依附，我们有必要追溯一下石邮村吴氏宗族的来源。

据《吴氏重修族谱》记载，始吴姓祖先吴希颜公[1]于南宋绍兴五年（1135）来到石邮定居后，人丁逐渐兴旺。据吴氏旧谱记载：

> 厥后烟火联集，忠臣孝子，节妇烈女累累焉，代有闻人，传至第十五世菊泉公生二子，长曰清臣，幼曰良臣。以长房居东位，幼房居西位，东位面西背东，西位面南背北，南位中间以围墙相隔。故石邮有"东西位"和"里外围"之说，两房比庐而居，同宗一脉，繁衍生息，是谓石邮吴氏十六世，时在元末。[2]

吴姓迁至石邮后，以前居住该地的彭、丁两姓陆续迁走（原因不明），石邮村就成为吴氏宗族的居住之地。

明朝万历年间（1573—1620），外姓人口又陆续开始迁入石邮，并在石邮繁衍。但吴姓经过四百多年的繁衍耕作，已经把石邮的大部分可耕用地囊括在手，外姓人氏要在石邮生存，必须自己开荒或租借吴氏人家的土地——或许更可信的原因是，外姓人氏正是在租佃吴姓土地的过程中陆续聚居在石邮的。吴姓与外姓一开始就形成了地主与佃户之间的经济依附关系。在笔者的采访过程中，一位吴姓老人告诉笔者："以前（1949 年前）他们（指外姓人）在石邮村地位很低，大部分人没有土地，必须租种吴姓

---

[1] 吴希颜公乃吴宣公第五世孙。据《吴氏重修族谱》中《宣公行迹实录》记载，宣公生于唐僖宗乾符元年（公元 874 年），原系西川阆州（今四川阆中市）巫锡山人，兄弟三人，公居长，次宣公，幼完公。父简公，官拜西川节度使，其时孟知祥在西川节度副使任，将女许嫁给宣公，吴、孟两家遂结秦晋之好。后唐甲午（即后蜀明德元年，公元 934 年），孟知祥帝位，封宣公为驸马。不及一年，孟知祥卒，其子孟昶继位，不改国号，是为明德二年，封宣公为王。吴宣义而不受，携家徙居江南抚州石井。其时有三子，长纶，次经，幼绍。孙十八人。翌年，即后晋天福元年（公元 936 年），又徙居南丰嘉禾驿梓口庙李宣庄。详见吴其馨修撰：《宣公行迹实录》，载《吴氏重修族谱》，清光绪十八年，第 21 页。
[2] 石邮吴氏续谱董事会编：《吴氏重修族谱》，2006 年，第 11 页。

人家的田地，上山砍柴要向吴姓缴纳镰刀费。而且他们在村里不可以有自己祖宗的祠堂，祭祀祖宗时只能在家里立一个牌位供奉自己的祖先。"而另外一位受访的石邮跳傩弟子母亲也在回忆中告诉笔者："以前我们经常受到吴姓的欺负……现在的土地还是我公公在土改时分到的。"从这些访谈中我们可以大致确定，外姓人迁入石邮村之后，因为人少势薄，并没有获得土地的所有权，而外姓对吴氏宗族的土地租赁，则形成了外姓人氏在经济上对吴姓宗族的依附。

经济依附造成了政治依附。从乡村行政组织管理来看，石邮村傩艺人的吴氏宗族依附身份是在乡村宗族组织化与政治化的过程中形成的。

吴氏宗族的组织化和政治化过程契合了当时由宋明理学促成的明清乡村宗祠祭祀制度创建的初衷，即把权力延伸至乡村，加强中央集权，维持社会稳定。早在宋朝，祠堂、族长、家谱、族田等宗族要素就出现在宋儒的理学思想中。理学家张载在《宗法》一文中便提出"收宗族""明谱系""立宗子"，朱熹提倡"敦厚亲族，和睦相邻"，并撰写著名的《家礼》以规定宗族结构内部的以政治性君臣关系为样式的三纲五常，其目的就在于重建并维持封建社会的以人情伦理为中心的伦理秩序[1]。及至明朝，明朝朝廷虽然最初对民间设立宗祠是否符合礼制尚存疑虑，却一直推行放宽民间祭祀的政策，以加强中央集权对地方社会的渗透，实现朝廷"管摄天下人心"的目的，如"明洪武十七年将庶民祭祖由两代改为三代，嘉靖十五年允许官民祭祀始祖，要求官员建立家庙"[2]。此后自明万历年起，乡村形成大建宗祠祭祀始祖的普遍现象。[3] 明朝还在乡村设立保甲制度，颁布乡约，推行宋儒礼制的教化。这些措施都促成了民间宗族转化为乡村

〔1〕朱炳祥：《村民自治与宗族关系研究》，武汉大学出版社，2007年，第52页。
〔2〕常建华：《明代宗族研究》，上海人民出版社，2005年，第22页。
〔3〕明初时期，金华、徽州、江西等地出现了一大批卓有成就的理学家，这与明朝时期宗祠祭祀活动多盛于南方，如江苏、浙江、安徽、江西、广东等地，也有着密切的关联。参见常建华：《明代宗族研究》，上海人民出版社，2005年。

的政治组织。明初最受皇帝重视的宋濂，作为朱子学的嫡系弟子，便提出"以宗族移风易俗，即通过教化治理宗族，从而改造社会"。"宋濂化同姓之亲以美天下之俗的族治思想，具体落实为举行族会教化族人、建祠祭祖以管摄人心、修谱崇本以维持世教等方面。他把宗祠作为主要教化场所、赋予族谱以'世教'的功能。"[1] 在明朝各代推崇以朱熹为代表的新儒学理学家的建议和努力之下，"于是宗族组织由宣传维护封建伦理，进而执行封建礼法，又进而变成地主阶级审判制裁农民族众的基层政权组织"[2]。清朝的宗族制度沿袭明朝。与此同时，江西的宗族结构亦随之不断完善。出身庐陵大族的欧阳修创作的《欧阳氏谱图序》和南丰曾氏的谱图成为北宋时期的名谱；南宋时期江西修谱者增加；元代江西宗族的特点是设立祠堂祭祖；至明代中后期，江西大姓宗族普遍兴建总祠合族，更为重视始祖祠堂管理族人的功能，强调其功能的多样化，宗族以祠堂为核心建立起各项宗族制度，宗族愈益组织化、政治化。[3]

在这样一个历史大背景下，吴氏宗族无疑也趋于组织化和政治化。在石邮村，不断兴旺的吴氏后人为了祭祀自己的祖先，先后修建了西位祠堂和东位祠堂，并拥有各自的族田。西位祠堂位于村子西部，是良臣公后裔祭奠祖灵之地；而东位祠堂位于村东尽头，为清臣公祭奠祖灵之地。这两个祠堂在石邮村形成了"东西位""里外围"之格局，"里围为军，外围为民，军家读书做官的多，民家多为士民百姓"[4]。吴氏东西两个祠堂建成之后，即选出了族长和族内管事的二十四位头人（东位祠十二位，西位祠十二位），形成石邮村的行政管理组织。族长和二十四位头人组织族人修

---

[1] 常建华：《明代宗族研究》，上海人民出版社，2005年，第192—193页。

[2] 李文治、江太新：《中国宗法宗族制和族田义庄》，社会科学文献出版社，2000年，第89页。

[3] 关于江西宗族自宋以后的发展状况，可详见常建华：《宗族与农村基层社会控制的历史和现实——考察宋以来江西宗族的发展》，载肖唐镖、史天健主编《当代中国农村宗族与乡村治理：跨学科的研究与对话》，西北大学出版社，2002年，第82—107页。

[4] 这一说法，本人在采访中也有耳闻，然而这一说法的文字整理来源于余大喜、刘之凡：《江西省南丰县三溪乡石邮村的跳傩》，财团法人施合郑民俗文化基金会，1996年，第29页。

建族谱，弘扬祖德，并制订了祖训族规，还创办"清明会""冬至会"，举行一年两期的合族祭祖仪式。这样，吴氏宗族以祠堂、族长、族谱、族田以及有规模的吴氏祭祖仪式为象征符号，规约了吴氏宗族内部建立在血缘、经济和社会地位之上的身份等级，规范了尊卑长幼、嫡庶亲疏的伦常秩序。

吴氏宗祠的建立，不仅使石邮村的整个里围和外围都划归于吴氏宗族权力管辖范围，更利用这一村落空间符号的设立表征了石邮村行政权力吴姓宗族的归属。这样，吴氏宗族就借由保甲制在石邮村建构了以伦常关系为核心的伦理秩序，把祭祀祖先这样一种本属于祖先崇拜的原始信仰，转变成为一种乡村治理权力，吴氏宗祠也成为社会身份等级的标志。在石邮村，人丁兴旺、拥有土地、形成宗族的吴姓和人数稀少、土地稀缺、没有宗族符号指称的外姓就在乡村社会阶层上被区别开来，形成了村落空间中吴姓宗族成员的"我们"和外姓村民的"他们"。此外，吴氏宗族依朝廷推崇的朱熹《家礼》训诫为源，化乡约为族规，由族长实施实际的法制权力。族规不仅确立了吴氏族人的言行规范，还把外姓人氏也纳入代表吴氏族训的道德体系，并借由朝廷乡约的推行使其合法化。值得关注的是，尽管吴氏传统的族规很严格，有诸如告诫子孙"奉祀祖先、孝敬父母、一旦发达当以爱民为念""族中丁男妇女，不要伤风败俗；对子孙不孝者、不守祠规者、藐视族长者，要送案究治，驱逐出境"等各类规矩[1]，但是吴姓族规也被石邮外姓人接受、认同。有头人告诉笔者，外姓人如果触犯吴姓族规所列举的被禁止的内容，也同样会受到吴氏宗祠的处罚。

与此同时，吴氏宗族还在村里各处为族人中有功绩者设立牌坊，以此宣扬宗族荣耀。如为族人吴驹代父受刑所表现出来的孝道树立孝子坊，为吴友悌不屈服于敌人投崖自杀而树立贞烈坊，为金榜题名者树立文魁坊、

---

〔1〕石邮吴氏续谱董事会编：《祖训》，载《吴氏重修族谱》，2006年，第129—131页。

登隽坊，为仕官树立世科坊等。这些牌坊的设立，使族规和祖德成为村落空间中可视的道德符号，在社会空间和村民心理里创设了一种有利于宗族统治的道德秩序，并使之日益内化为村民日常谨遵的言行道德意识。这样，吴氏宗族把当时的朝廷政策转化为维护自己宗族权力、增强宗族凝聚力的文化资本，通过祠堂、族规、族谱、族长等一系列宗族要素，在石邮村建构了归属于吴氏宗族的石邮村历史和集体记忆，使吴氏宗族文化成为石邮村地方记忆的核心。这也间接地把石邮村的外姓记忆挤压到了地方记忆的边缘，把外姓人氏归入村民身份识别中的他者位置。这样，一方面，虽然外姓人氏居住在石邮村，但是村里却没有记载他们历史的祖宗祠堂和族谱，他们在石邮村属于无"宗"之人；另一方面，他们作为散户迁入，村里也没有聚族的亲戚往来，所以他们还是无"族"之人。于是，在吴姓人氏眼中无"宗"无"族"的外姓人，自迁入石邮伊始便成为石邮村经济、政治文化的依附者。

三　身份的家族/宗族伦理价值表述

与经济、政治依附同时形成因果关系的是宗族伦理价值的依附，其主要表现形式是外姓人氏在日常生活中以及跳傩仪式展演中自然而然形成的对吴姓宗族伦理文化的依附。这里我们必须看到的是，傩艺人的宗族身份不仅仅是基于宗族文化建构而成，也是傩艺人在长期轮回式的跳傩仪式中逐渐获得的对宗族文化认同的结果。当然，对于包括石邮村外姓跳傩弟子在内的大多数傩艺人而言，这一结果往往呈现为一个无意识的文化同化过程。

傩艺人身份内涵中宗族文化和伦理价值的表述集中体现在身为外姓的跳傩弟子基于乡土傩神信仰的依附性认同。这一认同是在吴氏宗族整合宗祠祭祀和傩神信仰过程中形成的。

在石邮村民头脑中植入的诸如"外姓地位低下""吴氏是主人"这些

代表吴姓宗族意识的符号和意义，不仅是一个借由弘扬祖宗功德和政治经济控制以确定村落权力掌控和地方记忆核心表述的过程，更需要在缓和自身与边缘外姓的矛盾，平衡村落空间配置的基础上，顺利地把这种基于血缘和地缘合一的村落宗族主导意识内化进下一代的意识之中，以确保"贵人之子依旧贵"这类身份在石邮村的血缘"继替"，实现吴姓与外姓的依附关系在石邮村的再生产。这是通过傩祭仪式的操控和跳傩弟子的挑选、管理机制来完成的。

据《吴氏重修族谱》记载，石邮傩是在石邮吴姓传到第十七世吴良臣之子吴潮宗时出现的。吴潮宗"以茂才举孝廉，荐福建政和令，改潮州海阳令"[1]。在明朝宣德年间（1426—1435），潮宗任海阳县令时，曾因海阳疫病流行而迎接傩神以驱除疫病，傩神"所历之城乡，时疫立止"[2]。因此，吴潮宗解职后，奉迎傩神像回石邮故里，修建傩神庙，并带了八个海阳跳傩人到石邮，教会了八个弟子跳傩，组建了石邮吴氏傩班。自此，石邮村每年从大年三十到正月十六都举行跳傩仪式，意在驱除疫病灾害，祈求平安幸福。然而，也有学者对这一族谱记载中的石邮傩事起源表示怀疑，认为石邮傩早已存在，因为南丰自汉以来傩祭不断，地处南丰的石邮村也必尊"周公之制"而行傩，并且石邮在清朝乾隆年间修建的《新建傩神庙碑序》也有"父老传闻，来自海阳，亦越数百载，第勿深考"[3]。此事虽存疑虑，但由于年代久远，资料缺乏，亦不可考。

笔者认为，作为石邮村公共符号之一的石邮傩无论是源于吴氏宗族，由吴潮宗引入，还是早就存在，尔后被吴氏掌管，这一公共符号最终转变

〔1〕"石邮吴姓传十五代，至菊泉公，生两子，长名清臣，次名良臣。长子清臣居东位，幼子良臣居西位，故后有东西二位之名。"吴潮宗即为良臣公之子。石邮村的东位祠堂和西位祠堂即为清臣和良臣后人修建。详见石邮吴氏续谱董事会编：《流源传》，载《吴氏重修族谱》，2006年，第125页。
〔2〕石邮吴氏续谱董事会编：《石邮乡傩记》，载《吴氏重修族谱》，2006年，第84页。
〔3〕余大喜、刘之凡：《江西省南丰县三溪乡石邮村的跳傩》，财团法人施合郑民俗文化基金会，1996年，第148页。

为吴氏宗族的权力符号，是符合整个中国宗教信仰发展史的。因为中国传统的祭祀仪典便是崇尚宗法制度的王权和神权的结合，中国民间历代的神灵信仰和庙宇活动都会直接或间接受到政治权力的干预：或接受朝廷封赐，得到朝廷允准而成为"正祀""正当信仰"；或不受朝廷礼制认可，遭到打压废止，成为所谓的"淫祀祇鬼"。通过这种方式，中国的宗教信仰与权力秩序往往被整合为一体，"宗教制度仅仅是一种镶嵌在权力秩序之中的制度设置，故而使权力秩序不得不同时担当了权力强制和价值教化的双重功能，从而使宗教领域的精神信仰与现实世界的世俗统治权两者无法以制度化的形式予以分离"[1]。及至明朝，明太祖朱元璋在立国之初，一方面命令"中书省下郡县访求应祀神祇，名山大川，圣帝明王，忠臣烈士，凡有功于社稷及惠爱在民者据实以闻，着于祀典令有司岁时致祭"[2]，另一方面则规定，凡"天下神祠不应祀典者，即淫祠也，有司毋得致敬"[3]。如民间自主进行装扮神像，鸣锣击鼓，迎神赛会，则要杖罚一百，并罪坐为首之人。在这种政教合一的制度空间里，地方宗族把民间信仰整合进乡村的政治权力结构之中，这显然契合了明清朝廷宗教制度化的旨意。

对于一开始便成为国家宗法礼制的傩神信仰，世代为官谨奉礼制的石邮吴氏宗族对傩神信仰的管理无疑迎合了朝廷的宗教制度，而且吴氏宗族也充分利用了这一文化和政治资源，将傩神信仰纳入了吴氏宗族文化体系之中，使其成为吴氏宗族记忆的一种具体化表现形态。

首先，吴氏先祖潮宗在解职海阳县令回乡之后，便购买了石邮嵊头山上乐姓地基，修建了石邮村的第一个傩庙，供奉傩神，规定每年正月初一到十六跳傩。关于傩庙的经费来源，据村里的老人说，在傩庙建立之后，

〔1〕李向平：《信仰、革命与权力秩序——中国宗教社会学研究》，上海人民出版社，2006年，第225页。
〔2〕张廷玉等撰：《明史》卷五十《礼四》，中华书局，1974年，第1306页。
〔3〕同上，第1306页。

吴氏宗族划分了六亩田地归傩神庙所有，收取田租，以供跳傩期间的蜡烛费、爆竹费、炮铳费、傩班吃饭的费用，以及平日里傩神庙的香火费和开光打醮、庙宇修缮的费用。这样，傩神庙的修建及祭祀就使得石邮傩神的信仰有了时空意义上的规约性，吴氏宗族对傩庙的经济支撑也使得石邮傩信仰的这一公共符号的意义所指发生改变，成为吴氏宗族文化结构的一部分。

其次，吴氏宗族还加强了傩神信仰和跳傩仪式的管理。由吴氏东、西位祠堂组成的二十四位头人全权督导傩神仪式活动，规定本村的跳傩事项、跳傩期间的各项禁忌，诸如跳傩请神期间傩神庙内不得喧哗，"收傩""圆傩"期间，妇女不得沾边靠近等等。在正月跳傩期间，按吴氏宗族规定，傩班除了在石邮本村跳以外，也去外村跳，跳傩的外出路线都由吴氏头人决定，"范围都在旧行政区五十五都以内"[1]，这就让外村乡民也得到石邮傩神的庇护。由此，傩庙的建立及随后香火的兴盛使石邮村成为附近乡民的信仰中心。

最后，吴氏宗族在管理组织傩祭仪式的同时，有意识地把宗族的文化记忆和伦理价值观与傩神信仰勾连起来，并通过仪式的周期性展开将其渗透进乡民的意识之中，使跳傩仪式不仅成为乡民生活中的一个重要组成部分和生存手段，更成为吴氏弘扬祖德、育化后人的文化符号。这一点仅从吴潮宗后人在傩神旁边安置了吴潮宗"太尹公"的神像就可以看出来。[2]

---

〔1〕余大喜、刘之凡：《江西省南丰县三溪乡石邮村的跳傩》，财团法人施合郑民俗文化基金会，1996年，第96页。

〔2〕吴潮宗当时并没有修建祠堂。据《重修吴氏清臣公祠记》记载，吴氏东位祠堂是在清朝雍正壬子年（公元1732年）修建的。吴潮宗修建傩神庙时为明宣德年间。当时明朝祠庙祭祖礼制沿用由徐一夔撰修、由明太祖赐名的《大明集礼》。《大明集礼》卷六《吉礼六·宗庙》有："庶人无祠堂，惟以二代神主置于居室之中间，或以他室奉之，其主式与品官而楼。"明朝当时的礼制与宋代相似，认为民间建立祠堂是逾越礼制的表现。及至明嘉靖十五年之后，才允许民间建祠；明万历年间及其后，形成了大建宗祠祭祀始祖的普遍现象。这一资料来源于常建华：《明代宗族研究》，上海人民出版社，2005年，第3—33页。

吴潮宗太尹公的神像一直安置在使用至今的傩神庙里[1]，太尹公位居傩神爷右手边的神龛，与傩神爷左手边的土地爷一起（见图1.2、图1.3），成为傩神信仰者供奉的对象之一。祖先神像在傩神庙中的这种安置，显然是吴氏子孙有意使然。傩神庙里吴氏先祖的神像不仅因为傩神像而受到村民信仰者的供奉，还可借由两个神像呈现出来的视觉关联来告知众多前来傩庙烧香许愿的香客：石邮傩神惠佑乡人，是吴氏宗族先祖的功德。因此，乡人在承受傩神荫庇的同时，也受到了吴氏先祖的护佑。

　　傩庙内祖先神像的符号创制，使得傩神信仰成为一种寄生于吴氏宗族的祖宗祭祀而得以延续的信仰模式。无独有偶的是，笔者在吴氏的西位祠堂发现两块紧密相连的石碑，上刻碑名"石邮源流传"和"石邮乡傩记"（见图1.4），分别记载了石邮吴氏和石邮乡傩的来源。类似于把本应该

图1.2　石邮村傩庙正厅，中为傩神爷像，左为太尹公像，右为土地公神
　　　　像（笔者摄于2008年12月）

---

[1] 据《吴氏重修族谱》中《乡傩记》载，原傩神庙在明嘉靖辛酉年被兵燹所毁，后在原地重建一简单傩庙。现在使用的傩庙修建于清乾隆四十六年（公元1781年），位于村孝子里。

图 1.3　放大的傩庙内太尹公像（笔者摄于 2008 年 12 月）

图 1.4　西位祠堂的石碑，左为"石邮乡傩记"，右为"石邮源流传"
　　　　（笔者摄于 2008 年 12 月）

　　放置在祠堂接受供奉的祖先神像放置在傩神庙，吴氏族人把本应该放置在
傩神庙的石碑置于供奉祖宗的祠堂，使得这两个石碑像是互文的符号，以
意义的交替模式表征了石邮吴氏宗族与石邮乡傩之间无法分割的历史性

渊源。

这样，傩神像—祖宗牌位、乡傩仪式—吴氏源流、民间信仰—宗族祭祀、民间信仰的反正统性—吴氏宗法的正统性，这一系列看似毫不相干的符号象征体系，在石邮村发生了意义上的微妙变化。原本只是民间化的傩神信仰仪式中加入了吴氏祖先祭祀的成分，使得大多数信仰傩神的乡民在不知不觉中把包括吴氏祖先教训为代表的"礼制"正统"误识"为乡村客观的文化符号，并在历年的跳傩仪式中得到有意识地强化。跳傩请神词中对宗族功德的颂扬，搜傩时对孝子坊、贞烈坊、文魁坊的参拜及高唱颂辞，都是在有意识地强化这样一种以祖训为代表的宗祠礼制。吴氏祖先的祭祀则具有了某种宗教信仰的特征，使得这由血缘关联的全体成员不得不把祖宗规约的所有人际伦理关系作为宗教崇拜对象来加以信奉、遵从与崇拜。这样，吴氏宗族祭祀就与傩神信仰融合为一体，信仰与权力整合为一体，血缘身份与权力认同亦合二为一。

与此相反的，则是非血缘身份与权力依附身份合二为一。当吴氏宗族获得村落文化和信仰的主导权力时，傩神信仰及傩祭仪式这一村落公共符号就与吴氏宗族文化发生了结构上和意义上的扭结，傩神信仰及其仪式被纳入宗族文化之中，成为吴氏宗族文化的特有组成部分。与此同时，傩祭仪式的展演者则被赋予了某种身份权力，并受到吴氏宗族文化伦理的制约。在年复一年轮回式的奉迎傩神、遵从信仰秩序的过程中，外姓人氏与吴氏族人一样不仅接受而且认同了承载于傩仪之中的吴氏宗祠伦理教条的制约。外姓人氏的经济依附身份由此逐渐被覆盖上了信仰的依附身份。至此，这种不仅在经济上、生活上处于依附地位，而且在思想、文化上依附于宗族主导权力的乡村宗族意识形态就在石邮村建构起来，并内化为石邮村民的日常生活惯习。

处于傩神信仰共生性结构之中的跳傩仪式推进了吴氏宗族文化价值观念在石邮村意识形态化的完成过程。象征人类学家克利福德·格尔兹认为，仪式是一种神圣化的行动，只有通过这种圣化了的行动——仪式，才使得信仰群体产生出"宗教观念是真实的"这样的信念，通过某种仪式形式，动机与情绪及关于存在秩序的一般观念才是相互满足和补充的。通过仪式，生存的世界和想象的世界借助于一组象征形式而融合起来，变为同一个世界。[1] 作为实践傩神信仰和宗族文化的重要行为，石邮村跳傩仪式一方面稳固了村庄的现有权力秩序，给予了石邮吴姓宗族传统延续和再创造的可能性；另一方面在代表吴氏宗族的道德空间之中重新建构了外姓人氏的傩神信仰，从而为石邮外姓人氏因经济政治依附而形成的石邮村文化他者身份意识转变为基于傩神信仰之上与吴氏宗族文化具有同一性的身份意识提供了极大的可能性，使外姓人氏在很大程度上能够认同吴氏宗族文化，并将其内化为某种不证自明的身份规则。

　　石邮傩班弟子的人选和仪式中宗族价值的不断重申，集中体现了吴氏宗族对外姓人氏文化同一性意识的塑造。尽管在吴姓人氏的眼里，跳傩弟子如同"仆人"[2]，但是对跳傩的外姓弟子而言，进入傩班跳傩成为人神沟通者，在某种程度上亦是对他们身为外姓的一种心理补偿。首先，外姓人氏入选傩班，就意味着正月期间傩神会被允许莅临自己家里，为自己的家人驱邪降福，而自己的家人也可以在傩神面前烧香许愿，祈求自己的后代子孙兴旺发达。这样，家里傩神的奉迎使得外姓人氏得到了与吴姓人氏在傩神庇佑上的平等地位。其次，在"戴上面具就成神"的仪式情境中，跳傩弟子作为人与神之间的沟通者，是所有人当中最接近神的人。因此，他们在整个正月傩神显圣期间，即便不带面具也备受尊敬。在笔者采访的过程中，无论是吴氏族人还是跳傩弟子都说，在跳傩的过程中，人们十分尊敬跳傩的弟子，因为他们戴上面具就代表了傩神，而人们是不敢对傩神不敬的，否则会受到傩神的惩罚。正是这种心理补偿机制，为跳傩外姓弟子遵从吴氏宗族秩序并认同吴氏宗族文化提供了条件。

---

[1] Clifford Geertz, *The Interpretation of Culture*, New York: Basic Books, Inc., Publishers, 1973, pp. 87–125.

[2] "仆人"称呼，是本人在田野调查过程中从被采访的吴姓人氏口中得知。

最后，也是最为重要的，吴氏宗族的伦理观念通过跳傩仪式中对颂词的反复吟唱而渗入跳傩弟子的意识之中，使他们在奉迎神灵的同时也下意识或无意识地认同了傩仪中所承载的吴氏宗族伦理价值观念。在跳傩仪式过程中，跳傩弟子不断重复和重申的伦理价值是由吴氏宗族规约的。跳傩弟子在进行家户跳傩之前，都要按规矩在村里一些特定的、具有宗族伦理价值明确表征的地点跳傩，如在正月初一，他们必须先去花寝[1]和祠堂跳傩，按照"东位花寝西位祠，西位花寝东位祠"的顺序进行，其中的东西位花寝是吴氏东西位两房支去世老人的公祭场所，东西位祠堂则是吴氏两房支祭祀祖先的庙堂。此后便要去太尹公家跳傩。在搜傩时，他们还要按规定在各特殊的地点唱颂词，地点按如下顺序安排：师善堂—万寿宫—祠堂—孝行坊—烈女坊—文魁坊—世科坊—登隽坊—世沐坊—纪元坊等。譬如，他们在经过孝行坊时唱：

> 傩神二到孝行坊，代父舍身胜自彰。
> 前代读书出孝子，后代读书出贤人。
> ……
> 吴驹孝子明时嗣房，辉映丹青翰墨香。
> 傩神来到孝行坊，绳绳子孙列两旁。
> 百行之中孝为首，留下芳名万世扬。

在经过烈女坊时唱：

> 傩神三至烈女坊，荷石投崖姓自彰。
> 前代闺门出烈女，后代闺门出夫人。

---

[1] 花寝是石邮吴氏宗族成员停放灵柩的地方。东西位祠堂各有一处花寝。花寝位于祠堂门前，没有特殊的设置，只是在地面上有用石块砌成的方形图案，作为标记。

……
傩神来到烈女坊，玉石俱焚名奉彰。

一时鼓起丈夫志，贞烈不没自天长。

傩神来到烈女坊，三盏金灯日夜忙。

保佑家家添福寿，男康女寿纳千祥。

在文魁坊则唱：

傩神四至文魁坊，文魁翰秀共一坊。

师生前后登金榜，儿孙代代下科场。

……

傩神送福贺门前，保佑信士置粮田。

男女老少添福寿，但愿儿孙满门贤。

这些唱诗往往一开始便陈述吴氏宗族历史上某一或某些族人的功绩壮举（如孝顺、贞节、登魁等），把这些壮举作为宗族某种可资荣耀的集体记忆，通过仪式中的反复吟诵留传给子孙后代，并将其与整个宗族所推崇的某类伦理价值相关联，加以宣扬，以作为傩神及宗族先人对后代子孙的祝福。这样，在年复一年的赞诗传唱中，这些诗中所呈现的吴氏宗族记忆和伦理价值及与此密切关联的傩神护佑，一方面极大地光耀了吴氏兴旺发达的宗族历史，宣扬了吴氏宗族的伦理价值，增强了宗族的凝聚力，另一方面也通过反复传唱的方式促使了外姓跳傩弟子关于地方乡村的记忆和价值观与吴氏宗族的记忆和价值观相互混融，甚至在很大程度上发生重叠，并借助傩神护佑的心愿而延伸到现实生活之中，成为他们认同的文化记忆和文化价值观。

此外，不容忽视的是，只要走出村落，跳傩弟子就代表了吴氏宗族而受到尊敬。外村人对于吴氏傩班弟子的尊敬强化了跳傩弟子对于吴氏宗族文化和价值观念的认同，其外姓身份也就进一步被淡化。傩班去外村跳傩，虽然他们去哪个村庄跳，每天跳多少个厅堂等事项都是由傩班管理者吴氏头人规定的，但是只要出了石邮村，他们就借由所携带的傩神太子和傩神面具而代表了吴氏宗族，代替吴氏宗族行使傩神信仰的权力，并接受外村村民的礼遇和奉迎。

这种在本村代表傩神，在外村代表吴氏宗族的权力替换模式使得石邮外姓人氏暂时从日常生活中的边缘地位上升至整个社区仪式展演的中心地位。对于吴氏宗族而言，挑选外姓弟子跳傩就成为他们平衡村落权力空间，"驯服"异姓"他者"的文化制衡机制。而对于石邮外姓而言，跳傩仪式的整个过程实现了他们与神祇的想象性亲近和认同，也使他们在认同傩神信仰的同时实现了对融合于信仰之中的吴氏宗族文化价值的认同。信仰认同与宗族文化价值认同的合一，不仅最终使跳傩弟子在疏离并超越日常生活的仪式过程中获得了不一样的身份认同感，也使得吴氏宗族最终既能够让傩艺人以被驯服的他者身份扮演傩神以荫佑吴氏后人，又能在他们的身份中植入吴氏的宗族伦理价值以确保其跳傩身份传承的宗族正统性。

通过对石邮村傩艺人宗族身份被建构过程的分析，我们可以看到，如果说石邮外姓的原有文化是在相对强势的吴氏宗族文化下"被迫"隐退的，那么石邮外姓跳傩弟子在跳傩仪式中完成的对吴氏宗族伦理价值的自我认同，则是他们对于自我身份被表述之后身份认同主动选择的结果。没有参与者特别是"文化接受者"对自我身份认同的主动选择，外在的文化压力很难真正转化成一种自生的动力，更不可能使得这种身份代代相传。外姓傩艺人的身份认同其实也体现了这样一个过程，本书后续章节将会陆续提及，此处不赘言。在这里，布尔迪厄对西方教育被用来帮助文化专断获得合法性的揭露，或许可以作为傩艺人宗族身份内涵被表述之后傩艺人自我选择认同的某种比照："由于教育行动有一种教育权威，所以它可以使人不知道文化专断的客观真相。由于被认为实施强加的是合法性当局，所以教育行动可以使人承认它灌输的文化专断是合法文化……由于所有正在审视的教育行动都具有合法性，所以在教育过程中所传递的内容也具有合法性；因为传递的内容具有合法性，因此这种教育活动所传递的内容被认为是值得传递的。"[1]

　　这里值得我们注意的是，记忆表述和身份权力的操演及由此操演而达成的身份的自我认同，两者间的互动关联具有文化的相对性与地域性。很显然，傩艺人尤其是石邮村外姓傩艺人身份的宗族表述及宗族认同，并不是布尔迪厄所谓的教育，而是村民的生活日用以及渗透于日常生活中的日常伦理的不断被重申和实践，它们形成了最为强大、最为持久的精神灌输。傩艺人的信仰遵从与仪式操演中的身份体验，也远重于村民日常理性的思考，成为身份呈现与认同过程中不可或缺的因素。

---

〔1〕P. 布尔迪厄、J. C. 帕斯隆：《再生产——一种教育系统理论的要点》，刑克超译，商务印书馆，2002 年，第 31 页。

第二节 跳傩仪式情境中傩艺人家族/宗族身份的 呈现方式

宗族在赋予了傩神信仰及傩艺人宗族文化身份内涵之后,必然要在具体的傩仪活动中进一步地呈现这重身份,并不断重申身份内涵,使身份承载的宗族文化能够渗透进跳傩弟子和其他村民的日常生活之中,成为村民及跳傩弟子身份识别中不证自明的依凭。宗族正是以此来确立家族/宗族记忆在地方记忆中的核心位置,从而维护乡村的宗族伦理价值和社会秩序。那么,我们就有必要进一步了解传统跳傩仪式情境中傩艺人家族/宗族身份的呈现方式。也就是说,要厘清在传统的跳傩仪式情境中,跳傩弟子是如何在仪式展演的过程中通过种种情境性的条件和媒介来获得自己独特的作为人与神之沟通者的身份意识,并在轮回式的仪式操演中把这种被赋予的身份意识付诸仪式中人与神之具体角色的扮演、担当和体认,进而把仪式角色的担当与体认纳入自身身份的认知,进行自我确证,并在自身与村民之间同一性与差异性的识别中获得身份的自我认同和地方性认同。

一 傩庙:傩艺人身份的记忆表征与规约

一个共同的事实就是,江西各地的跳傩仪式从一开始就总是在一个特定的、神秘的、与世俗隔离的空间中进行,这一空间就是傩庙。傩庙成为江西傩仪的一个重要特色。[1] 而且,江西傩庙的建造、修葺、布局和管理总是与当地的家族或宗族有关,体现出深厚的家族/宗族文化底蕴,是家族/宗族记忆在村落空间的记忆表征。

---

[1] 江西傩庙的普遍存在亦被其他学者认为是江西傩的一大特色,如田仲一成在《江西傩舞参观记》(《江西画报》1994 年第 4 期)就提到:"两次访问江西,参观过十二个傩乡,傩神庙是一大特点。"

在以宗族伦理价值表述为核心的当地乡村社会，傩庙不仅是信仰和仪式展开的物理场所，也是家族/宗族成员和其他乡民复现记忆、认同记忆的空间，更是傩艺人身份的生产、实践场域。

除了供奉的傩神神灵及其与家族/宗族祖先的故事传说寄寓了当地家族/宗族对先祖的追思之情，傩庙本身作为傩神信仰的空间载体，实际上也是傩神信仰者对傩神信仰和情感的对象化或客体化，是村落傩神信仰空间的核心。在傩庙中，傩神信仰者把自己对灾难的解脱或对生活的希望，以许愿的方式寄托于傩神，通过跳傩仪式中傩艺人的神灵扮演，把这一寄托传达给傩神，并欲借助傩神魔力来驱鬼逐疫、许愿祈福。村民对傩庙的情感诉求、历史记忆和生活记忆都显著地体现在各地傩庙的独特布局之中。在笔者采访的江西各乡村，傩庙虽然各具地方特色，但是傩庙内的记忆象征符号却大同小异。傩庙内除了神态各异的傩神像或肃穆的神像牌位、烛火香台之外，还总是悬挂着人们祈福祈愿的各色红纸封包、各种表征傩神显圣事迹的锦旗或颂神对联等等。这些显著的符号无不显示着傩庙空间内发生的与当地人日常生活息息相关的各类祈请还愿记忆。

傩庙同时还是傩仪活动展开的空间。傩神像、傩神面具、傩神道具等神圣物事的存在，以及确证傩神灵验的各类记忆符号的创制，再加上跳傩仪式活动本身的神秘氛围，使得这个原本在地理上刻意划分出来的有形空间就成为记忆复现、神灵显圣的空间，其神秘性足以唤起集体记忆深处当地神灵显圣、逐疫降福的故事原型。而传说和故事形成的信仰禁忌给村民带来的各种恐惧心理及由此不断沉积的集体记忆，最终成为弥散于村民心理的一种信仰的力量。在信仰的精神空间，驱鬼逐疫的故事原型能够不断地重复自身，并成就现实的种种经验，使得一些偶然的、非典型的个体经历成为必然的、具有典型性的集体经验。通过这种方式，空间成为信仰和记忆的一个隐喻性符号，这个符号的所指超越了地理空间的方位限制，而指向任何与傩神关联的地点如神坛、树洞、傩庙、厅堂，或和傩神相关的物件如面具、道具、服饰等，使得它们都可能在驱鬼逐疫的仪式复现中成为神圣和神秘力量永不枯竭的源泉，让人们坚信只要进入了诸如此类的空间，就具有和傩神进行相互沟通，分享傩神神秘力量，实现逐疫降福目的的可能。这无疑也是其他宗教场所或宗教圣物能够被信奉和朝拜的主要原因。

当然，随着历史的变迁，傩神信仰深入民间的程度亦会发生变化，尤其是在现代社会中，我们无法确信村民对傩神的虔诚程度，因为如其他民间信仰一般，傩神信仰的主体精神仍然是现世的、功利的。因此，傩庙在村民心中的地位更多地取决于傩神灵验与否，而不论这些神灵的具体来源。事实上据笔者所了解，村民信仰者对于他们所供奉的各路傩神并不能给予一个准确、一致的解释，他们所了解的只是一个大致的神系框架。在傩乡村民的心目中，傩庙显然并不像那些追求彼岸世界之宗教诸如基督教徒心中的耶路撒冷神庙那般意义重大："耶路撒冷神庙及其仪式起着宇宙柱或'圣竿'的作用，支撑着现实世界。如果其仪式作用被中断或被破坏，如果做了错事，那么，这个世界，神的赐福、人类的繁殖力，甚至源于这个中心的所有创造物便会遭到破坏。"[1] 但毫无疑问的是，对以往以及现在仍然信仰傩神的村民来说，傩庙的存在毕竟寄寓了他们对于生活的某种期待。因此，在他们眼中，一旦傩庙被毁，傩神的赐福肯定也会失效。

由此，傩庙不仅以物质的形式延续了地方祖先的神话，更是在无形中连接了傩神的世界和村民的现世世界，呈现出一个共享的、独具地方性特色的人、神、鬼体系。傩庙作为这个共享体系的象征物，以视觉形象的方式直接赋予了当地村落神圣与世俗文化的意义，为傩庙空间之下的日常生活提供了某种稳定的、连续的意义框架，也为信仰、仪式情境中的村民和傩艺人提供了各自身份的参考框架。如在石邮村正月跳傩仪式展开期间，全体参与者都有着明确的角色分工：吴氏宗族有威望的几个人成为跳傩仪式的实际监督群体——"头人"，他们组织正月跳傩并分担诸如买香烛、

---

〔1〕米尔希·伊利亚德：《神秘主义、巫术与文化风尚》，光明日报出版社，1990年，第35—36页。

买鞭炮等准备事宜；其他宗族成员和村民则成为信仰的接受者群体，他们迎接傩神，供奉傩神并邀请傩神驱鬼逐疫；傩艺人则成为跳傩仪式的实际主持者和人神沟通者。从这个意义上来说，傩艺人身份原本就是以全体信仰者的角色分工为参照体系而塑造的，这些角色不仅承载了以家族/宗族记忆为核心的地方记忆，而且还是在傩神信仰和地方记忆的框架下被约定、得以呈现并获得认同的。

实际上，在笔者所采访的石邮村，跳傩弟子进入傩班成为傩艺人这一事实，本身就是由傩庙来标识和见证的。笔者了解到，凡是愿意加入傩班并得到傩班管理者"头人"允诺的人，都必须一大早到"傩神殿"（当地人对傩庙的俗称）门口打一挂爆竹，告知傩神爷自己要进入傩班的事，然后再进入殿内，向傩神爷作揖参拜，这样才获取进入傩班的资格。八个傩班弟子（大伯、二伯、三伯、四伯直至八伯）的论资排辈，也是以进入傩神殿的先后顺序来约定的。如果哪位弟子违反了傩班的规矩，或者跳傩技艺没有学好又贪玩，懒于学习，就有可能被傩班开除。被开除的标志，便是头人在傩庙外墙壁上刷一张红纸，俗称"刷上墙"，上面写着"某某因为某某原因被傩班开除"，以此通知全村的村民。

乡村傩庙作为傩神信仰和地方记忆的物质承载形式，表征了傩艺人身份的存在意义。"各个相异身份的出现都具有历史性的，它被定位于历史上某个特定的时刻"[1]，傩艺人身份内涵与意义的获得往往与当地傩庙所承载的历史记忆和现实生活愿望相关联。傩艺人人神沟通者的身份最初只是信仰者投射于人、鬼、神这一信仰体系的一个理想镜像，具有"方相氏，黄金四目，玄衣朱裳，执戈扬盾""以索室驱疫"描述中的某种原初性意义，以这一身份原型为核心而形成的种种具有地方性意义的说法、解释以及这一身份所遵循的行为规则（当地人谓之为"老规矩"）便成为当

---

〔1〕 Kathryn Woodward, "Concepts of Identity and difference," in *Identity and Difference*, ed., Kathryn Woodward, London: Sage Publications and Open University, 1997, p. 10.

地傩艺人身份的衍生意义和民俗特征。正是身份中这些后来被赋予的具有地方民俗特征的衍生意义，区分了各地傩艺人身份的具体实践和角色内涵。具体而言，江西各地的跳傩仪式总是包含着类似的请神、娱神、飨神和送神的过程，例如石邮村的跳傩仪式包括起傩（即请神）、演傩（即傩神显灵与娱神）、搜傩（即傩神驱鬼逐疫）、圆傩（送神）四个过程。因此，在跳傩仪式情境中，江西傩艺人无疑成为整个跳傩仪式行为的承担者和展演者。而且他们的仪式身份也在各个特定的跳傩仪式进程中，应情境所需而呈现为几个不同的片段或多重角色的承担，比如在请神、送神中，他们必须是仪式实际的执行者、组织者；在许愿过程中，成为上传人意、下达神旨的人神沟通者；在驱鬼逐疫或消灾仪式过程中，则直接化身为傩神，驱鬼逐疫；在还愿、娱神过程中，他们又重返人之角色，娱神娱人。在其他地方，尤其是少数民族遗存有傩仪的地方，虽然仪式进程也可以概而言之地包括诸如请神、娱神、飨神和送神这四个步骤，但是傩艺人的身份则有可能会因为地方文化或族群文化的不同而呈现出具体角色的差别，角色内涵也因为不同的地方性解释而呈现出各不相同的地方性特征。如在大多数土家族的傩仪中，请神部分总是由掌握了通神神秘力量的巫师或法师来主持（一般情况下并不带面具），而娱神或逐除部分是由其他弟子以各种或跳或唱或演戏的方式（一般情况下戴上面具）来完成的。当然，无论傩艺人以何种角色来完成跳傩仪式，他们的身份都是由地方记忆规约的，且能够得到当地村民信仰者的认同。

而且，傩艺人在跳傩仪式进程中承担的多重角色也是由当地先祖传承下来的，具有某种历史的规定性。围绕着不同角色的行为规则是不同的：有的非常严格，受到严格的监督；有的则比较宽松，以适应不同情境中角色扮演的自然转换。同样是采取舞蹈的方式，在不同的仪式进程中，傩艺人必须遵循的规矩和所被期待的角色扮演各不相同。石邮村傩班的六伯告诉笔者，在为家户"驱鬼逐疫"或表演"傩公傩婆"求子过程中，必须严格遵循规矩，每一个动作都要到位，且"不能乱说话，说了不好的话，这样对主人家不好，主人家要找你麻烦的"。而在"演傩"（石邮村俗称，即仪式中的傩舞表演）环节，他们却可以打破人神之间的严格禁忌，趁机触碰女人的身体，以此博取围观者的笑声。仪式角色行为的规约同样出现在其他地区的傩乡中，在土家族以舞蹈方式举行的过关仪式中，傩艺人必须毕恭毕敬，严格遵守"九不准"的规定，包括"不准污秽神灵，不准行坛嬉笑"等。每一个跳八卦舞步踩下去都不能有错："因为踩错了不仅会被人耻笑，还会受到神罚，如'乾'卦踩错了，要克师人眼睛；'坤'卦踩错了，要克主家的妇女。"因而傩坛中有这样的口诀："不挨不擦不踩人，不倒不撺不串营，不抓不扯不失手，记得清来跳得明。"[1] 而在以舞蹈方式进行的酬神还愿表演中，他们可以打破人神禁忌，和观众一起开玩笑，现场编设剧情，以营造欢愉轻松的氛围。虽然傩艺人一开始对这种情境转化所带来的角色转换大都是以一种祖宗规矩或傩班规矩的方式来提醒自己，但是在经历过仪式的不断重复之后，这种基于规矩的提醒便更多的是以一种自然的或无意识的方式来展开并体验，最后成为一种角色扮演规则。经由这些体验所获得的身份片段，便逐渐地累积成为傩艺人的仪式性总体身份，并被傩艺人内化为实际仪式运用过程中的身份自觉。

从上述分析来看，在传统乡村，傩艺人的身份首先是由傩神信仰与地方记忆共同赋予的，具有历史的给定性和传承性。而地方性傩庙则以具象化的形式显著地标识出了这一身份共享的当地傩神信仰者群体和认同模式，表征了傩艺人身份的存在意义。

二 "去厄救灾"：神之角色的扮演与体认

在这个既具有信仰功能又具有记忆表征功能的傩庙空间中，江西傩艺人首先和首要体认的就是人神沟通者的身份。由于跳傩仪式总是以请神为

---

[1] 李华林主编：《德江傩堂戏》，贵州民族出版社，1993年，第55—57页。

开端，目的是以傩神显灵或附体的方式为信仰者驱鬼逐疫、去厄救灾，因此在体认人与神之间沟通者身份的过程中，傩艺人身份片段中最为关键也是身份承担意识最为强烈的就是他们对于傩神神灵的扮演与体认。

当跳傩仪式处于须由傩艺人在傩神像或傩神牌位面前进行请神、送神或借用神力去灾降福的进程中时，傩艺人首先体认到的是自己作为傩神的角色意识。为了更好地呈现跳傩弟子在傩仪活动中的角色承担，笔者特意把自己在 2009 年正月十六亲身经历并记录下来的石邮村搜傩仪式片段转录如下（见图 1.5、图 1.6、图 1.7、图 1.8、图 1.9、图 1.10[1]）：

　　当天晚上 6 点钟，傩神庙里及庙外空地已经挤满了各色人士，绝大多数是本村的村民及其外村的亲戚朋友，还有一些外地的记者、摄影者、政府领导以及类似于笔者的观摩者、研究者。

　　傩神庙在十二对红烛（大的红烛有四对，每只红烛有十二斤重）的照耀之下一片通明，傩神老爷穿着崭新的大红长袍端坐在神案之中，显得庄严肃穆。庙外鞭炮火铳声震天响。尽管有维持秩序的人员，傩庙里还是非常拥挤，连转个身都很难。

　　跳傩弟子穿着红色的、背后写有"傩神太子座下"字样的跳傩衣服进入傩庙之后，跳傩弟子辈分最高的大伯看到我被人群挤得难以立足，便一把拉过我，让我站在他的身边，靠着香案，这样我才得以观看到整个搜傩仪式的过程。由于灯光昏暗，人群太过拥挤，我几乎无法拍摄，只有一边专注于仪式的进程，一边随机抓拍和摄录。

　　仪式开始了，傩班弟子跪拜在傩神像前，经过判筊，吃起马酒，并把一口酒喷洒在面具上进行开光，使得整个面具在烛光辉映下熠熠生辉，然后戴上面具，伴随着炮响开始了傩神庙搜傩。庙里搜完傩，跳傩弟子

---

〔1〕因为搜傩仪式在晚上进行，人群拥挤，笔者在现场并没有拍摄到合意的照片，故采用了一些内部资料中的照片。照片来源在采用的图片下面都有一一注明，此处不另注。

在火把的照映下开始了一家一户的沿门逐疫。我夹杂在第一个搜傩的家户成员之间，和他们一起手里拿着点燃的三炷香火，随着爆竹声、火铳的炮声，和着弟子的祝词声，嘴里唱着"好"字，迎接傩神的到来。

在尖锐的口哨声中，震耳的锣鼓声中，开始了第一家的搜傩仪式。在急促的鼓点声中，只见钟馗原地先跳三下，然后一路小跑，跳进屋里，并转身站在厅堂的西面，面向屋外，左右手都作香火诀，左手掌心朝上，横放于胸前，右手掌心向前，举过头顶，两手不停抖动。门外又一阵炮响，开山也原地跳三下，左手拿着捉鬼的铁链，急速跑进厅里，转身站在东侧，并把铁链另一端交给钟馗，两人将铁链放在地上。接着在又一声炮响中，大神在原地跳完三下之后，也跑进厅堂，跨过铁链，翻个跟斗，再东翻两个跟斗，最后合掌向厅堂正中站定，向傩神太子作揖三次。与此同时，开山和钟馗把铁链拿起来，转身绕过头顶，表明已经把鬼疫捉住。此后，在爆竹声中，跳傩弟子便去往另一户人家搜傩。

搜傩仪式一直进行到第二天，即正月十七早上6点，搜了二百二十多个厅堂。村里整个晚上鼓声、爆竹声、火铳声震天，村子的空中

图1.5 石邮傩班由外村跳傩飞奔而回，由此揭开正月十六搜傩仪式
序幕（摘自《南丰傩》）

弥漫着火药的味道和烟雾。大家都不睡觉，因为太吵而睡不着，更因为傩神到了哪家，那户人家都要起来迎接傩神，否则就是对傩神不敬。这也使得我虽然想借机打个盹却辗转难眠，生怕错过迎接傩神而被傩神怪罪。

图 1.6　石邮搜傩仪式，傩庙内人声鼎沸，香烛如火，炮仗如雷，大伯在判筊（摘自《南丰傩》）

图 1.7　石邮傩班弟子扮演钟馗、大神在家户拿铁链搜傩，驱除鬼疫（摘自《石邮傩舞》）

图 1.8　石邮傩班弟子在沿门逐疫之前，扮演钟馗、开山和大神
　　　　首先在傩神庙内搜傩（摘自《南丰傩》）

图 1.9　傩班弟子六伯在念请神词（笔者摄于 2009 年正月十
　　　　六晚）

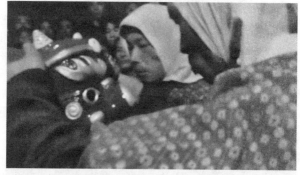

图 1.10　傩班弟子往面具上喷酒（笔者摄于 2009 年正月十六晚）

从笔者上面的描述中，我们可以看到，在跳傩仪式的具体过程中，傩艺人始终是仪式操演的核心人物，且仪式中的种种情境性因素亦赋予了傩艺人成为人神沟通者之"神"的角色及其体验。这尤其体现在傩仪进程中扮演神灵驱鬼逐疫的搜傩环节。在这一环节，驱鬼逐疫仪式所营造的种种情境性条件，如形态各异却有着穿戴禁忌的傩神面具、傩神服饰和傩神道具以及信仰者恭迎神灵的香火、蜡烛、鞭炮等等，都组合成一种神秘氛围，成为跳傩弟子进入傩神角色的心理触媒，再加上跳傩弟子已经习得的与神灵交往的技术手段、以往与神灵交往的情感经验，都在很大程度上让跳傩弟子能够在精神上接近神：他们认可神的存在与神力的无所不能，并与神交流、沟通，成为神灵的代表，成为人与神的媒介。"我觉得那时自己就是个神，别人看我也是非常尊重的。"[1] 跳傩弟子眼中的"别人"，无疑就是指作为傩神信仰者的其他村民，也就是仪式的参与者们。村民在仪式中的这些环节也是严肃的、小心翼翼的，在肃穆的神像、面具及被神化的傩艺人面前不敢高声言语、随意嬉笑。此外，还有各种禁忌严格限制着仪式环节中其他参与者的行为规则。这些情境性的因素，加上村民心理原本对神灵的畏惧和崇敬，无不制造出一种神圣、庄严、必诚必谨的仪式氛围，并因此拉大了神与人之间的精神距离，使得此情此景中扮演神灵的傩艺人在村民眼中幻化为神灵本身，而变得遥不可及、不可冒犯。

仪式性氛围加上旁观者的仪式性认同，加深了这些仪式环节中傩艺人对自身作为人神沟通者身份的肯定。在这种情况下，他们体认的更多是人神沟通者身份中偏向于神的那部分身份意识，而身为世俗凡人的意识则在对神灵的集中体悟和交感中被弱化，变得模糊不清。因此，在祀神的神圣空间，傩艺人的人神沟通者身份集中处于上位之神的位置。

实际上，仪式中傩艺人对人神沟通者身份中偏之于神的角色体认，从

---

[1] 被采访人：唐贤仔，1968 年生，江西省南丰县石邮村人，从二十一岁开始跳傩，刚入傩班时为七伯，现为傩班的三伯。在笔者的采访过程中，"有神"是笔者调查的大部分村落傩班弟子的感觉，此处只引用了唐的采访记录。

他们刚开始加入傩班并接受傩仪传承的时候，就已经成为他们记忆中、精神里无法抹去的一块烙印。在笔者所调查的江西傩乡，尽管接触到的跳傩弟子大多告诉笔者说他们是由于兴趣、好玩而加入傩班[1]，但是一旦加入傩班，成为跳傩弟子，就意味着他们获得了亲近神灵的资格，因而他们的扮演理所当然就必须是"灵验的"和"令人敬畏的"[2]。这种扮演神的资格在江西大多数地方是以加入傩班的方式得以完成，而在其他一些地方，则是以拜师的方式来认定。譬如贵州省同仁地区德江县的土家族傩法师在举行过关傩仪式[3]时要上刀山。据当地的傩法师说，这种上刀山的神秘能力是师傅传授的，"师傅不传不敢做，类似权力交班"。只要师父传了法，"第一次上刀山，脚不疼，也不害怕"。"在请执（即出师仪式）以前，没敢做上刀山，请执以后乱做都行。平时连作为锻炼都不行。"有几个年轻人出于好奇试过，结果踩伤了脚。[4] 由此我们可以看到，上刀山之类的神秘傩技并不是任何人都能去尝试的，只有那些傩艺人，经过了出师仪式，也即经过师傅的亲口传授秘诀秘法才能完成。经过了授法，傩艺人才能正式成为人神的沟通者而受到神力的护佑，带领过关孩子闯过刀山所象征的重重人生难关，达致让孩子顺利长大成人之"灵验"和"令人敬畏的"的仪式效果。

因此，傩艺人能够代表傩神，这种灵验性和令人敬畏感的保证首先来源于他们成为人神沟通者，获得与神沟通技艺的颇具神秘性的传承仪式。虽然乡村跳傩技艺的传承如许多民间艺术一般，采取言传身教的方式，但是和许多民间技艺不同的是，跳傩技艺中蕴含着宗教的"神性"，承担着娱神、禳灾、降福的功能，强调了仪式效果的灵验性。因此，跳傩传承的

---

[1] 笔者在江西做田野调查时采访了几十位傩艺人，几乎所有的艺人都告诉笔者，他们当初加入傩班都是因为觉得跳傩挺好玩的，才加入傩班开始跳傩。

[2] "灵验"和"敬畏"是笔者总结采访艺人的感觉而归纳的两个词。在采访村民和傩艺人时，"很灵""我们都信""不敢乱说话，傩神老爷知道的"是笔者听到的比较普遍的对傩神的信仰表达。

[3] 过关是贵州傩堂戏仪式中的一种，关乎父母为了让自己的孩子顺利成长步入成年而许的一种愿望。

[4] 此处采访记录转引自李岚：《信仰的再创造：人类学视野中的傩》，云南人民出版社，2008年，第128—129页。

不仅是技术，更有仪式中所蕴含的傩神魔力。传承期间的各种禁忌则确保了传承人所代表之神灵显圣的理想效果。在江西的大多数乡村，傩艺人虽然由于耳濡目染而具备了初步的跳傩技艺，但在加入傩班之后，仍然要接受严格的技艺训练。傩仪展开的程序、颂神赞辞和行为禁忌，都要用心记牢，并且还要接受傩班大伯和头人的监督，以确保正月行傩不会出现任何差错，以免得罪了傩神，给乡民带来灾难。训练期间的严苛程度总是让跳傩弟子在回忆时感叹不已，亦有弟子无法忍受而不得不退出傩班。在采访中，石邮傩班的一些弟子告诉笔者，傩班的规矩非常严格，而且他们在学习跳傩技艺时，动作没有学好，程序没有记牢，都要受到师傅尤其是头人的训斥、打骂，甚至被逐出傩班。这种跳傩技艺或法术的传承虽然是口耳相传，但是我们仍然可以从他们在行傩时期的禁忌、规矩和他们在学习跳傩技艺时所遭受到的严格监督，看出傩艺人为了与神交往体验所须付出的努力。在一些少数民族地区，傩艺人的传承则显得更为严格。广西壮族自治区柳州市师公傩的文武坛师公在收弟子时，为使弟子在以后行法时灵验，都要进行一种名为"度戒"的仪式。需要度戒的弟子在各位师公的引导下，要经历启坛、请圣、供斋、受法号、受戒律、授艺、上刀山过火炼、谢师收坛几个阶段，历时三十六天。而且弟子的度戒都伴随有禁忌。弟子受戒律时，必须在师公选定的一个僻静场所被隔离，不能回家也不能外出；授艺则在晚上秘密地进行，弟子只能用心记住教授的经文、密咒及动作，而不能用笔记录；最后只有那些能够顺利通过上刀山过火炼严格考验的弟子，才能算是入门的师公弟子。

训斥、打骂尤其是上刀山过火炼而身体毫发不损，不仅是检验傩艺人是否有资格成为人神沟通者的试金石，这种非常人所能及之行为，再加上传承过程的神秘和禁忌，也保证了其他村民对傩艺人神灵附体及神力施为的确信不疑，以及他们对神之身份以及傩艺人人神沟通者身份的持续性敬畏。对于傩艺人而言，上刀山过火炼，除了考验其身体的坚韧，更是对其精神或灵魂世界的考验。"刀山""火炼"这些寻常人体所无法忍受的威胁，在傩艺人的度戒仪式中成为一种指向通往傩神精神的过程符号，意味着傩神显圣之前具象化之"灾难"和"痛苦"，隐喻着"驱鬼逐疫"原始意象中已经预设好的"生"之前的本相——死。上刀山过火炼所造成的身体痛苦以及与此痛苦相关联的对灾难的抗争和生死感受，则是对傩艺人身体和灵魂的双重检验。这就正如许多民族成年礼中身体的"受难仪式"或其他宗教仪式中的苦修历程，其意义无非在于肉体上和精神上的"试炼"。

更为重要的是，无论是学习傩技过程中所遭到的训斥、打骂，还是上刀山过火炼这种宗教式的"试炼"，都有助于傩艺人在从"遭灾"到"去厄"的具体过程中体会到傩神护佑的精神慰藉以及身为人神沟通者的神圣使命。因此他们加入傩班或进行度戒，实质上就预示着他们经历了从一个平凡人过渡到一个具有神性之沟通者的升格过程（即"人"被升格为"神"），而且这个过程也会促使他们从一开始入门就能从身体的痛苦考验及痛苦之后的身心完整性中体验到神灵、神力附身的威能，进而由对神的崇拜而推及自己作为神灵化身的身份，并最终把自身作为人神沟通者身份中神的那部分意识根植到自己的身份担当和自豪感之中。这个由人到神的身份升格过程，其效果类似于中国北方萨满教的出师跳神训练："跳神训练的最高标准是跳到神志不清、精神恍惚、'神灵附体'为止。这是学习萨满的核心。跳神达不到'神灵附体'的境界，是不会被公认为出师的萨满的。"[1] 跳神达到"神志不清"从表面上看是一种主观意识的暂时丧失，但是训练则是一种自主的、有意识的行为，萨满训练的目的是为了学会在跳神之中高度运用自己的意识能力，从而把自己的状态有意识地调整到能够进入迷狂这样一种无意识的神灵附体状态，以成为神灵的代言人。因此，能够在施法时体悟并进入神灵附体的状态，是成为一名合格萨满的标志。

同样，对于傩艺人而言，包括上刀山过火炼在内的严苛的傩技训练不仅

---

〔1〕乌丙安：《神秘的萨满世界——中国原始文化根基》，生活·读书·新知三联书店，1989年，第208页。

在表现形式上是傩艺人度戒的最后一道关卡，也成为"检验弟子是否心诚，能否得道的关键程序"[1]。"心诚"源于对傩神威能的畏惧、信服和神灵附体之后的虔诚、慰藉，而"得道"则是对傩神象征之信仰的精神体悟，并最终转化为一种身份的自我承担意识的结果。具有神之魔力、体认与身份承担意识，即成为虽然说"我"是"人"，而"我"已经是"神"[2]的真正内涵。

三 "娱神娱人"：人之角色的回归与仪式性承担

那么在傩艺人体认并感悟神，传达神意和执行神力的过程中，人之角色及其仪式性功能是如何随着仪式的进程逐渐取代神之角色意识而被跳傩弟子所认知并承担的呢？类似于土家族傩法师吟唱的"说我是神啊我是人哪""该我是人时我就是人"中人的角色对于傩艺人来说又意味着什么呢？

在笔者采访的过程中，被访谈的傩艺人不仅谈到自己"就是神"的自豪感，也谈及仪式的"好玩"："大家都说'戴上面具就是神'，我有时候也觉得没什么，和大家一样，觉得挺好玩的。"[3] 无论是如上述加入傩班时的动机是因为跳傩"好玩"，还是在仪式过程中和"大家一样"觉得"好玩"，都无不说明了仪式过程中傩艺人除了具有神圣之类的精神感受外，还有另一重感受，那就是跳傩仪式世俗的极富有娱乐性的情感享受。这种情感享受无疑来源于跳傩仪式之娱神娱人功能。

---

〔1〕庞绍元、王超：《广西省柳州市师公傩的文武坛法事》，财团法人施合郑民俗文化基金会，1995 年，第 26 页。

〔2〕笔者这里引用的是由德江县文化局文化管理所原所长黎世宏 1993 年转述的土家族傩法师的一段唱词："戴上面具我是神哪，卸下面具我是人哪。说我是神啊我是人哪。说我是人啊我是神哪。该我是神我就是神哪，该我是人我就是人哪。"这段唱词道出了大多数傩艺人人神沟通者身份的实情。转引自李岚：《信仰的再创造——人类学视野中的傩》，云南人民出版社，2008 年，第 147 页。

〔3〕被采访人：罗润印，1977 年生，江西省南丰县石邮村人，小学三年级肄业，二十岁加入石邮傩班，跳傩至今，最初是为傩班的八伯，现在为六伯。在笔者参与的 2009 年春节的跳傩仪式，由于大伯嗓子不好，请神词由六伯代替大伯念诵。

正是因为跳傩仪式娱人功能的不断强化，跳傩仪式被分成不可或缺、紧密联结的两端：一端是严格意义上的傩祭仪式仪规，另一端则是具有娱乐性质的傩戏傩舞表演。跳傩仪式展开的空间也因而兼具神圣性和世俗性。当仪式进程从请神、祀神进行到娱神、娱人之时，傩艺人身份所处的空间属性也发生了变化，即从祀神之类的傩庙神圣空间转移到了娱神之类的戏台世俗空间。在世俗空间之中，戏台自带的愉悦功能以及旁观者的情绪转换，都使得傩艺人的角色意识能够逸出其驱鬼逐疫之神圣的偏向于神的位置，而还原或回归为人的角色意识。这样，表面上一成不变的神灵化身身份也发生了偏移，偏向于俗人与神灵两端处于下位之人的位置。在这个位置，他们体认更多的则是作为人的角色及其扮演。土家族法师所说的"说我是神啊我是人哪"，即就是说傩艺人虽然还戴着象征着神的面具，但是，在娱神娱人的仪式阶段中，他们已经还原为人，尽管这里的人并不是平常人，而是类似于"游戏者"之角色。

在笔者调查的石邮村，傩舞表演八个节目中延续时间最长的"钟馗醉酒"[1]节目（见图1.11、图1.12）集中体现了严肃的跳傩仪式之中傩艺人与旁观者之间互动、游戏的场面。在"戏判"环节，当钟馗或大小神跪在地上仰面扮饮酒状时，一些调皮的孩子就会恶作剧式地把一些花生米或小豆子从面具的眼睛或嘴里塞进去，使得扮演者哭笑不得，一边清除面具堵塞物一边继续演傩，这些狼狈动作就会引起围观者善意的笑声；另外，在"劝酒"环节，当大小神上场扮演饮酒时，孩子们便起哄，嚷着要喝酒，而扮演者则作势将酒壶或酒杯送到小孩的嘴边作斟酒状，大人们有时

---

[1] 在田野调查时，石邮村一些老人和头人告诉笔者，"钟馗醉酒"原名是"跳判"，后改为"钟馗醉酒"，该节目中体现扮演者与围观者互动场景的原本有三个部分："挤判""戏判""劝酒"。"挤判"就是当大小神进入厅堂表演，而判官（即钟馗）上场时，围观的中青年便会涌到厅堂前的天井口，故意拦住判官上场，而判官则必须凭借自己的力气挤进去，如果挤不进去，就必须设法从围观者的肩头爬进场。村民们以此来试探傩班弟子的本事，也增加娱乐的氛围。这部分节目后来因为耗时过多且跳傩的厅堂过多，所以较少表演。"戏判"和"劝酒"两个部分则保留了下来，成为人神共娱的一个节目。具体过程笔者在正文中已有描述。

图 1.11　石邮跳傩节目"钟馗醉酒"中孩子们闹酒喝（摘自《南丰傩》）

图 1.12　石邮傩舞"钟馗醉酒"（笔者摄于 2008 年 12 月）

也会作势讨口酒喝，开心地议论着"吃了傩神老爷的酒，没病没灾"；有些弟子在此时就会趁机给围观者中一些漂亮的女孩子斟酒，并趁机摸摸她们的脸蛋，碰碰她们的身子，吓得她们连连后退，引来阵阵戏谑的笑声。

跳傩弟子与仪式参与者或旁观者相互嬉戏的互动行为，使得跳傩弟子的角色意识能够顺利地从神的位置转换到人的位置，并不断体认到人神沟通者身份中偏于人的角色意识。在娱神娱人环节中，围观者的参与以及此起彼伏的笑声无疑是跳傩弟子转换神与人角色意识的重要触媒。围观者的参与与笑声不仅是对跳傩弟子此时此刻表演效果的肯定和进一步鼓励，笑声也冲淡了仪式的神圣氛围，使得整个仪式暂时置换到一种轻松快乐的、全民同庆式的情境性娱乐之中。在这一娱人的仪式性情境之中，围观者具有在此环节戏弄跳傩弟子而不会受到惩罚的经验和心理预期，因而他们能够暂时放下对神的敬畏和尊重，戏弄跳傩弟子；跳傩弟子由此被围观者拉下神的位置，置身人群之中，与他们互动，并体验到娱人的快乐。

傩艺人人神沟通者身份中偏于人的角色意识在快乐的刺激下回归，回到了人之本真情感的表达，并得到了有意识的、主动的扩张和强化。傩艺人虽然依旧带着严肃的神灵面具，但是他们的情感却脱离了面具的精神束缚，反而在面具的遮掩中——或者更为准确地说，反而使得以面具为神灵的这一被神化的角色——回归到最素朴、最本真的人的一面。神被人化，这种情境中的人不仅超越了世俗礼仪道德的约束，也超脱了日常等级的严格界定，而表现出行为的大胆与率真。在娱人的仪式环节，跳傩弟子能够意识到此一环节的"逾矩"行为并"不犯规"[1]，因此他们可以暂时不顾虑神灵的尊严，而做出戏谑女孩并和孩子厮打成一片的行为。这也是为什么当笔者在田野中问及各地傩班弟子何以加入傩班跳傩时，他们几乎一致地告诉我是因为觉得好玩才去跳的。尽管当初他们也许并没有意识到跳傩其实是一件很辛苦的事情，但这也从侧面折射出，跳傩仪式的娱人功能不再是娱神功能的附属物，而已经深入人心，成为当地村落一种特有的游戏与娱乐。

---

〔1〕笔者在调查中发现了石邮村傩班弟子的这些"不合规矩"的行为，因此在采访中问及，傩班大伯告诉我，这些东西都是老祖宗传下来的，并"不犯规，大家都觉得很开心，头人们也不会管这个"。

傩艺人对人神沟通者身份中偏于神和偏于人的角色体认方式是不同的。生活的困厄、灾难和神力的无所不能，不仅是傩神信仰能够遗存千年的根本原因，也是傩艺人对神之角色能够获得持续性个人体认的主要原因。偏于神的角色是傩艺人个人在与神的精神交往之中形成并进一步得到确证的，这种体认虽然参照了以傩神信仰为架构的地方性知识解释系统，但是由于神灵不可侵犯、遥不可及和人神沟通者身份的特殊性，神之角色的体认更多诉诸傩艺人个体对傩神的一种宗教式信念，凸显的是傩艺人单向度、个体性的信仰情感皈依和精神向往。旁观者在仪式中毕恭毕敬的态度则进一步确证了傩艺人作为神灵化身的角色。因为当傩艺人处于神之上位时，他们的行为具有极高的自主性，旁观者则是被动的，他们必须听从傩艺人的任何吩咐。双方地位的这种不平等不仅映衬了傩艺人"戴上面具就是神"的身份，也同时强化了傩艺人对神之角色的体认。

偏于人的角色及其扮演，原本就是仪式中傩艺人在其身份意识处于上位之神的位置时，被围观者拉下来之后发生的。傩艺人对人之角色意识的体认更多地依赖于围观者的这种外力作用，是在与平日生活中无异于自身身份之"熟人"的交往中体现出来的，因此不需要像体认神之角色一样，做出精神上的某种努力。因此，人之角色的体认在很大程度上是傩艺人对于围观者的一种情绪和情感反射，一经触动，人之角色意识马上回归，并能够和围观者相互融合，在情感上不断强化以致达到由信仰意识所转化的节庆意识。由此我们可以看出，人之角色的体认是以傩艺人和围观者的情绪互动为保证的，表现了傩艺人个体与围观者群体之间平等的、双向度的情感交流与愿望共享。这种双向度的情感交流与愿望共享消弭了傩艺人因为神之角色意识而造成的与围观者之间的精神距离，使得傩艺人在意识到"人"之角色时，能够主动并自在地与围观者在情感上融为一体，形成彼此之间相互戏谑、打趣的节庆场面。

值得强调的是，傩艺人从神之角色意识到人之角色意识的回归，并不是简单地回归到原点，成为与旁观者一样的凡人。这份人之角色意识在仪式中产生，自然具有另一重仪式性的承担。我们可以从傩仪式的戏谑性质来透视这个问题。神圣的傩仪式之中夹杂着的戏谑片段并不是傩艺人单纯的所谓搞笑行为，而是傩神信仰中驱鬼逐疫原始意象与当地生活相结合之后的另一种衍生，是当地傩神信仰者的另一种精神需求。这种需求已经超越了简单的对娱乐的诉求，而是在娱乐之中释放日常生活世界和超自然世界施加给人们的压力，以重新回到与生命、宇宙相和谐的状态。这其中蕴含着当地村民对于美好、平安的向往。

举例来说，与上述石邮村"钟馗醉酒"傩舞节目中"小鬼"趁斟酒机会调戏围观漂亮女孩而引发善意哄笑情境相类似的，则是笔者在土家族的傩堂戏中发现的傩戏情节：

> 演员在演戏中时，也可以和观众开玩笑。有的戏还须观众参与对白，加添台词。有些台词则是演员与观众的相互问答，歌声、笑声、挤闹声、打情骂俏声浑然一体。戏中所表现的情节，多与村民的生活习俗相关。由于傩堂戏的表演有一定的随意性，演员也可随时即兴添加台词俚语。如"甘生赶考"中，秦童为甘生挑担，在离别秦娘时，二人依依不舍。此时观众可以插话开玩笑说："秦娘，拐了（坏了的意思），秦童杀广（下广州）去了，两天找小姐回来不要你了！"秦童则说："毛，你在屋头乖点，我去找钱来修洋式房子住，找小姐来帮你当新妈！……"类似这种风趣的情节，在傩堂戏中随处可见。[1]

在"甘生赶考"中，旁观者的插话打破了傩戏原本的表演进程，而跳傩弟子也能跳出原有的戏之情境，机灵主动地对接旁观者的思维和话语，两者之间默契地以同样是插科打诨的方式，把原本是进京赶考、夫妻离别

---

〔1〕黎世宏：《德江傩堂戏的分类与特色》，载曲六乙、陈达新《傩苑：中国梵净山傩文化研讨会论文集》，中国戏剧出版社，2004年，第249页。

依依不舍之氛围，改编成了现代生活中村民进城打工所耳闻目睹之婚外恋玩笑。傩戏这种与现代生活的戏谑式结合，不仅改变了传统跳傩表演的重复性与单一性，增添了仪式聚会的热闹氛围，也促使了傩仪式中戏与村民生活的结合，强化了傩仪式的现代娱人功能。而且，一个玩笑"代表着一个社会结构的暂时失效，或者说它制造了一种干扰，使社会结构的某个特殊方面变得无关紧要"[1]。具有戏谑性质的这部分傩戏表演是对日常性禁忌和神灵禁忌的反叛，它使得人们得以从日常的行为规则和道德规范中暂时地解脱出来，超越社会、神灵和个体之间深层次的矛盾，释放因为屈从于禁忌而形成的心理压力，从而获得一种暂时性的反叛自由。

更为重要的是，与庄严的逐除（即驱鬼逐疫）、许愿仪轨具有相同文化意味的是，傩舞、傩戏作为完整跳傩仪式的组成部分，其中的诙谐调笑也是傩神信仰者们对灾难解除之后生命重新整合的一种手段。"欢悦的笑声，满堂喜庆，这些就是愿主家的要求。"[2] 愿主希望傩堂戏所带来之欢悦的笑声能够冲淡灾难带给个人或家庭的心理阴影，这样，傩堂戏之娱人表演就不再是文化外来者眼中浅白的、纯粹享乐性质的调笑，而成为跳傩还愿仪式的一个重要组成部分。

傩仪中戏谑调笑所承担的仪式性功能与逐除环节的仪式功能具有同等的重要性。不同的是，傩仪式中的逐除或许愿环节是在"必诚必谨"中，即在对神灵的敬畏恐惧情绪之中完成的。因此仪式中家户或愿主生命的整合无疑呈现出信仰者完全服从于神力而造成的个体精神上的被动感和紧张感，凸显的是家户、愿主对于生命之困厄无法抗拒的无奈感和宿命感。而类似于"钟馗醉酒""甘生赶考"之类的戏谑环节则是以"诙谐哄堂"式的轻松幽默来表现生命重新整合的方式，这是以笑这样一种更为积极、主

---

[1] Mary Douglas, *Implicit Meanings*, London and Boston: Routledge and Kegan Paul, 1975, p. 107.

[2] 黎世宏：《德江傩堂戏的分类与特色》，载曲六乙、陈达新《傩苑：中国梵净山傩文化研讨会论文集》，中国戏剧出版社，2004年，第249页。

动的心态来表现困厄解除，生命重新开始。因此仪式中傩舞、傩戏更多强调的是以喜庆的方式寄寓未来生命之美好和平安。欢悦的笑声不仅是家户或愿主们对灾难解除之后紧张心理的宣泄以及酬神之后愿望满足的情感表达，更是人神之间重新达至平衡的一种表达方式。对于其他的傩信仰者包括家户或愿主家的仪式旁观者和表演的傩艺人来说，这种戏谑式、狂欢式的笑声和娱乐所呈现出来的人们对于傩舞、傩戏的全身心投入，同样缓解了地方性驱鬼逐疫仪式或许愿还愿仪式所蕴含之命运共通的紧张感和沉重感。因此，这种对于傩"戏"的全身心投入是另一种意义上的仪式性投入，与跳傩仪式中请神之类的全身心投入具有同等的心理效应，这就恰似马林诺夫斯基对于巫术心理的分析："一度的紧张借着语言与姿势发泄出去以后，萦回于心目使人不得安生的幻象也就消灭了，所希冀的目的似乎也更满足了，于是我们恢复了平衡，恢复了与生命相和谐的状态。"[1]

从这个意义上来说，在娱神娱人的跳傩仪式中，傩艺人不仅要在仪式中成为神灵化身，取得去灾降福的仪式效应，还要能够通过仪式的娱人表演赢得村民的笑声和赞许，使得家户或愿主与其他的旁观者能够在戏谑的笑声中进一步认同傩神，在相信傩神的灵验中忘却过去的苦厄，解脱生活的压力，并通过笑声尽可能地释放灾难施加给生活和个人的心理压力，在笑声中重新建立起人与神、人与人的正常秩序，在插科打诨式的主动参与中重新建立起生活的自信和人对于自身力量的肯定。

如果说驱鬼逐疫是傩艺人人神沟通者身份中神之角色天经地义的担当，那么为包括傩艺人自身在内的所有傩神信仰者带来快乐以消除生活的阴影，重建生活的秩序与希望，则成为傩艺人人神沟通者身份中人之角色的另一重仪式性的承担。

---

〔1〕马林诺夫斯基：《巫术·科学·宗教与神话》，李安宅译，中国民间文艺出版社，1986年，第68页。

四　身份差异性的区分与同一性的主导

承载着家族/宗族记忆和伦理价值观的傩庙为全体村民提供了一种能够给予生活某种稳定感的傩神信仰观，还为傩艺人自我身份的确证和村民旁观者对傩艺人身份的认同提供了不可或缺的仪式性情境条件，如通明的烛光、震天的锣鼓、点燃的火铳、肃穆的傩神老爷、众多毕恭毕敬的村民信仰者、只有仪式中才能穿戴的傩神服饰以及仪式的全民参与方式等。因此，傩庙尽管标识出了傩艺人身份的差异性，更因其共享的家族/宗族记忆而定位了傩艺人与其他村民之间身份同一性的识别。

一方面，作为当地村落信仰传说的一个表征，乡村傩庙因其独特的情境性约定标识了傩艺人身份在特定情境中与其他村民身份的差异性，身份的差异性是傩艺人获得人神沟通者身份并进行自我确证的前提。

从乡村傩庙作为跳傩仪式展开的特定情境或场所来看，傩艺人身份识别中的自我与作为他者的其他信仰者或村民，其差异性是非常明显的。这一差异性首先源于傩庙自身的神圣性和仪式行为的特殊性。傩庙因其所寄寓的傩神神灵而成为一个神圣空间，这就把原本是同质性的世俗空间进行了划分：一边神圣，一边世俗。当然，这一划分不仅是空间属性的区分，更是傩艺人与他人在身份区别上的呈现，即在仪式情境中，傩艺人不仅是仪式的主持者，更是人与神之间的沟通者，而其他村民虽然参与仪式情境，却是神灵的奉迎者，是有求于神的信仰者。而且仪式行为本身就具有特殊性，"仪式在于宣称差异性"[1]，是"关于重大性事物，而不是人类社会劳动的平常的形态"[2]。因此，在傩庙所定义的行为情境中，无论是

---

[1] J. Z. Smith, *To Take Place：Toward Theory in Ritual*, Chicago：University of Chicago Press, 1987，p. 109.

[2] J. Z. Smith, *To Take Place：Toward Theory in Ritual*, Chicago：University of Chicago Press, 1987，p. 198.

正月的全村傩祭仪式，还是在特定的生命节点举行诸如许愿、消灾或祈福的仪式活动，傩艺人因为傩庙空间各种与神相关联的情境性条件，都能够感受到自身与其他村民的身份差异。他们掌握并拥有了一套和神灵交往的技术或秘密，能够承担起仪式中多重角色的扮演。在仪式过程中，他们是离神最近的一群人，受到村民的崇敬和膜拜，他们甚至可以在戴上面具的那一刻，成为村民眼中神灵的化身，发挥神灵的威能，驱鬼逐疫，祈愿降福。傩艺人的这些角色是由跳傩仪式这一特定的情境所赋予的，是由地方信仰习俗规约的，因此傩艺人身份是不容置疑、不容僭越的。傩艺人也能够在这一情境中比较自主地展演这一身份，仪式禁忌即是对这一身份自主性的保障。

傩艺人对人神沟通者身份的持续性体验亦是他们对身份差异性的体认，这种体认反过来强化了傩艺人对人神沟通者身份的自我确证和自主性展演。虽然仪式情境和仪式惯例提供了一种与神交往的外在可能，即任何一个人穿戴上傩神的装扮置身于跳傩仪式的情境当中，多少都可能感到某种神圣性，但是要将这种可能性和特定情境性的体验转化为个人的日常生活经验，成为精神世界中一种持续性的体认，就必须有来自于傩庙仪式情境体验中的独特的个体经验事实，而且这一经验事实必须能够获得当地地方性知识系统的有效解释。

虽然傩艺人与傩神的交往契机来自于仪式性的传承，即他们只要被允准进入傩班，就可以在师傅的口传身授中获得与傩神沟通的技艺与法术，然而技艺与法术只是傩神信仰体系中的一套技术和规则，它就像正统宗教的教义知识，是可以通过学习、模仿来掌握的；但是要达成与神的真正沟通，首要的却是呈现于信仰者感情之中的与神交互的情感体验，这种感情状态"是对宗教信仰或宗教仪式真正的检验标记"[1]。当"戴上面具就是

---

〔1〕马文·哈里斯：《文化人类学》，李培茱、高地译，东方出版社，1988年，第306页。

神"[1]（见图1.13）作为一种概括性的描述成为石邮村所有傩神信仰者的某种宗教式信念时，戴上面具这一行为就已经超越了"戴"本身的日常行为所指，而成为傩艺人从日常世俗生活空间进入神圣空间的一种仪式性、神圣性的行为表达。

图1.13 "戴上面具就是神"的南丰县石邮村傩班弟子（来自南丰县文化部门内部资料）

在这里，傩神面具无疑成为傩艺人人神沟通者身份自我确证的重要心理触媒。石邮傩班弟子六伯在访谈中告诉笔者，他二十岁第一次跳傩，刚开始很紧张，但是一戴上面具，就感觉很威风，觉得自己和别人不一样了。从表面上来看，面具正好遮掩了六伯的紧张，能够给予六伯一种心理上的安全感。但是就"很威风"这种"不一样"的心理感受而言，笔者以为，面具在此不仅仅成为安慰心理的一种调适手段，更为重要的是，戴面具者在特定的仪式情境导引下，其深层心理在很大程度上能够建立起与面具意象和逐除行为的勾连。换句话说，戴上面具可以使傩艺人在仪式中暂时隔

---

[1] "戴上面具就是神，摘下面具成为人"是笔者在南丰县石邮村田野调查时听说的，是当地人对傩班弟子身份的一种朴素表达。

绝与他所在现实空间的联系与交流，使其暂时性丧失现世的自我而进入面具所喻示的神灵及其神话故事之中。或者更为准确地说，戴面具者的精神和意识极有可能被面具仪式性效果所具有的强大神话魔力所威慑，而进入由面具所隐喻的神话的想象空间。这个空间的神圣性消除了世俗空间中人的一切恐惧，并反过来赋予傩艺人一种精神力量，使其在仪式中能够成为世俗恐惧的逐除者。对傩艺人而言，这种由面具所带来的强大威慑力是他们进入与神交流甚至自身成为神灵这一神圣性体验的心理触媒；而对旁观者来说，面具夸张、充满震慑力、戏剧性的形象及仪式化的穿戴过程也为他们营造了类似于傩艺人的心理意境，使他们畏惧神灵，崇仰神灵。这或许就是傩乡村民普遍所秉持的对于面具的虔诚以及他们包括傩艺人对"戴上面具就是神"这一信仰背后的根本原因。列维-斯特劳斯对面具的分析亦为我们提供了类似的解释，即"面具的每一种类型都与神话相关联""舞蹈面具对于旁观者来说，是无所不在的超自然力和神话散播的证明"[1]。

需要强调的是，不仅是面具本身，更是面具的扮演即戴着面具跳舞、逐除这些行为，才真正发挥出面具所具有的超自然力和神话效应，坚定了傩艺人对人神沟通者身份的自我确证。在石邮村跳傩仪式中，"开山"面具[2]因其在逐疫过程中承担"开路先锋"的职责，其面具形象狰狞恐怖，有着传统中"以丑治丑、以恶治恶"的威力。而扮演开山神的跳傩弟子也要求身材高大，在持刀四处劈砍之时要求动作勇猛有力，以示开山神驱除疫鬼的神力与威严（见图1.14、图1.15）。信仰仪式中这种借由神灵的动作扮演以显示神灵的威能甚至进入神灵精神体验之中的现象，同样存在于

---

〔1〕列维-斯特劳斯：《面具的奥秘》，知寒等译，上海文艺出版社，1992年，第14、5页。
〔2〕"开山"是石邮村傩仪式中使用的面具。当地人把面具看成是圣像。开山是一个非常重要的神，也是演傩、搜傩时的开路先锋，四面砍劈，以示扫荡。石邮开山面具有二枚，一个供演傩、搜傩时使用，另一个挂在傩神庙，镇守庙庙。开山面具"赤脸、红发，圆眼、宽鼻，火焰眉，宽嘴中两边各有一对獠牙，上刻纹样，头上一对白角，上画黑色点纹。红色耳鬓如剑戟。脸颊、鼻梁、鼻翼、下颚部分饰金。眉毛、眼白亦用金描绘，头部和脸部之间装饰两道金带，正中安一光面铜镜，系照妖镜"。开山面具描述可参见余大喜、刘之凡：《江西省南丰县三溪乡石邮村的跳傩》，财团法人施合郑民俗文化基金会，1996年，第130页。

其他地方的逐除仪式之中。譬如，在青海土族的"跳於菟"仪式中，八个"於菟"裸身露体，脸上、身上、四肢用黑窝灰涂画着虎豹斑纹，头发扎成刷形，双手持粗树枝，扮成老虎，在桑台边模拟老虎疯狂作舞，显示作为驱魔的神虎威风。在搜傩中，"於菟"真似老虎一般越屋翻墙，进入家户索室逐疫，然后口里叼着作为牺牲的、鲜红的生肉，以示逐疫成功。[1]

图 1.14
石邮村傩神"开山"面具
(笔者摄于 2008 年 12 月)

图 1.15 - 1、1.15 - 2
石邮村跳傩弟子戴着"开山"面具，执刀上下推挡，左劈右砍，以示驱逐鬼疫 (笔者摄于 2008 年 12 月)

戴面具的个人装扮及扮演行为，使得扮演者成为某种另外的、"不一样"的存在物。在扮神灵、演神灵的仪式过程中，面具的魔力和神秘的逐除才能不可分割地融汇到扮相与扮相之扮演所带来的神圣性之中。这种类似于巫术的迷狂性扮演，亦使得扮演者在从身体迷狂过渡到情感迷狂时加深对于神灵附体的情感体验。

傩神面具及其扮演所传递给跳傩弟子的身份感，实际上存在于大多数傩艺人的身份体验之中。以前扮演开山的石邮村傩班大伯[2]告诉笔者，

----

[1] 跳"於菟"是青海省同仁县年都乎村土族传统的驱魔逐瘟的跳傩仪式，详细资料可参见刘凯：《藏戏及乡人傩新识》，中国戏剧出版社，1999 年，第176—185 页。
[2] 大伯，罗会武，1940 年生，十八岁开始跳傩至今。

有一年他戴上开山的面具在搜傩时，刚进入一个村民的家，眼睛就看不清楚，鼓点也听不到了。他们劝那户人家搬走或暂时离开，但是那户人不愿意，没多久那户人家当家的就重病身亡了，大家都说这是没有听傩神老爷提醒的结果。大伯"双眼一片漆黑"与"该户人家当家重病身亡"这一个人经验及其"应验"，是大伯对"戴上面具就是神"这个一般的具有提示性、惯例性的约定转化为自我认定、自我强化的主观体认的关键。跳傩弟子们对于傩神的信仰就是在诸如此类的一个个具体的经验事实中不断得以巩固的。

正是这些独特的情境性经历和经历中所积累的个人体验，使傩艺人能够识别自己"戴上面具就是神"这一特定情境所定义的作为神灵化身的身份，以及这一身份与其他村民的差异。傩艺人按照祖宗的规矩在跳傩仪式情境中所获取的与傩神交互的独特情感体验，使得他们即便是在日常生活中也能够比较明显地意识到自身作为人神沟通者的身份意识存在。这一差异的一个直接表现就是，他们可以无视正月期间拜访亲戚的常规："我们跳完傩再去跑亲戚，大家都知道的，不会有意见。"不仅如此，他们亦能在日常生活可能出现的困境中，以自身为神这一身份意识为自己壮胆。在笔者调查中，曾经为石邮傩班四伯的弟子告诉笔者，他在外面打工时，从来不怕走夜路："我是跳傩的，有傩神保佑，我怕什么！"[1] 对于扮演过傩神的四伯而言，傩神的权力就是驱鬼逐疫的权力，是令夜路中的鬼怪害怕与躲避的权力，所以在常人眼中经常暗示着不安与危险的"夜路"，在四伯心里因为有了傩神的驻扎而走得无所畏惧。傩仪行为中与傩神交往的个体经验往往使得傩艺人在生活当中会有意识或无意识地把傩神的力量转化成为自身心理的或精神的力量，在这种力量支配下的个体日常行为似乎在傩艺人个体心理中也有了某种理所当然的神性。

---

[1] 被采访人：叶根明，1969 年生，以前是傩班的四伯，因为跳傩技艺好，但是又很调皮，所以几次进出傩班。2008 年出车祸，造成腿伤而退出傩班。村里人都说，这是因为他在傩庙里冲撞了傩神老爷而受到惩罚。

另一方面，也是笔者需要特别强调的是，虽然傩庙及其营造的情境使得傩艺人体认到的身份与其他村民的身份存在着明显的差异，这种差异亦有所延宕于傩艺人个体的日常生活之中，但是身份的这种差异性并非是根本的，而是被包裹在身份的同一性之中。傩艺人与村民之间身份的同一性主导了傩艺人身份的整体体验。

傩庙除了为跳傩仪式提供一个神圣的空间，具有仪式行为和仪式中身份差异性识别的情境性约定之外，它本身也是傩神信仰者宇宙观的客体化和对象化，它作为一种共享共有的村落文化象征意符，显著地标识了傩艺人身份中自我与他者之间的同一性。这种同一性是由中国传统乡村的基本特征即"乡土性"[1]所决定的，这是一种在血缘或地缘基础上形成的社会结构模式。在遗存着跳傩仪式的乡村，跳傩仪式大多是族属性质的，由某一个宗族或族群传承下来，因此，仪式的举行在很大程度上都是为了维护宗族或族群的延续和价值观，是他们所依赖之傩神信仰宇宙观的实践方式。由此，仪式情境中傩艺人被赋予的身份，更多的是为了展演并实践仪式所蕴含的有关整个家族或宗族的集体价值或宇宙观。

质而言之，傩艺人身份识别中这种依凭傩神信仰所表征的同一性，体现为一种以家族/宗族文化为核心的集体文化之下，共享共有的一个由血缘和地缘所联系的较大范围内的"自我"。

在这里，江西傩艺人的身份及其实践与所谓小型社会（small-scale societies）中的艺术家身份及其艺术实践有着极大的相似性。在人人都可能成为艺术家[2]的小型社会中，这些被挑选出来的、在我们看来具有艺术家身份的人，其身份同样是由特定情境赋予的。如在澳大利亚北部梅尔维尔岛（Melville Island）蒂维（Tiwi）部落里那些因为葬礼的需要而制作

---

[1] 本书中的"乡土性"意义，沿用了费孝通先生在其《乡土中国》中所谈道："从基层上看去，中国社会是乡土性的。"详见费孝通：《乡土中国》，上海人民出版社，2007年，第6—11页。

[2] 之所以是人人都有可能，是因为在这些社会中，几乎每个社会成员都了解适合自己年龄、性别的工艺制作的基本技能，而这些基本技能是他们维持生活的手段之一。

葬礼柱[1]的艺术家。在举办葬礼期间，他们被临时挑选出来。他们在创造艺术过程中思考和倾注的往往是如何在葬礼柱的雕刻中显示出其中所蕴含的部落价值。这些处于创造过程中的小型社会艺术家，虽然因为葬礼禁忌的约束而总是与其他社会成员在空间上隔离，处于被孤立的状态，但是在心理上他们并不是孤独的人，而是和许多人在一起的，他们"不应该被认为是一个人，而是（代表了）许多人，他所创造的艺术品存在于他所处社会包括他自己在内的所有成员的心里、思想里和信仰里"[2]。因此，在小型社会中，"一件艺术品不只是简单地实现了某个特殊的目的，更代表了一系列价值的融合，而且这些价值的融合是在艺术的创造过程之中及之后被追寻并实现的"[3]。他们所掌握的技艺也并"没有把他们从他们的社会环境中区别开来，而只是他们和其他社会成员日常生活之技艺的延伸"，因此，"与我们经常听闻的具有典型性的当代西方艺术家及其放荡不羁的生活方式与古怪偏执的信仰有着显著区别的是，小型社会的艺术家通常都是该社会所属群体中一个能完整融入群体的和谐的部分"[4]。

在这些方面，傩艺人与小型社会的艺术家具有极大的相似之处。虽然中国的乡村社会比上述小型社会更为复杂，但是与小型社会艺术家的行为一样，傩艺人所掌握的跳傩技艺，其功能也可以被看成是对以家族/宗族文化为核心之村落共同体价值的表达性重复。在相对封闭的乡村，这种由傩神信仰所主导的价值观中，傩艺人身份识别过程中所体现

〔1〕关于蒂维人的葬礼柱制作及仪式可详见 Jane C. Goodale and Joan D. Koss, "The Cultural Context of Creativity Among Tiwi", in *Anthropology and Art: Readings in Cross-Cultural Aesthetics*, ed. Charlotte M. Otien, New York: the Natural History Press, 1971, pp. 182 - 200。

〔2〕Marian W. Smith, *The Artist in Tribal Society*, London: Routledge and Kegan Paul, Ltd., 1961, p. 71.

〔3〕Remarks of Munro, in *Anthropology and Art: Readings in Cross-Cultural Aesthetics*, ed. Charlotte M. Otien, New York: the Natural History Press, 1971, p. 190.

〔4〕Richard L. Anderson, *Art in Small-Scale Societies*, New Jersey: Prentice-Hall, Inc., 1979, p. 103.

出来的自我与他者的同一性，其实质也如小型社会艺术家的身份一样，是一种共享共有的家族/宗族群体文化的投射。虽然傩艺人因为在跳傩仪式的特定情境中呈现出他们作为仪式核心人物的特殊地位，并由此而呈现出与其他家族/宗族成员或村民信仰者的身份差异性，但是这种差异性与同一性并不是完全陌生、完全对立的，而是在同一性的包裹之下通过一定的情境性条件或媒介并借助于全体信仰者的认同情感渗透出来的。这种差异性本质上是为了达成更大的同一性，或者说是为了更好地巩固、加强同一性而被设计出来的。实践傩神信仰的仪式情境即为这种设计的集中体现。

实际上，傩艺人在获得自我概念的过程中也能够很清醒地意识到并肯定自己与他人在日常生活中的身份同一性。在笔者采访中，大多数傩班弟子都告诉笔者，除了在跳傩仪式中，自己戴上面具成为傩神，在日常交往中，他们并没有感觉到自己与其他人的不同，"大家该怎么样就怎么样，没什么不一样"的话语表述背后所呈现出来的对自身作为跳傩弟子身份的淡然态度，在笔者所采访过的傩班之中惊人地一致。

即便是他们被挑选入傩班，也并不是以身份的差异为前提的。虽然很多地方有着傩班这一专门的组织或群体，但是进入傩班的人选是面对全体村民而言的。这一点与某些地方的巫师和萨满身份的形成并不一样。[1]萨满一般被定义为具有特殊通神能力的人，其通神能力的获得并不是像跳傩弟子那般通过宗族或家庭内部传承的方式，而是与自身独特的生理-心理特征和经验有关。一般而言，萨满被认为是被神灵选中的人，也就是说萨满的身份天生就是与其他人不一样的。在鄂伦春族，"要成为萨满，必

---

[1] 这种巫师或萨满和其他祭祀者并存于同一个社区的情况非常普遍，而且两者之间的承继方式也并不相同。巫师或萨满非凡能力的获得一般都被认为是源于超自然，是神灵附体的结果，而普通的祭祀者则主要是通过师傅传授而得。人类学家乔健先生在研究拿瓦侯（Navajo）社会时发现拿瓦侯祭祀者也是少数被神选中的人。关于拿瓦侯人的祭祀者情况详情可参见乔健编著：《印第安人的诵歌》，广西师范大学出版社，2004年，第156—164页。

须具备下列三种情况中的任何一种：第一种情况是，在小孩出生时，胎盘不坏，而割开胎盘取出小孩，居然能长大者，这人一定是个萨满；第二种情况是，得重病后长久不愈，而最后居然能好起来，这个人一定能成萨满；第三种情况是，突然得疯癫病，咬牙切齿，乱蹦乱跳，也是要成为萨满的一种征兆，如果后来居然好了，这个人一定是个萨满"[1]。在萨满教信仰者看来，这些人因为是被神灵选中的人，所以他们身上便附着有神灵的灵魂，在他们正式成为萨满之前，其身份的形成必定会以遭遇一些不同寻常的经历为征兆，正是这些超出常人的生理-心理经历赋予了萨满身份的特殊性。他们本人也因为萨满的身份而成为族群中举足轻重的人，在族群的宗教事务、政治生活、文化传统等方面扮演各种重要的角色。萨满身份显然是不能传承的，也是本人所无法拒绝的[2]。

与萨满或藏传活佛身份的选定性和神启性不同的是，傩艺人并不是神灵选定的对象，傩艺人身份生成于特定的仪式情境中。就像小型社会中人人都可能成为艺术家一样，傩艺人也并非职业的从艺人员，他们和其他村民一样，在轮回式的跳傩仪式的耳濡目染中长大。就此而言，任何一个信仰傩神的族内成员都可能或可以成为跳傩弟子（见图 1.16、图 1.17）。而且傩艺人在仪式中所承担的较为特殊的多重角色或所呈现的身份片段，都是由特定的跳傩仪式情境所赋予的，情境消失，身份也即刻回归于日常生活。

从这个意义上来说，傩艺人的身份就具有强烈的情境性约定，是由仪式情境本身预设并约定的，具有情境所定义的某种位置感，在这个位置上，任何一个愿意成为跳傩弟子的村民，经过一些程式化的训练或拜师仪式，都可以成为跳傩弟子。在笔者采访的几个江西傩班，跳傩弟子被允入

---

[1] 秋浦：《鄂伦春社会的发展》，上海人民出版社，1980 年，第 170 页。
[2] 一般而言，如果本人拒绝成为萨满，那么这些预示着成为萨满的个体经历将不会终结，也就是说这种成为萨满所必须经历的身体和心理上的痛苦不会结束。具体可参见秋浦主编：《萨满教研究》，上海人民出版社，1985 年，第 60 页。

图 1.16 在村民眼中"摘下面具即为人"的石邮傩班弟子（笔者摄于 2008 年 12 月）

图 1.17 石邮傩舞"钟馗醉酒"中围观的小孩正在学小鬼的动作，村民就是在这种耳濡目染中具有了人人都是跳傩弟子的可能（笔者摄于 2008 年 12 月）

傩班的条件除了一些诸如身高、块头、本族人、品行不坏等自身基本条件外，一般都是只要本人有兴趣，就可以进入傩班。石邮村傩仪的传承虽然不是在本族之内，但是傩班弟子告诉笔者，头人在挑选时，除了上述一些基本条件外，一般都比较随意，且会先征求跳傩弟子家长的同意，如果家长同意了，本人也同意了，就可以加入傩班。允入傩班成为跳傩弟子的宽松条件实际上广泛地存在于其他地区的傩乡之中，有些地方传承的类傩仪式[1]，则直接由村民来扮演神灵。比如青海省同仁县土族聚居的年都乎村举行的年度驱鬼逐疫跳"於菟"仪式，"'於菟'过去是由村中各宗族大姓人家，经过寺院念经由各姓每年遴选出八人，年年更换"[2]；安徽贵池傩戏，"既无职业班社，亦无专业艺人，演员皆由各宗族按房头摊派男丁担任。演唱艺术的传授，大都是以'口传心授'的民间传承方式，父子相传和宗族师传"[3]；河北武安固义村"捉黄鬼"的傩戏祭祀仪式中，"参与表演者都是本村村民，而无专业艺人"[4]。

正因为这一位置是情境性的、开放式的，所以在一定程度上，它于世俗生活的意义而言虽是特殊的，但在世俗生活的社会秩序中却是很令人习以为常的，在一些地方，甚至被排除在普通阶层之外。与萨满或活佛占据当地社会的中心地位所不同的是，据笔者所了解，傩艺人并没因为仪式中的跳傩身份而在村落的政治生活或家族事务中占据特殊的位置。虽然在神话或历史中，驱鬼执行人因通神的能力而处于政教合一社会的上层，如周代傩礼中的方相氏在驱傩时身居礼官职位，归春官大宗伯统辖，而神话传说"黄帝时傩"则直接由黄帝充任了驱傩人，且据传说当时的部落首领往往就是部落中的首席大巫师，但是在政教分离的历史时期，"很少有人愿意成为人神沟通者，因为这项工作不仅因其神秘而被认为是危险的，而且

---

〔1〕 笔者将其他一些地区尤其是少数民族地区的逐除仪式称为"类傩"仪式，以示与江西傩仪相区别。关于这一点，本书第三章关于傩的族群身份第二节中有详细的论述，此处不赘言。

〔2〕 关于"跳於菟"仪式，可参见刘凯：《藏戏及乡人傩新识》，中国戏剧出版社，1999 年，第176—185 页。

〔3〕 吕光群、纪明庭：《安徽贵池傩戏调查报告》，载顾朴光等编《中国傩戏调查报告》，贵州人民出版社，1992 年，第 37 页。

〔4〕 关于河北武安傩戏"捉黄鬼"，可参见山西师范大学戏曲文物研究所编：《戏曲研究新论：祝贺黄竹三先生七十初度暨戏曲研究新思路漫谈会文集》，三晋出版社，2009 年，第 243—246 页。

事实上人神沟通者在社会阶层总是处于劣势的边缘位置。……和尚、道士、人神沟通者都被划归为这样一类人，他们在某种意义上并不能算是正常的人；而且他们也不被允许进入国家的科层考试"[1]。今天类似于土家族傩法师的社会地位状况，在全国大多数地方也是普遍的："今天的傩法师在社区的政治生活以及家族事务中不扮演任何角色。作为一个宗教法师，他既不与政治领导发生关系，在家族体系中也不具有特殊位置。"[2]

综上所述，我们可以说，在并没有遭遇重大社会变迁的前提之下，当以宗族文化价值为表述核心的傩神价值观或傩神宇宙观对身份认同仍然具有决定性意义时，自我与身份识别中作为群体的他者就很难区分，自我的认知从而就在很大程度上依赖于"我"所在群体对成员同一性的追求。

换句话说，"我"依赖于"我们"，身份的个体主体性在相当程度上让渡于集体主体性。对于傩艺人而言，他们对自我身份的识别仍然遵循了当地传统的价值观和宇宙观，自我的认知极大地依赖于作为群体他者的同一性判断标准。傩艺人身份识别中自我与他者的差异性，实质上是由自我和他者所处的情境性位置所造成的，并被赋予了不同的情境性定义，因而这种差异性并非是根本的。因差异性而体验到的身份片段，其意义也是附属于由同一性所主导的身份意义的。易言之，在傩艺人的身份识别中，自我所意识到的他者性（otherness）是有条件的，这种条件就寄寓于傩庙的神圣空间及其中展开的跳傩仪式，而且他者性的体验程度也有所不同。即便是在跳傩仪式中，在村民的眼中，戴上面具作为神灵化身的跳傩弟子，其个人世俗身份实际上也已经消失，取而代之的是面具所指向的救灾救难的神灵身份。这就好像斯特伦所描述的仪式舞蹈中的非洲人："当一个非洲人戴上羚羊皮的头饰跳起舞蹈时，他就变成了一种精神力量（神），并且

---

〔1〕 Barbara E. Ward, "Not Merely Players: Drama, Art and Ritural in Traditional China," in *Man*, *New Series*, Vol. 14, No. 1 (Mar., 1979), p. 33, published by Royal Anthropological Institute of Great Britain and Ireland.

〔2〕 李岚:《信仰的再创造——人类学视野中的傩》，云南人民出版社，2008年，第157页。

是在这种精神力量的支配下跳来跳去的。在这种场合，即使知道舞蹈者的世俗身份也毫无意义，因为他的个人身份此刻已不复存在。"[1]

仔细推敲，傩艺人的个人世俗身份在跳傩仪式中"不复存在"，并非仅仅限于面具所指向的身份的神灵化，而更多是傩艺人个人身份向人（村民）与神（傩神）这两个相对维度弥散了。从傩艺人作为人神沟通者的视角来看，他们的身份识别呈现了仪式情境中傩艺人的"自我"及与其相对应的"傩神"与"村民"这两个他者。傩艺人在与人、与神进行沟通的跳傩仪式中，将这两个"他者"分别转化为他们与之对话的两个对象——"你"，进而在人与神之角色偏移中，将这两个"你"转化为"我（我们）"。

从这个意义上说，我们与其说跳傩仪式呈现出了傩艺人自我与他者（其他村民信仰者）的差异性，还不如说是跳傩仪式凸显了"我"融入"我们"的地方文化的同一性——当然，这种同一性又是通过"我们"的世界即"人"的世界与作为"他者"的神灵鬼怪/疫疾所代表的"神/鬼"世界的差异性来凸显和强化的，尽管表面上呈现出来的是傩艺人与傩神的同一，即跳傩弟子"戴上面具就是神"。易言之，傩艺人通过与傩神的同一强化了与家族/宗族成员的同一。

当跳傩仪式结束，情境消失，摘下面具的傩艺人个人身份重新归于乡村的"我们"。虽然这种与神灵交往的个人体验已然成为个人经验的某个印记，显然也会被纳入自我意识之中，成为他者性的存在，但是在傩庙同样作为一种共享的宗族文化的表征之下，自我中的他者性会很容易被身份识别中占比程度很高的同一性所淡化。也就是说，傩艺人在身份识别过程中所认同的自我与他者之间的同一性，淡化或弱化了在仪式情境中由位置所造成的非本质性的差异性，从而使自我与同一性的等值程度很高。由此，傩庙定位于身份之中这种自我与他者之间同一性的程度就超越了身份

---

[1]斯特伦：《人与神：宗教生活的理解》，金泽、何其敏译，上海人民出版社，1991年，第224页。

区分之中差异性的程度，从而使得傩艺人身份的识别过程始终是以同一性为主导的。

这样，我们就可以大致描绘出由傩庙所界定的乡村傩艺人的身份认同坐标，其中的核心要素无疑就是傩庙。傩庙空间不仅实际上成为傩艺人上传人意、下达神旨、驱鬼逐疫的空间通道，而且在傩艺人的身份认同中承担了身份定位坐标的功能。在传统乡村中，傩庙所承载的是作为坐标纵轴线的人、神、鬼这一信仰体系，这一体系因依附于当地的家族/宗族而间接决定了傩庙空间特定跳傩仪式情境中傩艺人身份的基本内涵和功能，即傩艺人"戴上面具就是神"，成为人与神之间的沟通者，并以该角色的扮演为核心，兼具有仪式执行者、组织者等多重角色，在成就身份的过程中重建或重申由傩神信仰宇宙观所表征的家族/宗族伦理价值和社会秩序。在这一信仰体系的制约之下，傩庙作为呈现傩艺人差异性的纵向信仰空间，实则体现为包括傩艺人在内的群体"自我"与当地各个神灵鬼怪/疫疾之"他者"的差异性。同时，傩庙虽然分隔了世俗空间和神圣空间，但是作为一个相对稳定的宗族文化符号，它同样淡化了由情境所定义并凸显的差异性，而是以身份识别中"自我"与"他者"的同一性为主导的评判标准，"我"与"他"/"他们"并不存在着根本性的区别。跳傩弟子身份识别中投射于信仰体系中的自我与他者的关系，实质上是作为横轴线上跳傩弟子的"我"与作为家族/宗族成员之"我们"之间的关系。

当然，当乡村这一相对稳定的家族/宗族价值观遭遇外来（主流）价值的冲击甚至是颠覆时，傩庙所承载的意义和功能就会发生变化，进而使得原本由傩庙所定位的傩艺人身份发生变化，身份识别中自我与他者的同一性与差异性占比程度同样会发生变化。接下来，我们就可以以上述乡村跳傩弟子原有身份的家族/宗族依附属性为参照体系，来探究当家族/宗族的力量被国家力量削弱，跳傩仪式也同时因为主流文化的介入而逐渐转变为一种以艺术或民俗表演为目的的行为时，傩艺人的身份内涵和身份意识是如何发生变化的。

第三节　国家力量的介入与傩艺人家族/宗族
身份意识的淡化

一　国家力量的介入与家族/宗族力量的弱化

家族/宗族文化作为中国传统社会的一个基本特质以及中国乡村社会的一个重要组成部分，在千年的历史中对整个社会的政治、经济和文化产生了深刻的影响。然而，这一文化在 20 世纪却遭受到了强大的冲击，"在几乎整个 20 世纪中，宗族基本上被当作落后、消极的东西"，"对宗族的否定不仅是理论界的倾向，还来自革命者的实践活动"[1]。家族/宗族文化从 20 世纪初就开始受到批判，不仅源于 20 世纪各个历史阶段建构新社会的理念和主流意识形态，而且与特定历史条件下的政治建设和文化建设有关，特别是 20 世纪四五十年代以来因为国家介入而带来的社会变革和政治变革力量，使得家族/宗族的价值观念、政治经济基础、组织结构力量等均被极大地削弱了。

1949 年以后实施的土地改革运动摧毁了家族/宗族力量存在的经济基础。江西的土地改革运动开始于 1950 年 11 月，到 1952 年 3 月基本结束。土地改革运动不仅摧毁了家族/宗族的经济基础，而且第一次以社会制度为依托的形式提供了使广大农民从土地的仆人向土地的主人转换之可能，从而使得广大农民因为获得土地而逐渐摆脱了对于家族/宗族的经济依附，并焕发了前所未有的主体尊严。农民作为一个社会阶层的集体性主体地位得以确立，在土地获得之余或者基于土地获得之上的人身解放，直到今天仍然显得弥足珍贵。

---

[1] 常建华，《20 世纪的中国宗族研究》，《历史研究》，1999 年第 5 期。

土地改革一个更不容忽视的结果是，它引发了沿袭千年的农村社会结构的重建。土改之后，农村阶级成分的界定、阶级斗争以及合作化等各种运动的展开，摧毁了家族/宗族的政治组织力量，并进一步打破了以血缘关系维系的家族/宗族伦理纲常。同时，宗族组织退隐，宗族权力极大削弱。到了20世纪50年代末60年代初，传统乡村由"不断相互交错影响作用的等级组织和非正式相互关联网，诸如市场、宗族、宗教和水利控制的等级组织以及诸如庇护人与被庇护者、亲戚朋友之间的相互关联"所形成的"权力的文化网络"[1] 被撕裂，建立在血缘与地缘之上的乡土共同体意识和旧式的乡土凝聚力也随之被削弱，行政、权力关系代替了——至少是挤压了——乡村的血缘、地缘关系，乡村"被纳入国家的政治体制的整体中，成为其有机体的细胞组成部分"[2]。在乡村"细胞化"的同时，农民的传统思想和价值观念必然也在冲击—回应中做出各种调适。政治民主、经济平等这些具有马克思主义性质的新观念随着农村传统社会关系的改变以及各种合作化、集体化运动而渗入农民的意识之中，农民依附于家族/宗族的意识也因而开始淡化。

这样，国家力量通过各种行政手段和社会再组织的措施，摧毁或削弱了乡村家族/宗族赖以存在的各种物质基础和各种符号表征：族田被没收归入集体；家祠、宗祠被捣毁或者被征用于其他用途，如石邮村的老人告诉笔者，东位祠堂在改革开放前便被用于关养牛羊和堆放杂物；族谱家谱也被烧毁，各类家族/宗族祭祀活动包括傩神信仰都被归于"四旧"而遭到取缔。

即便是改革开放之后，各地的宗族组织和宗族文化有了不同程度的恢复，但是其宗族的根本性质与传统的宗族性质还是有着本质的区别：现代

---

〔1〕杜赞奇：《文化、权力与国家——1900—1942年的华北农村》，江苏人民出版社，1994年，第4—5页。

〔2〕Helen F. Siu（萧凤霞），*Agents and Victims in South China：Accomplices in Rural Revolution*，New Haven：Yale University Press，1989，pp. 291 - 292.

的宗族并不具备传统宗族的政治经济力量，因而也并不具有乡村治理的行政职能，现存宗族的功能更多地体现在乡村社会互助、公益事业、乡村文化组织等方面。

即便是在宗族力量不同程度地得以复兴的当代社会，宗族的发展仍然受到国家力量的监督和管辖。以万载县的池溪村为例，这里以丁氏宗族为主。丁氏（1949年以前称为沙桥丁氏）肇基祖为丁济文夫妇，其独子生四子，名丁泰辉、丁光辉、丁和辉、丁季辉。据《丁氏族谱》记载："济文公于元泰定由高安丁坊迁居斯土，未四百年子孙繁衍棋布全县，进而分迁于宜春、分宜、萍乡、上高，后分迁于湖南浏阳、广西阳朔……"[1]丁氏四子后为丁族的四房，一直延续到1948年。据丁氏族长回忆，民国时期，丁氏族长需要经过县政府审定，并附有一颗木制印章"丁氏族董会"（"文革"时被毁），族以下就是四房，房长都是由各房族人协议推举。

池溪村的丁氏宗祠始建于明成化年间，面积约有三亩多，据民国修《沙桥丁氏族谱》卷末下《济文公祠记》描述：

> 上下三栋，上寝堂、中官厅、下槽门，前球场一片，前有水圳后至化之田，左右俱离墙三尺，寝堂则上族三递光辉、和辉、季辉之支所立，官厅则一甲泰辉之支所立。左右四廊，并前栋槽门，则四公之支共建焉。而坡上之基垦为稻田，收租纳税皆四公之支，其为管理阴阳家云。祠前水圳宜以水绕，晴久则不复得水，天启间，合族列祖建立堰于城下，高姓门首，取名濠堰，堰水逶迤经过祠前，秋冬不涸，碧浪银涛映带左右华荣呈秀，其皆中叶诸公之力云。今者栋梁壮丽，祠宇巍峨，水绕山环，烟光四豁，视昔日之规模差胜。以妥先灵，以敦族谊，不洵为得其所乎？虽然韩子云，莫为之前虽美弗彰，莫为之后虽盛弗传，未雨绸缪相时修葺，又恶能无重望于后来耶。

---

[1] 丁耀华：《沙桥丁氏族谱》卷首上《新序》，民国二十五年修，第1页。

丁氏宗祠后在 1938 年、1984 年、1988 年又各修整了一次。修整之后的丁氏宗祠虽然没有《济文公祠记》所描述的那么宏伟，但仍然是丁氏宗族举行族祭和傩祭仪式的地方。后据毛礼镁 1991 年在池溪村考察时见到丁氏宗祠后描述，宗祠内寝堂正中置有一香案，上方悬挂着以红纸书写的祖宗神位牌，供奉始祖济文公夫妇。院墙朝南出有一牌坊式的院门，上书有"济阳第"三字，门两旁有对联，上联是"电石分支繁衍万岁"，下联是"沙桥建祠祀享千秋"。笔者虽然没有看到毛礼镁所描述的祠堂院门，但是笔者田野考察期间的信息提供人丁钟，刚好建造了一个如毛礼镁所描述的"济阳第"牌坊（见图 1.18），作为自家的院门，可供参照。以往每年的清明节、中元节和冬至日，族人都要到丁氏宗祠祭祖，以求祖宗保佑后代旺盛。据《万载县志》载，当时祭祖在万载县各宗族内非常盛行：

> 祭礼，各族建大祠，今日支祠愈多，岁时会聚，统于所尊，清明节子姓衣冠集祠，相率祭墓。而冬至之祭犹重。前期三日，张灯陈器，用鼓吹涤荡之，祭之。前日预习其礼，曰习仪于五鼓。行祀礼

图 1.18　丁氏族人丁钟家新修的"济阳第"牌坊，作为自家的院门（笔者摄于 2010 年正月）

日，正祭主义族之宦达或族长，其升降献酬之节，率以朱子家礼为准。祭毕，布席而饮，盖尊祖敬宗，收族之谊，胥于是乎在。[1]

丁氏宗祠一直保留到 2006 年。丁氏宗族势力以及万载县宗族势力的削弱缘起于他们与朱潭镇龙氏宗族的墓地纠纷。池溪村丁姓族人认为龙姓村民祭祀祖先墓地的地方正好是池溪村的龙脉所在，祭祀时候燃放的鞭炮等会损毁丁氏的龙脉，冲撞丁氏的风水。而龙姓村民则坚持要祭祖，认为有祖坟而不祭有违宗族伦理孝道。地方政府介入调解一直未果，后双方各聚集了上千族人准备以武力解决，被市、县政府阻止。

这件宗族械斗事件对乡村社会的稳定造成了极大的威胁。因"非法宗族活动愈演愈烈，已对基层政权的稳固、社会秩序的稳定及人民群众安居乐业构成重大威胁"[2]，万载县开始全面整顿宗族组织，削弱该县各乡村的宗族力量。一些未经批准就成立的宗族组织，均被取缔，宗族活动也被查禁。已建的宗族祠堂，属危房的予以拆除，其余收归当地村委会统一管理，并逐步改为农民夜校或文体活动中心等。丁氏宗祠就被改造成现在的池溪村文化活动中心，"济阳第"的宗祠院门也被置换成为"池溪文化宫"。祠堂中部悬挂着"繁荣社区文化 丰富村民生活"的横幅（见图1.19、图 1.20），祠堂左侧墙壁上悬挂着池溪村傩舞介绍以及傩舞参与各类表演的留影、傩面具、所获奖状等宣传画，右侧墙壁则悬挂着"文明信用农户标准""社会主义新农村建设'新'在何处""八荣八耻"等体现现代农村改革和新农村建设的宣传栏。以前用于宗族议事的耳房也变成了阅览室，放置了一台彩色电视，笔者去的时候，里面有一些老人正在看电视。由于祠堂被改造，丁氏族人便不再去宗祠祭祖，只是在清明时去扫墓，祭祀先祖则成为各家各户的事情。

---

[1] 金第修，杜邵斌撰：《万载县志》卷十一《风俗》，清同治十年刊本，第 4 页。
[2] 可详见网站对于这一事件的纪实性报道，http://news.163.com/06/0518/11/2HDDV5GA0001124J_2.html

图 1.19　原丁氏宗祠院门，现为池溪文化宫院门（笔者摄于 2010 年正月）

图 1.20　被改造过的丁氏宗祠，现为池溪村文化宫（笔者摄于 2010 年正月）

从丁氏宗祠的改造事件中我们可以看到，虽然江西各地的家族/宗族力量都有着不同程度的复兴，但是这种复兴必须符合法规法制，以不破坏正常、和谐的社会秩序为限度。在复兴过程中，国家力量代替宗族成为乡村治理的核心，一些家族/宗族伦理价值表述也伴随着家族/宗族力量的削弱而被逐渐淡化甚至被取缔。即便地方上的家族或宗族依然在乡村文化例如傩仪活动的组织方面发挥着独立于政府之外的功能，但是由于国家主流文化价值观念和文化建设活动向乡村的渗透，原本依附于并渗透了家族或宗族伦理价值的那些传统乡村文化活动（在这里主要指傩仪活动），其存在形态和意义功能也开始发生变化，这就自然而然导致了傩艺人身份意识中关于家族/宗族伦理价值成分的表述也越来越被主流文化价值表述取代，呈现出不同于传统身份的内涵和意义。

二 文化艺术价值的发掘与家族/宗族依附意识的疏离

国家力量的介入，不仅削弱了乡村家族/宗族的力量，而且给乡村带来了主流文化价值，使傩艺人对家族/宗族的身份依附意识呈现出更为疏离的态势。

国家主流文化在不同时期对傩仪文化价值的发掘和重新表述，是主流文化价值渗入乡村的重要方式，不仅赋予了傩仪及傩艺人新的身份意义和存在价值，为乡村傩仪转化为国家传统艺术或文化提供了路径，也使得与傩仪有着密切身份关联的傩艺人越来越疏离于家族/宗族的依附，为傩艺人超越乡村文化认同而向国家主流文化认同敞开提供了契机。

事实上，早在 20 世纪 50 年代，乡村传统傩仪就引起了国家主流文艺界人士的关注。[1] 以文艺共同体为显性代表的政权对乡村传统傩仪的初步认定，标志着国家文化意识形态对传统文艺的强力植入和有效征用。

---

[1] 1956 年夏天，第二个由舞协组织的傩舞研究组赴广西桂林市及桂北四县十一乡开展傩舞调查，并由刘恩伯、孙景琛撰写了调查报告《桂北"跳神"》（载中国舞蹈艺术研究会编《舞蹈丛刊》第 4 辑，上海文化出版社，1957 年）。

"我国社会主义经济建设的第一个五年计划明确规定了发掘、整理和研究各民族民间文艺的任务。全国第一次文代大会以后过了只有半年时间，便成立从事民间文学工作的专门机构——中国民间文艺研究会。"[1] 文艺界和各地文化部门响应中央的号召，开始组织一系列民间文艺采风活动，其中"包括民间文学、民间音乐、民间舞蹈、曲艺、戏曲的田野调查和考察活动。'傩'的表演划归舞蹈，舞蹈界对此较为重视"[2]。这一时期江西乡村傩戏调研的主要成果集中在盛捷[3]撰写的《江西省"傩舞"调查资料》以及欧阳雅等人整理的《江西傩舞资料》。一些凸显民族民间传统艺术特性的表述，如"民间的""民族的""古老的舞蹈"等等，出现在这些资料中。1956年3月，中国舞蹈艺术研究会组成由其副会长、著名舞蹈艺术家盛捷为组长的调查组，先后调查了江西省五县十二个乡镇八十五个傩舞节目，并撰写了1949年以来第一篇关于傩舞的报告《江西省"傩舞"的介绍》。盛捷在这篇报告中，追溯了江西各地傩舞的来源，详细地描述了各地傩舞的舞蹈表演形式、表演主题、表演服装、音乐特色和面具艺术。在报告的结尾，作者呼吁"要更好地为祖先传下来的古老的舞蹈去回复它的青春而努力"，并建议文艺界的戏剧家、美术家和音乐家们"去共同研究"傩舞。[4] 这篇报告一经发表，立即引起了文艺各界的极大兴趣。此外，广州军区文工团、海军政治部文工团、空军政治部文工团、江西的各文艺团体也到南丰县考察傩舞。在这些代表主流文化价值的研究者眼中，兼具舞蹈、音乐、戏剧各艺术元素的跳傩表演不仅是一个可供艺术研究者追溯的艺术历史文本，更是一个能够体现中国民族特色，并且能够深入挖掘，进行艺术创造以满足新时代人民精神需求的舞蹈素材仓库。[5]

〔1〕中国民间文艺研究会上海分会、上海文艺出版社主编：《中国民间文学论文选（1949—1979）》上册，上海文艺出版社，1980年，第263—264页。
〔2〕周华斌：《中国当代傩文化研究》，《传统文化与现代化》1997年第4期。
〔3〕盛捷，当时任中国舞蹈研究会副会长。
〔4〕中国舞蹈艺术研究会编：《中国民间歌舞》，上海文化出版社，1957年，第63—74页。
〔5〕中国舞蹈艺术研究会编：《中国民间歌舞》，上海文化出版社，1957年，第1—10页。

这样，傩仪这个原本只在乡村存活并承载了当地家族/宗族文化记忆的信仰实践方式，开始走出地方民间信仰的小传统，被正式命名为"傩舞艺术""民族艺术"，并被纳入了主流文化界研究的视野，在新的秩序规制之下的文化大传统图谱中占有了一席之地。

与此相应，傩仪也不断地走上舞台，参与各种表演。1953 年，江西南丰、乐安、婺源三地的傩舞节目参加了省区的文艺汇演；1957 年 3 月，石邮村跳傩的两个节目"酒壶仔"和"跳凳"合并为一个节目"钟馗醉酒"，参加全国第二届民间音乐舞蹈汇演，并"以其凝重的原始形态，被文化界、学术界人士称为'活的化石'。从此石邮跳傩名声在外"[1]。而参与汇演的三名傩班弟子也被文艺界人士誉为"民间艺术家"。此外，江西省歌舞团还把南丰县的傩舞"跳和合"改编成为舞蹈"丰收乐"，在各地演出。

由此我们可以看到，20 世纪 50 年代主流文化艺术界无论是对傩仪活动还是对跳傩弟子的关注和重新表述，都受到当时"艺术起源于劳动"的马克思主义文艺观及苏联社会主义的影响，响应了当时国家所提倡的发掘民间艺术的号召。当傩仪成为被关注的对象时，艺术界对傩的关注和接纳绝大多数聚焦在跳傩仪式过程中的傩舞表演这一富有艺术意味的特征之上。他们或者完全忽略傩神信仰及跳傩仪式中与神有关的部分，或者将其定义为"封建迷信"之类的东西，而把关注的焦点聚集在仪式中娱神娱人的音乐、舞蹈和戏剧表演，将这些艺术元素从跳傩仪式中剥离出来，作为单独孤立的部分，并用一种对单一艺术元素分析的普适性代替了傩这样一种集音乐、舞蹈、戏剧、信仰等各元素于一体的不可分割、浑然一体的特殊性存在，不断强调其中所蕴含的民族文化或民间艺术的研究价值。

20 世纪 80 年代改革开放之后，主流文艺界重新掀起了傩文化研究的高

---

[1] 余大喜、刘之凡：《江西省南丰县三溪乡石邮村的跳傩》，财团法人施合郑民俗文化基金会，1996 年，第 135 页。

潮。由于笔者在绪论中对此有过详细的陈述，因此这里不再赘言。值得注意的是，20世纪80年代及以后，随着各级政府不断参与傩仪文化价值的认定、管理和扶持，家族/宗族的文化组织力量也受到一定程度的挤压，傩艺人对于家族/宗族的身份依附意识也不断疏离。这主要体现在以下一些方面。

第一，20世纪八九十年代及其后期，政府开始重新认定傩仪的文化、艺术价值。以南丰县为例，1992年8月，江西省文化厅正式命名南丰为"江西傩舞之乡"；1996年11月，国家文化部将南丰命名为"中国民间艺术之乡（傩舞艺术）"，其中石邮村被誉为"天下第一傩"[1]；2006年，南丰县石邮村的傩舞被评为"国家级非物质文化遗产"。国家对傩戏的各种认定名目仍然是以傩戏之文化、艺术或民族的价值为表述核心，这些表述很显然同样模糊、遮蔽或覆盖了傩仪承载地方家族/宗族记忆的功能。

第二，各级乡镇政府和各级主流文化研究单位也开始着重于傩文化的保护工作，参与了当地乡村傩仪活动的管理，并扶持或直接组织傩艺人外出表演。政府对当地乡村的扶持与介入式管理，进一步削弱了当地家族/宗族力量对傩神信仰和傩仪活动的掌控和渗透。笔者在田野调查中了解到，在石邮村，按照吴氏宗族祖宗定下的规矩，石邮村的傩班除了正月里或村民某些重要生命节点因为各种许愿而需要还愿时跳傩外，其他时候是不能跳傩的，更不能到外地去跳傩。在主流文化和政府力量的介入之后，跳傩弟子外出表演的自由度便不太受到吴氏头人的干预。而且随着跳傩弟子外出跳傩的次数增多，他们在增长见识的同时，个人身份意识也越来越疏离于家族/宗族身份意识。尤其在政府介入傩班管理，扶持傩班力量较多的地方，跳傩弟子依附于当地政府的意识越强，其依附于家族/宗族的意识也就越弱。

第三，傩艺人在政府与主流媒体的扶持下不断参与外出表演，这进一步开阔了傩艺人的眼界。随着国家对傩仪文化身份的认定和传播，越来越

---

[1]"天下第一傩"的美誉来源于曲六乙。曲六乙，时任中国傩戏学研究会会长。

多的包括研究者、文化管理人员、游客等在内的外来者不断走进傩乡。在石邮村，仅1990年的正月十六搜傩日，石邮村一天就接待了考察采访者一百八十余人。[1] 政府的认定和外来者的热情肯定了傩仪展演的意义，强化了傩艺人对于外出表演的向往。事实上，傩艺人也应着"外面的人"的走进而不断走出乡村，参与跳傩表演。南丰县石邮村傩班近二十年来的主要外出路线图或许可以给我们提供最为明晰的例证。20世纪80年代起始，石邮傩班便不断受到邀请，参与各色国内演出：1983年参加江西省文化调演；1992年在广西桂林国际文化研讨会做傩舞表演；1995年参与中国上海农展会表演；1998年参与中国北京国际旅游文化节表演；1999年参与山西大同电影节表演；2001年参与山东曾巩纪念日表演；2003年参与江西省民间艺术研讨会表演；2005年参与中国国际傩文化艺术周表演；等等。与此同时，石邮傩班还几次受邀到国外演出：1998年应邀前往日本，参与日、中、韩三国民间艺术传承傩文化演出；2002年再次前往日本，参与中日友好民间艺术研讨会表演；2008年应中法友好民间艺术研讨会邀请，赴法国表演；2010年赴韩国表演；等等。这些不断被"外面的人"建构起来的跳傩表演情境以及不断外出参与表演而带来的对于外面世界和表演情境意义的认知，自然而然会赋予傩仪及傩艺人身份更多的文化内涵，并使傩艺人在某种程度上意识到被附加了主流文化内涵的身份意义。这重意义显然超越了乡村传统仪式情境中人神沟通者的身份意义。

由此，我们可以看到，跳傩弟子被主流文化界或艺术界称为"傩艺人"，这一身份的定位已经超越了乡村传统跳傩仪式提供给仪式展演者本人及乡民的身份框架。过去跳傩弟子往往被当地族人称为"跳傩人"或"跳菩萨的人"，因此对于传统傩仪式的展演者——跳傩弟子及参与仪式的族人和村民而言，跳傩弟子的身份只不过是乡村年度仪式中表现和重申家族/宗族伦理价值的一个功能性符号，而且这一身份的文化象征和文化意

_____

[1] 这一数据来源于南丰县人民政府申报"国家级非物质文化遗产"项目的申报书。

义已经在漫长的家族/宗族代际传承和日常实际生活应用中内化为跳傩弟子和村民某种不证自明的生存逻辑，成为某种固定了的、本质化了的地方性文化传统。因此，这一身份符号与一个木匠、泥水匠并没有本质的区别，只是生命特定节点上某种临时性文化分工的区分性指称。

然而当"跳傩人""跳菩萨的人"这些朴素的、地方性的称呼被置换成"艺人""艺术家"等身份话语，并经由主流文化的宣传而日益成为乡村文化符号的独特指称时，身份的原有内涵和功能便发生了延拓，超越了所谓"狭隘"的文化地方性，而被纳入国家公共或主流的文化表述之中，成为传递甚至宣扬国家主流文化价值的一个符号或标签。此时，作为一种称谓，"傩艺人"不再是与乡村木匠、泥水匠等同的功能性指称，而在诸如"艺"与"技"、"国家"与"乡村"、"傩艺"与"傩仪""跳菩萨"等各层话语表述中凸显了国家主流文化意识的弥散性和覆盖性。于是，原本由乡村特定时空形成的独特的地方性话语表达也逐渐成为一个跨地域性的宏大叙述，傩的地方性文化差异被遮掩，以共同的历史缘起和文化特征为标识的傩文化的同质性得以凸显。在国家力量不断介入，傩艺人不断获得机会外出表演而增长见识的过程中，这些由主流文化赋予的身份之公共版本，其意义和价值也经由表演不断地传递给傩艺人。尽管傩艺人囿于文化和认知水平无法清晰地辨识各公共身份版本的内涵和意义，从总体上来说，他们只能部分地或者模糊地意识到这些身份公共版本的意义，但是，即便是这重对于身份内涵的新的模糊的认识，也使得傩艺人获得了足够的自我身份意识，从而在不同程度上疏离于地方上家族或宗族组织的管理。傩艺人越是依赖于主流文化界和当地政府部门的扶持力量，其身份中原有的家族/宗族依附性意识就越会不断地被他们有意识地淡化，他们个人身份意识亦会不断地获得增强。

第四节　跳傩表演情境中记忆的抽象化与傩艺人
　　　　　个人身份意识的强化

　　从上面的论述中我们可以看到，傩艺人对自身身份意识的强化是在他们不断参与跳傩表演的行为过程中发生的，因此，跳傩表演行为在很大程度上是一个与传统的跳傩仪式行为有着本质区别的行为。我们有必要在分析跳傩表演情境中傩艺人个人身份意识的变化之前，稍微区分一下跳傩表演和跳傩仪式这两个不同的行为。

　　总体而言，跳傩仪式行为就是指比较接近于原生态的一种仪式行为，是当地跳傩弟子和村民以逐除鬼疫、去厄消灾和实现纳吉祈福为动机而进行的。跳傩仪式行为既包括诸如请神、飨神、送神等庄严的仪轨部分，也包括娱神娱人的傩戏、傩舞、歌唱等表演部分。由于仪式涉及神灵的威严与神力施为的灵验效果，因此，仪式行为具有严格的时空约定，在某重要的时间节点如正月或小孩成年礼和在傩庙或供奉有神灵的神圣空间之中展开。仪式行为的主体即傩艺人与仪式参与者之间的互动具有极强的默契性和相互承担意识。在仪式中，一方面傩艺人作为人神沟通者而居于行为的核心地位，既通过庄严的仪轨程序执行驱鬼逐疫、祈福纳吉的神圣职责，又通过傩戏或歌舞的表演承担娱神娱人的世俗功能。另一方面，同在仪式情境中的围观村民也成为跳傩仪式行为中一个不可或缺的主体构成。他们是傩神的信奉者，不仅观看仪式的进行，而且参与其中，怀着对生命平安有序的美好期待，虔诚地侍奉神灵，与傩艺人一起分担仪式展开的责任，也一起共享仪式带来的秩序重整。村民的积极参与及其与傩艺人的相互分担，不仅使得傩艺人能够顺利地实现人—神角色的转换，也增强了彼此对自己仪式性身份的认同。

　　与此相区别的，则是跳傩表演行为（两者之间的具体区别可参见图表1）。当傩仪从乡村走向或迎向村外，傩仪就从一种具有家族或宗族文化内聚力性质的仪式行为，转变为某种文化内涵被不断拓展并经由舞台向外展示、传达的表演行为。这种舞台表演行为因为受到舞台空间的制约而带有强烈的被观看意味，因此舞台上被展示的更多是傩仪中具有可观赏性的傩舞傩戏部分。傩舞傩戏的舞台表演可谓另一重意义上的娱人。这种"另一重"，就体现在娱人的对象、方式和意义都发生了改变。也就是说，跳傩表演娱人的对象不再是那些毕恭毕敬供奉傩神的村民信仰者，而是各类以观看、研究为名的外来游客、研究者等等。跳傩表演不再是以娱神娱人的方式来满足村民在灾难解除、压力释放之后精神上的欢愉，而是以舞台表演的方式展现他者的文化，满足被观看的需求。

图表 1　跳傩仪式行为与跳傩表演行为的区别

	跳傩仪式行为	跳傩表演行为
动机[1]	驱鬼逐疫、纳吉祈福	观赏、研究、猎奇
功能	娱神（娱人）[2]	娱人
内容	仪式部分（表演部分）	（仪式部分）表演部分
时空约定	约定性	非约定性
行为主体	仪式执行者＋村民参与者	表演者＋观众
互动意识	承担、参与	模仿—想象、观—演
行为规则的制定者	祖宗	主办方、邀请方
创作模式	集体性，鲜有改变	个体性，允许改变
体验特征	真实的想象	想象的真实

　　由于被当作可观看的文化文本，跳傩表演行为在很大程度上无视仪

---

〔1〕这里的"动机"沿用了格尔兹的动机观。格尔兹认为："动机因素是一种持久的倾向，一种在某种类型的形势中进行某种类型的行为或体验某种类型的感觉的长期的倾向。""动机具有指向性质，它们所描述的是特定的全面过程，它们引向特定的、通常是暂时的结果。"详见格尔兹：《文化的解释》，译林出版社，2008年，第100—104页。

〔2〕加入括号并不是说括号内的项目并不存在，而是为了在两个项目之间强调括号外的项目，淡化括号内的项目。在"功能"这一栏中，"娱神""娱人"都是跳傩行为的功能，把娱人功能加入括号，则是为了强调在这两个功能之中，娱神功能是主要的，而娱人功能是次要的。该图表中其他括号的用意都是如此。

式行为对特定时空的约定：具有仪式性意味的时间（生命）节点被置换成纯粹的物理时间，神圣性也从舞台自带的观赏性制约中被剥离，舞台上的跳傩往往演变成为具有某种神秘意味的故事而被呈现在观众眼前。这种被观看性改变了跳傩仪式行为的行为主体：原来的仪式执行者成为舞台上的表演者，积极参与仪式的村民也被置换成各式各样携带不同观看目的的观众。在变换的行为情境中，行为主体之间的互动模式也随之发生了变化，跳傩仪式中傩艺人与傩神信仰者的参与、承担意识转变为一种简单的表演——观看分立模式。傩艺人不再具有"戴上面具就是神"的行为主动性和不可置疑的权威性[1]，而是不得不按照主办方或邀请方的意图，按需做出各种动作，并接受观众对他们表演的评判。与此同时，观众并不参与其中，而是在一定的距离之外保持观看、研究、评判的姿态。此外，为达到更好的表演效果，跳傩表演动作或程序往往被人为地篡改，哪怕是一点点的改变，也会不同程度地改变原有的由地方性历史规约的傩仪程式，使乡村傩仪变成某种可以被改写的他者文化文本。

由此，在表演情境所限定的行为空间，傩艺人身份便在很大程度上超越了乡村傩庙所表征的家族/宗族身份，而呈现出舞台表演情境中身为表演者、被观看者的一面。

一　傩庙的舞台背景化与地方记忆的抽象化

一个很明显的事实是，在以舞台为空间总体性框架的跳傩表演行为中，舞台上的傩庙是一个虚拟的空间，是作为一个布景符号被创造出来的。我们知道，舞台空间本身就是一个有限的封闭性空间，是一个以其间

---

〔1〕这里的"不可置疑的权威性"集中体现在乡村傩仪式的进行中，旁观者是不能随意发表任何关于傩神及其扮演好坏的言论评价，即使是跳傩弟子忘记请神词或者某个动作出点小问题，否则会触犯傩神而招致傩神的惩罚。

所发生的戏剧行为尤其是戏剧动作为凸显主体的呈现空间，因此行为发生的环境或场景，只能是以舞台布景的方式来实现。无论舞台布景是以写实还是写意的方式来呈现，目的都是为了衬托这一布景之下所发生的特定行为，"舞台设计诸功能特性的目的就是为了组织舞台空间"，"增强戏剧动作"[1]。同时，舞台空间本身并不必然地包含傩庙空间，而是表演的主办方或邀请方为跳傩表演临时设计出来的。因此，在跳傩表演行为情境中，舞台上的傩庙空间虽然被创制出来，但无疑是作为一个舞台背景符号被设计的，其目的是为了更好地凸显舞台中央正在进行的跳傩表演。

换句话说，当乡村传统的跳傩仪式转变为剧场舞台上的跳傩表演，成为观众观摩、猎奇的对象时，傩庙便不再是乡村仪式操演的核心，而成为舞台舞美设计的一部分。从跳傩行为作为民俗表演或民族艺术展演行为的意义上来看，傩庙自身所具有的仪式性、神圣性意味已经被舞台淡化，并从仪式行为中的"前台"核心位置退居到了表演行为中的"后台"，成为傩艺表演中为触发想象的一个舞台背景或道具。

正是因为舞台上的傩庙呈现出来的只是一个背景符号，因此这个"傩庙"相较于真实存在的乡村傩庙来说，实质上是一个"空的空间"[2]。所谓空的空间，既不是虚无的、没有任何所指的空间，也不是彼得·布鲁克所提倡的那个卸去了繁复布景、空荡无物的舞台空间，而是恰恰相反，这个空间因其符号能指的过度缺失而呈现出符号所指的过分空白，从而使得其间跳傩行为的意义指涉呈现出想象的无限拓延。换言之，在舞台上，作为舞台背景符号出现的傩庙空间除了借由其能指所指涉的跳傩仪式空间背景——"庙"之外，其具体所指呈现为意义的空白状态，或者更为准

---

[1] 胡妙胜：《戏剧与符号》，上海文艺出版社，2008 年，第 208—210 页。
[2] "空的空间"是笔者借用了彼得·布鲁克的"空的空间"提法。详见彼得·布鲁克：《空的空间》，中国戏剧出版社，1988 年。笔者这里虽然借用了这一说法，但是并没有沿用布鲁克的舞台布景理论。笔者这里的"空的空间"，是专门针对舞台民俗表演而非舞台戏曲而言，是指过于空荡的舞台布景实质上是把民俗所蕴含之丰富又确定性的生活意义背景化了，这就使得原本的实在变成了虚空。

确地说，傩庙意义的空白实质上就预设了意义阐释的无限可能性。舞台上傩庙空间的虚拟性、背景化，再加上中国舞台布景本身所具有的虚拟性、程式化传统，使舞台上的傩庙空间只是一个意指的符号，丧失了生活中的实用意义。它直指跳傩仪式表演的宏大空间背景——舞台虚构仪式空间之内观念意义上的"庙"（从观众的视角来看，这个庙还不一定就是傩庙，可能指向他们经验中的某个庙），呈现出空间想象和空间符号象征意义阐释上的过多空白。或者说，这一空间预设了过多的阐释可能，这反而虚化了傩庙这一符号在实际生活中的具体所指，虚化了傩庙对于当地傩神信仰者日常生活的确定性意义，这一确定性意义包括傩庙所蕴含的当地的历史记忆、生活知识、价值理念和社会秩序等等。原本被赋予很具体、很恰切的地方性意义的傩庙空间，从而在意义上变得空洞、空白。

表演情境中傩庙的舞台背景化限制了舞台上跳傩表演对跳傩仪式及其生活的传达和还原。与中国传统戏曲戏剧舞台不同的是，舞台上跳傩表演行为的展开并不是为了进行艺术审美，而是为了呈现一种"另类"的、非同寻常的他者生活方式，为了传达和还原一种接近于生活本身的真实民俗。但是，无论是傩艺人作为信息发送者的传达，还是观众作为信息接受者的还原，都是有限度的。就信息发送者而言，由于民俗本身关联的是一种特定的地方性知识和传统，代表了一个特定的、鲜活的群体以及该群体具体的、正在进行当中的、具有强烈绵延性的生活，因此民俗本质上是不可复制、难以精准转述的。舞台上的民俗表演只能说是一种搬演，是生活部分真实性的部分还原或近似呈现，因此民俗表演舞台无法真正还原所表演的真实生活，更不用说还原表演背后所指向的那种地方性知识和传统。就信息接收者而言，他们对表演所指向的地方性知识和传统的了解本来就相对有限，这就导致了他们对"部分还原""近似呈现"的表演尚且只能部分理解，对表演背后的地方性知识和传统就更只能借助于想象进行有限的触摸和感悟了。

这样，如果舞台上的傩庙布景能够尽可能地贴近当地生活中的种种具体表现，依托于其间的跳傩表演则更容易在被观看的想象中被还原为生活的某种真实。但是，很明显的，由于舞台时空是从日常生活时空中特意划分出来的一个独立的部分，其自身是受到限制的，因而要在舞台上通过表演的形式真实地还原某种生活的地方性特色是不太可能的，尽管"还原"一说可能在大多数时候也是主办方的本意和追求（这一点我们可以从某些主办方的邀请宗旨或跳傩表演宣传名目上看出，如石邮村傩班在1998年赴日本参加的"地方技艺节表演"，在2008年赴法国参加的"原生态艺术节表演"等）。在跳傩表演行为中，由于傩庙只是舞台上的一个布景，因此虽然主办方有意设计了这样一个空间，以帮助傩艺人和观众更好地进入想象中的傩庙仪式空间，达到还原生活真实的目的，但是这个傩庙空间是虚拟的，已被背景化，本身只具有符号的能指和庙这一概念的总体所指内涵。即它就是一个庙的符号，符号的具体所指则因为概念之于想象的开放性以及跳傩仪式本身所具有的民俗文化差异，而呈现为一种架空式的意义空白或意义的不确定性，跳傩仪式原本所具有的确切性民俗意义被模糊或抽象化了。

舞台上的傩庙成为空的空间，使得傩庙原有的意义和功能被悬置。观众虽然能够看出舞台布景所架构的是一个庙的空间形式，但是他们所理解的庙更多的是关于庙的普遍性概念，或是与观众过往经验中有关的庙的意象。正如"舞台上的宝座不应该是一个现实的宝座，而是一个暗示宝座的观念"[1]，舞台上被背景化的傩庙在很大程度上也只是暗示傩庙的一个观念指向，指向一般意义上供奉神灵、祈福还愿的庙，而不是现实生活中某个特定地方的、具有生活实用功能的特定傩庙。这个观念意义上的庙要和乡村实际生活空间中的傩庙及傩神发生深层次的勾连，其程度是有限的。而且，无论是对于观众还是对于作为表演者的傩艺人来说，这个符号所指

――――――――――――

[1] 转引自胡妙胜：《戏剧演出符号学引论》，中国戏剧出版社，1989年，第35页。

涉的庙的意义与他们想象中或生活中熟悉的傩庙的意义都是有偏差的。从语义的三角关系角度来看，舞台空间作为符号存在的傩庙，只是主办方或邀请方基于自身的理解而创造出来的一个符号，这个符号并不一定就代表了现实生活中具体的傩庙，因而这个符号与生活本身中的傩庙是不会自发地发生关联的。同时，在舞台交流过程中，这个符号的意义也是观众在观演过程中理解并产生的，由于观众理解的多样性，这个观念中傩庙的意义也呈现出多义性和不确定性。

在从特定的确定性走向泛指的不确定性中，"当符号与指称的关系模糊不清时，意义就开始从我们这里滑脱和逃逸，进入不确定中"[1]。尤其是对于观众而言，在表演信息和生活经验双重欠缺的情况下，他们在庙的一般意义上仅仅凭借跳傩表演形构出来的傩庙空间必然更具有想象性，对傩庙的确切能指和所指的理解也更加具有不确定性。他们既无法看清跳傩表演所依托于傩庙的表层信息——实际生活中的傩庙有多大，傩庙里具体供奉着哪些傩神，各个傩神具体的相貌是什么，傩庙内具体布局如何，等等，也无法探究生活中各具体傩庙所蕴含的历史变迁信息以及它们对于当地百姓实际生活的意义等等深层信息，更无法触摸当地傩神信仰者与傩庙之间经由历史传统和现实生活所建立起来的信仰情感和信念。而傩庙所蕴含的上述信息恰恰是它所承载的地方记忆所在，是当地跳傩仪式呈现出与别处跳傩仪式差异性的独特标识，也是当地傩神信仰者获取集体认同的独有的民俗象征符号。

由此，舞台上虽然虚拟了一个傩庙，但是它被设计出来并不是为了成就跳傩仪式行为，而是像其他舞美设计部分一样，是舞台交流的辅助性符号，其最终目的是为了组织舞台空间，支撑舞台上的跳傩表演。如此，傩庙空间所蕴含的地方记忆信息及其确切的民俗意义，事实上是被舞台表演

---

〔1〕斯图尔特·霍尔编：《表征：文化表象与意指实践》，徐亮、陆兴华译，商务印书馆，2003年，第19页。

情境背景化、抽象化了。这一点仅从傩庙表层空间的不同布局上便可窥见一斑。（见图 1.21、图 1.22）

图 1.21　石邮村傩庙正厅神龛（笔者摄于 2009 年正月）

图 1.22　石邮傩班在巴黎舞台上的表演情景（该照片受赠于傩班弟子六伯）

图 1.22 是石邮村傩艺人在法国巴黎舞台上的跳傩表演。我们可以看到，舞台上作为背景符号的傩庙空间，仅仅是由一个供桌来架构的。供桌

上放置着傩神太子和供奉傩神太子的香烛和线香等舞台道具[1]。虽然巴黎舞台上的布景布局符合中国传统戏剧舞台的设计风格，即一桌二椅写意式的舞台布景设计，但是对于具有强烈民俗指向的跳傩表演而言，一桌二椅式的舞台设计预设了过于空白的想象空间，这就反而虚化了傩庙所具有的地方性内涵和独特意义，因为我们知道，但凡是有庙的地方，都会供奉神灵，而香烛和线香也常常是供桌上的必需之物。因此，这些舞台符号的设置，虽然标明了表演行为大致发生的背景，但是它就像图像一样被摆放在那里，跳傩仪式行为的功能和具体意义在很大程度上仍然处于被观看者的假设或想象之中。

也就是说，在跳傩表演情境中，现实生活的某个特征（如庙或供桌）虽然因为舞台复制而表现为"在场"，但是其意义并不是由现实生活者本身来创造和实践的，而是由情境中的观看者来假定或想象的。就此而言，现实生活及其意义与舞台空间是分离的，舞台呈现出来的民俗生活无法还原为生活本身。但是在现实生活中，每一个地方的傩庙都是具体的历史性存在，它所承载的记忆信息是具体而又丰富的，其内部设置的每一个部件或物事都是人们生活痕迹的具体呈现，这些都是舞台上虚拟的傩庙空间无法准确提供的。在笔者调查的江西省南丰县石邮村，其傩庙内布置（见图 1.21 及前文中的图 1.2、图 1.3）为：

（庙内）山墙正中绘有八卦图，墙前砌神坛，安十二尊傩神立像（木雕，高约五十厘米），上有阁楼，供藏傩面，神坛上前沿挂绿色绸面傩神太子的横幅，坛前是傩神太子金帽红袍的坐像，齐腰处有横香

---

[1] 六伯告诉笔者，舞台供桌上的傩神太子是他们带去的，因此是真实的，而供桌上的香烛和线香都是道具，因为香烛是插电的，而线香并没有燃烧。"香烛是用电的，并不是我们生活中点的香烛，线香也是假的，我们表演时的爆竹声也是用录音机录下来的。在舞台上怎么可能会点线香，放爆竹呢？"

案，前接纵长的大供桌，桌面除摆供品外，有香烛与烛台，系红绸织花桌帏。神坛左（东面）塑土地神，右（西面）安太尹公。……旧时前后梁上高悬牌匾，前文"保庆平林"（已毁），后书"浩气光天"……庙内木柱均刻楹联。[1]

石邮村傩庙除了供奉傩神爷和各路傩神神灵，还供奉吴氏先祖太尹公和当地的土地神。这样的布置承载了石邮村的地方性知识和历史记忆，不仅表达了当地傩神信仰者对傩神的毕恭毕敬，而且凝聚了当地吴氏后代子孙对宗族祖先的缅怀之情，承载了每个具体的个人及村落集体对现世生活的种种期盼，反映了当地人的日常生活追求和价值观念。因而，即便是出现在舞台之中的、对于观众而言可能是不足以道且几乎不会注意的小道具，如香烛、锣鼓、傩神太子等，在乡村跳傩仪式空间中也往往是有着特殊意味的存在性符号，因为它们不仅喻示着傩庙信仰空间的神圣属性，而且以发生在傩庙空间框架之内的一个个精彩纷呈的傩神显圣故事，见证并记载了村落空间里傩神信仰者的生活以及他们对生活的期盼。

以傩神太子为例。在石邮村，傩神太子在每年正月跳傩之时，都要"更换"新衣新帽，而那些新衣新帽都是当地百姓在傩神太子显灵之后赠送的还愿之礼物。2010年正月傩神"安坐"之日，正在整理傩神太子物事的六伯，指着他手里的一件红袍和牛皮鼓（见图1.23和图1.24）跟笔者说，那些东西都是当地两对村民夫妇还愿送来的。这两对夫妇之中有一对刚刚结婚，而另一对则结婚好几年，一直没能生儿子。两对夫妇先后到傩庙许愿，都希望生个儿子。六伯他们便到两夫妇家里为他们跳傩，表演

---

[1] 详见余大喜、刘之凡：《江西省南丰县三溪乡石邮村的跳傩》，财团法人施合郑民俗文化基金会，1996年，第13—14页。

第一章　家族/宗族记忆与傩艺人的家族/宗族身份呈现　　119

"傩公傩婆"〔1〕，并在傩神庙内为他们打卦，以决定祈愿应验之后给傩神还愿的东西。结果卦象显示的是，其中一对夫妇须为傩神太子准备一套新衣，另一对则须准备一个牛皮鼓。之后他们两家"果真"先后生了儿子，于是想方设法还愿。其中一对夫妇为了制作傩神太子的衣服，跑遍了整个南丰县城仍没有结果；另外一对找到以前一直做牛皮鼓的老人那里，不巧老人生病住院，无法再做牛皮鼓，两家后来听人介绍说只有在省城南昌的城隍庙方能制成，于是两对夫妇结伴而行，在省城分别购置了他们还愿送给傩神太子的衣服和牛皮鼓。六伯跟我说："他们为这件事，跑了很多地方，很是辛苦呢！傩神爷可能知道这件事情难办，所以要他们俩结伴，更容易办成事！"诸如此类的故事在当地几乎天天都在发生。虽然像牛皮鼓、傩神太子的衣帽甚至是傩神太子本身这些东西在旁观者看来不过是道具，非常简单，然而其中寻找和购置的艰辛，在当地傩神信仰者看来，便足以说明神灵显圣的不易，以及他们对于傩神信仰的虔诚。这些东西的购置当然也寄托了他们对于生活的期盼。譬如，当地村民对傩神太子的情感则很显然地寄寓了他们传宗接代、繁衍子孙的愿望。

很显然，舞台上作为民俗观演而进行的跳傩仪式原本是与某一特定的傩神信仰者群体及其生活方式相互共生的，因而跳傩仪式行为及与之关联的傩庙、傩道具等等物事都是具体的、特殊的，具有特定的民俗指向，并

---

〔1〕"傩公傩婆"是石邮村跳傩仪式中傩舞表演的一个重要节目，表演八十老翁老年得子的开心及其对妻子傩婆的疼爱。在石邮流传着这样的说法："八十老人得一子，笑煞长沙百万家，若是老夫亲生子，后代仍旧管长沙。"这个节目体现了非常明显的生育崇拜意识，寄托了村民们对于延续子孙的期望。正是因为这样，所以村里想生儿子的夫妇都会到傩庙许愿，并要求傩班弟子在夫妇房间里举行祈求子嗣的"傩公傩婆"仪式：仪式由跳傩公的弟子主持，主人家先把傩崽（即傩神太子，为傩公傩婆晚年喜得的儿子）恭迎进夫妇的房间，放在床中央，其下放一盘贡品，上面还有一个红包。床沿点一对蜡烛，傩公傩婆面具和道具分别放在傩崽两边。跳傩公的弟子（现在为六伯）面对着床，站在床沿东侧，跳傩婆的弟子（现为二伯）面对着床站在西侧，夫妻二人则站在傩公傩婆后面，其父母站在一旁。六伯口中默念颂词："保佑信士，家家吉庆，男争百富，女纳千祥……求嗣者，早生长命贵子，接超众生……。"念完之后，六伯带领大家作三个揖，在爆竹声中把傩崽送出房间。傩班弟子跳一遍"傩公傩婆"。此后，主人家把贡品和红包送到傩班弟子的箱笼旁，傩班弟子接过红包，并把一半贡品归还给主人，道声"早生贵子"，并在爆竹声中离开。

图 1.23　石邮傩班使用的牛皮鼓（笔者摄于 2010 年正月）

图 1.24　傩神还愿者还愿于石邮傩神太子的大红袍（笔者摄于 2010 年正月）

不具有普适性，且仪式参与者对于傩庙傩神的想象也都是以地方性知识和历史传统作为特定边界的。但是跳傩表演舞台上的舞美设计和仪式、动作行为所承载的信息却是有限的，观众即便对于跳傩表演有所了解，但是他们也无法讲述表演背后所呈现于生活之种种具体的、切实的经历和记忆，也无法再现傩神信仰者们在这种许愿还愿经历之中寄托于傩庙及其信仰的种种情感，更不用说还原以傩神信仰和跳傩仪式作为生存技术之生活方式的真实了。

因此，舞台上傩庙空间的背景化，实质上是把傩庙所承载的地方记忆及其原本由特定的乡村生活所赋予的确切的地方性意义模糊或抽象化了。

从问题的另一面来看，傩庙的背景化则恰恰凸显了傩庙作为舞台符号呈现于表演情境中的意义，亦即把跳傩作为艺术或文化（民族民间文化、民俗文化）表演的意义。这一点尤其表现在傩舞傩戏广场表演或踩街活动中。如果说传统镜框式舞台上的跳傩表演还体现了还原真实生活的某种努力，那么对于那些以"民族民间文化"或"民间艺术"为名的广场表演或踩街活动，那种呈现生活中某种真实的努力则直接让位于所谓的艺术表演、地方性文化展演甚至是民间技艺的竞技。在广场表演或踩街活动中，街道或广场直接化身为舞台，传统剧场镜框式舞台的有限空间被突破而变得无限空阔，原本还留有傩庙空间的一些符号诸如隐喻神庙的立柱或香案供桌等被广场硕大的宣传板或城市街道自身的布局所替代，整个跳傩表演的意义则由一个简单的宣传横幅诸如"2005年中国（江西）国际傩文化艺术周""1998年北京国际旅游文化节民族文化表演"等等所替代，以提示空间中行为的意义。

很明显，在广场或踩街表演中，跳傩仪式的信仰因素直接被抽离，傩庙消失了，整个仪式包括其中傩舞傩戏部分原有的神圣性也被广场或街道本身所具有的强烈世俗性所磨灭，而仪式中傩舞或傩戏等可被看作艺术的部分，因为广场或街道表演的要求被不断复制，艺术代替了仪式，文化或技艺的意义超越了地方性生活的限制而被无限地放大。在这类表演中，我们甚至可以说，傩庙及其蕴含的地方性意义不仅仅是被悬置，而是几近被"放逐"了。（见图1.25、图1.26）

二　傩戏舞台与傩艺人身份定位的模糊

如果说对于观众而言，舞台表演情境虚化了傩庙这一空间符号于村民

图 1.25　南丰傩队在"国际傩文化艺术周"进场时的花车（摘自《南丰傩》）

图 1.26　2005 年中国南丰国际蜜橘文化节上的民间艺术踩街表演（摘自《南丰傩》）

生活本身的具体能指和确切所指，那么对于傩艺人来说，情况就显得更为复杂了。由于行为展开的空间原本就是行为主体的情境定义和在此定义之下身份的空间投射，因此，当跳傩行为从乡村中的信仰仪式行为转变为一种艺术表演或文化展演行为时，作为傩艺人身份定位及身份意义参照体系的傩庙，其原有的情境性定义和功能也都发生了改变。也就是说，在舞台规约的总体空间框架之下，以舞台为表述核心所界定的傩艺人身份定位变得不确定。

首先，舞台代替傩庙成为傩艺人身份定位的核心场域。当跳傩仪式行为从乡村的傩庙空间走向城市的舞台空间，跳傩行为的性质就发生了改变，由乡村中的信仰行为转变成为舞台上的文化、艺术展演行为。这种性质的改变与舞台自身的特点有着密切的关联。与乡村戏台空间不一样的是，舞台空间是与现实生活异质的空间。它呈现出来的并不是生活本身，而是生活之后的再创造和欣赏，因而舞台是"由一个限定的物理空间所指示的审美空间"[1]，代表了"一种强烈的美学和等级意识"，"是向观众展露戏剧'假而美的容颜'的场所"[2]。一般而言，舞台空间是为了戏剧审美和体验而开辟出来的，因而这一空间自身带有强烈的审美性质。当真实的生活成为一种想象性的创造并被搬上舞台的时候，它总是首先倾向于呈现舞台空间自身所具有的审美性，舞台表演的观看也就预设了一种审美的意识。按照传统美学的观点，审美本身就代表了一种文化上或艺术上的等级意识：不是任何生活都能够搬上舞台成为表演，成为观众的审美对象，只有那些符合主流文化所定义的、经过了再创造的、具有美学特征的表演，如戏剧、舞蹈、音乐等传统美学上的表演类目，才能够走进剧场，成为舞台上的审美对象。然而，如前所述，跳傩仪式本身并不是为了体现其审美价值而存在的。对于乡村的傩神信仰者来说，跳傩仪式行为本身就是生活的一部分，这种仪式行为就像村民们使用的具有象征意味的物件一样，"并不是为了观看，也不是为了随身携带，而是为了（生活中的）使用"[3]。易言之，跳傩仪式的使用或实用功能恰恰是其自身存在的意义。

为了把生活中的跳傩仪式搬上舞台，成为符合舞台空间内在规则要求

---

〔1〕胡妙胜：《戏剧演出符号学引论》，中国戏剧出版社，1989年，第120页。

〔2〕理查德·谢克纳：《环境戏剧·空间》，《戏剧艺术》1989年第4期。

〔3〕Barbara E. Ward, "Not Merely Players: Drama, Art and Ritural in Traditional China," in *Man, New Series*, Vol. 14, No. 1 (Mar., 1979), p. 35, published by Royal Anthropological Institute of Great Britain and Ireland.

的表演，同时也为了观众理解的便利和文化交流的顺畅，增加乡村跳傩仪式的可观赏性，则必须对原本的仪式进行程度不等的再创造。其中最显著的当然就是开发跳傩仪式行为的功能，把仪式的实用价值隐去而凸显它的认知价值、研究价值或审美价值，并用各类艺术的、审美的话语表述来对它进行定位。比如，1995 年南丰县水北村的"和合舞"参加的"中国泉州广场民间文化艺术节"、1998 年石邮村傩班参加的日本岐阜县"地方技艺节表演"、2005 年南丰县傩文化代表队参加的在江西南昌举办的"中国（江西）国际傩文化艺术周"表演、2008 年石邮村傩班参加的在法国巴黎举办的"第十二届原生态艺术节"表演等等。上述种种表演名目表明，乡村跳傩仪式中具有审美价值的舞蹈、音乐或者戏剧等艺术因子是傩仪成为傩艺并受邀展演的一个重要原因，而且由于这些艺术因子根源于传统，所以傩仪还具有文化研究或艺术溯源的研究价值，甚至成为某些文化旅游公司加以利用的文化猎奇对象。此外，傩舞表演本身也会进行一些改变，譬如傩班成员会穿上比较统一的光鲜的服饰，傩舞傩戏表演中的队形排列也比较整齐划一，跳傩道具等都有可能是经过了重新制作的（见图 1.27）。为了适应舞台空间的审美要求或表演交流的要求，挑选、增加或删减仪式

图 1.27　南丰傩队在 1999 年"昆明世界园艺博览会"的广场表演（摘自《南丰傩》）

内容或傩舞傩戏节目，也是比较普遍的现象。万载县池溪村的跳傩弟子告诉笔者，他们受邀参加表演时，往往被要求表演傩舞中最能吸引眼球的"小鬼爬杆"节目。石邮村傩班弟子告诉笔者，他们最初到北京少年宫表演时，被要求翻滚着入场（以吸引观众），在表演时，那些暂时没有节目的跳傩弟子还被要求在表演节目的背景处戴上面具做出种种鬼怪样，以便使观众更好地理解表演的神秘性。

当然，其中一个根本的改变便是，傩艺人的身份也变成了主办方和观众眼中所谓的"民间艺术家""傩舞艺术家"。石邮村傩班大伯有一次在讲到日本跳傩的经历时，就很开心地跟我说，那里的日本人不仅说他长得像一个日本武士，还尊称他们为"傩舞艺术家"。

以"民间艺术家"的身份进入主流文化所定义的舞台空间进行跳傩表演，就意味着这一身份带上了某种等级意识或文化政治权力的色彩。就"民间艺术家"这一身份而言，它本身就包含了两层意思。

其一，是说明了跳傩表演具有了某种文化艺术表演之职业的或专业的性质。傩艺人的"艺术家"身份就意味着在此身份的定义之下，傩艺人是为了表演期待而跳傩，而不是为了生活中的傩神信仰需要而跳傩。这也意味着跳傩表演有可能脱离乡村社会的"乡土性"而类似于舞台秀节目中的东北二人转，成就为一门代表地方性文化的专门的舞台艺术。在这种潜在的可能性之下，傩艺人的身份就被隐性地划入了国家主流文化所界定的阶层分类范畴。而傩艺人事实上也在不断参与"弘扬民族文化""建设旅游文化"之类的演出过程中意识到并有意识地迎合这种身份。他们对表演的期待和对像笔者这样带着研究者身份之人的到来的欢迎和积极表现，即透露出他们积极迎合主流文化的意味。

其二，则说明了傩艺人在艺术家阶层中的边缘人身份。虽然在跳傩表演情境中，傩艺人被赋予"民间艺术家"这样一种社会身份，但是仅仅就"民间"而言，它便是相对于"主流文化"提出来的。因而，这一由民间传统转化而来的民间艺术是否能够进入主流文化价值体系以及在该体系中占据怎样的位置，依然是以主流文化价值为评判标准的，因为"一种传统究竟是好是坏，要视所谓'主流话语'的言说者在不同历史时期究竟持何种性质的说法而定"[1]。而且，很显然的是，实际生活中大多数民间艺术家既不能进入国家的文化供养体系，也难以进入现代将艺术市场化作为商品的交换体系，他们所享受到的社会待遇和社会地位离真正的艺术家实际上相差很远。

由此，当只具有地方性意义的传统身份片段与精致的以舞台为表征的主流文化或艺术审美联系在一起的时候，傩艺人原有的身份定位便变得不明确了。

一方面，傩艺人能够走向舞台，成为所谓的"艺术家"，他们所获取的新的身份凭借的是其原有身份的情境定义，即跳傩仪式情境所赋予他们的多重角色——仪式的掌控者、人神沟通者。正是因为被定义为跳傩仪式情境中的跳傩弟子，承担过并熟练掌握了跳傩仪式的操办技术、通神技术和傩舞傩戏表演技术，他们才能够被邀请而成为舞台上审美或文化交流过程中的表演者或艺术家。也就是说，对代表主流文化价值的主办方或邀请方而言，由乡村仪式情境所定义的傩艺人的原有身份代表了一种古老的文化艺术或传统生活，傩艺人的表演是能够还原未曾遭遇现代价值冲击和重组的某种"原生态的""本真的"生活。因此，主办方或邀请方认定的舞台上的艺术家便是具有乡村仪式情境所定义的具有跳傩弟子身份的傩班弟子，而不是诸如傩班的监督者或仪式的其他村民参与者。从这个意义上来说，舞台表演情境中的"民间艺术家"身份是以跳傩仪式情境中的跳傩弟子身份为前提的，原本只在仪式情境中呈现出来的跳傩弟子身份因而被抹上了文化权力的色彩。

另一方面，当由跳傩仪式情境定义的跳傩弟子受邀站在舞台上表演的

---

[1] Hobsbawm and Ranger（eds.），*The Invention of Tradition*，Cambridge：Cambridge University Press, p. 103.

时候，他们又被要求成为与舞台表演情境和实际舞台表演惯例相匹配的"艺术家"，或者至少说是要具备舞台演员或表演艺术家的基本意识。由此，在舞台上，当傩庙背景化的时候，跳傩弟子又不得不暂时放弃自己在跳傩仪式中的原有身份而努力将自身转变成为一个演员或艺术家。具体而言，当跳傩弟子站在舞台上戴上面具的时候，他们虽然有可能复现出在乡村仪式情境中与神灵交往的种种体验，但是特殊的舞台空间和表演情境，例如舞台时空的压缩、傩庙的背景化、观看距离的刻意性、作为道具使用的插电蜡烛、录制的请神爆竹声等等，这些独属于舞台空间的特征和设计都会不断地提示、提醒他们此刻作为演员的身份，提示他们要能够呈现出借由表演所表达的生活真实性。在为舞台表演而复制的表演情境中，赋予傩艺人身份意义的各种仪式性条件都是虚拟的或复制的，具有明显的不真实性（石邮跳傩弟子告诉笔者"舞台上这些东西都是假的"），观—演分立方式使得集体性认同也丧失了。在这种情况下，跳傩弟子很难能够与神灵进行神秘的沟通。事实上，接受笔者采访的傩艺人也告诉笔者，他们在舞台上什么都不会想，更不会想到家乡傩庙里的傩神。这就告诉我们，舞台情境中的傩艺人即便是戴上面具，他也有可能在情感上和理智上失去与神灵的联系。他失去了面具所代表的神灵身份，而扮演了面具故事中的神灵角色。原本在村民眼中具有仪式性灵验效果的驱鬼逐疫动作因而具有了舞台表演和观赏的戏剧性："当舞蹈者失去了神的膜拜者的身份，转而模拟一个人物时，他就成了演员，他的动作就不再是自我表现，而成了模仿性的，因而是戏剧性的。"[1]

吊诡的是，他们在舞台上成为主办方和观众眼中合格的艺术家或演员，其评判标准还是看他们是否在戏剧性的舞台动作表演中，成为主办方或观众想象之中作为"文化他者"的跳傩仪式弟子，即他们要能够通过表演者或艺术家的身份来呈现或证明他们在乡村中由仪式情境所定义的跳傩弟子

---

[1] 凯瑟琳·勒维：《古希腊戏剧史》，傅正明译，北京大学出版社，1988年，第1页。

身份。于此，笔者采访过的水北村跳傩弟子曾经跟笔者说："在台上，观众掌声多就觉得很有劲，而下了台，就觉得他们未必能看得懂，不知道我们在跳什么……跳的人是疯子，看的人是傻子。"[1] 这番话或多或少地表明了舞台之下的跳傩弟子对于舞台之上自身身份定位吊诡的一种隐秘的自觉吧。

三　傩艺人身份差异性的凸显与个人身份意识的增强

　　在舞台表演情境中，身份定位的模糊使得傩艺人身份中自我与他者之间差异性与同一性的占比程度也发生了程度不等的变化，传统乡村中界定身份为"我"与"我们"关系的同一性价值受到质疑，而身份差异性则经由舞台呈现的他者意识而得到凸显。身份识别因为舞台的空间表征而变得更为不确定。

　　身份识别的不确定性首先表现为以往主导傩艺人身份的同一性价值受到了质疑。质疑来源于表演情境带来的对跳傩仪式本身意义的改变。在蕴含文化政治权力的表演情境压力和诱因之下，跳傩仪式已经不再单纯是与当地人生活相栖相生的一部分，而是在生活意义之外还被赋予或附加了文化认知、审美或研究的意义。关于这一点，本书下一章节还有详细的阐释，此处不再赘言。值得注意的是，跳傩仪式被附加上生活之外的意义，经历了一个过程，而且村民包括傩艺人对被附加意义的接受也有一个过程。在跳傩仪式意义改变的过程中，跳傩仪式被"文化他者"赋予的认知、审美或研究的意义同样延伸到了当地村民的生活之中，并被村民赋予了新的意义和认同价值。就同一性受到质疑本身而言，从大的方面来讲，这实质上就是傩艺人身份同一性背后所承载的地方记忆和村落传统价值观受到了质疑。也就是说，拥有民间艺术家身份的傩艺人对于传统身份的认同和被认同已经逐渐超越了乡村传统的价值，向现代社会的主流价值敞开

---

[1] 被采访人：水北村傩艺人傅师傅，1948 年生，水北村人，十二岁开始跳傩。

了，并由此引发了一种现代的地方性认同在傩乡的生成。关于这一点，第二章有详细的阐释，此处略。

笔者这里需要强调的是，就傩艺人本身来说，当定位他们身份并赋予身份确定性意义的傩庙情境被表演情境背景化的时候，他们对身份同一性的质疑集中体现为：身份识别过程中以往被同一性包裹的差异性被舞台情境及其所携带的主流价值放大，由此使得自我与他者的差异性也被放大，并从同一性中凸显出来，以致在某种程度上撕裂了为身份提供确定性意义的同一性价值，从而模糊了傩艺人身份的原有意义及其对这一意义认同的确定性。

而同一性受到质疑这一问题的另一面则是，傩艺人在身份识别过程中比以往更多地意识到身份差异性的存在。如果说前文提到过的，"民间艺术家"这一身份本身所蕴含的文化差异性和所预设的阶层边缘化是包括笔者在内的研究者的理性分析，不太可能成为乡村傩艺人身份自觉的判断，那么他们自身与作为他者的村民及"外面的人"[1] 之间的差异性，以及由此差异性导致的傩艺人对自我的某些非理性的微妙感觉，则是傩艺人在舞台表演情境之中以及情境本身造成的事后延宕中所遭遇的不可回避的问题，即笔者这里所定义的身份问题。与传统乡村中比较单一之身份他者相比较，在舞台表演情境之中傩艺人遭遇的自我的"他者"实际上包括多重视域。

第一，由"艺术家"或"艺人"所定位、定义的"自我"变成了傩艺人原有自我的一个他者。在传统乡村社会中，由乡村集体价值赋予的傩艺人身份中的自我基本上是一个完整的、连贯而稳定的概念，即这个自我是以依附于强大的乡村集体意识尤其是特定的宗族、族群文化而获得了它自身的意义和价值。这样一种由依附关系产生的自我在很大程度上覆盖了自我中可能呈现出来的各个差异性的身份片段，尤其是淡化了跳傩仪式情境所定义的以人神沟通者为核心意义的、体现为自我与他者之较大差异性的

---

[1] 必须指出的是，跳傩弟子并没有自觉的"他者"意识，所以他们常使用"外面的人"这样一种说法，这可以看作是傩艺人的一种他者观。笔者在下文中涉及的同类现象，都可做如是观。故以下不另注明。

仪式身份片段。这样的自我事实上是已经经过了自我确证并被纳入乡村集体认同之中的自我，因此这个自我的意义是明确的，是傩艺人潜意识中不证自明的自我。

然而，当傩艺人经历了与日常生活意义完全相异的跳傩表演之后，这个曾经被自我的整体概念覆盖的、本身就具有较强差异性的仪式身份被附加了另一重崭新的身份内涵，那就是被主流文化定义的"艺术家"或"艺人"内涵。这个以"艺术家""艺人"出现的身份片段及其所蕴含的意义与乡村传统价值完全不同，更是因为被主流文化界定，因而凸显了这一身份片段作为主流文化认定的意义。很显然，这重意义无论是对于乡民还是对于傩艺人来说，都是无法忽视的。

事实上，傩艺人对这重身份始终保持着一种类似于对待不熟悉的"外面的人"的那种"不明就里，欲拒还迎"的态度，即他们并不明晓"艺术家"这一身份的确切含义及这重身份对于自我而言所能够体现的完全价值，但是他们也不明确拒绝和反对。傩艺人被主流文化赋予了"艺术家"的身份，但是他们对于他们表演的是否是艺术及他们自身是不是艺术家并没有明确的理解和把握。在笔者的采访中，当被问及是否觉得舞台上自己表演的东西就是艺术的时候，他们支支吾吾说不清，或者直接说自己在舞台上"只管去演，并不会去想这是什么（艺术）"，"他们（主办方或领队的文化单位的领导）叫我们怎么跳，我们就怎么跳"。从这里我们可以看到，这个以"艺术家"之名出现的身份概念对于傩艺人的原有自我而言，实质上是一个"他者"。对于这样一个"他者"，傩艺人并没有有意识、有目的地把里面的他者要素纳入自己身份的重新建构当中，也即他们并没有使这样一种社会身份自我内在化。更值得关注的是，他们并不反对和拒绝这样一种他者性的存在，这在某种程度上就意味着，这个"他者"离"自我"的距离似乎已经越来越缩短了。

从这个意义上来说，对傩艺人而言，"艺术家"并不是一个明确的可以实体化为他所能对象化的人诸如其他村民或观众之类的他者，而是一个想象的他者。即"艺术家"是傩艺人依照表演宣传之类的主流话语表述中所需要的形象并结合自己对这一形象的理解而努力改造自身表现出来的，是在传达民族文化或民间艺术的过程中即在表演的情境中形成的"他者"。因而这个他者是一个以想象为主体的他者。这一想象中的他者类似于罗兰·巴特在体验被拍摄感觉时的那个他者："从我觉得正在被人家通过镜头看的那一刻起，就什么都变了：我'摆起姿势'来，我在瞬间把我自己弄成了另一个人，我提前使自己变成了影像。""人像摄影是一个比武场。四种想象出来的事物在那里交汇，在那里冲突，在那里变形。面对镜头，我同时是：我自以为我是的那个人，我希望人家以为我是的那个人，摄影师以为我是的那个人，摄影师要用以展示其艺术才能的那个人。"[1] 所不同的是，罗兰·巴特是以一种清醒的意识来看待摄影师镜头前自我分裂出的四重他者；而很显然的，傩艺人对于"艺术家"身份并没有形成一种观自在的清醒意识，他们对于自己想象中的这个他者形象是模糊的，而且他们对于这个文化想象的他者的意义也并不是很清楚。

尽管如此，我们却能够从他们的言谈中感受到他们对这重身份他者的存在及其带给他们的文化上被认定的意义感和尊严感。傩艺人能够确切意识到的是，这个身份他者不仅能够带给他们经济上的利益，还能带给他们阅历上的丰富（他们走进城市，走向国外，"看外面的世界""开阔眼界"），以及情感上的愉悦，如"我很高兴他们这样叫我（如上文提到的日本人尊称他们为'傩舞艺术家'——笔者注）""可是我们也不会摆架子，他们需要我们拍照我们就跟他们拍照"[2]。"摆架子"的说法其实就预设

---

〔1〕罗兰·巴特：《明室：摄影纵横谈》，赵克非译，文化艺术出版社，2003年，第15、19页。

〔2〕引号内的表述都是被采访的跳傩弟子被笔者问及外出跳傩表演时的普遍说法，比如，石邮村傩班六伯就告诉笔者："我很喜欢出去跳傩，每年都能出去跳就好了，比在家里种橘子好（南丰县以种橘子为主业，南丰蜜橘是市政府和县政府极力打造的地方性品牌——笔者注）……跳傩比人家打工好多了，没那么辛苦，时间也没那么长，包吃包住，一天跳几场也不累……外面的人管我们叫什么，我们也不太注意，只是觉得很高兴，但是我们也不会（拿这种称呼）摆架子，他们说我们跳得好，原汁原味，我们就觉得很开心。"

了"架子"的存在，也就是说他们已经意识到了自我之中"艺术家"或"民间艺人"这重身份的存在及其对于自我的部分意义，而"很高兴"则隐喻了他们被主流文化认可的一种意义感和尊严感。

笔者以为，这经由"艺术""艺人"的表述而感知到的意义感和尊严感实质上增强了傩艺人个体存在的意义感，且这种意义感显然已经超越了他们对家族/宗族依附的意义感。即傩艺人不仅以人神沟通者的身份为村民尤其是家族/宗族共同体有所承担，感受到作为一个"我们"关联体中的"我"的存在，而且他们在体验"民族/民间艺术家"身份的同时，在某种程度上还生发出对地方共同体甚至是民族共同体的身份承担意识，即原有身份承担意识中的这个"我们"已经超越了家族/宗族群体，而指向不同情境中更大的"我们"，譬如傩艺人族群身份中实际指向的民族国家身份。当然，傩艺人不可能像笔者一样从身份反思的维度来认知"艺术家"身份带给他们的意义感和尊严感，从这个意义上来说，这一身份对傩艺人而言，仍是一个他者。但是这个他者却是他们乐于接受并能够从中体验到意义和精神愉悦的一部分，个体的自我意识也在这重意义感和尊严感的体验中得到增强，尽管这种接受和体验仍是以一种懵懂的、日常生活感性的方式来呈现。

第二，则是呈现于舞台空间之内的多重他者。在舞台空间所定义的情境中，傩艺人身份投射于舞台空间的他者形象不再限于跳傩仪式中的神或其他村民，而是一个多重的他者。在表演情境中，傩艺人无论是作为"异文化"的表演者，还是作为民族文化、艺术的展演者，对于一个舞台表演者而言，他们所能遭遇的这些他者不仅包括作为主办方或邀请方的他者，还包括各种各样形形色色的诸如艺术或文化研究者、猎奇者、旅游者等等作为观众的他者；从地域的角度来看，这个他者又直指国内或国外那些作为"外面的人"的他者与同为村里人的"我们"相对应的他者；还有一重我们不能忽略的他者，那就是同样被拉入表演情境中作为观看者的村民。

这些他者在跳傩表演情境中构成了他者的多维景观。这一多维驳杂的他者群，对本身身份意识还不够强大和自觉的傩艺人而言，其外在的规约性是很强大的：这些他者不仅使得傩艺人更为有意识地超拔出其原有的由家族/宗族规约的身份意识，而且能够直接作用于表演中傩艺人对个人行为的调适。无论这种调适是主动的还是被动的，傩艺人的个体身份意识都能得到程度不等的增强。

由此，我们可以看到，当傩艺人从村内走向村外，跳傩行为由乡村仪式行为转变为跳傩表演行为，他们身份的定位实际上是发生了变化的：原本定位身份的核心要素由傩庙变成了舞台，由傩庙所承载并渗透了家族/宗族文化和伦理价值的人神鬼信仰体系也因而转变为由舞台所象征的用以界定艺术或文化的政治文化权力体系。后一体系所界定的表演情境在很大程度上抽离了跳傩仪式本身所具有的民间信仰性质和家族/宗族文化属性，凸显了主流文化所强调的傩戏傩艺人之文化研究、艺术研究价值。傩艺人也被赋予了诸如"民间艺术家""民间艺人"的身份，使其原有的只对当地村民生活发生意义的身份被附加了呈现与传承文化、艺术的身份内涵。在这种身份内涵不断得到强调和展演的表演情境中，傩艺人身份识别过程中与自我遭遇的他者也变得更为多样、复杂，自我与他者之间的差异性也凸显出来，使傩艺人更多地意识到了自我与他者的区别。因此，在傩庙被舞台情境背景化，由舞台所界定的身份中，原本体现为"我"与家族/宗族"我们"的关系则转变为投射于舞台情境中"我"与"他/他们"的关系镜像。

小结

江西傩艺人的家族/宗族身份在不同情境中所呈现出来的内涵及功能并不相同。在传统跳傩仪式情境中，跳傩仪式承载了地方的家族/宗族记忆，傩艺人的身份是地方家族/宗族记忆的一种具体化形态，体现了在家族/宗族文化与记忆规约之下傩艺人与其他村民成员之间的身份同一性。虽然在跳傩仪式情境中，傩艺人因为人神沟通者身份的体验而呈现出自身身份与其他成员之间的差异，但是无论是人的角色扮演，还是神的角色体验、扮演，其目的无非是借助于神的力量去灾降福，以期重建当地神与人、人与人之间的生活秩序和伦理秩序。年复一年的跳傩仪式不仅能够复现当地的家族/宗族记忆，这种复现还能够使当地的生活秩序回归到仪式所投射出来的社会结构和宇宙论结构的模式之中，从而重新规约现实的日常生活。

从这个意义上来说，体现出傩艺人与其他村民之间身份差异的仪式性身份正是傩艺人在跳傩仪式的操演过程中表现和维护家族/宗族记忆的一种具体方式。正因为仪式性身份承担了这重功能，以人神沟通者角色为核心内涵的傩艺人身份由此呈现出强烈的情境性：一旦仪式情境撤离于生活，傩艺人与村民之间这种身份的差异性便重新被身份的同一性覆盖，生活重新回归于有序的日常状态。因此，傩艺人身份与其他村民身份并不存在着本质区别，傩艺人与村民信仰者之间的关系仍然是"我"与家族/宗族群体"大我"之间的关系。

江西传统傩仪转变为一种民间/民俗/民族表演的行为丰富了傩艺人身份的内涵，也在很大程度上改变了傩艺人身份之于家族/宗族记忆的功能。国家力量和研究机构的介入，不仅削弱了地方上家族/宗族的势力，也进一步挤压了地方记忆中家族/宗族记忆的位置，使得傩仪和傩艺人越来越疏离于家族/宗族文化的依附。与此同时，伴随着傩艺人不断地外出表演，"外面的人"不断涌入江西傩乡观看表演，被外来者赋予的傩艺人身份的新的内涵及意义越来越被傩艺人和其他村民意识到，并得到他们的重视。这就使得以往由强大的家族/宗族记忆所规约的傩艺人身份之自我与村民他者的同一性识别被各种他者所隐喻的差异性识别代替，差异性体验成为傩艺人身份实践过程中的主导体验。这种体验使得"我"与村民"我们"的关系在很大程度上逐渐转变为"我"与"他/他们"的关系。这样，虽然傩艺人身份中仍然承载着家族/宗族记忆，但是这重身份含义的重要性不再居于傩艺人身份体验和认知的核心，而是被舞台所表征的文化意义或艺术意义取代。傩艺人的身份更多地成为文化、艺术展演的呈现方式。

第二章

村落公共空间记忆与傩艺人的
地缘身份呈现

　　地缘关系主要是指在同一地理区域或地理空间内定居的人们长期以来所形成的相对稳固的人与人之间的关系，特定地域或空间中人们的地缘身份便是在地缘关系的构建之中生成的。因此，地缘身份本质上是一种空间关系的呈现，是在与同一空间的他人进行互动的过程中构建出来的。在中国乡村，与家族/宗族身份侧重于身份的血缘性承续即在时间意义上的呈现有所不同的是，地缘身份更多地强调了一种共享空间赋予村民的某种紧密联系和文化意义：不同的人们毗邻而居形成一种缘分，并由此而共享了一种共同的区域性文化和历史记忆，这种区域性的文化和历史记忆赋予了身份地缘意义。因此，乡村之中的地缘身份是乡村地方记忆在村落公共空间的体现。

　　然而，从人们定居下来开始农耕生活并形成原始公社的时候开始，地缘关系便与血缘关系不可分割地扭结在了一起，地缘群体"是在血缘群体的基础上进一步发展的形式"[1]。由此而塑造的地缘身份自然就与血缘身份有了千丝万缕的关联，血缘身份也因而与地缘身份从横向的时间维度和

---

[1] 夏征农等主编：《辞海》（第6版），上海辞书出版社，2009年，第444页。

纵向的空间维度这两个不同的维度共同构成了身份的时空意义：人类共同体的文化同一性或身份认同"有赖于人类和生物本性之间关系的性质，其中的生物本性既包括种族和血缘的，也包括土壤和国土的"[1]。也就是说，与身份之血缘性意义获得和传承相类似的是，身份之地缘性意义的形成同样来自人类与生物本性之间的某种根源性关联，即地缘是人类基于其长期居住地而生长出来的一种自发的天然情感。只不过这种地缘情感在很大程度上是血缘情感的一种重要补充，"在源自同一血统或共同生物起源之深厚的血亲联系和家庭、氏族、部落成员之间的联系之外，地域联系是居住在同一地区的人们因为需要合作和互相援助以满足基本的食物、住所和防御要求而发展起来的"[2]。正因为如此，在特定的历史条件下，建构于这一特定地域基础之上的血缘关系往往会与地缘关系发生文化意义上的连接，由此而建构的身份也就自然而然地具备了血缘所蕴含的时间和地缘所蕴含的空间这两个意义维度。当然，对于不同历史时空语境中的文化共同体来说，身份内涵的血缘性和地缘性这两个层面，在意义的重要性占比程度及意义的相互契合程度上并非总是一致的。即便是在同一历史语境中，由于地缘身份所处情境中空间关系的组成和结构发生的变化，地缘身份呈现的方式、特征及意义亦有可能存在着差异。由此而生成的地缘身份及地方性认同，也就可能呈现出不同的特征。

本章即以地缘身份形诸空间关系这一层面作为探究江西傩艺人地缘身份的进路，从江西乡村现存跳傩行为分化为跳傩仪式行为与跳傩舞台表演行为这两个方面，研究了不同跳傩行为过程中的空间变化及其间所引发的社会关联和人际交往模式的变化，以及由此导致的江西傩艺人地缘身份内涵及其呈现方式的变化和现代地方性认同的生成。

---

[1] 约瑟夫·弗里德里希·克拉托赫维尔：《文化和认同：国际关系回归论》，金烨译，浙江人民出版社，2003年，第181页。

[2] 菲利克斯·格罗斯：《公民与国家：民族、部族和族属身份》，王建娥、魏强译，新华出版社，2003年，第200页。

第一节 村落公共空间与傩艺人传统地缘身份的内涵

地缘关系与血缘关系的密切关联尤其存在于以农业为主要生产和生活方式的江西传统乡村。一方面，地缘关系是江西人尤其是江西村民人际交往的一个主要构成部分，这主要是由江西人的生产、生活方式决定的。江西人自古以来便以农耕生活为主，在近代社会转型中，江西人并没有走出农业文明的社会结构。即便是改革开放以后，农村的产业结构发生了变化，但是耕种土地依然是维系江西村民生活的一种主要方式，农业人口仍然占据全省人口的大多数。据江西统计年鉴，1978 年江西农业人口占据江西总人口数的 85.56%，1990 年占据 81.47%，2008 年占据 72.75%。虽然近年来这一比例有所减少，但是农业人口占比的绝大多数在客观上就意味着，当江西村民仍主要以土地为纽带联结在一起的时候，封闭式的地缘关系便一直是当地乡民的一个主要文化关联网络，村民的地缘身份亦处于较为稳定牢固的架构之中。即使是外出经商、打工、求学等，江西村民也多以地缘为纽带形成各类同乡会等组织，以维系彼此之间的地缘情感。

另一方面，在传统的江西乡村，与境内血缘关系相比，村民的地缘关系明显处于劣势，地缘关系在很大程度上是在血缘关系的网络中构建的。在大多数传统的江西乡村，家族/宗族势力强大。当交通工具不发达，城乡流动亦不顺畅，家族/宗族势力依然是当地乡村的核心组织形式和凝聚力量时，地缘关系和血缘关系虽然相互渗透，但很显然的是，地缘关系只是血缘关系的一种补充和投射，"在稳定的社会中，地缘不过是血缘的投影……血缘和地缘的合一是社区的原始状态"[1]。在大多数传统的江西乡村，家族、宗族成员往往聚族而居，血缘关系便建构在一定的地域基础之上，由此形成地域上的血缘共同体，即形成一个个家族或宗族聚居村落，

---

[1] 费孝通：《乡土中国 生育制度》，北京大学出版社，1998 年，第 70 页。

地缘与血缘往往呈现出高度重叠的格局。在这些村落中，同乡、邻里往往是同宗、同姓，相邻村庄亦因为存在着通婚或家族/宗族支系的扩大、搬迁而编织着千丝万缕的宗亲血缘关系。人们之间血缘关系的远近亦往往能够通过地缘关系的远近反映出来。

因此，在江西乡村尤其是在江西傩乡，经由人际关系的互动而生成的地缘身份，在很大程度上是血缘身份的一种补充，是血缘身份以空间方式呈现的蔓延。在江西人所涉及的首要身份意识中，血缘身份即地方性家族/宗族身份往往呈现出压倒地缘身份的态势，而地缘身份的内涵也往往是以地方性家族/宗族身份的内涵为基础获得的。在地缘关系基础上形成的地方性身份认同在很大程度上亦围绕着地方性家族/宗族文化及其价值观而呈现出来。

这一点尤其体现在传统傩乡的村落公共空间记忆及傩艺人的地缘身份之上。所谓村落公共空间，有学者认为："村庄是一个社会有机体，在这个有机体内部存在着各种形式的社会关联，也是村庄人际交往的结构方式，当这些社会关联和结构方式具有某种公共性，并以特定空间形式相对固定的时候，它就构成了一个社会学意义上的村落公共空间。"[1] 也就是说，从社会学意义上来看，村落公共空间是以某种相对固定化的空间形式为记忆承载方式而呈现出来的当地村民之间特有的社会关联和人际交往模式。在笔者田野调查的大多数以血缘关系为凝聚核心的江西乡村如南丰县石邮村、万载县池溪村等，村落的公共空间往往围绕着具有强烈家族/宗族属性的地理空间开辟出来，譬如当地家族/宗族的祠堂、傩庙广场或傩庙戏台（见图 2.1、图 2.2）。祠堂是家族/宗族后裔追念和颂扬祖先的场所，因其供奉的祖先牌位而表征着这一空间的家族/宗族归属。作为村落公共空间另一形式的傩庙及其附属空间如傩庙广场或傩庙戏台亦呈现出家族/宗族文化的特征。一般而言，神庙祭祀与祖先祭祀作为两个不同体系

---

〔1〕吴毅：《记述村庄的政治》，武汉人民出版社，2007年，第14—15页。

的仪式活动存在于乡村之中，两类仪式活动各自的规范对象和各自与日常生活的秩序关联是不同的。作为村民的公共活动场所之一的神庙空间，因其所象征的信仰往往能够覆盖全体村民甚至涉及其他村村民而具有公共性，其本身并不必然地具有血缘归属性质。

图2.1　作为村落公共空间的石邮村西位祠堂及其门口空地，村民们大多聚集在这里交流或娱乐（笔者摄于2008年12月）

图2.2　作为村落公共空间的水北村傩庙即"福筵和合寺"广场（来自南丰县文化部门内部资料）

尽管如此，正如笔者在第一章中所阐释的，大多数的江西傩仪是依附于当地的家族或宗族而遗存下来的，无论是傩庙空间还是傩神信仰和跳傩仪式，都与地方性的家族/宗族处于共生一体的结构之中。而且，由于当地村民大多是同宗同族，因此，村落公共空间之中形成的交往习惯、信仰风俗、价值观念和行为规范与禁忌也呈现出家族/宗族文化的特征。这样，以傩庙广场为公共活动场所的村落公共空间及其间形成的社会关联和人际交往格局，便被抹上了地方性家族/宗族文化的浓重色彩，具有家族/宗族的归属性质。在这一公共空间中形成的记忆，自然而然也主要呈现为家族/宗族的变迁历史和现实生活叙事。

这样，基于传统地缘基础之上的江西傩艺人地缘身份就是傩艺人在村落公共空间以傩神信仰和跳傩仪式行为作为人际交往关联模式和体验方式而获得的地方文化成员身份。这里需要强调的是，当家族/宗族文化成为当地傩神信仰和跳傩仪式身份表述的核心时，傩艺人的地缘身份在很大程度上也被限制于地方性家族/宗族的文化表述框架之内。无论是从江西傩艺人地缘身份强调的空间维度——以祠堂和傩庙为符号象征的村落公共空间，还是从地缘身份内涵得以呈现的手段——跳傩仪式活动来看，地缘身份都具有地方性家族/宗族文化的从属性。由此身份而塑造的乡村地方性认同自然而然也以家族/宗族文化为表达的核心。

由于地缘身份在很大程度上是呈现于空间的事物，而江西傩艺人地缘身份的塑造及变化都与其参与的跳傩行为空间及其间构建的社会关联及人际交往密切相关，因此，空间，尤其是傩艺人实践身份、体验身份的跳傩行为空间及其呈现的情境性特征、呈现方式等等，便成为我们探究江西傩艺人地缘身份的必需进路。

第二节　跳傩仪式情境中傩艺人地缘身份的空间呈现特征

　　无论是跳傩仪式行为还是跳傩表演行为，行为的展开大致都包含了这样两个空间——仪式性空间和表演性空间。仪式性空间指具有宗教仪轨性质或舞台背景化的傩庙空间，比如传统跳傩仪式中请神、送神、飨神、驱疫的傩庙或家户厅堂等具有神圣性意味的空间，或现代跳傩表演中舞台上虚拟的傩庙或厅堂等空间。表演性空间则是具有娱乐性质的戏台或舞台空间，它着重于歌、舞、戏的呈现，既指那些娱神娱人的傩舞傩戏空间，比如传统跳傩仪式中的戏台、傩庙广场等，也包括用于跳傩展演的现代舞台、公园等空间。

　　仪式性空间和表演性空间这两个空间不仅是实现跳傩行为的物理场所，也是跳傩行为与空间内原有世界之社会结构、社会关系和社会意识进行维持、强化或者颠覆、重构的社会场域。因此，这两个空间还是社会空间，是行为主体实践的空间，是"使人类主体永远处于一种具有塑造能力的地理位置"[1]。从空间本体论的意义来说，跳傩行为空间就不再是一个静止的容器，也"更少是一个传统意义上经由时间长期演化而成的物质存在"，而是跳傩行为主体（包括行为情境中所有的在场主体和不在场主体如情境建构背后的权力主体）之间存在意义和价值的空间延展，是"一个点与点之间互相联结、团与团之间相互缠绕的网络"[2]。

　　无论是仪式中的傩庙、戏台还是表演中的舞台或虚拟傩庙，都超越了其本身的物质存在，而是以空间的形式参与了主体身份识别的过程，是跳傩行为参与主体在社会、文化实践中相互关系的空间化，也是主体之间关

---

[1] 爱德华·W. 苏贾：《后现代地理学：重申批判社会理论中的空间》，商务印书馆，2004 年，第 12 页。

[2] 包亚明主编：《后现代性与地理学的政治》，上海教育出版社，2001 年，第 19—28 页。

系的多维观照或投射镜像。因此,最终确认或正在确认的主体身份是与特定空间中的他者及由此空间所设定的自我与他者之间关系的认知所定位的。这样,身份既不是某种客观条件的天然限定,也不是某种主观幻觉支配下的随意构建,它是一种被空间情境所激发的认识和被认识所促动而表达在一定情境中的互动行为。[1] 从这个意义上来说,傩艺人身份的复杂程度就与跳傩行为的空间维度有着不可分割的关联。因此,厘清不同跳傩行为所涉及的仪式性空间与表演性空间及两者之间的缠绕关系,就成为我们理解处于传统与现代转型过程中的傩艺人地缘身份之复杂性的首要问题。

需要提醒的是,因为仪式与表演之间并不存在着某种清晰的、能够一分为二的对立界限——仪式中夹杂着表演,具有表演性;而表演也可能是仪式的一种呈现方式,具有仪式性——因此,为了避免理解上的歧义与混淆,在下文中,笔者在涉及空间属性时,会不时地把跳傩仪式行为中进行类似于宗教仪轨行为的仪式性空间具象化为傩庙空间,这一空间充满了仪式性意味(在图表中用"仪式性空间"表示)。把进行娱神娱人表演的表演性空间具象化为戏台空间,以此说明该行为进行空间的表演性意味(在图表中用"表演性空间"表示)。与此相对照的,则是跳傩表演行为中的舞台空间与虚拟傩庙空间,分别指向了跳傩表演行为中的表演性空间与仪式性空间。因此,跳傩仪式行为对应的空间总体框架就是跳傩仪式空间,其中包括了傩庙空间(仪式性空间)与戏台空间(表演性空间),而跳傩表演行为对应的空间总体框架就是跳傩表演空间,其间包括了虚拟傩庙空间(仪式性空间)与舞台空间(表演性空间)。

仪式性空间(傩庙空间或虚拟傩庙空间)和表演性空间(戏台空间或舞台空间)在不同的跳傩行为情境中关联的程度并不相同,两类空间既各

---

〔1〕Paul Giltoy, "Diaspora and the Detours of Identity," in *Identity and Difference*, ed. Kathryn Woodward, London: Sage Publications and Open University, 1997, p. 301.

自表述又彼此渗透甚至融合。

那么，在传统的跳傩仪式情境中，傩庙空间与戏台空间是如何关联和呈现的？

一　乡村戏台与傩庙的文化同一性勾连

傩庙空间因为傩神的供奉而神圣不可侵犯，但是，一个无法忽略的事实是，这个神圣空间之中往往会有一个充满世俗性、颇具观演性质的结构存在，那就是戏台、傩庙广场之类的表演空间。笔者在田野调查时发现，江西傩仪大多在傩庙内展开，且傩庙大多设有戏台，或处于傩庙内的偏殿，如南丰县的庙前村傩庙；或在傩庙外建有一独立的戏台，与正殿遥相呼应，如上栗县的小枧村傩庙；或是在傩庙内建有戏台，与正殿相对应，如万载县池溪村的沙桥傩庙。即便是那些没有戏台的傩庙，也会在傩庙内外留出一块空旷的场地，作为仪式展开的场所，如石邮村傩庙广场、水北村的傩庙戏台、池溪村傩庙戏台、小枧村傩庙戏台等等（见图2.3、图2.4）。

图 2.3　江西南丰县三溪乡庙前村傩庙偏殿内戏台（笔者摄于 2009 年正月）

图 2.4　江西上栗县小枧村傩庙外戏台，左边为观戏台（笔者摄于 2010 年正月）

　　傩庙与戏台相互勾连，共处一体，体现了两者在文化功能属性上的同一性。尽管附属于江西傩庙的戏台在建造时间上大多晚于明朝，但是与神庙关联之戏台的出现在历史上并不是偶然的。戏台最初的原型就与祭祀活动相关，极具有宗教信仰的性质。我们可以从戏剧发生学的角度来追溯戏台与神庙在信仰层面上的关联渊源。戏剧学界普遍认为，现代意义上的戏剧是脱胎于以歌舞形式展开的原始祭祀仪式。"戏剧发生的逻辑起点既定在先民对神灵的崇拜祭祀信仰，则祭拜仪式即是最原始胚胎期的戏剧表演，祭祀地点即是最早的神庙剧场。故可推知中国最早的神庙剧场当是以实施原始巫术或祭拜图腾为目的之洞穴或坪坝平野，换言之，洞穴、坪坝、平野即是广义的、最早期的神庙剧场。"[1] 就以洞穴、坪坝等状态存在的原始剧场而言，神庙剧场并不具有它后来演变而成的娱神娱人功能，而是以歌、舞的技术表现形式来召请神灵，或者更为准确地说，是以歌、舞所达致的身体迷狂来触发情感之忘我、同化状态以取得与神灵的共鸣，从而实现诱导神灵意志的目的，在这种"虔诚的无意识的演剧之中，才潜

―――――――――――――

〔1〕罗丽荣:《中国神庙剧场史》，里仁书局，2006 年，序第 2—3 页。

藏着戏剧根源的原始体验"[1]。也就是说，神庙剧场的存在当初是为了给先民提供一个诱引、延请神灵的空间，这个空间之中的歌舞表演只是先民沟通神灵的一种交感巫术手段，这种手段本身就隐含着巫术通神的目的，并不是为了娱人之表演的目的。只是当生活的想象超越了远古、混沌、单一的原始意象而进入多元的、人格化的神灵崇拜及有意识的神灵扮演时，仪式之歌舞表演这种"无意识的演剧"才开始显示其作为戏剧艺术的最初原型，洞穴、坪坝之类的原初神庙剧场才逐渐演化为戏台。因此，"我们今天见到的早期剧场无一不是设在神庙里面。说中国戏曲是和神庙香火分不开的，一点也不夸张"[2]。

戏台[3]与傩庙在香火上的勾连也并非偶然。现存的傩祭仪式源于原始的傩祭巫术仪式，与戏剧的发生有着不解之缘。史上最早记载傩祭仪式的是《周礼·夏官》篇，有"方相氏，狂夫四人"，"掌蒙熊皮，黄金四目，玄衣朱裳，执戈扬盾，帅百隶而时傩，以索室驱疫"[4]。关于傩神究竟为何方神圣，学界并无一致看法。作为祭祀仪式的主要人物"方相氏"显然就是在"执戈扬盾"的傩神扮演中实现驱鬼逐疫的神圣使命。正是因为傩祭仪式所孕育的为达到与神交往的情感体验而具有的扮演意识，戏剧学界普遍肯定了傩祭在戏剧发生学研究中的重要意义。早在宋代，朱熹就在《论语集注》中说过"傩虽古礼而近于戏"[5]；清人杨静亭《都门纪略》谓"戏肇端于傩与歌斯二者之间"[6]；近代王国维提出我国戏剧"自巫、优二者出"，并指出上古驱傩之方相氏黄金四目为"面具之始"[7]。

---

〔1〕河竹登志夫：《戏剧概论》，陈秋峰、杨国华译，中国戏剧出版社，1983年，第7页。
〔2〕廖奔：《中国古代剧场史》，中州古籍出版社，1997年，第3页。
〔3〕为了便于叙述，本书以"戏台"指代了所有类似于戏台的表演场所，包括傩祭戏台、傩庙广场和为跳傩而刻意划分出来的厅堂空地等。
〔4〕郑玄注，贾公彦疏：《周礼注疏》（黄侃经文句读本），上海古籍出版社，1990年影印本，第431、474页。
〔5〕朱熹：《论语集注·乡党第十》，载丁宝桢等校《十三经读本》，清同治十一年山东书局刊本。
〔6〕转引自康保成：《傩戏艺术源流》，广东高等教育出版社，2005年，第6页。
〔7〕王国维：《宋元戏曲考》，载《王国维文集》第1卷，中国文史出版社，1997年，第310页。

正是这类扮演傩神的行为，使得本来因仪式而被赋予神圣意味的洞穴、坪坝等空间具有了戏剧性意味，才被表述为"神庙剧场"，并逐渐演化成为戏台这个极具世俗性意味的空间。中国的乡村更是形成"有村必有庙，有庙必有台，有台必有戏"这样一种神庙与戏台相互交融的特殊格局。

在江西传统傩乡，傩庙与戏台之间不仅在建筑空间上相互勾连，在功能属性上也有着同一性。傩庙因为戏台的世俗属性而成为乡村生活的公共空间，并与乡村广泛存在的宗族祠堂相互呼应，成为极富血缘性和地缘性特质的江西当地乡村公共生活空间的另一重精神坐标。如果说宗祠表征了以血缘为关联方式的、基于伦理价值而象征的宗族共同体意识，那么乡村傩庙则无疑更多地表征了以地缘为关联方式的、基于傩神信仰而呈现的村落共同体意识。这种村落共同体意识集中体现为一种以当地村落历史与当下生活为民俗语境而生成的群体行为意识和行为系统。傩神信仰和跳傩仪式就是这种群体行为意识的外化和行为系统的具象化。在具有娱神娱人功能的、以戏台为代表的神庙剧场，年复一年的跳傩仪式上演的傩歌、傩舞、傩戏，既是傩艺人代表当地乡民在戏台上向傩神遥表其崇敬和取悦之情的手段，也是远近乡民们趁祀神的日子聚集在一起，重申彼此之间的地缘情感关联并一同感受对他们而言又一个节日庆典到来的表达方式。笔者在田野调查时发现，在正月跳傩期间，傩庙内拥挤的大都是本村的村民及他们分散在其他各村的亲戚朋友，各家各户都有亲戚逗留。在石邮村，村民们告诉笔者："正月圆傩时，有很多亲戚包括那些嫁到邻村的姐妹、搬到县城的亲戚都会回来，大家在一起吃饭，聊天，看跳傩，很是热闹。"[1] 而在万载县的池溪村，丁姓族人说："走街串巷，在别的村里走走，认识不少人，挺好耍的。"[2] 村民的汇集及远近亲戚的聚会，使得原

---

〔1〕被采访人：吴义胜，1972年生，江西省南丰县石邮村人，现为吴氏傩班管理者三十二头人之一，也是协助笔者田野调查的知情人（informant）。

〔2〕被采访人：丁忠，江西省万载县池溪村人，以前是跳傩弟子，现为池溪村丁姓傩班的实际组织者。

本神圣的宗教仪式增添了娱神娱人的气息，而且人们也在这难得的时空重新接续上了因为农事生产和个人生活变迁而逐渐淡薄的亲戚、邻里关系，巩固了因为信仰而形成的村落共同体意识（见图2.5、图2.6）。

图2.5　南丰傩班正月期间走村串户（来自南丰县文化部门内部资料）

图2.6　石邮傩仪期间，全体村民积极参与仪式，整个村庄成为一个流动的仪式剧场（摘自《南丰傩》）

笔者在田野调查时发现，在正月十六搜傩那天晚上，执行搜傩仪式的已经不仅仅是这些代表神灵的跳傩弟子和傩班管理者头人，而是所有村民。他们互相替换着，主动帮助跳傩弟子和头人挑担子，拿着火把，放火铳，甚至敲锣打鼓。令笔者惊奇的是，村里的小男孩们是其中最活跃的一个群体。他们结成一个小团体，轮流扛着火铳往返于傩庙与搜傩的家户之间，把在傩庙装好火药的火铳及时地拿到搜傩的家户[1]。事后，帮忙的村民都告诉我，搜傩的家户太多（有两百多户），一个晚上下来，他们（跳傩弟子）都会很累，所以村民都会主动去帮忙，因为这是大家伙的事。

这种村民参与仪式的场面与印第安人部落围绕着图腾柱跳舞具有情境的通约性。哈里森曾经指出，图腾崇拜仪式的思维方式之基础是集体情感，是基于人与图腾休戚相关的、合而为一的感觉，这些仪式与其说是模仿，不如说是参与，表达的是一种共同的参与本性，而不是对其他特性的模仿。[2]与图腾仪式相似，全体村民参与跳傩仪式的方式亦表达了一种合而为一的集体感。在跳傩仪式从请神到驱疫的进程之中，村民的参与和帮忙逐渐消除了仪式初期因为神圣空间和世俗空间的隔离而造成的傩艺人与村民之间的仪式性身份差异，傩仪进程开始时的观演意识也逐渐让位于参与意识，村民在参与中成为仪式的一部分。更准确地说，村民在仪式参与中形成的对跳傩仪式的情境性认同使得他们和傩艺人一样成为仪式的一部分。日常生活空间置换成仪式空间，整个村落最后融合为一个整体，成为一个流动的仪式剧场。跳傩仪式因为全体村民的参与而更显神圣，而全体村民的参与又凸显了跳傩仪式于村民生活、生命追求的不可或缺。

---

[1] 据笔者了解，在南丰县石邮村，傩神庙总共有二十四把火铳，每个火铳有四个炮眼，大概六到八斤重。火铳的鸣放声音非常大，以显示神灵的权威。在正月十六搜傩仪式中，石邮村需要搜傩的家户厅堂有二百二十个，每个厅堂搜傩时大概需要一到两个火铳，由于火铳非常重，而且火药都放在傩神庙，不能随身携带，因此负责放火铳的村民每次只能携带四至五个火铳。火铳和火药的补充就只能靠村民不停地往返于傩庙与家户之间，这项任务大多是由男孩们主动承担的。在笔者参与仪式的 2009 年正月，就看到了这样一群男孩，通宵不眠，跟随搜傩队伍，运送火铳。

[2] 简·艾伦·哈里森：《古希腊宗教的社会起源》，广西师范大学出版社，2004 年，第 121—122 页。

从这个意义上看，跳傩仪式不仅是神圣的，也充满了戏剧性。它的戏剧性就在于它提供了一个让全体村民超出个体生活空间之规范性的时空，使得他们能够跨越日常生活中的地域与血缘差异，聚集在一起，在共同祭祀傩神的仪式庆典中，体验到因为傩神信仰而紧密团结在一起的成员同一性感受。这种感受实质上已经超越了村民个人化的日常生活经验，是一种以傩神信仰为载体所象征的村落共同体意识，其中承袭了该村落世代累积的共同历史与对超验世界的地方性知识，提供了当地乡村生活的道德观念与交往模式，并构成乡民集体认同的价值观念与思维模式。

在这种情境下，傩庙集中体现为一种宗教式节庆表演的剧场，神庙与戏台成为剧场意义的空间载体，其中主导的是不可分割之祀神仪式与跳傩表演交互传递的信仰观念与节庆观念。一方面，祀神仪式中所被寄予的灾难解除、愿望达成之类的信息通过跳傩之歌、舞、戏的情感感染传达到信仰者/庆祝者身上，使他们能够从对傩神的精神寄托过渡到由娱神至娱人之情感的愉悦，从而形成狂欢式节庆意识；另一方面，这种节庆意识是由傩仪中跳傩表演的娱人功能触发，它不仅加深了人们对于傩神信仰所蕴含之成员同一性意识的体验，而且强化了村民对傩神的神功崇拜和信仰认同。精神的慰藉和情感的愉悦，两者相辅相成，节庆、艺术与信仰交相融合，历史、现实和未来彼此生发，恰如施莱尔马赫（Friedrich Schleier-macher）所言："节庆只有通过艺术才会出现。……正因为如此，艺术使得人们对节庆真正仪式的、宗教的起源在开始萎缩或被遗忘之际，仍能保持鲜活的记忆。"[1]

由此，我们可以看到，与傩庙关联之戏台的存在使得现存的傩庙空间尽管神圣，却并不是一个四周布满禁忌、被排除在人们的日常生活之外的孤立空间。相反的是，由于戏台自身所具有的表演情境特性以及表演空间里呈现的无意识或有意识的演剧因素及所生发的节庆意识，使得傩庙这样

---

〔1〕约瑟夫·皮柏：《节庆、休闲与文化》，黄藿译，生活·读书·新知三联书店，1991年，第57页。

一个原本很神圣的空间因为融入了戏台的世俗性和人间性而与世俗空间混为一体。我们也可以这样说，当跳傩行为由原初召请神灵之纯粹仪式演化为娱神进而成为神、人共享的仪式与节庆时，傩仪与傩舞、傩戏就成为一种不可绝然分割的共生体，而傩庙就不仅是祀神的仪式空间，也成为跳傩表演之娱人的节庆空间。在娱神与娱人的傩庙空间，当娱人的比重日益增加时，戏台就从原本不起眼的仪式道具中凸显出来，成为一个不可忽视的介质空间。这个空间因为其娱神与娱人的并存功能而模糊了神圣性与世俗性的边界：它一方面提供了一个祭祀傩神、取悦傩神的场地，这个场地因与傩庙相勾连而被刻意地区分并隔离于世俗空间，属性神圣，似乎不可触及；另一方面，祀神之歌舞演剧手段本身所具有的娱人效果，又使其从信仰中萌生出节庆意识，神圣性中孪生出世俗性，神的空间被人的想象触摸并延展，整个空间因为人的狂欢而极具世俗的属性。

在这个模糊的空间，生活所占据之现实世界与信仰所倚重之想象世界的界限被模糊了，仪式性演剧延伸为生活的一部分，而生活也被搬上戏台，成为仪式展演的一部分。傩仪式中这种生活与仪式性演剧的交融状态不仅普遍地存在于中国大多数地区的傩乡之中，而且这一交融的状态早在《清稗类钞·戏剧类》中就有过类似的记载。四川乡村在演傩戏《目连救母》之时："唱必匝月，乃为终剧。川人恃此以被不祥，与京师黄寺喇嘛每年打鬼者同意。此剧虽亦有唱有做，而大半以肖真为主，若与台下人径还酬酢。嫁时有宴，生子有宴，既死有吊，看戏与作戏人合而为一，不知孰作孰看？"[1]

二　仪式情境中傩庙空间与戏台空间的仪式性并置与融合

江西乡村傩庙空间与戏台空间在功能属性上的同一性关联，成就了跳傩仪式情境中两类空间的仪式性并置与融合。两个空间因跳傩仪式娱神娱

---

〔1〕转引自茆耕茹：《目连资料编目概略》，财团法人施合郑民俗文化基金会，1993年，第169页。

人的双重功能而被整合为一体：一方面，跳傩仪式自秦汉之始便开始逐渐把娱人功能纳入仪式的整体功能之中，此后更是得到不断的强化和完善。这就表明仪式中的表演性空间有其存在的历史性意义；另一方面，作为现存仪式活动进行的跳傩空间，即使是在相对比较封闭的传统村落，仍然有诸如傩庙戏台之类（无论其或大或小，是固定建筑或临时搭建）的具有观演、狂欢性质的表演性空间，使得神圣的仪式性空间之中始终勾连着表演性空间的世俗底色。而且，在跳傩仪式的周期性展开中，村民始终都存有对这两个空间的心理期待：仪式性空间通过傩神的驱鬼逐疫、纳吉降福，寄寓了村民对于未来美好生活的期待，村民由此能够获得精神上的慰藉；而表演性空间则通过傩舞傩戏的表演与村民的参与式狂欢，使得村民暂时忘却生活的艰辛与困苦，获取情感上的愉悦。

在周期性的跳傩仪式中，傩庙空间与戏台空间虽然并置，但是傩庙空间所表征的仪式性空间始终居于主导地位，其仪式性不仅渗透，甚至覆盖了以戏台为表征的表演性空间，使得二者交相融合，无法分割。下面这个流动的示意图显示了这两个空间在年度跳傩仪式过程中空间属性上渗透、重叠的胶合过程：

图表 2　乡村傩祭仪式中空间的重叠模式

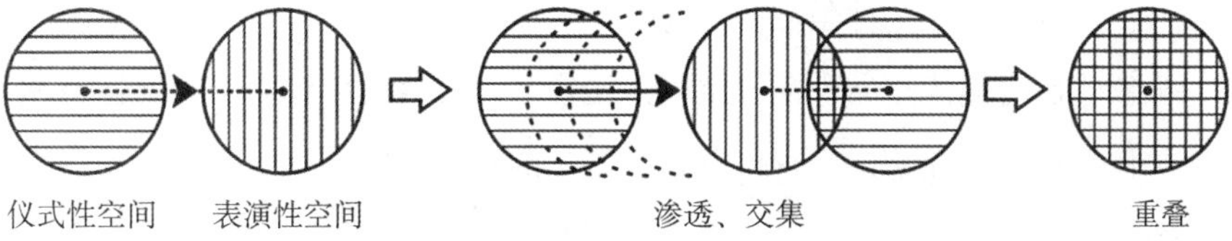

仪式性空间　　　表演性空间　　　　　　　渗透、交集　　　　　　重叠

为了更好地说明这两个空间的胶合过程，笔者把跳傩仪式的连续性、完整性进行逻辑上的切分，并按照仪式进程中空间属性的变化把跳傩仪式大致分成三个部分。在跳傩仪式行为的特定情境尚未展开之前，以庙为神圣性象征的傩庙空间与以戏台为世俗性象征的戏台空间在表面上仍然是分开的、各自独立的两个部分。在江西大部分地区，虽然戏台与傩庙相连，但是在日常生活中，两个空间各自表述，各司其职，互不干扰。

当仪式正式开始时，两个空间也逐渐打破了彼此分立的局面而发生了空间属性渐进式的胶合，且这种胶合是以仪式性空间主动向表演性空间渗透的方式来实现的。

由于跳傩仪式的举行主要是为了延请傩神，以达到驱鬼逐疫和纳吉祈福的目的，所以仪式总是首先以请神、飨神等祈请神灵（这里的神灵包括祖先神灵，下同）的系列祭祀活动为开端[1]。江西石邮村跳傩仪式的第一个环节便是起傩仪式：正月初一举行起傩仪式，全村吃素，装点自家神龛，开门迎接傩神；傩班弟子进殿作揖参拜傩神，并举行参拜神灵、为傩神太子换衣、放置傩面具、举行请神、判笈、参神仪式。实际上，中国大多数类似于傩的逐除祭祀仪式都是如此。如贵州地区的冲傩还愿仪式也是从延请神灵的开坛仪式开始的，开坛仪式是"掌坛师向诸圣神灵、老少祖先、列位师祖述说还愿原委并礼请降临的仪式"[2]。神灵的祈请仪式以及恭迎神灵莅临（这在很多地方是以跳傩弟子戴上傩神面具作为神灵莅临的标志）的各种情境性因素如燃烧的香烛、祈请神灵的颂词等，不仅使得仪式性空间从世俗空间中凸显出来，也使得与傩庙有物理关联的戏台之类的表演性空间晕染上了神圣性的色彩。随着仪式的不断向前推进，仪式性空间及其所具有的神圣性意味也不断地渗透进表演性空间，使得表演性空间越来越具有仪式性、神圣性的意义。

仪式性空间能够向表演性空间渗透，是以以戏台为代表的表演性空间的文化特性为前提的。与现代舞台相区别的是，傩庙内戏台表征的表演性空间并不纯然是一个观赏舞台，它毕竟源于傩庙，与傩庙相勾连，在祭祀傩神的仪式进程中发挥作用，且其功能属性也依附于神庙的神圣性质。因此，跳傩仪式中虽然包含着傩舞、傩戏之类的表演，但是这种表演并没有

---

[1] 跳傩仪式大致上都包括了请神、飨神、娱神、娱人、送神这五个部分。笔者正是根据跳傩仪式的这五个部分来阐释仪式中仪式性空间与表演性空间的复杂关联的。

[2] 参见张建建：《冲傩还愿——贵州傩仪的结构、类型、意义》，贵州人民出版社，1997年，第37—41页。

完全脱离以歌、舞的方式取悦、打动神灵，达成招请神灵去灾降福的信仰动机。而且，为了确保整个跳傩仪式的逐除效果，表演性空间往往会被加诸各式观看禁忌。譬如在石邮村的跳傩仪式中，傩艺人戴上面具后就不能开口说话，不能与观看者进行交流。男孩子享有特权，被允许爬到神坛或抱着菩萨坐在神的座位上观看仪式，而女孩子则被严格排除在攀爬人群之外。傩庙内进行的傩神安坐仪式则直接关闭庙门，禁止观看。表演性空间禁忌的坚持既保证了跳傩仪式的神圣与庄严，也增强了表演性空间的神圣感与仪式感，使得表演性空间在功能属性上依附于仪式性空间，能够被纳入仪式性空间之中，并最终成就仪式性空间的完整。

在跳傩仪式过程中，仪式性空间向表演性空间的渗透主要体现在以下几个方面：首先，表演性空间即戏台在仪式过程中往往会经过人为的布置而被赋予仪式感和神圣感。当跳傩仪式进行到表演性空间的时候，也即在戏台上表演傩舞、傩戏的时候，平日里空荡荡的戏台中间会被放置一张供桌，供桌上面摆放着诸如傩神太子或傩神面具等以表征神灵的在场，以及香烛、贡品或线香之类的原本属于傩神庙供奉神灵的物件（见图 2.7）。

图 2.7　江西省南丰县庙前村圆傩仪式中的傩庙内戏台上的跳傩表演，戏台上临时布置了一个供桌，放置了傩神太子和香烛（笔者摄于 2010 年正月）

这些属性神圣的东西再加上一些表演禁忌的规约，就使得整个表演性空间具有了神圣性，从而淡化了其世俗属性。在一些没有搭建表演性空间的少数民族地区的跳傩仪式中，娱人之傩戏表演则是直接在临时建构的仪式性空间中进行的，这无疑使得表演性空间直接具有了神性意味。

其次，表演性空间中傩戏、傩舞的表演具有仪式性功能。第一，从表演的目的来看，跳傩仪式在达到了祈请神灵莅临与驱鬼逐疫之后，必须用歌舞的形式来娱乐神灵，以示当地人们对于神灵的感激和尊敬，因此这种表演实质上也是一种酬神的仪式。第二，从表演的内容来看，傩舞、傩戏表演的内容一开场就是以神灵为主的，表现神灵如何驱鬼逐疫，纳吉降福。这种表演本身便是对神灵逐除动作的形象性扮演，具有傩神的神秘魔力，能够取得灵验效果。南丰石邮傩舞中的第一个节目——"开山"表演，便是开山神手执钺斧，上下挥舞，四处劈砍，扫除鬼怪，被邪除祟的仪式。而在至今留存的傩戏之"目连戏"中，有些节目的表演则直接与祭祀连在一起，戏台上所做的"目连超荐"也是"借着目连打破地狱而救出亡魂的情节，来超度同乡千年死故灵魂，实际上是超度法事的变态。为此，目连戏跟法事齐头并进，法事中有'目连戏'，目连戏中有'法事'，两者呼应，融为一体，难以分辨。所以此处目连戏，与其说是'戏剧艺术'，毋宁是'宗教仪式'更为妥当"[1]。这种兼具宗教仪轨性质的表演模糊了表演性空间与仪式性空间的边界，使得两者之间能够不断地相互生发、交融。即使是一些非神灵类的表演，其所喻示的惩恶扬善、劝善积德或因果报应等因子，同样也是通过娱乐性的表演进一步增强仪式的教化功能，是跳傩仪式道德训诫功能的补充。

第三，从表演的方式看，傩舞傩戏的表演是一种假面舞或假面戏，面具作为仪式情境体验的重要心理触媒，能够进一步增强表演性空间的仪式

---

[1] 田仲一成：《新加坡莆仙同乡会逢甲普度目连戏初探》，转引自容世诚、张学权《南洋的兴华目连戏与超度仪式》，《民俗曲艺》第 92 期。

性意味。在傩神信仰者眼中，面具便是神灵的象征，是当地人心目中超自然力量的存在。江西南丰大多地方都流传着"戴上面具就是神"的说法（见图2.8）。事实上，面具在许多文化中都被崇奉为代表着某种神秘的超自然的力量。在普埃布洛的祖尼部落里，"每个面具都有其显著特征，代表着一个神，对祖尼人来说，每一个面具代表着一种超自然力量"[1]。在信仰萨满教的北方民众的观念中，面具即神祇，故称"面具神"，民众对其尊崇有加，平时将其装于特制的神匣中，恭放高处。面具的制作由族中专人承担，用后妥善保管，如系驱邪躲灾面具，用后则焚毁或深埋，须恪

图2.8 "戴上面具就是神"的南丰傩（摘自《南丰傩》）

---

〔1〕利普斯：《事物的起源》，李敏译，陕西师范大学出版社，2008 年，第 239 页。事实上，仪式或宗教进程中包括面具在内的艺术品本身往往与超自然力量紧密相连或本身就代表了某种超自然的力量，因而这些艺术品的制作材料、工具及使用都被赋予了超自然的力量，有着各种禁忌。关于此，还可参见沈福馨、周林生：《世界面具艺术》，人民美术出版社，1994 年；Charlotte M. Otien (ed.), *Anthropology and Art : Readings in Cross-Cultural Aesthetics*, New York: the Natural History Press, 1971; Paul S. Wingert, *Primitive Art : Its Traditions And Styles*, New York: Oxford University Press, 1962; Richard L. Anderson, *Art in Small-Scale Societies*, Prentice Hall, Inc., 1989; Evelyn Payne Hatcher, *Art as Culture : an Introduction to the Anthropology of Art* (2nd edition), Lanham: London University Press of America, 1999; Jeremy Coote and Anthony Shelton (eds.), *Anthropology, Art and Aesthetics*, New York: Oxford University Press, 1992。

守禁忌。[1] 正因为面具代表着神灵，象征着某种神性和神威，因此新雕的面具在使用之前往往都有拗诀打醮、杀鸡祭血之类的"开光"仪式[2]，旧面具每隔几年也要"开光"，以永葆其神性和神威。即使是戴上面具表演也具有很多仪式性的讲究。江西各地的跳傩仪式在仪式开始时都有繁复的"开箱"仪式，请出面具，而在仪式结束时则行使"封箱"仪式，将面具收起来，来年再用。其他地方具有拔除鬼祟功能的仪式表演诸如贵州地戏在每次演出前，也有完整的开箱仪式，即"必须点香烛供三牲，全队演员叩拜，才能取出面具，因这些面具都是天上星座，就是善神，他们专门受祈祷，镇恶鬼，'请'出箱又排列在桌上，由妇女唱佛调，放鞭炮。地戏头人，念点鸡词，跨火盆，再让演员们戴面具"[3]。这些神灵面具在经过开光仪式或繁复的请面具仪式之后，便具备了神性。而且，繁复的请面具仪式营造的肃穆、神秘氛围，一开始便使得整个表演性空间的仪式性效果得到了增强。再加上傩艺人戴上这些面具就成为神灵化身，表演的是神灵的逐除动作，这就使得整个表演总体上便具有了一种庄严、威慑性的神秘氛围。由此，在表演性空间，虽然表演的目的之一是为了娱人，但是亦庄亦谐的氛围能够让仪式参与者在感官欣赏之余，心中仍然保留着对于傩神的敬畏之情。在这种跳傩情境中，表演性空间交集着对于傩神的敬畏。其具体表现之一便是旁边的观看者此刻不能对表演的好坏做出任何评判，因为任意对表演不满的评价都是对于神灵的冒犯而有可能遭到神灵的惩罚。

在仪式进程的第三部分，也就是最后一个部分，表演性空间与仪式性空间完全重叠，彼此交融，不可划分。两个空间的交融情境往往出现在仪式的高潮部分，即逐除鬼疫与傩舞表演合而为一，相互渗透，交相融合，

〔1〕郭淑云：《原始活态文化萨满教透视》，上海人民出版社，2001年，第625页。
〔2〕江西宜春万载对于"大菩萨"的"开光"仪式尤其隆重，详情可参见蔡社宝、周关主编：《赣傩》，江西教育出版社，2007年，第109页。
〔3〕王恒富、谢振东主编：《贵州戏剧史》，贵州人民出版社，2004年，第63页。

在表演中实现逐除，在逐除中展示表演，以致"台上台下齐力驱除邪煞，迎接福祥"[1]。在南丰县石邮村的搜傩仪式中，仪式祭台和戏台往往处于同一空间之中，彼此互相借位：祭台成为戏台的一部分，是表演中参拜神灵、获取神力、参谢神灵的场所；而戏台也延展至祭台，成为驱鬼逐疫、纳吉降福仪式完成的主要场所。这种空间融合的现象在其他一些仪式性戏剧中也很普遍。新加坡莆田木偶戏中的北斗戏，便是以莆田傀儡戏的形式完成替主家还愿祈嗣的仪式。"北斗戏的演出也同时借戏台的空间完成'过桥'和'送花'的仪式……当演出待客百花桥大会，戏台上所上演的已经不单只是木偶戏，实际上是借木偶戏的形式来进行'请神''除煞''送子'的宗教仪式，戏剧演出和宗教仪式成为一体的两面，不能分割。在进行'过桥'的仪式时，戏台的身份已变为祭台，成为为过桥者消灾去煞的场所。在演出百花桥大会时，演员都用诵经的节奏来吟诵三十六宫婆神的名字，在过桥时演员的念白方式也具有念经念咒的色彩。"[2]

　　表演性空间与仪式性空间的重叠，是在傩艺人与仪式参与者之间的互动之中完成的。这通常表现为傩艺人与仪式参与者之间的身份边界壁垒在强烈的参与意识之下被打破，双方逐渐消除了神与人身份的差异，而体现为一种共同参与的主人翁意识。在这个过程中，一方面，傩艺人在仪式旁观者即村民的帮助下实现由神到人的角色转换，尽管戴着面具，却和旁边的人一起戏谑调笑，在娱人的过程中，神被人化。另一方面，观众也从毕恭毕敬的仪式被动者角色转变为仪式的主动承担者。在石邮村正月十六各家各户搜傩仪式中，开山神带领大小神奔驰在村巷之中表演，沿门逐疫，各家各户都要及时准备飨神的贡品，点燃爆竹，齐唱颂歌迎接傩神（见图

〔1〕邱坤良：《"中国仪式剧场之仪式剧目"研究初稿》，《民俗曲艺》第39期，财团法人施合郑民俗文化基金会，1986年，第104页。
〔2〕新加坡福建莆田人的北斗戏是莆田人在举行婚嫁仪式前所上演的传统剧目，演出的目的主要是祈求子嗣。同时，北斗戏也是一种还愿戏，主要是答谢南斗北斗星君等神灵保佑小孩渡过重重关煞得以长大成人。仪式的详细过程可参见容世诚：《戏曲人类学初探》，广西师范大学出版社，2003年，第25—56页。

2.9)。村民来回运送请神的火铳，接过疲惫的跳傩弟子手中的锣鼓，帮忙敲锣打鼓，甚至走上戏台成为辅助傩舞、傩戏表演的一部分等等。在共同承担的过程中，所有村民在仪式中强化了他们的傩神信仰，他们在参与中成为想象中的傩神子民，又在参与中实践身为傩神子民的想象，在从想象的真实到真实的想象的转换中，人因而被神化。这种全民参与中神被人化、人被神化的仪式情境呈现出另一重宗教式的意义，即生活暂时与表演相黏合，生活本身成为一种仪式性表演，而表演成为生活本身。这种特定时空之下的仪式参与实质上投射出由傩神信仰所凝聚的、以村民—傩神及村民—村民之间的同一性感受为核心的村落共同体意识。也正是这种强烈的参与意识及背后的村落共同体意识，使得跳傩仪式行为中的仪式性空间与表演性不仅并置，更相互重叠，成为一个完整的仪式空间。

图 2.9　石邮村乡民燃放鞭炮，喜迎傩神（摘自《石邮傩舞》）

由此，我们可以看出，在村落跳傩仪式中，虽然仪式性空间与表演性空间同时并置，但是空间的本质属性与空间内行为所被赋予的象征意义，都是以宗教式仪轨行为所展开的仪式性空间为总体性框架的。在跳傩仪式空间，傩庙表征的仪式性空间是空间规则的制定者和体现者，亦是村落共同体意识的主要投射方式。

三 基于傩神信仰之真实的想象与地缘身份的认同

在跳傩仪式行为中，仪式性空间之所以能够统摄跳傩仪式行为的总体空间属性，渗透并覆盖表演性空间，是由仪式性空间本身所具有的弥散性特征所决定。这种弥散性特征是由傩神信仰投射的宇宙观赋予的。"一种宇宙观为一个社区提供它在世界中的定位……这样一个在宇宙间的定位以尽可能宽泛的术语告诉社区成员他们是谁以及相关于其他的造物他们站在哪里。"[1] 对于傩神信仰者来说，由傩神信仰投射出来的宇宙观从来都不是抽象的、形而上学的。傩神来源及其神话故事往往是当地百姓在历史的传承与变迁中对自己的乡村生活所做出的最有利的解释和判断，是他们现实生活需要的最合适的指导规则。跳傩仪式则无疑承载了这种宇宙观，是这种宇宙观的实践方式，因为仪式本身就是"宇宙观固定性的领域，它们促成的变化是对主要的事物秩序以及地方细节的再调整。这使仪式成为宇宙观知识的理想载体"[2]。由此，仪式性空间的弥散性特质是由仪式背后的傩神信仰赋予的。

仪式性空间具有弥散性就意味着，傩神信仰不仅在仪式中得到强化，还重复性地、周期性地以跳傩仪式的行为方式渗透进当地乡民的日常生活空间，使得傩神信仰所规约的行为准则、人际交往和社会关联模式能够成为当地村民生活的总体把握形式，并且再经由仪式中全体村民的参与意识而不断得到强化，并获得当地村民的集体性确证与认同。

傩神信仰和仪式对日常生活经验的渗透使得当地百姓在祭拜傩神、参与傩仪的时候，就极有可能在不知不觉中把实际上并不存在的傩神想象为

---

[1] Freya Mathews, *The Ecological Self*, London: Routledge, 1994, p. 12.
[2] Michael Herzfeld, *Anthropology: Theoretical Practice in Culture and Society*, Oxford: Blackwell Publisher, 2001, p. 202.

一种真实的存在，即他们潜意识里在很大程度上就已经把这样一种对于傩神的想象转换成为一种真实的想象。换言之，当地村民往往把生活中偶然的现象归因于傩神的显灵，这种偶然与傩神交互的情感体验经过多次或无数次的重复并与他们的情感交相融合的时候，便在他们的情感经验中积淀下来，并在以后的生活体验中不断再现或复现，成为他们应对生活的必然性解释，从而出现了乡村生活中"敬神如神在"之类的真实的想象。由此，在傩乡的每一次跳傩仪式或日常生活中敬奉祖先、神灵的日子，无论是戴上面具与傩神对话，还是手捧线香与祖先对话，他们的情感体验都处于一种基于信仰的真实想象之中，在那一刻，他们极有可能就认为傩神和祖先是实实在在的在场。在笔者田野调查之中，石邮村的跳傩弟子六伯就经常告诉我，他每次正月跳傩时都会梦到傩神告诉他第二天应该怎样去做，而他按照傩神的吩咐去做，从来也没有出过错。傩班大伯亦告诉笔者，他有一次在傩神殿无意中冒犯了傩神，结果第二天腰膝酸软，几乎不能起床，在他向傩神道歉请罪之后，就完全恢复了。此外，一些石邮乡民也把曾经有过的经历告诉笔者：当傩班在村里的福主殿[1]敬神时，有的孩子能够看到戴上开山面具的弟子后面出现一个真实的开山傩神。[2] 这些讲述的故事是否真实，我们无须去追问。但是这种乡村叙事无疑告诉我们，对于傩神信仰时空情境下的傩艺人和村民而言，傩神是某种真实的存在，傩艺人的神力和仪式的灵验效应，在他们心中也是傩神的真实赋予，而不仅仅是一种虚幻的想象。

傩神信仰者呈现于他们情感之中的与傩神交互的真实性体验，以及这种基于信仰体验的真实想象，是跳傩仪式行为中空间重叠式并置的根本原因。

---

[1] 福主殿位于石邮村的西边，供奉的是保护石邮村的地方神。每年正月初一和搜傩时，都要先到福主殿参拜神灵。
[2] 这些话和故事都是笔者在 2010 年正月在石邮村进行田野调查、采访时，傩班六伯告诉笔者的。

实际上，对于诸多种类的民间信仰者而言，这种基于信仰的真实的想象充斥于他们的生活。信仰禁忌则往往以否定的形式肯定了信仰者的真实的想象。比如，在云南南部的一个山寨罗玛寨，生双胞胎是一种禁忌。那里的人认为"双生子及其父母身上缠附着厉鬼邪灵"，"这种'措片'婴儿的出生意味着灾难的降临"，因此其父母必须得被赶出山寨，处死婴儿，烧毁其房屋，而其他人则不允许接近他们。为了避免生"措片"婴儿，他们的日常生活中充满了各种有关生育的禁忌："比如要忌嘴，千万不能吃双黄蛋、连在一起的瓜果、生过双胎的猪牛……"[1] 诸如此类的禁忌成为一种生活行为的规则而固着于当地人的集体潜意识之中，并在日常生活中无意识地流露出来。于是，只要远远地看到双生子及其父母的时候，他们就会无意识地紧张起来，并做出保护自己孩子的行为，正如邓启耀先生为我们所描述的：正在接受采访的抱着孩子的她，"嘴边的话一下断成两截，神情紧张地站住，大白天见鬼一般，眼睛直勾勾盯着前面"（因为前面走来了寨子里生过"措片"儿的母亲），"一言不发，只紧紧护住她的娃娃，仿佛有谁会来抱走似的"。"在她（被采访者——笔者注）的眼神里，我看到真真实实的恐惧，以及略带进攻性的怨憎，那是一个母亲在自己孩子遇到危险时才有的表情。"[2] 可见，在由信仰禁忌约束的情境中，双生子象征的灾难及附着其上的鬼灵，虽然是一种想象性事物，但是它带给信仰者的敬畏感和恐惧心理，对信仰者尤其是对切身利益会受到威胁的母亲来说，却是真实存在的。在信仰者那里，信仰禁忌及其被破坏之后可能带来的想象性灾难已经被他们自动转化成了某种潜在的真实存在。

日常生活体验中这种碎片式的基于信仰的真实的想象，反映了村落共同体于村落文化的共享深度。正如信仰傩神的江西傩乡村民，人们总是习惯于把地方性信仰及由此信仰所塑造的具有地方特殊性的文化当作应对他

---

[1] 邓启耀：《访灵札记》，上海文艺出版社，2000年，第44—45页。
[2] 同上，第57—58页。

们日常生活而时刻需要知道的那些基础性信息，与其建立一种深层次的心理认同，并与其他需要这一文化的人们形成一种默契，在生活中显化出来，成为日常生活中无意识溢出的惯习或惯例。而生活中的信仰仪式则是集体记忆的一种强化方式，它把生活中逐渐淡化或正在记忆中失落的价值重新捡拾起来，通过不断轮回式的仪式操演对其进行强化，以此重建村落共同体价值。

信仰的这种弥散性特质以及由此而体现为信仰者真实的想象这一模式，使得跳傩仪式行为反过来又具有决定空间属性生成的功能。虽然作为空间的总体性框架，仪式性空间赋予跳傩行为一系列神圣的特性，但是，同样地借助于傩神信仰空间这一总体性框架，跳傩仪式行为也能够生成空间的神圣属性。只要是代表傩神爷的物事如傩神太子、傩神面具、傩神坐轿、傩神用具等，到了某个地方诸如厅堂、卧室、树桩前、小河边等，这个地方的空间便自然地从世俗中被开辟出来，具有了神圣性，成为跳傩仪式进行的空间，生成仪式所特有的人神关系模式和仪式主体之间的参与分担意识。一旦跳傩仪式结束，神性的物事被抽离，这个空间的神圣性就会消失，还原为以前的世俗属性。仪式所触发的傩神信仰也强化了该世俗空间中原有的社会结构和社会关系。

第三节　跳傩表演情境中傩艺人地缘身份
　　　　呈现空间的多维化

与跳傩仪式行为中包含两类空间的关联模式不一样的，则是跳傩表演行为的空间关联模式。

向现代社会敞开的跳傩表演行为，虽然超越了传统时空的约定，成为现代社会中被展演、被表述的东西，但是表演行为的展开依然包含了仪式性空间与表演性空间，两类空间的关联性甚至更为复杂。仅就表象而言，一方面是人们一目了然的，由舞台[1]、观众、表演所构建的表演性空间；另一方面，舞台上的表演者同样是乡村傩仪式中那一群"玄衣朱裳"式的傩艺人，表演的内容同样是乡村跳傩仪式或仪式中的傩舞、傩戏，舞台的布局也在努力营造出一种神庙的氛围。所以，虽然跳傩表演处于表演性空间的总体框架之中，但是我们无法否认这一空间之中还建构了另一空间，那就是虚拟傩庙空间，也即虚拟的仪式性空间。由此，两个空间的并置同样成为这一被展演的跳傩行为空间的特点。很显然的是，在这里，表演性空间代替了仪式性空间，成为决定空间属性和空间规则的核心。

一　舞台空间于傩乡生活呈现的特性

值得注意的是，这里的表演性空间与跳傩仪式行为所指涉的以戏台为代表的表演性空间有所不同。跳傩表演行为指涉的表演性空间以舞台为代表，这个舞台表演空间与生活分立，自有其本身的一些特性。我们只有首先了解舞台表演空间的特性，才能更好地理解跳傩表演空间之下表演性空

---

[1]当然，这种跳傩仪式表演不仅仅限于剧场里的舞台，还包括各类以观赏性为主要目的，刻意划分出来以凸显观看者与表演者之间距离的场所，诸如街道、广场、公园等地由隔离物所搭建的表演场所、竞技场所等。

间与仪式性空间的相互关联及由此而制约的跳傩表演行为。

首先,跳傩表演空间由于舞台的存在,表现出表演空间之内生活呈现及生活体验他者化、异质化的特质。区别于仪式空间对日常生活的弥散和渗透,跳傩表演空间是一个独立于日常生活的空间,是外在于人们日常生活的、另类的、非同寻常的体验空间。跳傩表演空间的他者化特质源于舞台对他者生活的呈现方式。相较于乡村日常生活是一个自我发生、自我开放的过程,跳傩舞台表演是乡村日常生活集约化、他者化的表现方式。跳傩表演空间以舞台作为乡村生活意象、情感意象的传达核心,通过被展示并被观看到、被听到而实现其存在的价值。正如威廉·阿契尔定义的戏剧,他认为戏剧"是用一种特殊的手法描绘出来的生活的图景,这种手法本来设计得就是为了要用这种生活图景深深打动聚集在某一指定场合的相当数量的观众的"[1]。很显然,戏剧呈现"生活图景"的特殊之处就在于,它展现的并不是生活本身,呈现的方式也不是像现实生活本身那样,自发自为地潺潺流出,而是生活之后的剪辑、重组以及观看、欣赏,是把各种丰富多彩之生活意象、情感意象集合、约化、浓缩为一个片段式的图景,并通过乐曲、动作、独白等方式组织、描绘出来,以试图唤起观看者对于这种生活意象的想象,达到一种想象的真实型体验。

与戏剧不同的是,跳傩舞台表演并不像戏剧那般从虚构的生活图景所传递的情感上打动观众,使其在想象的真实型情感体验中与角色产生共鸣,达到戏剧欣赏之审美的目的;而是要在舞台上把跳傩生活图景尽可能忠实地描绘出来,尽可能地呈现出真实生活的本来面貌,以期观众能够从表演中寻找到傩乡生活的某种真实性,从而实现异文化观看、体验的目的。在这里,跳傩舞台空间于日常生活的呈现方式体现了海德格尔世界图像式的"把存在者本身如其所处情形那样摆在自身的面前来"[2]的意味。

---

〔1〕转引自谭霈生:《戏剧艺术的特性》,上海文艺出版社,1985年,第136页。
〔2〕马丁·海德格尔:《世界的图像时代》,载孙周兴选编《海德格尔选集》,生活·读书·新知三联书店,1996年,第898页。

不同的是，舞台空间中呈现的并不是如现实生活中所处的存在者自身，而是经由舞台空间投射出来的存在者的种种镜像，因而无论是对于存在者傩艺人抑或是观看者而言，舞台空间展示的存在者及其生活图景都被他者化了，这个他者形象既塑型于舞台空间中被观看，被听到的傩艺人及其生活，也塑型于观看者自身及其生活。关于他者化，人类学家在田野中所遭遇尴尬情形的一个笑话或许可以给我们更好的提示："美国早期人类学家克鲁伯（A. R. Kroeber）写过许多有关印第安人的报告，有一次他又到一个印第安人家中去访问，问一个报道人问题时，那人总是要回到房间去一会儿再出来回答，克鲁伯很奇怪，问他是不是到房间去转问他母亲，那印第安人答说是去翻阅一个人类学家克鲁伯的报告，以免把自己的风俗说错了。"[1] 尽管这个笑话主要针对土著居民对人类学家的复杂态度，但是处于舞台表演空间的傩艺人，其遭遇与接受人类学家访谈的土著居民极其类似：当他们都不得不把自己的生活当成资料或表演一样进行有意识地整理、模仿并叙述或传达出来的时候，这种生活就不再是一种活态的自我生活，而是已经被对象化、客体化，转变成为土著居民/人类学家或表演者/观看者自我想象的他者生活，一种在很大程度上基于想象的生活。

其次，在这种日常生活他者化的表现方式制约下，舞台空间呈现出一种具有现场性特征的自我封闭性。虽然舞台空间是固定的，只有几十平方米大小，但是它能够凭借舞台表演的虚拟动作、舞台布景和说明性的台词，甚至一些现代化的机械换景设备，来实现空间的大幅度转换。比如，在京剧《打渔杀家》中，演员们通过做摇船、撒网捕鱼、系缆等动作及与此相关的语言行为来表现空间从江面、江心到江岸的场景转换。[2] 很明显的，这种空间转换的可能性是以表演动作和情节所激发的观众的想象为前提，通过把舞台虚拟空间置换为观众的心理想象空间来实现的。这里的

---

〔1〕李亦园：《寂寞的人类学生涯（代序）》，载乔建《漂泊中的永恒——人类学田野调查笔记》，山东画报出版社，1999 年，第 3—5 页。
〔2〕详见谭霈生：《戏剧艺术的特性》，上海文艺出版社，1985 年，第 153—155 页。

想象与跳傩仪式行为中仪式参与者对仪式表演的想象是不同的。村落跳傩仪式是一种常规的、重复性的行为，对应着村落群体于仪式表演规则与表演图式的心理期盼和文化共享。因此它所表演的傩舞傩戏在很大程度上能够准确地表达其中所蕴含的文化意义，也能够被村落群体以基本相同的方式来想象并加以解释。因此，村落跳傩仪式中所体现的是一种共享式的想象模式，这种共享式的想象模式依赖于基于傩神信仰的村落共同体意识，能够保证傩艺人及仪式参与者对仪式中傩舞傩戏表演的信仰认同。

与此不同的是，舞台表演游离于生活之外，且上演的内容还是一种具有现场感的他者化的生活，因此，它并不被要求也不可能被要求达到高度统一的共享标准。更重要的是，舞台表演的观众群体具有极大的临时性、随意性，只是因为"观看"的需求而临时聚集在一起，共享的只是暂时性的、浅层次上或一般意义上的表演规则和观看心理，缺乏建立在共同生活之上的集体意识。因此他们对舞台表演的想象具有强烈的个体性和现场感，强调的是个体生活经历于舞台表演的想象性投射，因而会出现类似于戏剧舞台下"一千个人眼中有一千个哈姆雷特"式的诸多不同想象与解释。从这个意义上来说，舞台空间相较于真实的生活空间而言是封闭的。而且一旦表演结束，这种封闭性就被打破，规则共享的情境失去，他者生活的意象也就失去了表演行为的依托而成为浮萍，更遑论对这种生活的认同了。

二　表演情境中傩庙空间与舞台空间的想象性并置与多维交错

那么，在以舞台表演空间为总体性空间框架的制约之下，跳傩行为是如何经历表演性空间与仪式性空间的呢？同样的，我们也可以从图表 3 中看出两者之间的复杂关联。

由于舞台是一个独立的空间，因此它自身的存在与是否进行跳傩表演这一行为本身是没有关联的。也就是说，舞台表演空间之中并不是必须要有一个仪式性空间，只是在这个空间要进行跳傩表演的时候，仪式性空间才会在其中被创造出来。用专业的戏剧舞台语言来说，就是根据实际乡村生活中跳傩仪式所指涉空间的特征，在舞台空间进行布景，通过灯光、音响、一些舞台道具的摆设等舞美设计，人为地、临时性地制造出一个仪式进行的空间，即仪式性空间。如图 2.10 所显示的，当石邮傩班弟子在日本舞台上表演时，主办方在舞台的背景处竖立了两个类似于门廊的古旧的柱子，以此标识着跳傩仪式进行时的傩庙空间。很明显，这个仪式性空间是一个虚拟的空间，它与现实生活中承载了地方记忆、代表了村民集体意

图表 3　傩戏民俗表演中空间的交错模式

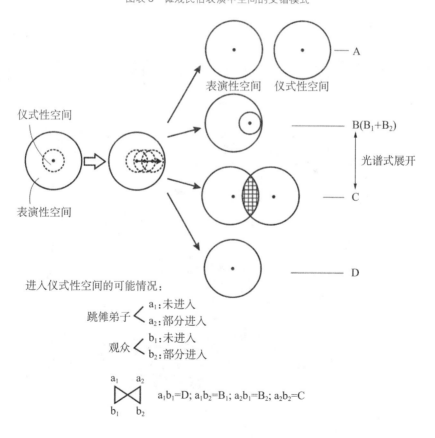

进入仪式性空间的可能情况：

跳傩弟子 ⎰ a₁：未进入
　　　　 ⎱ a₂：部分进入

观众 ⎰ b₁：未进入
　　 ⎱ b₂：部分进入

$a_1b_1=D; a_1b_2=B_1; a_2b_1=B_2; a_2b_2=C$

图 2.10　跳傩弟子在日本舞台上的谢幕留影（该照片受赠于石邮村傩班弟子六伯）

识的傩庙空间有着极大的区别（见图 2.11），而它在多大程度上能够被想象成为真实的跳傩仪式空间，则依赖于傩艺人的舞台角色扮演和观众对这个空间的想象程度。

图 2.11　江西省南丰县石邮村傩神庙外观（笔者摄于 2008 年 12 月）

按照常规舞台戏剧戏曲表演的进程，表演性空间与仪式性空间的胶合轨迹大致会是这样的：在表演还没有开始的时候，这个虚拟的仪式性空间就已经被设计出来，容纳于表演性空间并隐藏于幕后。一旦幕布拉开，表演开始，这个仪式性空间便会暴露在观众的视线之内，并成为舞台的焦点布景。随着傩艺人上台及傩仪或傩舞傩戏表演开始，这个虚拟的仪式性空间逐渐成为傩艺人想象中的真实的傩庙空间，而这个由布景所建构的仪式性空间渐渐地也会由观众的眼中而进入傩艺人的心中，成为他们想象中与跳傩仪式表演相匹配的一个真实情境，由此，这个虚拟的空间在观众心中逐渐获得了它所表征的原有意象和存在意义，并因而变得越来越具有实体性。随着傩艺人和观众进入表演呈现的情境中，这个逐渐实体化、丰满化（即不仅有门廊，还出现了傩神、与神相关的物事以及傩神驱鬼逐疫的真实场景）的仪式性空间也开始慢慢地逸出舞台所表征的表演性空间，成为一个可能分立的独立空间。

然而，上述表演性空间与仪式性空间的胶合只是按照戏剧剧场表演常规进行的推想，是一个大致的、趋于理想化的胶合轨迹。事实上，对于舞台上的跳傩表演而言，情况显得更为复杂。仪式性空间能否逸出舞台空间，又在多大程度上逸出舞台空间，与表演性空间产生交集，其实受到很多因素的影响而且两个空间的交集程度也存在着光谱式展开的复杂状况。限于本书篇幅，笔者不可能对此一一展开描述，因而只能聚焦几个典型的情况。在这里，我们可以很明确的是，舞台上表演性空间与仪式性空间的胶合程度密切关系到空间内行为主体对仪式性空间的想象程度，这一主体并不仅仅限于空间之中接受观赏的观众，它还涉及了跳傩表演行为的发出者，即傩艺人。由此，我们便可以从整个舞台空间框架下与想象紧密关联的行为主体出发，通过行为主体对仪式性空间的想象来对空间的胶合轨迹做一番描述。

当然，我们可以首先排除下面两种胶合的情况。一种情况就是图表3中 A 所显示的，虚拟的仪式性空间最终挣脱了表演性空间的束缚，成为一个与表演性空间分离、分立的空间。很显然，即使是在常规的戏剧舞台表演中，戏剧虚拟空间分立的情形也不可能发生，因为剧场空间之观—演对立意识始终会提醒观众，戏剧表演的只是角色的扮演。即使观众完全进入表演情境，其演员和角色的双重意识仍然还在，这就是所谓戏剧观赏的"悖论"："我们相信舞台上的角色，但戏演完后，我们为演员鼓掌。不仅如此，当我们观看一台特别出色的演出时，我们已经在下意识地为演员喝彩了。我们对戏剧的欣赏很大程度上来自我们对演员和角色的双重意识，我们知道他们共存于同一个躯体。"[1] 从戏剧欣赏心理学上来看，"戏剧的真实感是以观众清楚的剧场意识为前提的"，"因为观众上剧场的目的是看戏。他清醒地意识到舞台上所发生的一切均为演戏，是假扮。正因知其假，才会信其真"[2]，这里的"真"即为想象的真实。跳傩表演的想象则更是如此。舞台上跳傩仪式性空间设计的最终目的是为了表演，而表演传达出来的是他者化的生活意象，并不是真实的生活图景，因此这种生活相较于戏剧表演的生活图景更具有异质性，观众完全进入这种生活图景的可能性也就更小。此外，表演空间的观众并不太可能像乡村跳傩仪式中的参与者那样真正地自由地参与到所传达的他者生活之中，因此，观众如果没有实际的乡村生活体验，就不太可能越过戏剧想象的真实生活图景而直接进入想象之中的他者生活图景，在这种情况下，仪式性空间更是无法脱离表演性空间的制约而完全逸出的。

另一种可以预先排除的情况则是 D 所显示的，现场只剩下表演性空间，而仪式性空间则不断虚化，最终空间坍塌，成为众人眼中舞台上的一堆无关之物。也就是说，表演的最终结局就是，既没有演员进入角色，也没有观众进入角色。很显然，如果发生这种情况，那么只能说明这是一次失败的、糟糕的表演，任何观众都没有获得他们观看的目的。当然，这种

---

[1] 罗伯特·科恩：《戏剧》，费春芳译，上海书店出版社，2006年，第16—17页。
[2] 夏写时、陆润棠编：《比较戏剧论文集》，中国戏剧出版社，1988年，第74页。

情况的可能性也比较小。对此，本书后面还有说明。

即使是胶合情况 B 和 C，情况也异常复杂。我们可以从傩艺人与观众这两个行为主体对仪式性空间的想象来进行阐释。

从傩艺人这方面来看，以表演性空间为总体空间框架的舞台表演空间会制约他们对仪式性空间的想象程度，这将使得仪式性空间有可能被同质化为表演性空间而无法逸出表演性空间（如图表 3 中的 a_1），或仪式性空间部分地逸出表演性空间并与表演性空间产生交集（图表 3 中的 a_2）。

对于傩艺人来说，不同情境中的仪式性空间对他们的意义是不一样的，这种差异性影响了他们对仪式性空间的想象方式和想象程度。在村落跳傩仪式空间的总体框架中，仪式性空间早已经由跳傩仪式之年复一年的展开而渗入他们的日常生活，并成为生活中不可或缺的一部分。因而，在跳傩仪式行为中，傩艺人于仪式性空间的想象是自发的，他们并不需要经由一个把激发想象之客体转化为主体感受的心理过程就能够自主地想象仪式性空间所代表的意象——傩神及其逐除之威能。"戴上面具就是神"这种经过自我确证并得到集体性认同的地方性表述，就意味着一戴上面具展开仪式，傩艺人就能习惯性地融入仪式性空间，并与空间呈现出一种相互生成的关系：仪式性空间就是他们此刻（在此期间，表征变化的时间是静止的、凝固的）存在价值的外化，空间的延伸就是人神沟通者身份功能的延展，他们逐除祈请、沿门奔驰的动作就是空间不断由世俗性同质化为神圣性的符号表征。人、神角色的仪式性承担则不断强化空间的文化记忆，增强村落共同体意识。这也是表演性与仪式性空间能够完全重叠的一个重要因素。

但是在舞台跳傩表演空间的总体框架下，当傩艺人受邀进行舞台傩仪或傩舞傩戏表演的时候，空间与他们的关系就发生了变化，他们进入仪式性情境的想象方式也发生了相应的变化。一方面，虽然舞台上设计了一个仪式性空间，但是这个空间本身只是一个虚拟的意象型空间。如图 2.10 所显示的，这个空间通过两个柱子虚拟了一个门的意象，但是门里面有什么,它存在的意义以及它对于生活其中的人的影响,却并没有明确地表征。因此,这个虚拟的空间对于想象而言是开放的,在跳傩仪式表演开始之前并没有确切所指。同时,由于仪式性空间事实上是被创设于表演性空间的,这个仪式性空间从一开始便受到了表演性空间的制约或压制,其虚拟性昭然若揭。

事实上,傩艺人从一开始便知道这个空间的虚拟性。他们在走向舞台的时候,就会被告知他们是来表演的,他们表演的跳傩是用来被观看的,因此这个空间的创设以及他们在这个空间的行为都是以契合表演性空间为旨归的。经常参与表演的傩艺人就告诉笔者,他们被要求表演的节目、动作和时间安排等,都会在他们上台之前就被告知。这些表演规则的预先制定,使得他们站在舞台上时能够清醒地意识到剧场的总体目标是迎合被观看。一旦他们意识到他们的跳傩是用于被观看,他们对傩庙及傩神的想象方式在很大程度上就预设了这样的变化,即由真实的想象转换为想象的真实。当笔者问及他们是否接受跳傩表演中动作的临时改变或压缩时,石邮傩班的四伯、五伯和六伯告诉我:"这没什么,可以接受的,因为台上的空间不大,而且表演的时间也是有规定的。"[1] 而在实际生活中的跳傩仪式,他们不仅需要表演到位,还要能够传达出仪式所象征的共享意义。笔者在 2010 年正月参加南丰县庙前村的圆傩仪式时,其中的一个傩戏节目"钟馗醉酒"在戏台上表演的时间延续了大约几十分钟,动作不断重复,因为喝了"小鬼"斟的酒,来年就能平安吉祥,因此不断有村民上台加入喝酒的仪式中(见图 2.12)。只要有村民上台来讨要喝酒,这个节目就不能终止。这种情形在舞台上是不太可能存在的,因为"表演的时间是有规定的"。

由此我们可以看到,当傩艺人意识到舞台存在的时候,他们的跳傩行

---

[1] 笔者 2008 年在石邮村做田野调查时,四伯聂毛付、五伯彭春根、六伯罗润印都是四十岁不到的年纪,属于石邮村傩班的青年分子,而且跳傩的时间都很长(都是二十岁左右就参加了傩班),跳傩的技术也不错,因此经常出省出国参加一些傩舞表演。

图 2.12　庙前村圆傩仪式傩戏表演环节，村民不断登上戏台讨要酒喝
（笔者摄于 2010 年正月）

为便受到了舞台特定时空的制约，无论当初他们是否情愿。从这个意义上来说，舞台仪式性空间的定义及空间内的规则与傩艺人生活中、意念中的傩庙空间都有着本质区别，这个空间的创造、功能和意义都与他们的日常生活关联不大，其本质上是游离于他们的日常生活之外的。

另一方面，表演性空间自身所包含的生活之他者化性质，制约了傩艺人对于仪式性空间的想象。由于舞台跳傩表演是要把在特定时空情境中的跳傩仪式及其意义通过舞台表演的形式传达给他者，因此这种表演超越了跳傩仪式本身所具有的情境性约定。这就要求傩艺人在心理上能够突破原有仪式的情境性约定，把他们的驱鬼降福行为作为一个驱鬼降福的故事复现在舞台上。在这种仪式故事化、生活他者化的表演情境中，傩艺人就必须和专业的戏剧演员一样，首先进入面具所代表的角色，把自己的真实生活经验转化为舞台上的故事进行表演，使其成为舞台上的他者生活而传达给观众。他们被要求进入这个虚拟的仪式性空间，并在其想象中完成角色的扮演。但是，由于他们本身并不是专业的演员，没有接受过专业的演员训练，也就不具备成熟的角色自我意识，因此角色的进入并不总是能够瞬间、顺利完成。具体而言，在舞台上，面具有可能就不再是仪式中神的真实面孔或化身，而是角色代码或想象符号，而"戴上面具便是神"这一原本表征着他们神之身份和体认的动作也极有可能会丧失其原有的仪式性意味，而成为一个仅仅暗示表演开始的动作符号。由此，傩艺人并不能如他们在村落跳傩仪式中那样惯例性地、自发自主地进入舞台上的虚拟仪式性空间，而是可能存在着对角色体验进行回忆，空间想象转换进而延拓的过程。这个过程因为角色的扮演意识和表演的被观看意识而被延迟。当被观看的自我意识越强，面具角色的扮演意识就会越强，傩艺人进入仪式性空间的时间就可能越长。

这样，傩艺人对仪式性空间的想象就存在这样两种可能性。或者，如图表 3 中的 a_1 所示，他们还未及进入仪式性空间，表演就结束了。在这种情境中，仪式性空间虽然因为柱子的竖立还在，但是它只是两根柱子，它所虚拟的仪式性空间并没能进入傩艺人的想象，因而无法获得意义并最终被同质化为表演性空间，成为一个舞台摆设或布景，与观众席中的座椅并无任何区别。或者，随着跳傩表演不断进行，傩艺人逐渐从纯粹的表演中重新找回了村落跳傩仪式中的感觉。他们不仅进入角色，而且逐渐与角色合而为一，成就想象中的真实跳傩仪式情境。在这个情境中，这两根被设计为门廊的柱子便获得丰富的意象，它所构拟的仪式性空间也逐渐实体化并部分地逸出了表演性空间，成为跳傩弟子想象中的真实存在——傩庙，如图表 3 中 a_2 所示。当然，仪式性空间在多大程度上能够逸出表演性空间，还要取决于傩艺人想象仪式性空间的程度，而这又和傩艺人个体的年龄、性格、被观看意识的强度、跳傩经验包括跳傩仪式经验及跳傩表演经验、跳傩之中对神的体验程度、傩神信仰程度等等因素有关。

从观众的角度来看，观众对于舞台上虚拟的仪式性空间的感知与想象，其方式与作为演员的傩艺人的想象方式是不一样的。傩艺人虽然与舞台上作为布景的仪式性空间存在着认同的心理距离，即他们在心理上并不一定认同存在于他们生活之外的这个虚拟的仪式性空间，但是他们表演跳傩所使用的道具诸如面具、服装、锣鼓等都是他们熟悉的，是从他们日常生活中带出去的，表演动作虽然有所更改，但也是他们熟悉的。这些道具和表演动作附带了他们的文化记忆，他们并不需要像专业的演员那样经历一个表演前的角色想象训练，他们戴上面具进入角色，进入仪式性空间的想象，更多地依赖于他们对村落仪式行为的记忆，是一种由记忆触发的再现式想象[1]。

观众则不同。他们需要一种对于舞台表演的反观式想象（见图表4）。他们或许可以通过主办方散发的节目单对舞台上表演的傩舞或傩戏预先有一个大致的了解，但是他们对仪式性空间的想象却是通过傩艺人的面具和表演动作进入的。观众即使大致了解每一个角色所佩戴的面具及其所代表的傩神，也仍然缺乏对这些傩神及其动作的背景知识的了解，而这些知识正好是傩神及其行为存在的意义和价值。因此，他们就只能从傩艺人所佩戴的面具及相应的动作中进入戴上面具之傩艺人所对应的角色，并在角色的扮演动作中寻找这些扮相所蕴含的存在性意义，进而想象这些扮相在超越舞台时空的乡村特定情境中所表征的傩神信仰及信仰之下的乡民和乡村生活。

图表4

反观式想象：观众→表演者（跳傩弟子）$\xrightarrow[\text{动作}]{\text{面具}}$角色（傩神）$\xrightarrow[\text{想象}]{\text{感知}}$信仰及其生活

换言之，观众对仪式性空间的想象是反观式的，即他们对于跳傩表演背后的仪式场景和生活场景这一想象客体，只能是从舞台上傩艺人外化的

---

[1] 笔者认为，对这群非专业演员的傩艺人来说，他们从小便是看着跳傩长大的，对面具角色的知悉程度很高，舞台上的角色扮演并不需要事先的想象，而是更多地依赖于他们对面具所代表的角色的记忆，是由记忆所触发的再现式想象。而专业的戏剧演员，他们的角色是剧作家创造出来的，他们的角色扮演首先就存在着对剧作家所创造的生活图景的事先想象，然后才是这种生活情境之下的角色想象和扮演。因此，专业演员更多地依赖一种创造性的想象能力。在这一点上，观众亦是如此。

扮相和表演动作上，通过反观自己的生活经验来还原面具角色及其扮演的故事所代表的傩神意象，从而感知并想象这个意象所表征的真实的跳傩仪式场景和生活场景。这种反观式的想象程度有多高，即观众在多大程度上能够把舞台上的柱子想象为傩庙，并经由舞台跳傩表演进入乡村跳傩仪式空间和生活空间，除了取决于傩艺人的舞台表演，还取决于他们自己的乡村生活经验。当然，观众群体的成员非常复杂，来源于不同阶层，存在着性别、年龄、观赏口味等等区别，他们对于乡村生活的熟悉程度也不等。但是由于人类生活的经验具有某种普遍的相通性，因而，即使不能进入仪式性空间，他们也可以通过宣传、舞美设计和舞台表演大致推断出表演的表层意义。我们可以确定的是，观众对乡村生活的经验有多丰富，他们进入仪式性空间的想象程度就有多深，那么他们想象和理解的跳傩仪式背后的生活就有多真实。这种反观式想象相较于观众对戏剧表演的想象，更多地依赖于观众自身的乡村生活经验。这是由于戏剧表演强调的是情感体验和艺术审美，所以它在舞台上所展示的生活图景是建立在体验的共通性基础上的，追求的是人类可通约的普遍共享的情感共鸣和审美体验。而跳傩表演背后的传统跳傩仪式本身就是一种非同寻常之生活方式、生活期待的意义承载，跳傩表演正是要凸显表演背后生活及其意义的异质性、非同寻常性，以获得对这种异质性之"主位"体验的追求。因此，跳傩仪式表演的观看并不是为了达到审美的目的，而是在观看"非同寻常"生活模式的舞台传达中，感知或觉知[1]自身之外真实生活世界的多样性和复杂性。

从这个意义上来说，观众进入仪式性空间的想象，其可能性就和傩艺人对仪式性空间想象的可能性情况相似，存在着图表 3 中所示 b_1 和 b_2 这两种情况。b_1 表明对观众这个群体来说，仪式性空间也并没有进入观众的想象之中。这就意味着，观众虽然有可能知道舞台上表演的是什么，认

───────────

[1] 笔者这里使用"感知"意在表明一种现象学层面的、对生活世界多样性和复杂性的意识，而"觉知"则不仅是一种感知，更是一种自我反思，即通过感知他者生活而反思、返归自我生活，以实现对自我生活的超越。

知到傩舞傩戏表演所传达的故事，但是他们并没有进入仪式性空间之想象的真实体验之中。即他们无法感知舞台上的仪式或傩舞傩戏之于现实生活的意义，无法想象表演背后的真实生活，也无法在他们自己的生活与表演者及其所代表的傩神信仰者的生活之间建立起精神上和情感上的勾连。b_2则与b_1相反。b_2意味着观众部分地进入了仪式性空间的想象。也就是说，像传统戏剧观众一样，随着舞台仪式表演的深入，他们的想象也开始突破舞台柱子之虚拟门廊和表演者虚拟动作的限制，而进入了角色扮演的世界，并能够经由这种扮演而感知甚至触摸到仪式性空间想象之中傩神信仰者生活的某种真实。当然，这里的感知和触摸也只是达到"部分"的程度，因为要完全触摸到想象中生活的真实，无疑就必须像乡村跳傩仪式行为中的仪式参与者一般，以"主人翁意识"参与仪式之中。而事实上，这种观看上的完全"主位"意识是很难达到的。

在这里，我们不得不附加说明的是，b_1和b_2的出现概率仍将取决于观众这一群体。正如戈夫曼对生活舞台上的不同社会角色分析，"假定以某一特定表演作为参照点，我们已经根据功能区分出了三种关键角色：表演者的角色，接受表演的角色，以及既不参加表演也不观看参与观察的局外人角色"[1]，在跳傩仪式表演空间，观众中其实也包含着类似的"接受表演的角色"和"局外人角色"。那些"接受表演的角色"的观众，无论是专家、业余爱好者抑或猎奇者，或多或少都对仪式表演所表征的他者生活有所期待，是跟跳傩表演有关的、潜在的交流者，因此也更容易聚焦表演的民俗性而进入仪式性空间的想象；而那些"局外人角色"，或者准确地说，跟表演无关的观看者，他们的目的或许只是旅游标志[2]的收集者，因此他们的在场只是一种风景，是跳傩表演空间之中在场的"不在场者"。

---

[1] 欧文·戈夫曼：《日常生活中的自我呈现》，冯钢译，北京大学出版社，2008年，第124页。
[2] 约翰·尤瑞认为，旅游标志就是指能够识别旅游地某些特征的事物或行为，如独特的自然风光、城市景观或某些在旅游者看来具有典型性的行为。详见约翰·尤瑞：《游客凝视》，杨慧等译，广西师范大学出版社，2009年，第5页。

很显然，他们是无法进入仪式性空间的。

这样，从傩艺人和观众两方面来考量，跳傩表演空间中仪式性空间与表演性空间并置的最终结果就出现了这样一些比较典型的组合：$a_1 b_1$、$a_1 b_2$、$a_2 b_1$、$a_2 b_2$。$a_1 b_1$ 显示了 D 模式的结果：那就是两者并没有进入仪式性空间，反而是间接地把舞台上建构出来的仪式性空间实质化为表演性空间。$a_1 b_2$ 和 $a_2 b_1$ 同属于 B 模式：只要表演者和观众中有一方没有进入仪式性空间，那么仪式性空间就无法逸出表演性空间。而 $a_2 b_2$ 是跳傩仪式表演的较为理想状态，即 C 模式。C 模式就意味着表演者和观众都部分地进入了仪式性空间的想象之中，仪式性空间也由此而部分地逸出表演性空间，产生了交集。交集的出现就表明作为表演者的傩艺人和观众双方对表演所传达的生活意象达到了某种程度的认可甚至认同，尽管这种认同仍有可能是错位的。值得注意的是，B 模式和 C 模式并不是最终的完成状态，在 B 模式与 C 模式之间仍然存在程度不等的交集并置模式，因为傩艺人与观众的关系并非处于当地熟人交往之间那种面对面交流的理想状态，而是具有不同表演情境中交流的不对称性。这种不对称性使得表演性空间与仪式性空间之间存在着交集的种种可能性，形成了一种光谱式的复杂呈现。

第四节　跳傩表演情境中傩艺人地缘身份的塑造方式及塑造主体的多元化

　　一个不可否认的事实是，观众和演员是构成表演情境两个最基本的组成要素。"每当我们寻找戏剧的基本因素时，无论在公元前 6 世纪的希腊戏剧中，或公元 10 世纪英国和法国的戏剧中，或 20 世纪耶什·格鲁托夫斯基的'实验剧院'的戏剧中，我们都会发现演员和观众的相互关系处于最重要的地位。"[1] 在演员与观众的交流中，观众的地位可谓最奇特的。一方面，表演的完成离不开观众。在表演情境中，观众要能够通过一系列积极主动的观看和想象活动，把自己置身于舞台上的表演情境之中，"根据传统和惯例对舞台上的事件暂时停止怀疑，从而对舞台事件产生信念和真实感"[2]，获得舞台表演所带来的艺术审美情感体验，实现剧场所预设的审美交流。另一方面，他们又要能够保持清醒的观看姿态，时刻意识到舞台表演的虚拟性和非真实性，即使是在进入表演情境产生戏剧真实性幻觉的时刻，也要在这个"肖似"的表演世界面前维持被动的观看姿态，维持"不允许介入"[3] 的传统观看规则，以保证舞台表演的正常进行。观众这种主动与被动交织的观看状态是在舞台表演的长期历史中逐渐形成的，已经成为一种约定俗成的剧场观看惯例，是剧场特有的情境性约定。同样地，当跳傩仪式行为转化为一种表演行为，就会受到表演情境的制约，剧场观看惯例便会发生作用。

　　然而，跳傩表演的观看模式与戏剧表演的观看模式又不尽然相同，前者具有其自身的独特性。正如前文所论述，舞台上的跳傩表演呈现的目的并非是为了达致艺术审美，而是为了传达一种非同寻常的他者生活或文

---

〔1〕艾·威尔逊等：《论观众》，李醒等译，文化艺术出版社，1986 年，第 6 页。
〔2〕胡妙胜：《戏剧与符号》，上海文艺出版社，2008 年，第 7 页。
〔3〕于贝斯菲尔德：《戏剧符号学》，宫宝荣译，中国戏剧出版社，2003 年，第 29—30 页。

化。这就决定了跳傩表演情境中观看的主体构成、观看目的和观看方式的特殊性。一般而言，当我们论及观众的时候，总是会习惯性地将其置身于常规表演情境中（这里的常规表演即是指以审美交流或艺术欣赏为目的的舞台表演），并把他们设定为或多或少对舞台表演怀有艺术审美和情感体验期待的群体。而跳傩表演的观众则不同，它主要由希望了解他者文化的人群构成。这个群体包括发现和发掘他者文化、猎奇于他者文化、研究他者文化的各色人等，诸如文化艺术研究者、摄影爱好者、旅游者、表演邀请者或主办方、代表主流文化的文化认定者或者文化管理者，当然还包括当地村落中的村民。这一群体参与到跳傩表演的舞台交流情境之中，就成为跳傩表演观看的主体（见图 2.13、图 2.14）。这一观众主体的一个重要特征，便是会拍摄视频或图片作为观看过程性和观看结果性的标志。观看主体的复杂性，决定了观看目的的不一致性。与戏剧表演观看为获取审美体验不同的是，跳傩表演观众的观看目的并非总是一致的：他们当中有为了开发利用跳傩表演以获取经济利益而组织演出的，譬如邀请南丰傩班进京跳傩表演而获取经济利益的文化旅游公司；有为了研究、定位某个特定的人群和某种特定文化、生活或艺术而观看的，譬如那些包括笔者在内的

图 2.13　被凝视的跳傩弟子和跳傩表演之一（来自南丰县文化部门内部
　　　　资料）

图 2. 14　被研究的石邮傩仪式——日本东京大学教授田仲一成（右一）、
　　　　大木康（左）与中国学者在石邮采访（摘自《南丰傩》）

研究者、文化认定者等；也有那些纯粹是为了观看而观看或仅为了猎奇于
他者文化而观看的人群，譬如一些旅游者、摄影爱好者等。

　　虽然在本书中笔者无法当然也无须审视每一观众个体如何作用于傩艺
人身份的呈现，但是我们还是可以从这一庞杂的观众群体所构成的舞台空间
之中，看到某种内在的、对傩艺人身份而言作用相似的东西，那就是跳傩表
演的舞台空间中潜流着官方、学者、民间以及市场等等各种权力的运作。

　　换言之，当大部分观众观看的主要目的不是为了分享，而是文化发掘、
研究甚或猎奇的时候，观看在某种程度上就成为一种有意或无意的文化介
入或侵入，附带上了某种权力的色彩，而且这种观看权力还能够"审查和
生产各种事物，它带来愉悦，形成知识，产生话语。它应被看作一具通过
整个社会机体运作的生产网"[1]。这样，当跳傩仪式转化为跳傩表演的时候，
这一表演的舞台空间便隐性地成为一个由权力定位和定义的他者生活或他者
文化被表述的场域。在这一特定的场域之中，跳傩表演的观看方式也表现出

---

〔1〕转引自斯图尔特·霍尔（Stuart Hall）编：《表征：文化表象与意指实践》，徐亮、陆兴华译，
　　商务印书馆，2003 年，第 50 页。

了独特性，即观众们无须像戏剧观众一般进行一种既积极主动又被动维护、以获取审美体验为主要目的的观看努力，也无须像跳傩仪式中观看的村民一般不仅围观更以信仰者的身份主动参与到仪式之中，以表达对傩神的谦卑和敬畏。笔者以为，跳傩表演的观众更多地采用了一种凝视的观看方式。这种凝视是通过在观众与他们日常生活经验相反的因而构成差异的生活体验和观看意识之间建立关系并被建构起来的。在凝视中，观众将跳傩表演置于他们视觉镜像中与自我相对照的他者位置，通过观看并研究舞台上的跳傩表演，以探寻或确认这种表演所表征文化与自身文化或生活的异质性或他者性。

在凝视这一独特的观看方式之下，跳傩表演及作为表演者的傩艺人，无疑成为被凝视、被规定、被言说的他者。

一 凝视：多维他者观看的身份塑造方式

作为观看的一个知觉术语，凝视本身是行为施动主体投射的目光施加于承受客体的一种作用力。然而，在现代文化理论中，"凝视现在已经不再是知觉的一个术语，而是包括了主体性、文化、意识形态、性、种族以及阐释等诸多问题"[1]。在牵涉诸多文化问题之凝视理论的阐释中，福柯无疑是最为重要的人物之一。在福柯看来，凝视之作用力最主要地指向权力[2]，关涉于知识与权力的运作方式，即权力生产知识，知识本身就是

---

〔1〕克里斯蒂安·麦茨、吉尔·德勒兹等：《凝视的快感：电影文本的精神分析》，吴琼编，中国人民大学出版社，2005年，第62页。

〔2〕在文化政治学观念中，权力主要涉及了政治文化方面的支配力，详情可参见王晓路等：《文化批评关键词研究》，北京大学出版社，2007年，第89—99页。然而，除了倾向于米歇尔·福柯（Michel Foucault）在其《性经验史》中所宣称的权力，即"权力无所不在……这不是说它囊括一切，而是指它来自各处"（参见米歇尔·福柯：《性经验史》，佘碧平译，上海人民出版社，2000年，第67页），笔者语境中的凝视之力更强调一种能力，即 capacity，是主体认知自我的能力。这是由艺术（新式艺术人类学所指向之"艺术"的含义）所赋予人之主体性呈现、发掘的一种能力，这种主体性既指经由艺术的创造、承续、展演而呈现的主体性，也指经由艺术的诸如发现、凝视之类的观看、领悟而反思的主体性。

一种权力，知识因为权力的赋予而界定其认识对象或认识客体。这种权力是存在于福柯所定义的全景敞视的监狱化社会中无所不在的软暴力，主体便是在这种无所不在的软暴力中被建构起来的。

福柯语境中的凝视理论着重于一种全景敞视的权力实施，且这种凝视权力在现代社会中无处不在，是一种既具有规训性又具有生产性的软暴力。凝视权力是福柯经由检审监狱和精神病院对于犯人和精神病人的审察、分类、监视权力发展而来的理论，进而推及至整个现代资本主义社会中的微观权力运作。在将整个社会看成是一个受到凝视的全景敞视的"大监狱"的分析中，凝视更多地转义于"监视"或"监控"的权力运作，并被福柯看成是现代资本社会化过程中极为有效的一种国家治理技术。因而，在福柯的语境中，凝视就代表了一种具有生产性的软暴力，这种软暴力具有强大的政治统治功能，能够对全体社会成员产生强大的规训作用。规制、规训作为凝视客体的他者，因而成为福柯语境中凝视之权力维度的主要功能和实施效果。

相较于福柯，笔者在跳傩表演情境中所使用的"凝视"，更多地指向凝视建构于行为主体即观众与傩艺人之间的关系维度，而不是如福柯那般强调凝视之规训他者的权力运作，尽管观众的凝视中同样蕴含着权力的意味。当然，我们不可否认的是，跳傩表演情境的建构本来也是源于权力的运作，实际上，跳傩仪式最初走向舞台，成为一种被建构的表演，在很大程度上就是代表主流文化的研究者促成的[1]。当乡村跳傩仪式进入研究者的视野，成为被研究的对象时（见图 2.13、图 2.14），这个被研究的跳傩仪式乡村世界实际上就被建构于主流文化的文化权力，"因为被研究的

---

[1] 乡村跳傩仪式的发现起因于国家对于民间艺术的关注和发掘，这种发掘工作主要是主流文化的认定者来完成的。关于傩仪的发掘，可详见陈圣燕：《50 年来江西傩研究述评》，载白庚胜、俞向党、钟健华主编《追根问傩：国际傩文化学术研讨会论文集》，江西人民出版社，2007年，第 275 页。

世界"原本就是"由一种权威关系建构和组织起来的"[1]，而且大多数研究者对跳傩仪式的文化阐释往往来源于他们在田野中的所见[2]。

但是，就笔者这里所论及的身份而言，凝视之权力的影响往往成为一个隐性因素而被置于表演空间后台的运作。傩艺人的身份并不完全是或能够由凝视权力所决定的。代表主流文化的媒体、文化机构等可以通过被赋予的权力来排除身份的其他特征（如"迷信""封建""巫师"），而选择他们认为具有代表性的某些特征（如"艺术""文化"），并由此来定义、定位傩仪及傩艺人身份的若干公共版本，如称傩戏为"戏剧的活化石"，称傩艺人为"民间艺术家"等。但是，这些由权力赋予傩艺人的公共身份，要真正成为傩艺人内在的自我身份意识，是需要经过傩艺人的自我选择和自我认同的。正如本书第一章第四节所论述的，虽然傩艺人被赋予了"民间艺术家"的身份，但是他们对这重身份的认同更多地体现在特定的表演情境之中，即便是在表演情境中，以往在跳傩仪式情境中由乡村传统赋予傩艺人特有的仪式性身份，以及傩艺人自我与村民他者的同一性关联仍然在傩艺人对自我身份的体验中发挥着重要的作用。这样，我们在阐释跳傩表演情境中傩艺人的身份时，就不能仅仅局限于凝视的权力运作，而是要更多地关注凝视中傩艺人与观众形成的互动关系，并依此对傩艺人在表演情境中的身份体验复杂性加以洞悉。

由此，本书中所言及的凝视，即表演情境中由观众凝视施加于跳傩表演和傩艺人身上的那种力，更多地指向凝视的关系维度，即指向凝视权力后台运作之后呈现于表演空间前台之主体——傩艺人与观众——之间的关系，尽管这种关系的呈现是通过权力的后台运作而构成的。

---

[1] 诺曼·K.邓金：《解释性交往行动主义》（第2版），周勇译，重庆大学出版社，2004年，第54页。

[2] 对于相当一部分研究者来说，他们关注异文化/他者文化越久，了解越多，以为了解他者越深的感觉就会越强烈，对他者的阐释自由度也就会越高。然而由于研究对象大都缺乏辩的机会、能力和可能，因而这一由田野观察所获取的阐释的自由度和阐释所获取知识的真实性意味，自《写文化》以来一直都是人类学讨论的命题。

在关系维度的框架之下，跳傩表演情境中的凝视之力呈现为凝视主体发现凝视另一主体[1]的作用力效应。这里有几点尚需要说明。第一，笔者之所以说是作用力效应而不是权力效应，是因为笔者强调的是力（无论是作用力还是权力）的施为与承受的主体及主体性。福柯语境中的凝视更多地强调了凝视之权力的运作方式以及规训的运作效应，忽略了凝视之权力主体性的可能发挥（这里的主体性既包括权力施为主体，也包括权力受动主体的主体性），"福柯从方法上悬置了谁控制和使用权力以及为什么要控制和使用权力这类问题，将关注的焦点集中于权力的运作方式"[2]。在福柯的语境中，被忽略了主体的凝视之权力的运作往往呈现为一方压倒另一方的单一向度效果。当然，这种压倒一方的作用并非只是通过一种威胁、压制的运作方式而实现，它也指向福柯所谓之软暴力。具体而言，权力在一般情况下总是指向外在于人自身的某种力量，它更多地关联了政治、文化、经济层面中某种社会机构或某一社会阶层的权力。这种权力在很大程度上体现为一种支配的力量（比如说暴力或软暴力），指向被权力支配的完全他者化的客体，而且就其作用效果而言，"常常表现为一个人被另一个人摧毁"[3]。

而笔者所言及的跳傩表演情境中凝视之作用力，更多地返归于凝视作为一种观看知觉的当下情境性运作，即通过观看来实现特定表演情境中建构行为主体之间的交流和互动，这种交流和互动使得凝视关系中的主客体双方处于一种相互转化的可能性之中。这种转化可能性的发生就像玛格丽特·奥琳在分析一幅名为《夏尔克诺普之妻》的照片时所认为的，"让我

---

[1] 相对于凝视主体而言，凝视客体是一个他者，但是在某种条件或情境中，这个他者可以转化为凝视关系中的另一主体。因而，凝视的主体与客体在本书语境中是一个相对的概念。

[2] 道格拉斯·凯尔纳、斯蒂文·贝斯特：《后现代理论》，张志斌译，中央编译出版社，1999年，第90页。

[3] 诺曼·K.邓金：《解释性交往行动主义》（第2版），周勇译，重庆大学出版社，2004年，第54页。一般而言，权力就其作用效果而言，仍然指向某种不可避免的冲突，甚至是摧毁，只不过按照福柯的软暴力理论，这种摧毁更多的是一种隐性的/柔性的、主观精神和意志的顺从或被安置。

们震动的事实：当我们看着形象时我们就像看着一名妇女。同样重要的是，这位形象中的妇女显示出要回望我们的样子"，因而"术语'凝视'提醒我们这样一个事实，即一部艺术作品，像人一样，似乎能够去凝视或被凝视。在一部作品中，凝视可以交换"〔1〕。这样，在转向"凝视可以交换"的前提下，凝视效应的达成就离不开凝视之主体—客体之间主体性的建构，这不仅包括凝视之施为主体（谁凝视）的主体性建构，还包括凝视之承受客体（谁被凝视）的主体性建构。

换言之，当我们暂时撇开凝视的权力因子，侧重于它的视觉作用力（感知力）时，凝视则恰恰是强调了凝视关系两端施受双方的主体性功能，表达了主客体之间一种双向度作用效果的可能。这样，跳傩表演情境中的凝视之作用力就有可能通过主客体之间的一种自觉转化而呈现为一种自我认知的能力，即在看与被看的关系中呈现出来的经由观看对象而观照观看者自我的能力。从这个意义上说，表演情境中凝视之作用力的运作更多地体现在凝视之具体关系的建构之中，而由凝视所携带权力的部分效应则必须要通过由"凝视"与"被凝视"所建构起来的主体关系及其相互作用来实现，没有具体情境中凝视者与被凝视者之间主体关系的建构，凝视所携带权力的施为也就没有了依托。

更为重要的是，笔者认为，在表演情境中由观众凝视所支配的观看权力在凝视客体即傩艺人及表演的跳傩仪式之上的施为效果是不完全的。也就是说，观众通过当下凝视跳傩仪式所获知的乡村生活并不与彼时乡村之中的生活同时、同步发生，因为生活从本质上来说是不可逆的，即便是把其中的某一部分剥离、复制并表演出来，它与那个时刻的生活原貌也是不一样的，而且与正在发生的生活也可能相差很远。因此，观众凝视获知的并不是傩艺人当下正在进行的生活及其意义的全部呈现，而只是其中的某些部分或仅仅是这一生活及其意义某一个被呈现的面向，因而观众凝视所

---

〔1〕玛格丽特·奥琳：《"凝视"通论》，曾胜译，《新美术》2006年第2期。

掌控和认知的只是部分的现实、现实的部分意义或现实意义的部分真实[1]。从这个意义上来说，表演情境中观众施为的这种凝视之力并不具有福柯语境中全景敞视式的、如上帝般全知全能的凝视视角，自然也就不具有由这种全知全能视角所带来的对被凝视者的完全客体化（或完全他者化），充其量我们在描述的意义上可以将其视为不完全的客体化或部分的客体化。事实上，被凝视者的不完全客体化使得被凝视者反而有可能也有条件跨越受动者的状态转而成为凝视关系的另一主体，即被凝视者反过来成为隐含的凝视者。需要指出的是，这个反转的主体所凝视的客体不再仅仅是原有凝视关系中的凝视者本身，而更多地指向反转主体（即原来的被凝视者）心目中的理想凝视者。

这样，在由凝视所编织的关系之中，由于凝视视角的非上帝化和被凝视者的部分客体化，凝视之力更有可能也更有动力由观看的权力转化为一种个人内视的能力，这是主体相互凝视之后产生的一种向内的、自省的能力，是一种反观自我的能力，其终极的作用结果并不总是指向外在的他者，而更有可能指向凝视者的内在自我。在这种反观的能力运作之下，被凝视者就并非只是客体，它同样也成为凝视关系中的一个主体。由此，表演情境中处于凝视两端的不再只是凝视的主体与被凝视的客体之间的关系，更是主体与主体之间的关系。

第二，在跳傩表演情境中，凝视携带了各种权力而介入他者文化，但是观众凝视的自由度仍受到跳傩表演情境的制约。首先，表演情境中的行为惯例是约定俗成的。虽然表演情境的建构与特定权力有内在的关联，但是情境一旦形成，它便在某种程度上独立于外在的权力运作，表演情境中的观演规则也因而具有了不可逾越的情境约定性。在情境的约定下，观众

---

[1] 笔者这里之所以强调"部分性"，是因为源于田野事实和田野调查的"部分性"是田野调查者所无法避免的一种遗憾。笔者对此有着深刻的体会。当然，研究者与被研究者之间信息知悉程度的差异，以及由这种差异所造成的对田野资料真实性的拷问，都是人类学宿命般存在的事实，也是人类学田野和民族志表述的一大困境。关于此，笔者另有文章讨论。

即使采取了这种具有文化介入或侵入意味的凝视之观看方式，在身体上和理智上仍然需要保持表演情境惯例中那种被动的"不允许介入"的观看状态。这种身体的被动性就进一步消解了或弱化了由凝视所带来的权力效应。这样，傩艺人与观众之间的观演交流惯例始终处于前台，而观众凝视背后的权力运作则退隐至后台，它往往被情境所吸纳而成为情境之中的某种隐性压力或诱因。

第三，也是更为重要的，跳傩表演情境中的凝视之力隐喻了一重自我文化的发现。跳傩表演在很大程度上就是为了满足观众发现、体验他者文化或他者生活的需求而展开的。在跳傩表演情境中，跳傩仪式所代表的文化和生活的他者性在某种程度上是不可通约的。无论在多大程度上要达到他者文化与"我"文化的可通约，这都是需要经过某种形式的文化"翻译"或文化体验才能够达成的。由文化差异所表征的他者性造成了表演交流空间的主体——傩艺人和观众之间信息知悉程度的不对称。作为表演者的傩艺人，他们对自己所表演的跳傩仪式以及仪式于自己生活的意义，知悉程度是非常高的。与此相反的是，观众对作为文化他者而被凝视的跳傩仪式的了解则明显地受限于表演情境本身和他们自身对乡村生活的体验。他们对表演呈现出来的显性信息尚且一知半解甚至还需借助多重翻译，更遑论对表演背后有关于意义之类的隐性信息了。

在这种信息知悉程度不对称的情况下，凝视所蕴含的权力运作策略往往会自动地、暂时地让渡于需要熟悉、了解跳傩仪式的认知策略。因此，这种发现他者的观众凝视，无论其携带了哪一方面的权力运作，发现文化和体验文化首要的前提就是承认他者文化的存在并暂时放弃凝视之权力的运作。这就需要凝视主体给予跳傩表演相应的尊重，并维护舞台空间的交流规则，使傩艺人能够在观众面前（充分）展示其他者性的存在样态，以实现观众他者发现的某种完全性和真实性。也正是在这个意义上，我们说凝视之主客体之间的关系因为信息的不对称而极有可能发生反转，使得经由凝视关系而连接的双方成为对方的主体。

更进一步，从哲学的意义上讲，这一发现他者之旅实质上体现了一种与他者共在的愿望和期待。与他者共在就意味着尽可能地深入他者之中，把他者看作是自我的另一主体性投射，因此发现他者在很大程度上便具有了一种内省式的自我检审、自我反观、自我发现的文化自觉[1]。

这样，虽然观众凝视隐含着权力的维度，但是在表演情境中，观众凝视的权力维度是被纳入表演情境的约定之内的，呈现为傩艺人与观众之间的关系模式。因此，观众凝视之权力维度始终处于一种既在场又间离的隐性状态（当然，在场与间离之间的程度各不相同，这取决于各表演情境的具体定位和定义），而凝视之关系维度则成为表演情境中傩艺人身份建构的显性表达。

质而言之，凝视成为跳傩表演情境中傩艺人身份建构的方式。表演情境中傩艺人的角色期待、角色内涵以及角色功能都是通过观众和傩艺人之间的凝视和被凝视关系来界定的。凝视和被凝视塑造了表演情境中傩艺人的身份。

二 村民：从参与式旁观到欣赏式凝视

在表演情境中，我们不得不提到也无法忽略的一个观众群体，便是当地的村民或傩神信仰者。村民在表演情境中的观看行为与他们在仪式情境中的观看行为有着极大的区别。

在传统的乡村跳傩仪式情境中，村民寄寓于跳傩弟子的角色期待是由当地的傩神信仰、文化习俗和现实生活来定义，并通过跳傩仪式行为的实践来实现的。跳傩仪式情境中傩艺人的角色期待投射的是村民信仰者对解除生活困厄、追求美好生活的民俗心理结构。这既是古傩祭仪式需要方相

---

[1] 这里的"文化自觉"，既是对费孝通先生"文化自觉"一语的借用，又表达了更多的全球性文化张力，有更强烈的在比较中反思、在反思中重建的倾向性意味。

氏"执戈扬盾，索室驱疫"这一原始心理的延续，更是当地傩神信仰来源中灾难解除传说在村民现世生活中的集体记忆表征和村民对傩神魔力的愿望延展。村民对现世生活中各种美好愿望的神灵寄托和神功崇拜必须借助于跳傩仪式行为来实践，以获取灵验性效果，这就使得傩艺人在仪式情境中能够成为人与神之间的沟通者。就此而言，仪式情境寄寓于傩艺人的角色期待是在傩艺人扮演行为之前就已经存在了的，它形成于村民寄托于傩神实现其现世美好生活这一心理结构。

正是村民信仰者对跳傩仪式的各类功利性需求，才使得他们在仪式中虽然看似处于旁观之"凝视"的状态之中，实则是在谦卑虔诚地等待自己参与仪式、取悦神灵的恰当时机。所以，他们并非只是纯粹的旁观，"在原始仪式的规程中……不存在什么纯粹的旁观者，所有公社成员都主动投身到表演中"[1]。如果说仪式中跳傩弟子的扮演舞蹈意在激活傩神的精神力量，那么村民参与者则是分享了这种神秘的精神和力量。为了能够分享到傩神威能，旁观的村民信仰者都能够自觉地遵循仪式情境的行为规则，积极主动地参与[2]进去：他们必须全家手捧线香，燃放爆竹，奉迎和恭送傩神，准备贡品和红包以取悦、感谢傩神，并且始终以一种毕恭毕敬的态度来观看及参与仪式，因为他们认为这种毕恭毕敬式的参与是傩神喜欢的，所以也是必需的，有意义的，如"傩神是很灵的""我们要迎接傩神，不能乱说话，否则傩神会怪罪我们的"。

---

[1] 汤因比：《艺术的未来》，王治河译，广西师范大学出版社，2002年，第5页。

[2] 在跳傩仪式的大部分环节，村民必须参与进来，并遵循仪式的特定行为规矩。在南丰县石邮村，家户演傩以驱鬼疫是跳傩弟子与家户共同参与的一个重要环节。当上一家的跳傩临近结束时，下一家家户的户主便须手持三炷线香到上一家去接傩崽（即傩神太子），并把傩崽安置在自家神龛之上，点上香烛神灯，使其接受神龛上早已准备好的供奉。然后全家老小在户主的带领下，每人手中拿着三炷线香，站在门前，恭迎傩神。待傩班临门，拿着牛皮鼓的弟子则会根据主人家的身份和心愿，敲一声锣鼓，唱一句赞歌或祝福的话语，每唱四句，主人家便放一小挂鞭炮，以示对傩神降福的感激，总共唱十六句，才进门正式演傩。除了表演驱傩之外，还会演三到五个傩节目，主人家人则站立两旁观看演傩。演完傩之后，还要互相答礼，主人家将供奉品、线香纸钱和红包（即送给傩崽的压岁钱，数目不等）送到傩班的箱笼旁。此后放一挂鞭炮，将跳傩人送出大门。整个演傩仪式是在主人家的恭迎接送中完成的。

因此，传统乡村跳傩仪式中村民对于傩艺人的角色期待，实质上是他们诉诸神灵期待的一种心理转化。基于这层期待之上的傩艺人角色扮演，其核心功能就是为生活服务的，用以帮助村民为现世谋得更好的生活。这区别于大多数宗教化的信仰者，他们期待并被期待在个人的顿悟和冥想中到达内心向往的理想彼岸。这样，跳傩仪式情境中这种根据现世主义原则建立起来的对傩艺人的角色期待，与傩神信仰者的现世生活息息相关，两者之间有着历史性的共生关系。如果没有村民对傩神威能的心理期待，就不太可能有遗存至今的跳傩仪式，那么傩艺人的身份及其角色扮演也就失去了存在的意义。

而在跳傩表演情境中，傩艺人的角色期待是以舞台为表征的主流文化来定义，并通过舞台空间的交流来实现的。表演情境本身在某种程度上规约了跳傩表演中观众的观看行为，并由此预设了傩艺人的角色期待。舞台表演情境本身在很大程度上就预设了一种观看或欣赏的心理需求，这使得只要稍微具有舞台情境常识的观众在进入表演情境时，就能够自发自觉地采纳剧场式的观看规则并对舞台演员表演形成一种审美交流期待。观众席与表演舞台的空间隔离使得这种观看的心理预设更为强化，即便是没有正式舞台的表演情境，也会给观众一种强烈的表演观看之心理暗示。因此，当表演情境直接在乡村中建构起来的时候，这些曾经在仪式中积极参与的村民也会被"外面的人"所感染，而进入一种类似于剧场式的观看行为。他们从仪式行为惯例中抽身出来，与旁边的"外面的人"一起，与场内正在进行中的表演保持一定的距离，转化为凝视的"观众"。在观看中，他们并不需要恭迎、恭送傩神太子，也无须点燃鞭炮来表示对傩神太子的感激之情，更不用手捧线香或双手奉上红包和贡品给傩神。他们和"外面的人"一起，"居高临下"，沉默而又"超然"地旁观。（见图 2.15、图 2.16）

对于这部分观看表演的村民来说，当行为情境的定位由跳傩仪式转变为跳傩表演，虽然表演在乡村空间呈现，表演动作也是他们熟悉的，但是

图 2.15　表演情境中，其他的村民也如"外面的人"一般，处于一种不介入的凝视式旁观状态（摘自《中国橘都：南丰》）

图 2.16　在临时建构起来的表演情境中，村民们和"外面的人"一起"超然"地旁观（笔者摄于 2009 年正月十六）

村民能够认识到跳傩表演行为只是为了"外面的人"的观看而进行的，既与他们的生命节点无关，也与他们在仪式中对傩神的心理期待及愿望实现没有多大的关联。因此，跳傩表演这一行为及其意义在很大程度上已经被剥离于他们具体的日常生活。

在这种被转化为表演的跳傩行为情境中，受仪式情境规约及仪式行为逻辑支配的仪式—生活空间被置换成一个性质完全不同，只适用于表演情境约定和表演行为逻辑的舞台表演空间。以往仪式行为中的仪式惯例和行为常规也暂时失效。村民们可以允许自己观看仪式而无须遵循仪式参与的行为惯例。他们能够凭借行为情境的表演性定位而知其（仪式）"假"，从而采用一种剧场式"不允许介入"的观看经验；也可以采纳对之完全不理不睬，维持其当下生活状态的漠视态度。他们并不需要担心如此观看会受到傩神的怪罪和惩罚，因为多次观看表演的经验会提示他们，仪式规则在表演的情境中已经被表演规则所取代甚至否定了。因此，当仪式行为情境转变成为表演行为情境的那一刻，他们就不再是"身处其（仪式）中"而是被"置身其外"了。

而且，这部分经常和"外面的人"一同观看跳傩表演的村民，也会在逐渐熟悉"外面的人"对跳傩仪式表演的角色期待和角色扮演评价中，不自觉地改变了以往对傩艺人扮演行为的凝视方式和评判标准。"观众的眼睛既然变了，为了使他们产生对真理的幻觉而设想出来的约定俗成的东西，同样也应该改变。"早在一百多年前，戏剧美学家萨赛就曾这样解释过观众进入剧场后观看方式的改变："这个称之为观众的集体存在，特点就在眼睛的构造。他们具有在另外一种情况之下观看事物的奇异特权，这些事物和现实中的情形不一样，另有一种亮光来照明，来加以改变；他们会在某些线条以外，看见别的线条；会在某些颜色之外，看出别的色彩。"[1] 萨赛描述的是观众进入剧场观看戏剧这一"另外一种情况之下"时转换的观看方式，即这是与平日生活不一样的视觉观看（欣赏）方式。对于置身于表演情境中的村民来说，他们同样具有在"另外一种情况"也即在表演情境中观看事物的"奇

---

[1] 萨赛：《戏剧美学初探》，载《古典文艺理论译丛》第 11 辑，人民文学出版社，1966 年，第256—257 页。

异特权"。

换句话说，在表演情境中，村民们也下意识或有意识地具有了类似于"外面的人"观看跳傩表演时所具有的评判权力。当然，在跳傩仪式情境中，村民评价傩艺人扮演神灵动作的到位程度主要是按照祖宗规矩看重仪式的灵验效果，而且他们因对傩艺人扮演动作的"熟视无睹"而往往忽略了傩舞傩戏动作的审美价值，更为内在的原因是他们敬畏傩神而不敢随意对傩艺人的扮演动作做出"好或不好"的评价[1]。但是在跳傩表演情境中，这些夹杂于"外面的人"之中的同样处于凝视（包含有欣赏、评判的意味）状态的村民，对跳傩表演动作的评价标准在某种程度上也就会无形中受到"外面的人"观看期待的影响。他们关注的就不再是仪式的灵验性，而对傩艺人的表演动作具有了某种类似于"外面的人"的审美评判。当然，这种评判也只是依据"外面的人"的评价标准而做出的一些朴素的地方性表达。比如当笔者问及石邮村一些年纪比较大的村民是否觉得跳傩弟子跳得好时，他们往往会说："他们跳得没有以前的弟子好，以前弟子跳得很有力，他们都懂得一点武术的。""很有力""懂得一点武术"原本是当地村民对傩神威能外化的一种肯定和信仰。不仅如此，对傩神这种"有力"的表现会因为信仰的确定和坚定而成为一种禁忌约定，即"有力"是不会也不能受到质疑的。然而，现在村民们把这种"有力"与"外面的人"对傩舞傩戏的审美评判结合起来，成为他们旁观表演的一种关联于傩舞即一种艺术的评价标准。

与此相应的则是，傩艺人自身也意识到了这种同样被村民们凝视所带来的角色期待的转变。笔者问及石邮村的跳傩弟子，当他们从外面回到村里跳傩，有没有什么不一样的感受时，他们大多认为自己要跳得比以前好："否则村里人会说我们，跳成这样（即跳得不好——笔者注），还好意

---

[1] 事实上，监督跳傩弟子动作是否到位、标准（这里的标准即是否符合祖宗规矩）的责任总是由傩班管理者如石邮村的头人、傩班大伯或族群中有威望的老人来承担的。

思到外面去表演。"水北村的跳傩弟子还跟笔者说："我们去日本跳傩之前训练了差不多一个月，就跟跳舞一样，动作跳得不好人家会说的。"很显然，在这里，傩艺人表达的"好"与"不好"更多依照的是"外面的人"的标准，因为他们被训练的目的及被评价的标准本身就是由"外面的人"决定的。此外，越来越多的年轻一代村民同样也会用摄像镜头取代眼睛的凝视方式，试图用一种陌生化的眼光来重新看待属于自己但是却被"外面的人"称为具有"传统"文化价值的跳傩仪式[1]（见图2.17）。

图 2.17　笔者从 2009 年正月所拍摄的石邮村傩班在邻村柏苍村一个家户厅堂跳傩的录像中截取的一个片段。当时笔者旁边一个年轻人进行拍摄的手机摄像镜头一直出现在笔者的录像镜头里，事后笔者问及该年轻人拍摄的原因，他有点不好意思地说，主要是为了好玩，也可以留个纪念，给朋友看

　　由此，我们可以看到，不同的行为情境预设的角色期望在不同的程度上决定了观看者将在何种程度上采用他们日常生活的经验来对不同的跳傩

---

〔1〕笔者在田野调查的时候发现，即便是在正月的跳傩仪式期间，也有不少的年轻村民拿着照相机或手机拍摄正在进行的跳傩仪式，当然拍摄的大部分人是本村人及其亲戚朋友。在电子设备普及的乡村，类似的例子其实很多。这就说明，越来越多的村民意识到了本土文化被主流文化认定的某些价值，他们以此作为宣传手段，从一种"被现代性"的状态中转而主动寻求经济、文化等资源，甚至为此谋求更多的存在合理性证明。

情境采取相应的行为方式，并附之以相应的行为意义和行为评判标准。即便是村民信仰者，亦是如此。当传统的跳傩仪式成为乡村空间的一种地方性文化展演时，那些原本由仪式情境所规约的行为规矩虽然没有发生大的改变，但是仪式情境的村民参与者却有可能因为受到过往表演情境中旁观经验的影响，而在观看传统仪式的想象中无意识或有意识地附加了原有仪式以外的意味，比如一种现代人惯于寄予在跳傩仪式之上的关于"美的""艺术的""传统文化的"意味。

三 外来者：观众凝视与角色错位

外来者对表演情境中傩艺人的角色期待更多地来源于对文化特异性和他者性的探究。乡村跳傩仪式代表了文化的他者性，它具有悠远绵长的历史传统、繁复复杂的仪式程序、"原始"拙朴的舞蹈动作、形态各异的傩神面具、乡土气味的仪式服饰道具等等[1]。跳傩仪式所具备的这些独特性成为现代生活和文化中某种尚未被认识或者尚未被完全理解的，因而是令人迷惑、激发探究/认知欲望的东西。这些东西形成差异，差异建构了他者性，也建构了观众的文化凝视欲望与凝视意义。

跳傩仪式的文化他者性是由形形色色的"外面的人"和文化认定机构建构的，其意义并不仅仅停留在对乡村文化本身赋予跳傩仪式意义的认知方面，而更多地呈现在主流文化所界定的更为深远的意义层面，譬如各类研究话语中类似于"中国傩面文化审美特征""傩文化中的民族

---

[1] 需要说明的是，笔者在描述跳傩仪式的这些特征的时候，并不是以一个研究者的身份而是有意识地站在一个现代人的立场上来进行表述的。一个基本的考量就是，笔者希望以自己的亲身经历（即当笔者以一个现代人的身份在田野中第一次与跳傩仪式遭遇的时候，就能够感受到跳傩仪式之于现代文化的差异尤其是视觉差异在心理上造成的震撼），来比拟那些异文化表演情境中的观众，他们可能会遭遇的类似的心理震撼。

精神""傩戏：中国戏曲之活化石""傩与艺术宗教"等等傩仪所能够关联的文化的、社会的或宗教的意义。这些从跳傩仪式中提取出来的文化意义在很大程度上具有文化的生成性：不仅有可能再次地成为一批又一批陌生的"外面的人"凝视跳傩仪式的动力和期待，也有可能不断生成新的基于原有跳傩仪式之上的文化阐释和文化意义。这样，表演情境中文化差异性的呈现以及由此而延伸为对文化探奇、文化认知、文化研究和艺术审美等等之类的期待，则成为表演情境中观众凝视对傩艺人不同维度上的角色期待。傩艺人是否能够在表演中达成舞台交流的目的，真实地再现、传达傩文化的特异性和他者性，则成为观众文化凝视和角色期待的核心。在这种由差异所建构的观众凝视中，傩艺人就不再是"我"与村民"我们"之同一性之上的人与神之间的沟通者，而成为人与人之间，即呈现出文化差异性之"我/我们"与"他/他们"之间的沟通者。这重角色期待与乡村传统跳傩仪式对傩艺人的角色期待显然是错位的。

在错位的角色期待之下，被凝视的傩艺人要实现观众的凝视期待，就必然要在一定程度上改变自己以往的角色扮演惯例，转而遵循表演情境的表演惯例。这使得傩艺人的角色扮演也发生了错位。在传统跳傩仪式中，仪式程序规则、扮演惯例和角色期待，都是傩艺人在长期轮回式的角色实践中逐渐掌握、熟悉并内化成的心理图式和文化惯习，因此他们能够自如地实现人神沟通者的角色转变，并获得身份认同。在这一过程中，傩艺人能够自发地把被凝视（即村民是仪式观看者）转化为自己身为神灵的主动凝视，进而把物理空间中神的缺席转化为村民心理空间之中神灵的仪式性在场凝视。在傩艺人扮演神灵的主动凝视中，村民信仰者反过来成为被神凝视者，而傩艺人就能够凭借扮演神灵的主动凝视对自己扮演行为的解释弹性进行自主的把握。这也是傩艺人在仪式中能够充分行使其仪式操演权力，并自如自主实践其仪式身份的重要原因。

然而，表演情境改变了傩艺人角色扮演的惯例性行为。表演情境要保证傩仪所表征的文化他者性能够通过再现被观众理解，就需要傩艺人随时按照主办方的要求或者文化引介者所想象、揣测的情境要求来改变跳傩仪式原有的时空约定和仪式结构。即傩庙成为舞台布景，仪式展开时间被置换为舞台表演时间，仪式结构的完整性和连贯性也被拆解。

举例来说，2005年6月在南丰石邮村举办了"中国江西国际傩文化艺术周南丰石邮田园采风活动"。为了让参会的研究者了解具体的仪式过程，主办方临时划出村里的一块空地作为表演场地，要求傩班弟子在规定的时间内表演原本需要延续半个月之久的仪式过程，包括起傩、演傩、搜傩、圆傩和傩神安坐（比较图2.18和图2.19[1]，并参见脚注中对于仪式的具体描述）。

图2.18表现的是正月跳傩仪式中圆傩仪式部分参圣像与绕圈仪式。

_____

[1] 图2.18和图2.19分别是在南丰县石邮村举行的传统跳傩仪式情境中和跳傩表演情境中的圆傩仪式。圆傩仪式是整个跳傩仪式的尾声部分，包括报饭单、参圣像、绕圈、判笅、回殿、傩神安坐几个仪式环节。图2.18显示的是参圣像和绕圈仪式。报完饭单之后，傩班收拾神器，将挂在神龛上所有的面具（俗称圣像）和傩崽取下，放进箱笼，头人和傩班弟子带上一箩香烛、纸钱、爆竹，持着火把，走到村外河边的沙滩上，女人不能前往。大伯先拿一根柴棍在河滩上选择一个中心点插下，按预先择定的太岁干支方位，将傩崽放好，并在傩崽前插上两支点燃的小蜡烛，右边放傩公面具，左边放傩婆面具。下列一郎、二郎面具，最下方从右至左分别为两个大神、钟馗、小神面具。右上角为两个开山，右下角为雷公，左上角为关公，左下角为纸钱面具。各神使用的道具放在面具旁边。圣像全部摆好之后，大伯持火把带领七位弟子依次列队绕圈，以傩崽为中心起点，向右上角开山处内侧向外绕一圈回到中心，又向左上角关公内侧向外绕回到中心。再向右下角雷公处内侧向外绕回到中心，向左下角纸钱内侧向外绕回到中心，接着从左下绕过一郎、二郎回到中心，再从左下向右绕过钟馗，大小神回到中心。第二遍仍以傩崽为中心起点，从右上角开山外侧向内绕，方向相反。绕完两遍，大伯举火把一挥，火把全部熄灭，在场的人都不能说话，各弟子按跳傩的角色，在黑暗中抱起自己的面具和道具，疾速跑回放箱笼的地方，按次序把圣像放好，盖好箱笼，绑好道具，只带锣鼓返回沙滩。（上述仪式的文字整理来自余大喜、刘之凡：《江西省南丰县三溪乡石邮村的跳傩》，财团法人施合郑民俗文化基金会，1996年，第110—111页。）这一仪式以往一般都是在凌晨3点多钟的时候进行，时间的安排实际上显示了整个仪式的神秘性。但是据笔者了解，由于厅堂增多，各家各户需要搜傩的厅堂也增加了，时间也因此而延长，一般要清晨时分才能开始圆傩仪式。2009年笔者在石邮村田野时，圆傩仪式是在早上6点半才开始的，虽然不需要照明，晚上搜傩时使用的火把依然是其中的一个重要部分。

图 2.18　石邮傩班正月跳傩仪式情境中的圆傩仪式之参圣像、绕圈仪式
　　　　（笔者摄于 2009 年正月）

图 2.19　石邮傩班在 2005 年举办的傩舞表演情境中的圆傩仪式之参圣像、
　　　　绕圈仪式表演（摘自《南丰傩》）

参圣像是圆傩阶段的重要仪式，通过参圣像最后逐除鬼疫，同时预卜来年
吉凶，祈请神灵保佑。传统的参圣像仪式有着诸多的行为禁忌，譬如女子
不能前往，仪式过程中在场的旁观者不能出声，各个代表傩神的面具必须
按照风水的位置进行摆放，不得有误。由于过去家户厅堂少，所以该仪式
总是在搜完所有村里厅堂之后的半夜凌晨举行，须用火把照明。更为重要

的是，火把的熄灭还被用来暗示参圣像仪式过程的阶段性中断，并起着禁声禁忌的警告作用。黑夜、点燃的火把、围观者的禁声、绕着圣像的走圈行为，使得整个仪式充满了神秘性。即便是在笔者参与仪式的2009年正月，因为厅堂增多，搜傩仪式在早上6点多结束，参圣像仪式中使用的火把仍然起着重要作用，如笔者所摄图2.18所示。而图2.19中的参圣像和绕圈仪式，是应着异文化"凝视"或研究的目的而进行的表演。从图片来看，表演显然突破了原有仪式的时空限制，作为仪式中重要标识性事物之一的火把亦没有使用，围观者也大多为胸前挂着专家、学者之类红牌，手上拿着摄录机，熙熙攘攘的各色参观者。虽然图2.19中表演的内容与图2.18中所呈现的大致相同，但是仪式的神秘性和祈请神灵的神圣性在很大程度上被表演情境所淡化甚至磨灭了。

在表演情境的观众凝视下，不仅傩艺人的角色扮演发生了错位，他们的角色体验也是错位的。傩艺人要能接受仪式的改变并适应表演情境，这在一开始并非总是顺利的，也总是有可能会表现出某些不适应的征候。一方面，虽然对于观众来说，跳傩仪式代表了文化的某种特异性和他者性；但是反过来，对傩艺人来说，由"外面的人"（在很大程度上代表了某种权力）所定义的表演情境本身同样意味着另一重意义上的文化陌生性和他者性。当傩艺人在经验的层面上遭遇由表演情境所代表的文化他者性，并不得不以一种被"外面的人"影响的陌生化式的眼光来看待自身文化的时候，他们在心理上就如同人类学家进入一个陌生族群一样，亦会在一定程度上遭受到文化上的不适应感：他们不仅遭遇了一个与自己文化相陌生的外来文化，而且在依从或迫于"外面的人"的眼光来看待自身文化并将其对象化的时候，他们也发现了自身文化的某些陌生之处。笔者在田野中就发现，江西很多地方的傩神信仰者，如石邮村的村民，他们不了解自己所供奉傩神的确切来历，也不知道自己所遵守的诸多禁忌和规矩到底来自哪个或哪几个祖宗，是如何制定出来的，又发生过什么改变，更不清楚包括本村傩仪在内的傩文化所能延展出来的意义和价值。这种双重的文化陌生化或多或少会给傩艺人身份识别中自我与他者的同一性与差异性的区分带来一定程度的不确定性，从而带给他们错位的角色体验。另一方面，傩艺人在乡村傩仪式中扮演傩神所能体验到的文化自主性都是以乡村传统生活惯例为框架的，契合了包括傩艺人在内的全体村民的文化心理图式和共享模式。而跳傩表演则正好相反。表演情境要求傩艺人所再现的不再是作为生活的仪式，而是作为仪式的生活，即他们的（部分）生活成为他者，成为被展演、被研究的仪式。这就使得傩艺人的扮演行为由自我呈现转变为自我复制、自我搬演，他们得以参照的角色体验框架也发生了变异，由生活功用转变为文化艺术审美，角色体验也因此由人—神沟通者错位成为人（自我）—人（"外面的人"）沟通者。

从这个意义上来说，表演情境实质上在某种程度上更改了傩艺人身份获得和角色扮演的文化书写规则，从而在一定程度上限制了他们的文化自主权，也在一定程度上动摇了他们之前对于祖宗规矩所代表的传统乡村文化的坚定信念。当傩艺人迫于"外面的人"所定义的情境压力或诱因而接受改变的时候，他们就会很自然地对自己的表演行为和行为背后的功能性意义产生迷惑，有时候甚至会下意识地对这种文化的改变进行一定程度上的抵触或反抗，无论这种抵触或反抗是以显性还是隐形的方式表达[1]。

当然，傩艺人不适应跳傩表演情境的程度会因为表演情境定义的不同以及傩艺人个体的具体情况不同而不同。傩艺人的年纪、傩神信仰程度、接受外来事物的心理能力等等因素都有可能对这种不适应性产生影响。对老一辈傩艺人而言，这种不适应性可能更为强烈一些。虽然笔者在田野调查采访中得知的基本情况是，如今的跳傩弟子和村民们大多能够理解和接受因为表演需要而导致的仪式改变，但是在最初走出村子走向舞台的时

---

[1] 其实，这种基于各种权力对于跳傩仪式行为及其原有文化的某些改变，不仅令傩神信仰者有所不适应、抵制甚至反抗，而且对于一些熟悉这种文化并试图保护这种文化的外来者而言，其可接受的程度也是相对有限的。笔者在田野中目睹传统的种种遭遇和变形时所感受到的那种担忧是很深切的，至今未去。

候，情况并非如此，质疑声更多地来源于老一辈的村民和跳傩弟子。据石邮村现有傩班弟子回忆，当初他们去日本参加跳傩表演之前，不仅遭到了傩班管理者头人和族中老人的重重阻挠，而且还因为增删仪式中的动作遭到过傩班弟子大伯的质疑。在被更改仪式程序和动作时，跳了三四十年傩仪式的大伯就很不理解，"很不满意"，抱怨说"我们并不是这样跳的，这不是我们的跳法"[1]。

笔者以为，对于像大伯这样的老一辈傩艺人来说，一方面，他们在心理上和习俗上比较固守于传统，其固有的生活习惯和思维模式很难轻易地发生改变。在信仰上尤其如此，"传统的规矩或忌讳，在他们内心深处仍起着作用"，"即使是搬演，他们在情感上和信念上也很投入而且认真（不像年轻人那样'闹着玩'的多)"[2]。另一方面，他们对于外来文化的接受可能也没有年轻人来得容易，其思想上要能对接上"外面的人"所带来的现代生活观念也可能需要一个比较长的过程。年轻一代的跳傩弟子就有所不同。傩班里小一辈的跳傩弟子就很期待出去跳傩："在村里待的时间久了，就想着有人请我们出去跳傩。""我们出名之后每年都有几次出去跳的机会，我觉得这样挺好的。""（大伯就是这样）经常死老筋，我经常劝他，说他年纪那么大了，也应该经常出去走走，要不是经常出去表演，哪能够评奖呢?"[3]

从宏大的文化变迁的角度来看，这种不适应实际上反映了文化变迁之下傩艺人对自身身份识别不确定的一种可能性表达，这有点类似于处于新文化语境中的移民，这些处于跨文化情境中的移民主体"有了一种在变成他人的同时又仍然是自身的矛盾感觉"[4]。当然，文化的变迁大多是连续

---

〔1〕这是笔者在 2008 年第一次田野调查期间于 12 月 14 日采访五伯时，五伯告诉笔者的。

〔2〕邓启耀：《访灵札记》，上海文艺出版社，2000 年，第 106 页。

〔3〕这一段话来源于笔者 2010 年正月十八在石邮村田野调查期间的采访。大伯被评奖，是指 2008 年大伯被国家文化部评为"国家级非物质文化遗产传承人"。

〔4〕《第欧根尼》中文精选版编辑委员会编选：《文化认同性的变形》，商务印书馆，2008 年，第 15 页。

性的。但是当以乡村跳傩仪式为表征的"小传统"遭遇蜂拥而至的"外面的人"的凝视及他们所携带的以不同文化价值为表征的"大传统"即主流文化价值的冲击时，处于"小传统"中的乡民个体接受这种连续性变迁的心理承受能力是不一样的，他们在文化变迁之后的身份认同感也是不一样的。对老一辈的傩艺人和村民来说，当他们固有的传统思维遭遇外来文化的冲击并发生变迁时，他们一开始总是不自觉地习惯于用自己原有的思维和感受方式来试图解释并尝试接受这种变迁。当这种尝试受到阻碍的时候，他们就有可能下意识地采取一种类似于大伯"不满意"的质疑方式，或如仪式管理者头人那样以种种理由拒不接受外出表演、扣留面具、服装和道具的抵抗方式。年轻一辈的傩艺人表现则不一样。虽然他们大多遵从乡村的文化规则，但他们的思想已经向外面的文化敞开。当他们走向外面、走向城市的时候，他们就有可能更快地吸附现时的主流文化，并可能按照其敞开接受的主流文化来重新解释其祖先的文化，这反而更有可能丰富了其原有的文化认同。当然，无论是对于老一辈还是年轻一辈的傩艺人，主流文化的介入和认定产生的地方性意义和实际效益（包括政治、经济、文化等效益），都是他们能够感受得到的，因而也是最终能够接受、认同的，尽管这种认同本身所蕴含的文化密度和文化意义在程度上并不一致。

四　傩艺人：从"被凝视"到"理想的凝视者"塑型

更进一步，我们如果从表演情境的微观方面来深究傩艺人在观众凝视下的角色错位，就会发现，角色错位实际上还与傩艺人对自己的角色期待有关联，而且这种关联是一种更为本质的关联。由于"个人在社会情境中的角色不是由他的个人特征决定的，而是由别人以及他本人对他的行为的一系列期待规定的"[1]，那么在跳傩表演情境中，除了观众的角色期待之外，被观众凝视的傩艺人本人对表演情境中的自己也会产生某种期待，而且他们对自身的角色期待实质上是他们在和观众进行交流时关于"我是谁""我该怎样做"之角色意识的具体呈现，是观众角色期待投射于傩艺人身份之上的他者镜像的叠加，这无疑更为深刻地呈现了傩艺人如何看待自我以及自我和观众他者的交流。

由于傩艺人的角色期待往往以一种更为隐秘的、基于日常生活感性或理性的方式表现出来，我们无法对此妄加揣测，但是我们仍然可以通过对这一角色期待投射于观众之上的镜像，即傩艺人对观众的角色期待中，来检视傩艺人自身角色期待的这一问题。

既然身份是在自我与他者之间的互动交流过程中塑造的，那么与表演情境中观众有着对傩艺人的角色期待一样，傩艺人对不同表演情境中的观众显然也有角色期待。虽然在由凝视所建构的关系中，观众处于凝视者的位置，而傩艺人更多地成为被凝视者、被言说者，但是无论是从凝视与被凝视关系的逻辑上来看，还是笔者通过田野调查采访发现的事实来看，即便是作为被凝视者的傩艺人，他们在自己与观众的交流过程中，也有着对观众的角色期待及由此而延伸的自我的角色期待。笔者田野中发现，大多数傩艺人对观众是否能够看懂他们的跳傩表演虽然普遍有所怀疑，但是石邮村傩班弟子所谓"他们（观众）总有人是能够看懂的"亦代表了大多数傩艺人对观众抱有的信心。水北村跳傩弟子外出表演之后虽然感叹"跳的人是疯子，看的人是傻子"，但是当笔者问及他对于外出表演的看法和感受时，他也坦承：

> 欢迎外面的人来看，我们巴不得把我们的和合傩舞推出去，把名气打出去……

---

[1] 汝信主编：《社会科学新辞典》，重庆出版社，1988年，第469页。

每个人都有这种愿望，愿意被邀请出去……

没有想过做专业的演员，我们毕竟是种田的人，也没有想这么远……但是能这样做也行……

我已经六十岁了，以后人家也不会忘记我，我的子女也会有这种记载，说我爸爸是哪个哪个跳傩师傅。[1]

从这些零散的话语中，我们可以看到傩艺人对自我、对观众是有所期待的这一事实。当然，相对于"有备而来"的观众尤其是傩文化研究者，傩艺人们显示出的自我意识因为文化水平、文化视野的限制往往并不是十分清晰，因而他们对观众的角色期待也就显得更为微妙。傩艺人对观众的角色期待因为他们所处情境的主要定位不同、傩艺人的个体体验不同而各不相同。

从情境定位来看，跳傩表演情境按照凝视权力的主要来源大致分为四大类：官方定位的情境、学者定位的情境、市场定位的情境以及村民自身定位的情境。虽然这四大类情境似乎可以为我们提供一个解读傩艺人对观众之角色期待的探讨标准，但事实上这四类表演情境的每一类定位之中，除了由某一具体凝视权力所主导的主要情境定位之外，其他情境类别的观众仍然会出现，夹杂于其间，使得这一主要的情境定位之外还交织着各不相同的次要的情境定位。处于这些次要情境定位中的观众的角色期待虽然没有主要情境定位中的观众期待来得重要，但他们的在场对不同的傩艺人来说，依然发生着或多或少的影响。而且，不同年纪、不同个体经历、不同身份级别的傩艺人对各不同定义之情境以及同一情境中主、次情境定位所投射的角色期望，以及由此角色期望而实践的角色扮演也都不一样，这

---

[1] 这是笔者在 2008 年第一次田野调查于 12 月 18 日采访南丰县水北村傩艺人傅师傅谈话中的一些话语片段。当然，许多受访的跳傩弟子都表达了类似的意思，只是在笔者看来，傅师傅比别的艺人表达得更为清晰，更有历史感，也更深切地反映了他们的忧思、矛盾和坚信的丰富意蕴。

使得傩艺人对观众的角色期待更趋于复杂，难以通过上述凝视之权力主要来源的大致情境区分来精细把握。

但是摒除这些复杂的、在某种程度上可看作为相对泛化、相对随机的情境性外在因素，我们仍可发现特定表演情境之中，傩艺人的角色期待呈现出来的一些主要特征。

首先，傩艺人的角色期待以理想的凝视者为核心。在由凝视关系所建构的跳傩行为情境中，虽然傩艺人总是处于被凝视的状态，但我们不可否认的是，他们的"私下自我"总是存在着一个理想的凝视者。理想的凝视者是相对于客观存在的凝视者来说的，它在客观存在的观众凝视中成形，但又并不总是指向这一客观存在的观众，而是傩艺人经由历次的行为情境和角色扮演，在个人体验中累积并形诸他们意识中的一个总体的、想象的观众意象即凝视者意象。这个总体的凝视者意象虽然是傩艺人在作为被凝视者时形成的一个他者意象，但是这个他者意象在很大程度上能够内化为傩艺人进入某一行为情境时无意识或下意识对自我的期许或设定，进而塑造为傩艺人"私下自我"的一个理想意象。理想的凝视者是傩艺人理解跳傩行为意义的具象化存在。比如，在仪式情境中，激发傩神驱鬼逐疫、实现村民愿望的威能是仪式行为的意义，因此整个仪式行为实质上是处于傩神的凝视之下的，傩神虽然不在场，但却以傩面、戴上傩面的傩班弟子以及仪式禁忌的存在方式参与了仪式，并成为傩艺人和全体村民的理想凝视者。

同样的，在跳傩表演情境中，被观众凝视的傩艺人也有着自己的理想凝视者，只不过这一理想的凝视者在很大程度上不再是傩神，而是转换成了具有某种典型性、代表性意义特征的观众，如文化机构的认定者、持有特定身份级别的文化研究者、重要级别的媒体宣传者如中央电视台等等。这些观众代替傩神成为跳傩表演情境中跳傩弟子的理想凝视者。跳傩表演情境是应观看需要而非信仰需要建构起来的，其主要的凝视关系便由傩神—村民转变为观众—傩艺人，因而在表演情境中，满足某一类观众的观看需求则成为跳傩弟子跳傩表演行为的首要意义。同时，当傩艺人不断地进入跳傩表演情境，或多或少了解了跳傩表演行为对他们自身或地方上的某种意味时，如他们普遍认识到外出跳傩可以"开阔眼界""对地方上也有好处"，他们自己也同样会对跳傩表演行为产生某种超越于原有仪式的心理需求和意义感。当某一类带有特殊观看目的的观众在建构起来的表演情境中能够实现傩艺人寄予跳傩表演行为的某种意义时，他们就成为傩艺人对自身行为及意义的期许的投射，成为该表演情境中具有典型性、代表性意义的观众，代替了傩神而成为傩艺人的理想凝视者。

其次，因观众凝视而塑造的理想凝视者对傩艺人的角色期待及角色扮演行为的影响程度越来越大。笔者在田野调查时就发现，随着跳傩仪式越来越成为一种为"外面的人"所凝视的表演时，傩艺人对"外面的人"的期待也就越来越大。万载县池溪村的跳傩弟子告诉笔者，现在他们在正月里跳傩时，因节约时间所以很少表演全套的傩舞节目。而每当"外面的人"有要求时，他们都愿意表演全套的节目，而且"人越多，跳得就越有劲"。尤其是其中的"小鬼爬杆"节目具有一定的杂技性质，更能够吸引观众，而事实上他们每次出去参加表演时，都会被要求表演这一类更具有吸引力的节目。南丰县庙前村傩班弟子告诉笔者，在正月跳傩，如果上级领导来了，他们会跳得更加认真，"领导来了，还是要更认真一点，没有像平时那么嘻嘻哈哈的"。南丰县石邮村傩班弟子告诉笔者，2010年正月期间，几个韩国人由省文化部门某领导带来村里考察，准备邀请他们去韩国表演："我们知道了，当然要表演得更加认真一些。"从上述访谈中，我们可以看到，即便在正月跳傩仪式之中，傩艺人也能意识到"外面的人"的凝视目光以及这一凝视有可能带给他们的某些超越乡村生活的实际意义，如受邀去韩国意味着出国"见世面"的机会，上级领导的到来意味着被重视的可能以及由此带来外出表演机会的增加和地方性政府投入增多的可能性，等等。因此，即便是在乡村跳傩仪式情境中，傩艺人的理想的凝视者已不纯粹是傩神，而是或多或少地叠加了"外面的人"的凝视意象，且这一凝视意象对傩艺人的影响力亦随着傩文化资本化程度的增加而增加。

再次，傩艺人的理想的凝视者与现实凝视者之间并非总是对称的。在由某一特定观众群体如傩文化研究者凝视为主导定位的表演情境中，这一观众群体对傩艺人的角色期待总体上来说是趋于一致的。但是在同一表演情境中，傩艺人个体对自我的期许和设定并不相同，他们投射于观众的角色期待也就不总是与该情境投射于傩艺人的角色期待相同，而是存在着种种不对称甚或错位的情况。关于这种不对称性，我们有必要注意以下几点。

第一，不对称是有层次、有差异的。这种差异比较明显地表现在傩班弟子中跳傩资历最为悬殊的老一辈和年轻一辈的傩艺人身上。

一方面，对年轻一辈的傩艺人来说，他们的理想凝视者与现实凝视者之间总是错位的。年轻一辈的傩艺人加入傩班的时间往往不长，比如石邮傩班的七伯、八伯加入傩班的时间分别只有四年和三年。他们由于跳傩经历不多，在乡村传统跳傩仪式中与傩神的精神交往和体认以及他们对人神沟通者身份的自我确证自然也就不如老一辈傩艺人那么深刻——当然也存在着他们根本就没有过此类体验的可能性。因此年轻一辈的傩艺人对跳傩身份的迎合可能更多地包裹了信仰之外的某些东西，譬如出省、出国表演的机会，越来越丰厚的表演报酬[1]，等等。笔者了解到的一个很明显的事实是，大多数年轻一辈的傩班弟子平时都在外面打工，除了囿于祖宗规矩正月回来跳傩，其他时间是不会专程从外地赶回来参与村里的跳傩表演

---

[1] 据笔者了解，跳傩弟子们每次外出演出，都能够拿到一笔超过他们在乡村靠农活所得的收入。比如，某跳傩弟子告诉我，他们2006年去日本表演跳傩，得到了相当于人民币七千元的报酬。另有跳傩弟子告诉笔者，他们在北京跳傩，每天得到的报酬大概为每人五十元左右，而他们去日本、韩国所得到的报酬都比在国内表演要多。由于这里涉及跳傩弟子并非愿意公开的资料数据，所以为了尊重个人隐私，笔者这里所涉及的跳傩弟子通用为"某跳傩弟子"。下不另注。

的。但是，凡是碰到有出国的机会，他们就一定会回来，因为特意叮嘱过在村里的傩艺人。"他打电话告诉我，如果出国的话，一定要打电话通知他，他肯定是要去的。"

从这个意义上来说，无论是在跳傩仪式中还是在跳傩表演中，年轻一辈傩艺人的角色期待总是处于错位的状态之中：在乡村传统的跳傩仪式中，他们的傩神信仰很难与老一辈跳傩弟子一样纯粹深刻，仪式身份对于他们来说除了是一种信仰之外，更兼具了某种工具性的意义，成为超越乡村社会生活意义的一种手段，身份原有的由傩神信仰传统所赋予的精神性象征反而隐退了。这样，由仪式所赋予年轻一辈傩艺人的角色期待在深层的精神信仰和表层的工具追求之间形成了某种错位。而在跳傩表演情境中，角色期待就更显错位。比如对想出国的傩班弟子来说，他表演的目的是为了见世面和获得较高的报酬，那么传达他者文化的表演情境寄寓于他的角色期待，与他本人对表演情境的角色期待之间就是错位的。随着全球化、信息化，对于年轻一代，这样一种目的和效果、动机与结果之间的差异及其错位在表演情境中具有广泛的普适性，外在目的显性化，信仰物质化，压抑甚至代替了精神信仰。

另一方面，对于老一辈的傩艺人来说，理想凝视者与现实凝视者之间的不对称更多地出现在表演情境中。他们总是不适应表演情境的角色期待。诸如前文我们讲述的，石邮村傩班弟子大伯在奔赴日本演出之前对随意更改跳傩仪式的程序和动作表示自己的不满和抱怨："我们并不是这样跳的，这不是我们的跳法。"水北村的跳傩老艺人傅师傅也跟笔者说："我当时跳的时候（即表演的时候——笔者注）还是很高兴，因为心里还是感觉很神圣的，但是跳完之后，觉得自己作为演员来说，比起观众来说，就是感觉有点（像戏子一样）地位比较低，因为你在那里像个疯子一样跳，人家也看不出什么味道……在村里就没有这种感觉，因为你知道，他知道，大家都知道你跳的是什么，所以没有什么区别。"类似的现象在别的文化中也比较普遍。[1] 笔者在翻看邓启耀先生的田野调查笔记《访灵札记》时，也看到这样一个类似的老人：

> 有一位彝老，曾被请到城里，好吃好住，就干一件事——把他跳神祭祀的全套仪式搬来，"还原"表演。干了不久，老人要走，主持该事的人问他："是不是哪儿做得不好？"老人说："你对我很好，大家都对我很好。""那为什么还要走呢？"主持人知道他家乡很穷："我给你加薪好不好？"老人摇摇头："不是这些问题，是我的神不来了，因为我们天天做假。"[2]

对这位彝老来说，当他应乡民的需要而进行跳神仪式的时候，他所有的动作都是为了吸引神的注意，祭祀行为的意义无疑也是诱使神灵实现其魔力。很显然，在这位彝老心中，神便是其理想的和实际的凝视者，两者合二为一，没有区别。但是当这位彝老接受了表演情境的邀请，把跳神祭祀仪式转变为跳神表演的时候，他就把自己置身于表演情境所建构的被凝视状态之中，他的实际凝视者就从跳神祭祀情境中的神转变为跳神表演情境中客观存在的观众。我们可以从这位彝老的言行和坚持离开表演情境的行为看出，即便是处于表演情境之中，神依然是这位彝老的理想凝视者，因为只有在神的凝视之下，他的跳神行为才不是假的，神也会降临，而他

---

[1] 比如美国亚利桑那州雅基族的仪式表演指挥者瓦伦西亚（Anselmo Valencia）就本族仪式活动的改变谈到："一切都在变化之中。鹿头不同了，步伐不同了。这个现象不会伤害到我们，但让我们有些受挫。于是人们不再那样表演了。当听到别人说：'我正在进行雅基族人从事的活动呢！'而雅基族人知道其实根本不是，这样的话语会令人十分沮丧。……这些老歌已经'朗朗上口了成百上千'，但'一旦录下这些神秘的歌曲，它们的精神力量就从歌曲中流走了'，于是人们不再吟唱这些歌曲。……你必须作为一名雅基族人或至少作为印第安人来了解歌曲的神秘性——歌词、歌曲的实际需要和精神目的。你要明白如果歌曲被商业化了，它的精神启示就会消失。"详情可参见理查·谢克纳：《人类表演学系列——谢克纳专辑》，孙慧柱主编，文化艺术出版社，2010 年，第 18—19 页。

[2] 邓启耀：《访灵札记》，上海文艺出版社，2000 年，第 106 页。

作为一名跳神祭祀主持者的身份才有其存在的意义。当这位彝老意识到自己表演的跳神是"假的"（"我们天天做假""神不来"）的时候，那么他所表演的行为虽然对于观众或邀请方而言是有意义的（所以才会不惜挽留他），但是对于他本人来说，其原有的意义可能已经丧失，而被附加的表演意义则可能也并没有被他意识到，所以彝老"要走"——离开表演情境。很显然，对于这位彝老来说，表演情境中实际存在的观众虽然也在凝视着他，但并不是他表演当下的理想的凝视者，表演情境中实际的凝视者和彝老之理想的凝视者是错位的。笔者以为，老一辈的跳傩弟子在跳傩表演情境中遭遇的最初情状也大致类似，这也是石邮村傩班弟子大伯在最初参与表演情境有着诸多的抱怨和不满，水北村那位老一辈跳傩弟子至今仍认为"跳的人是疯子，看的人是傻子"的深层原因。

细究起来，促使这位彝老决意离开的动因与大伯对改变跳傩方式的不满具有某种深层的可通约性。引起不满的可能性大致如下。

其一，与彝老一样，大伯认为仪式是跳给神看的，作为人与神之间的沟通者，只有神才能真正明白"我们"（即村民信仰者）有什么具体的需求，以及他戴上面具做这些跳傩动作的意义。而表演是为了满足观看的需要，而不是"信"神的需要。尽管如此，也没有必要为了这种需要而改变跳傩仪式。在大伯的心中，神依然是其表演情境中的理想凝视者。

其二，大伯可能觉得既然是表演给"外面的人"看，那么，这些要求观看的"外面的人"应该是懂他们的仪式才要求看的，"懂"是他们观看的前提，因而也没有必要改变仪式。

其三，大伯可能认为给"外面的人"的看，他们能看懂几分就看懂几分，没有必要为了观众的"懂"而随意改变原本的仪式程序和动作。

上述种种猜测表明，对大伯这样老一辈的傩艺人来说，他们被凝视的意义在很大程度上始终难以脱离并超越乡村的地方性傩神信仰文化以及这一文化赋予他们的作为傩班弟子的身份意义。因此，傩神始终是隐藏在他们心中的理想的凝视者。这重由傩神赋予他们的身份意义有时候在表演情境中反而是因为观众的凝视而被他们意识到并无形中得到了强化，正如上述那位彝老所声言的"做假"一样。也许在他看来，继续做假的话，那么在正式的乡村跳神仪式中，神恐怕也不会来了。仪式的（持续性）失灵就意味着他作为跳神祭祀者的身份没有了任何存在的意义。

从这个意义上来说，无论老一辈傩艺人处于以何种权力为主要定位的表演情境之中，他们的角色期待可能总是不对称的：对第一种猜测情况来说，神作为他们的理想凝视者，与并不信仰傩神的观众凝视者之间是错位的；对第二、三种猜测的情况，无论大伯认为"外面的人"对傩仪应该是"懂"还是"懂几分"，"懂"跳傩仪式的人才可能是他们的理想凝视者，而事实上真正懂仪式的人在观众中极少，所以理想凝视者与实际凝视者仍然是不对称的。

与彝老不同的是，石邮村大伯以及水北村的傅师傅，尽管有着各种不满，但他们终究是接受了外来的改变。[1] 当然，这也是我们不能忽略的一个事实，即更多的老一辈傩艺人逐渐接受了表演情境的不断建构和邀请，并不断应邀参与表演跳傩仪式。这就说明，虽然理想的凝视者由傩神转变为某一类型的观众需要经历一个被接受的过程，但是情境性压力或诱因，尤其是当这种压力或诱因是他们无法抗拒的，并具有一定生产性或积极性效用的时候，它们总是能够磨灭类似于大伯这种最初的不满，甚至被傩艺人主动接受，从而程度不等地改变或丰富他们身份的原有意义，并赋予这种改变以更多的精神合理性（见图2.20、图2.21）。譬如，国家赋予乡村艺人某种能够让艺人感受到尊重和荣誉的身份（如石邮村大伯所获取的"国家级非物质文化遗产项目代表性传承人"的荣誉称号），并因此而提供给该艺人适当的生活补贴。这往往是乡村艺人能够欣然接受的身份转换的一种重要方式。

---

〔1〕邓启耀先生虽然没有说明这位彝老是否此后就不再参与跳神表演情境，却肯定了这种传统变异"漂变"情况的发生是不可逆的。详见邓启耀：《访灵札记》，上海文艺出版社，2000年，第102—107页。

图 2.20　笔者与 2008 年获得"国家级非物质文化遗产项目代表性传承人"的石邮村傩班大伯（摄于 2010 年正月）

图 2.21　大伯所荣获的荣誉证书，上书"任命罗会武为国家级非物质文化遗产项目傩舞（南丰跳傩）代表性传承人"（笔者摄于 2010 年正月）

　　第二，无论是对于老一辈还是年轻一代的傩艺人，虽然他们的理想凝视者是在表演情境中生成的，但是在此后具体的表演情境中，他们投射于现实观众之上的与理想凝视者相对应的理想角色始终只能是部分的。也就是说，他们在观众凝视中所扮演的那个理想角色始终是不完整的，是自己理想角色的某一部分形象，原因就在于凝视观众主体构成的复杂性和观看目的的不一致性。譬如从傩艺人期待观众懂傩仪与观众是否懂傩仪的实际情况这一层面来看，大多数傩艺人都希望观众能够看懂自己的表演，而事实上真正懂得当地傩仪的观众总是极少数的，甚至完全没有。这样，傩艺人的理想凝视者与现实情境中的观众则往往容易产生角色期待的双重错位，即无论从观众还是傩艺人的角度来看，角色期待都有可能是错位的，从而呈现出傩艺人实际的角色形象与无论是观众眼中还是傩艺人自己眼中的理想角色形象的不完全吻合。但值得注意的是，无论观众是否懂，最终达成的角色形象的部分吻合始终都不可能脱离理想角色而存在，因为无论观众的构成多么庞杂，他们对角色扮演及仪式表演意义的理解或阐释总是建立在傩艺人当下的表演基础之上。每个观众凝视之后所获取的对表演背后的仪式及其生活的理解，其实都是原有乡村生活中仪式意义的一部分。

第三，这个理想的凝视者并不是固定不变的，而是处于一个不断塑造的过程之中，随着傩艺人的不同表演经历、变化着的个人体验以及个人对未来自我的期许而发生着改变。我们可以确定的是，傩艺人对表演情境中观众的角色期待经历了一个变化的过程。当这些年龄比较大、比较资深的老一辈傩艺人能够比较自如坦然地在跳傩表演情境的压力或诱因之下接受跳傩行为的改变时，他们的理想凝视者就不再仅仅是傩神，而开始囊括形形色色的"外面的人"。具体而言，当初的大伯在去日本前因仪式的改变而提出自己的不满和抱怨，尔后在 2008 年，当他们应邀去法国参与表演时，大伯在没有被要求排练的情况下，能够主动地组织傩班弟子在村里进行排练。这就显著地说明了，即便是对于大伯这样老一辈的傩艺人来说，他们的理想凝视者也在多次表演的经验累积中因主动或被动迎合主流文化的需要而发生了微妙的变化。

由此，我们可以看到，表演情境中凝视与被凝视的状态并不总是对称的，而更多地具有某种不对称性。当表演情境的定位发生变化时，观众群体也会发生变化，进而使得凝视与被凝视的不对称性显得更为复杂。一旦理想的凝视者成形，那么在特定情境中，即便与被凝视者相关联的理想凝视者不在场或未能出现，理想凝视者的凝视依然发生着作用，而往往是这种虽然缺席但依然发生作用的凝视，以及这一凝视赋予傩艺人的身份意象，在更大的程度上定位和定义了被凝视者的身份及其意义。

第五节　地缘身份内涵的丰富与傩乡现代地方性认同的生成

一　公共空间的拓展与傩艺人地缘身份内涵的丰富

当现代化的进程逐渐侵入江西乡村的时候，传统的跳傩仪式行为已经分化为惯例性的跳傩仪式行为和特定的跳傩表演行为。两种跳傩行为，不仅涉及的行为空间属性不同，空间中的活动方式、人际关系模式以及傩艺人和村民对其间所建构身份的反馈亦不同。此外，跳傩表演行为显然在某种程度上影响并改变了传统跳傩仪式行为的呈现、观看方式及其对于地方村民的意义，即凝视而不是参与式观看成为傩艺人身份建构的主要方式。这就使得傩艺人对自我的体验和感知更多地依赖于各不相同的表演情境中各类不同的他者，基于地缘空间关系生成的地缘身份凸显出来，成为不断建构中傩艺人体验的主要身份。傩艺人的传统地缘身份内涵亦发生了改变。

这就意味着，傩艺人身份虽然表面上还承载着传统的诸如乡民所谓的"按规矩办事"等地方记忆，但是各个身份层面在身份认同的重要性上的占比程度却发生了变化，地方记忆的内涵和意义也随着发生变化。这尤其体现在建构地缘身份之地缘关系的变化之上。也就是说，在大多数傩乡，基于固定的村庄地域及当地血缘基础上形成的地缘关系在很大程度上越来越脱离当地家族/宗族的依附，地缘不再是乡村血缘的补充手段和投射方式，地缘作为连接人们情感互动的纽带作用大大增强，傩艺人地缘身份的内涵也开始发生变化，新的地方性认同正在逐渐形成之中。

江西乡村地缘纽带的增强主要源于现代化进程中乡村传统家族/宗族力量的削弱。由于传统江西傩仪所依附的地方性家族/宗族力量一再地遭到社会变革力量的削弱，旧有的血缘关系和地缘关系网络也大多被打破，乡村的社会结构发生了根本的变化。此外，传统中由当地家族/宗族所维系的基于血缘之上的认同认知方式，也一再地受到社会变革所带来的异于传统之价值观念的逐步入侵和解构。村与村之间在文化、经济甚至是政治资源上的联系或者竞争也进一步强化。尽管人们依然聚族而居，乡村中血缘与地缘的结合方式表面上看也没有发生大的改变，但是随着家族/宗族的权威被国家行政权威代替，家户个体逐渐挣脱了家族/宗族的血缘等级制约，并在乡村的人际交往中显得更为活跃和重要。邻里关系也逐渐取代亲属关系而成为乡村人际关系呈现的主要面向，以村庄的方式所关联的整体利益逐渐代替了以狭隘的血缘方式限制的家族/宗族利益。这就使得乡村传统的封闭型地缘关系转变为开放型的地缘关系，并随着城乡之间流动的加强而不断增强。

　　江西乡村跳傩仪式行为的组织方式及其文化功能的变化，投射出了江西乡村开放型地缘关系的转变。首先，江西乡村傩仪组织管理方式的变化使得傩仪及跳傩弟子的地缘身份逐渐凸显。在大多数江西乡村，虽然跳傩仪式因着当地家族/宗族势力的恢复和村民傩神信仰的遗存而得以复兴，但是地方性家族/宗族在很大程度上不再具有当地的政治经济治理权力，使得有些地方的跳傩仪式失去了原有的能够确保顺利传承的经济资源和组织机构的扶持，一些乡村的跳傩仪式甚至因此而渐趋失传。而那些遗留有跳傩仪式的乡村，其组织管理方式发生了很大的变化。据笔者了解，现在依然活跃于江西乡村的傩仪，其组织管理主要有以下两种模式。

　　一种是沿袭了以往的组织管理方式，即乡村傩仪因为当地复兴的家族或宗族而得以复兴，而且在傩仪的组织管理和经济扶持方面仍然依附于当地复兴的家族或宗族，傩神信仰也不同程度地保留了当地家族或宗族的文化记忆，比如南丰石邮吴氏傩班、万载池溪丁姓傩班等等。尽管如此，这些乡村傩仪的村落共同体文化特征而非家族/宗族性文化特征得到了刻意地凸显。从傩仪的经济扶持来看，笔者发现，大多数乡村现有的傩仪活动经费筹集主要是在当地家族精英分子的号召下以村落共同体成员集资的方式得以实现的，有些地方则是通过当地村干部或乡政府的干预和扶持而得以实现。比如南丰县的水北村，村干部就极大地介入了当地傩仪活动的开展和维持。这种经济扶持的方式很显然极大地区别于传统社会中家族/宗族公田、祠田的扶持方式。经济扶持方式的改变不仅降低了当地家族/宗族在村落公共空间管理中的威望，且在很大程度上改变了地方村民凝聚的方式，即村民在很大程度上是为了个人或整个村落集体的傩神信仰，甚至是为了维护个人在村落空间中的日常交往而支持跳傩活动。此外，随着村民和傩艺人家族/宗族身份意识的淡化，他们经由地缘关系的拓展而获取的身份意义和个人身份意识也随之不断增强。这种不断增强的个人身份意识使得傩艺人在不同程度上更为关注跳傩行为给个人和地方所能带来的利益，而不再专注于通过傩仪来传承家族/宗族文化。原本作为血缘关系延伸的地缘关系及其建构的地缘身份由此得以凸显。

另一种傩仪管理模式是以某种村落联合组织的方式出现，即当地的傩祭活动不再由某一家族或宗族主导，而是由几个家族/宗族联合体或由当地不同姓氏联合起来组织、管理。这种管理模式更为强调地缘关系对村落公共空间的维系功能。地方傩神信仰虽然在历史上有可能曾经依附于当地的某一个家族或宗族，但是随着家族/宗族势力被破坏，家族/宗族构成格局也发生变化，出现几个家族、宗族在乡村资源和权力分配上形成势均力敌之态势，或者原有家族/宗族成员占当地人口比重越来越小，村落人口更多由杂姓组成的村落格局。因此，为了某种共同的利益诸如水利、山林的利用等，单个村庄内部或村落之间形成某个联合管理组织，共有共享某些乡村资源。在这种情况下，傩神信仰及傩仪活动的管理权便自然而然从单一族姓的手中转到这种村落联合组织形成的祭祀组织手中。这些村落都是以当地具有代表性的傩庙（没有傩庙的一般以当地的福主庙或福主殿代替）为中心，建立村落联合祭祀组织，或以股份制的形式或以委员会员任命的模式来扶持和管理当地的傩仪活动[1]。现有的南丰县庙前村傩班，就是以股份制来进行管理的，全村按照姓氏分为二十四个股份，各股每年轮流管理傩班。池溪村丁姓家族的傩仪管理也由以往的族长制转为村民委员会制。而笔者调查的小枧村，其傩祭活动则由 20 世纪 80 年代成立的小

枧傩庙文物管理委员会统一管理（见图 2.22），委员会通过选举，由周边十个村庄中有经验的权威人士组成，将周边的傩班纳入其中进行统一管理。正月期间组织傩班进行跳傩，傩仪活动范围覆盖了十个村庄、三万多村民。

图 2.22　小枧村傩庙内悬挂的"小枧傩庙文物管理委员会组织人员名单"牌匾，上有主任、副主任、会计等各类职务，各类人员职责分工明确（笔者摄于 2010 年正月）

无论是股份制还是傩庙委员会制，乡村傩仪的这种管理模式显然已经突破了传统血缘关系的限制，村民之间或村与村之间在信仰的层面上形成了一种紧密关联，而且这种由于信仰而凝聚的紧密关联显然也带来了村际乡民日常生活的密切联系。因为跳傩仪式而形成的社会关联和人际交往在地域上不断地扩大到村庄之外，使得村际的交流日益活跃。以傩庙所标示出来的村落公共空间也日益成为村际公共空间。这就极大地凸显了地缘关系对村落公共空间记忆建构的重要意义，经由傩神信仰

〔1〕有些股份制管理模式是从 1949 年前就一直传承下来的，如南丰县的三坑村以王、聂二姓为主，其他杂姓依附于两大主姓。清代三坑王姓就已经创建了和合班，而聂姓传判神班，后两家联合活动，称为"跳和合判"。民国三十三年期间，三坑村傩班重新编定轮值十六名首士，首士中杂姓由聂姓编排，负责当年的跳傩和合神、演神系、出神灯等。当然，在传统江西乡村，傩班大都掌握在家族/宗族手中。江西乡村傩班的这种股份制管理模式是在 1949 年后尤其是改革开放后盛行的。

和跳傩行为尤其是跳傩表演行为而形成的地方村落共同体利益逐渐取代了当地家族/宗族的利益，成为乡村傩仪重建的一个重要目的。傩艺人的地缘身份意识也由此而得到增强。

此外，当地县、乡政府也愈益介入当地傩仪的管理当中，这就进一步消解了傩仪及傩艺人的地缘身份对血缘身份的依附属性，凸显了傩艺、傩艺人地方性文化特色的重要性。地方政府加大了对一些有特色傩乡的经济扶持，以支持、保护地方上的傩文化活动。有些地方政府还积极参与了诸如傩班人员的传承事项、傩班外出表演的引介、各村傩班汇演的组织等，以刺激当地傩仪的发展（见图2.23）。地方政府对傩仪活动的积极干预以及他们对于傩仪之地方性文化属性的极力宣传和大力支持，使傩仪的地方性文化属性极大地凸显出来，并逐渐取代了傩仪原有的家族/宗族文化属性，而成为大多数村民对傩仪的主要认知。即便是在家族/宗族势力依然十分强大的地方，如以丁姓宗族为主的万载池溪村，笔者在2011年回访丁姓傩仪主要负责人及傩班弟子并观看2010年他们自发组织的傩文化艺术周录像时，发现他们在讲述自己的傩仪活动时，极力强调的是傩仪的地

图2.23 南丰县政府组织的南丰各傩乡的跳傩调演现场（摘自《南丰傩》）

方文化属性和民族文化属性，而不再是以往强调的丁氏宗族属性，"傩仪是地方上的文化，是民族的文化"成为当地受访者的主要反馈。这就意味着，对于这群傩艺人来说，地缘关系已经突破了原有的血缘限制而朝着地方化甚至是民族化的层面拓展了。

其次，乡村跳傩行为功能的变化加快了乡村地缘关系的转变，丰富了傩艺人的地缘身份内涵。江西传统傩仪活动的核心功能虽然固着于驱鬼逐疫、消灾降福的信仰功能之上，但它还是地方性家族/宗族文化传承和家族/宗族成员身份认同的一种重要方式。但是，随着乡村傩仪之传统文化、他者文化的认知及研究功能或艺术内涵的发掘，傩仪活动不再以驱鬼逐疫为其唯一的功能，而是被赋予了傩仪之文化认知、文化研究或艺术研究的功能。这不仅拓展了傩仪传播的地缘空间，而且微妙地改变了傩艺人原有的地缘关系，使傩艺人的地缘身份内涵显得更为复杂。

一方面，乡村傩仪被赋予的新的文化功能使得傩艺人被置于的地缘空间不断拓展。跳傩仪式不断地走出乡村，走向城市，成为一种文化展演，傩艺人也因这一"走出"行为而被关联到不断向外拓展的地缘空间之中。跳傩仪式所被置入的空间在总体上形成了诸如南丰县—抚州地区—江西—中国甚至是国际这种不断扩大化的、层级化的拓展，而傩艺人在不同层级的表演情境中所遭遇的人际关系和社会关联模式亦突破了原有村落公共空间的局限，具有了空间维度上的更多弹性和意义的不确定性。地缘空间的拓展和人际关系的不确定性赋予了傩艺人地缘身份更多的情境性内涵。

另一方面，傩仪文化研究功能和艺术内涵的发掘也使得傩艺人原有的地缘身份内涵变得更为复杂。傩仪行为的重建和宣传促使外来他者不断涌入傩乡，由此带给乡村更多的社会信息和异于传统乡村的价值观念，村落公共空间中原有的人际交往模式随之变得更为复杂和多样化。村民们不仅要与同村人打交道，还要与各色各样的"外面的人"打交道。即便是按照当地传统时间节点在正月开展的跳傩仪式活动，其意义的微妙变化亦引起了村民之间以及村民与傩艺人之间关系的微妙变化。这就使跳傩行为即便是在乡村中展开，其中所蕴含的文化意味对于同一群村民和傩艺人来说也具有了与传统仪式程度不等的差异。傩艺人的地缘身份内涵由此而被赋予与传统不一样的文化意义。

这样，在遗留有跳傩仪式的江西乡村，村落公共空间虽然还是以旧有的一些地标性建筑如祠堂、傩庙、戏台为主，但是随着跳傩仪式组织方式和文化功能的变化，这一空间除了以其本身的物理形态显示出原有的文化意义外，还因为其间所进行的跳傩活动性质的改变而凸显了其参与身份建构的主体性意义。具体来说，乡村的跳傩仪式活动不再是当地家族/宗族独有的文化财产，而是越来越成为村庄全体成员甚至是与"外面的人"乃至中华民族共享的（传统）文化资源。与之相应，村落公共空间也就逐渐打破了传统血缘的规约范围而向外面的世界敞开了：不仅公共空间内人员的组成随着外来他者的不断涌入而显得更为复杂，空间内人们所进行的人际交往、日常生活互动以及跳傩仪式等等，其内涵相较于传统也都发生了变化。

质而言之，当江西的傩仪及其相关的一些诸如傩庙、面具、牌坊甚至一些古老的巷道等物事在某种程度上成为当地政府乃至当地村民的一种文化资本，或作为一种地方性的文化资源处于不断的开发过程之中并不时带来或多或少的地方性利益时，傩仪空间的公共性也逐渐超越了基于村庄自身地理疆域和乡村熟人关系为边界而形成的传统地缘框架，并在以文化自我和作为他者的"外面的人"之关系为文化界限而形成的富于弹性的地方性文化层面上不断获得拓展。由此而构建的地缘关系也变得更为复杂和多样。

对于江西傩艺人来说，随着他们身份个体意识的增强以及被置入地缘关系的不断拓展，傩艺人对自身所处社会位置的认知在很大程度上不再以传统地缘框架为参照背景。更可能的情况是，他们会在一个以跳傩表演行为为媒介而不断向外拓展的文化空间内，在不断扩大化的社会交往与行为中以自身实际接触到的"我"与"外面的人"即他者之关系为参照来感知自己的身份。江西傩艺人的地缘身份内涵也因为不同跳傩行为所被赋予的不同意义和重要性而显得更为丰富。

二　现代地方性认同的生成及其特征

毋庸置疑，在现代文化语境中，现代主流文化力量对乡村文化的种种介入和价值观念主导性影响，造成了乡村中"频繁且范围极广的流动性，市场交易规则越来越多地渗透到人情、面子规则之中，村民急剧分化，成为从事不同职业的不同阶层"[1]，这些都构成了原有村落地方性认同不可避免趋于瓦解的因素。同样的，江西傩乡在从传统走向现代、从乡村走向城市的转型过程中，村落公共空间原有的人际交往关系和社会关联模式亦在发生着变化。传统跳傩行为的分化加剧了这种变化，令公共空间不断向外拓展，地缘关系也因为外来他者的介入而变得更为开放、复杂。一种基于现代跳傩行为（包括跳傩仪式行为和跳傩表演行为）的现代地方性认同正在生成之中。值得提醒的是，虽然傩艺人不断外出表演，但跳傩表演是在超越他们日常生活的时空范围之外间断性地发生的，并没有成为他们日常生活的常态，且跳傩表演行为始终是依托于跳傩仪式行为及其所承载的地方记忆而展开的行为。从这个意义上来说，笔者语境中现代地方性认同的地方，在很大程度上仍然以指向傩艺人的乡村空间为主，现代地方性认同的主体在很大程度上仍然是当地傩乡的村民和傩艺人。现代地方性认同在很大程度上是在傩仪重建行为[2]的影响和引发下，在当地乡民和傩艺人正在生成的某种特殊的、异于传统的认同情感关联基础上生成的。

总体而言，江西傩乡这种正在生成中的现代地方性认同主要呈现为以下一些倾向：第一，现代地方性认同突破了血缘关系的限制而以复杂开放

---

〔1〕陆益龙：《乡土中国的转型与后乡土性特征的形成》，《人文杂志》2010年第5期。
〔2〕傩仪重建行为包括20世纪80年代之后复兴、展开的跳傩仪式行为和跳傩表演行为。

的地缘关系为基础生成，且由于地缘关系的开放性、复杂性，正在生成的地方性认同也具有不稳定性。这与传统地方性认同具有明显的区别。虽然传统地方性认同表面上也是以地缘关系凝聚的乡村共同体认同，但这种认同实质上体现的依然是以血缘为基础形成的家族/宗族文化认同。地方性认同的主体及其所呈现的对象主体（即"为谁呈现"）总体上并没有超越当地传统家族、宗族涵盖的文化边界，因而其核心的内涵与地方记忆内涵仍然保持着很大程度上的同质性，具有很强的历史韧性。这就使傩艺人基于传统地缘身份生成的传统地方性认同往往呈现为一个较为稳定的单数的内核。从这个意义上来说，由传统傩仪身份所达成的传统地方性认同，对乡村社会个体或某一特定历史时段的群体而言，都带有某种"先在"的、命定的底色，即传统傩乡形成的地方性认同有着由某一宗族祖先的偶然行为和家族血缘繁衍的既定命运所决定的具有某种历史宿命感的文化特征。这种历史宿命感决定了传统地缘身份和地方性认同包含的单一性、稳定性和连续性。

而傩乡的现代地方性认同是以傩仪重建行为所构建的现代地缘关系为基础生成的认同。这种地方性认同在很大程度上已经超越了原有地方记忆的限制，并因为地缘关系的开放而呈现出意义的复杂性、开放性特征。在跳傩行为尤其是跳傩表演行为的推动下，"外面的人"和傩乡村民之间的社会交往也愈益频繁，经由跳傩仪式行为和跳傩表演行为所关联到的村民、傩艺人、"外面的人"和地方政府亦形成千丝万缕的微妙关系，穿插在乡村人际网络之中，并不断形成着村民、傩艺人、外来他者三者之间复杂的人际交往模式和社会关联模式。个体意识在社会关联中的主导作用以及地缘关系的开放和复杂化，使得村民和傩艺人对自我身份的识别不再以传统的村落成员同一性为识别方式，而是更多地倾向于以彼此之间的差异性为主要识别方式。地缘关系的复杂化和地缘身份识别中差异性的凸显隐含着身份内涵的异质性和多样性，"差异表明了多重身份相互比较的一面，因此差异强调了多样性的内在状态"[1]。傩艺人和村民即便无法完全理解主流文化赋予跳傩弟子"傩艺人"的身份内涵，亦能感知到"傩艺人"身份与传统"跳傩弟子"身份的差别。差异性的凸显，破坏了原有地方记忆的整一性、同质性，地方记忆亦无法维持其原有的对身份的约定性功能。在新的地缘关系网络中，地方记忆不再成为正在生成的傩乡现代地方性认同的参照体系，反而因为新的地方性认同的生成需要而处于不断地被选择、被调整、被重构之中。这就使得正在形成的现代地方性认同呈现出意义的开放性和不稳定性，即现代地方性认同处于不断生成之中。

第二，生成中的江西傩乡现代地方性认同以地方性利益为认同关联的主要方式。在传统傩乡，家族/宗族文化往往以礼俗性情感和伦常观的强制约束力来规范村落公共空间内的人际关系和社会关联，以此维持乡村的地方凝聚力。村民对地方的认同在很大程度上是以地方记忆沉积于村民心理层面上的情感联结与伦常关系为认同关联的主要方式的：乡民之间的关系凭借血缘、亲情、伦常来维持，由成员的认同产生凝聚力，维持一种高度整合的地方性认同形式。

傩仪的重建行为在某种程度上凝聚了一种新的地方性认同，这种认同是以地方利益的获得为核心而整合起来的。乡村傩仪的重建行为不仅体现为跳傩仪式行为的复兴和在乡村中展开的惯例性活动，更体现在跳傩仪式行为不断地转化为跳傩表演行为，并在村内、村外甚至国外进行表演的活动。跳傩表演行为的不断重建带给地方上诸多以前未曾被村民们想象过的利益。对乡民而言，这种利益主要体现在日常生活条件和地方经济状况的改善方面。如为方便外来的观看者，石邮村在当地政府的帮助下修建了公厕，改善了村内的垃圾乱扔、堆积状况，家家户户装上了自来水，小学的教学质量也不断提高，等等。这些利益显然已被村民和傩艺人意识到并加

---

[1] Martin Sökefeld, "Debating Self, Identity, and Culture in Anthropology," *Current Anthropology*, Vol. 40, No. 4, 1999, pp. 417-448.

以利用，传统的跳傩仪式行为因此以一种文化资源的模式纳入了村民自身的地方文化建设。村民在为自己乡村争夺地方性利益的同时，能够主动调适彼此之间因为频繁流动所带来的各种隔膜，并愿意积极地进行地方记忆的选择性重构，以使其更能适应傩仪的资源开发。这种为了地方性利益的获得而重新凝聚起来的村落共同体意识，成为包括傩艺人在内的江西傩乡乡民与地方上的主要认同关联模式。跳傩行为的重建，成为这种共同体意识得以生成的中介。

当然，我们并不能否认，传统地方性认同得以维系的礼俗性情感因素和伦常观仍然在现代地方性认同的生成中发挥着或多或少的作用，但是这种情感因素不仅被更为重要、更聚焦于现世的利益观弱化，甚至被挤压到了边缘，而且其本身也被浸染上了利益的色彩。这一点笔者在身份调适章节中会有详细的论及，故此处从略。

从这个意义上，我们甚至可以这样说，江西傩乡现代地方性认同在很大程度上是在跳傩表演行为所获取的地方利益的刺激下而逐渐生成的，这就超越了传统地方性认同之血缘限制的某种历史宿命感，而呈现为地方利益的认可、主动生产和集体分享。

第三，傩乡的现代地方性认同模式在时空维度上具有与传统地方性认同模式不一样的意义指向。傩及傩艺人的传统地缘身份表述往往与其所附属的家族/宗族身份表述在内涵上高度重合，地方性认同因而总是以当地的某一家族/宗族文化价值为意义指向。由传统傩仪所表征的地方性认同的空间内涵往往投射在时间的内涵之上，承载的是当地血缘关系绵延之时间的内涵。也就是说，傩乡地方记忆以及由此记忆而生成的地方性认同，往往因为村落空间中家族/宗族价值文化符号的凸显和强调，而使得整个村落空间呈现出当地家族/宗族记忆的历史感和血缘归属感，如石邮村空间的那些孝子坊、烈女坊、东位祠堂、西位祠堂等血缘归属感强烈的标识性建筑物。村落公共空间从而不仅成为家族/宗族历史记忆的载体，而且往往被作为历史表征的一个记忆符号，与其他诸如族谱之类的记忆符号一样，被纳入了地方性认同内涵的建构。而且，在传统、习俗、禁忌的规约之下，乡民生活总体上是稳定的、一成不变的。因此，乡民时间观念中的过去、现在和未来是同质的，这种同质性始于过去，存活于现在，并绵延于未来。从这个意义上来说，传统地方性认同在时间的维度上是指向过去的，是对地方、地方历史的认同，也就是对当地家谱族谱中表述的家族/宗族历史及其凝结的家族/宗族文化价值观的认同。

而现代地方性认同是以开放性的地缘关系为基础生成的，因此它更强调认同的空间维度而不是时间维度，也更强调空间中的跳傩行为实践以及人们在其间的主体性行为。具体而言，江西乡村中正在生成的现代地方性认同所认同的村落公共空间，虽然在某种程度上仍然维持了与血缘勾连的表象，但是它"更少是一个传统意义上经由时间长期演化而成的物质存在"[1]，或者说，它更少是血缘隐含之时间在某一个固定地理位置上所凝固的静止的社会关系投射，而开始呈现出其自身在传统与现代转变中社会关系的生产和被生产的主动性意义。这种主动性意义尤其体现在"凝视"对傩艺人身份的塑造过程之中。此外，由于现代地方性认同在很大程度上超越了地方记忆的框架，因此，它就不再受到历史时间之"命定性"特征的约束，而是在不断与他者遭遇及他者蕴含的差异性辨识中进行着程度不等的、富于弹性的拓展，成为一个具有生成能力的认同空间。虽然因为这种地方性认同的主体是一群认知水平有限、缺乏身份反思能力的乡民，这一空间尚不具有后现代地理学中空间的本体论意义，即它尚未"使人类主体永远处于一种具有塑造能力的地理位置，并激发对认识论、理论构建以及经验分析进行一种激进的重新概念化的需要"[2]，但是在各种外来力量的影响下，它显然以某种未能被乡民所意识到的主体姿态参与了现代地方

---

〔1〕包亚明主编：《后现代性与地理学的政治》，上海教育出版社，2001年，第19—28页。
〔2〕爱德华·W. 苏贾：《后现代地理学：重申批判社会理论中的空间》，商务印书馆，2004年，第12页。

性认同的建构。

同时，现代地方性认同在时间维度上更多地指向了现在或未来，而不是传统地方性认同所指向的过去、历史。随着傩仪重建行为的不断展开，过去被延伸到了"传统文化"所指向的某一具有普适性的历史源点，未来也不再包括那些正在发生的现在，而是不确定的未来。傩仪的重建行为更多的是一种建立在现实生活利益基础上的行为。这种行为强调的时间概念是现在，而"过去"在很大程度上就成为"现在"这一行为目的实现的一种手段或者媒介。傩乡乡民对于傩仪时间观念改变的感知，在很大程度上受到了傩文化研究者和地方文化部门重建傩仪行为的观念的影响。对研究者和文化部门来说，傩仪自身所内含的"过去"这一时间概念承载的记忆和意义正在濒临消亡，因而他们在看待甚至在重建跳傩行为之前就预设了一个"未来"的概念，希望把这样一种濒临消亡的"过去"通过现在的重建行为来加以保存，使其在"未来"中仍然能够呈现出来，无论是通过一种活态的诸如表演的方式，抑或是通过一种影像、资料等可复制的方式。从这个意义上来说，傩仪行为的重建虽然参照的是当地人的"过去"——这一"过去"并非是当地傩仪所承载的"真正"或"真实"意义上的过去——但是重建行为的时间意义指向已经延伸到了"未来"，是对"未来"的设想。"现在"由此而成为连接"过去"和"未来"的一个桥梁，或者说，"现在"就成为配置"过去""未来"的一个载体和工具。研究者和文化部门对傩仪重建的未来指向，亦影响了当地村民对于傩仪重建的时间感知，即他们不仅以傩仪的"现在"时间指向为重建行为的核心意义，亦意识到了重建行为的未来指向。笔者在 2010 年第三次回访石邮村的时候，就曾花了整整一个晚上的时间倾听当地的几个跳傩弟子、头人和村民的闲聊，他们就如何开发和保护傩仪及与傩仪有关的诸如一些牌坊、古老建筑等等物事提出了种种想法。虽然村民眼中的保护可能在很大程度上是为了开发，但是这种认同之中无疑显示出了他们对于傩仪重建所预示未来的某种设想。由此，傩乡现代地方性认同是以现在或未来的时间刻度为起点而逐渐生成的。

第四，与傩乡乡民传统认同的"地方"局限于当地傩乡这一地理空间有所不同的是，傩艺人现代地方性认同中的"地方"凸显为一个相对的概念。"地方"这一概念的所指，既可以指地理意义上的具体"地方"，如石邮村、小枧村等；也可以指文化地理意义上的文化意象，如中华民族。"地方"的相对性在于，它被置于一个层层包含或有着不同预设之概念系统的背景之中：这里既有文化的区分——对于主流文化而言，亚文化往往被认为具有"民间"的、"地方"的色彩，如对于京剧而言，傩戏被认为是"地方"的；也有行政的区分——对于更高一级的行政单位而言，下一级所辖区域就是"地方"，如对于中央而言，江西就是"地方"。因而，在不同的行为情境中，"地方"概念及由此所呈现和强调的地方性认同，其所指和意义也就具有很大的差异和区别。

笼统地说，比如在国际表演舞台如日本，无论是对于参与表演的石邮村跳傩弟子，还是贵州土家族的跳傩弟子来说，傩舞傩戏表演情境所呈现出来的地方性认同主要是以日本为文化他者投射出的"中华民族"传统文化这一总体的地方文化意象为认同核心的，因而在这个情境中，"地方"主要指向"中华民族"。而在当地日本主办方来看，舞台上所呈现的"地方性"不仅指向"中华民族"这一总体的地方传统文化意象，还指向中华民族中某一具体地方，如石邮村及其所代表的汉族民间文化意象，或贵州土家族所在的乡村及其所代表的少数民族民间文化意象。而在国内傩戏傩舞表演汇演中，这个"地方"就更具有多重性，在地方性认同的不同体验和表述主体眼中，这个由"地方"所涵盖的意象也是多重的，这些经由"地方"之不同意象投射出来的地方性认同，其所指也就具有多重性。

质而言之，现代地方性认同中所强调的"地方"体现了一个复数的他者意象，这个他者意象总是处于不同情境里预设的不同镜像之中，并在各不相同的预设镜像中经由不同的他者投射而使得认同主体获得不同的认同内涵。与此相应，对于不同的投射主体来说，多重认同就呈现出认同的多重他者性内涵。由此，"地方"意象呈现出某种多维他者性，现代地方性认同也因而获得了不同的意义与超越性。

第三章

族群记忆与傩艺人的族群身份呈现

　　笔者初次到江西省南丰县石邮村做田野调查时，经常听闻当地的村民向笔者推荐一本描述石邮村傩仪、傩舞的书，那便是《最后的汉族》[1]。这本书以详尽细腻的笔触回忆和描述了三位年轻的记者在 2000 年春节期间深入石邮村与石邮村村民及傩仪之间的接触和见闻。至于为什么将书名定为"最后的汉族"，书中的扉页上这样写道："石邮村最有价值的是它呈现出的汉民族艺术，以及汉民族老百姓原初的生存状态和性格。村民谦恭、守道，长相端庄、大气，同时民风极为纯朴、坦直，堪称原汁原味的最后的汉族。"此外，在该书中以跋的形式出现的《鬼使神差》中，作者刘春受其他两位作者之托，又一次解释了"最后的汉族"的含义：

　　　　汉族作为世界上最大的民族，它的民族性却最不明显，从史书来看，汉族在不断对其他民族进行同化的过程中，使自身变成了包罗万

---

[1]《最后的汉族》由陈彤（写作时供职于中国青年报社《青年时讯》）、刘春（写作时供职于北京青年报社《北京青年周刊》）撰文，晋永权（写作时供职于中国青年报社摄影部）摄影，该书描述了作者 2000 年春节期间在江西省南丰县石邮村的见闻经历，并于 2001 年由中央编译出版社出版。

象的一个大口袋，特性也越来越丧失。石邮村由于地理位置比较偏僻，不发达，受外界影响小，而且村里的整个秩序都依附于极有表现力的傩舞而形成独特的根系，使传统观得到了很好的保留。从这个意义来说，我们很难再找到这样地道的汉族村落了，它是人们研究汉族文化和组织形式的一块微雕艺术品。[1]

很显然地，在《最后的汉族》一书的作者眼中，石邮村所传承的傩仪、通过傩仪投射出来的乡村文化传统以及由这一传统所哺育的石邮村村民的质朴性格都非常典型地代表了汉民族的文化特色。正如他们所说的，相对于其他地方尤其是该书作者们工作、生活的北京所代表的现代城市与现代文明而言，传统文化，尤其是汉民族文化的流失使得石邮村遗留的汉族文化传统显得尤其珍贵。在这里，对这三位作者来说，"最后的汉族"之"最后"，不仅是指时间发展链条上、汉族文化进化序列中的"最后"，而且这一"最后"是通过石邮村的傩仪所呈现出来的"地道的""原汁原味"的汉民族文化而标识出来，因此这一"最后"还是汉民族民族特性在文化上得以保存和维系的意义上的"最后"。

当然，作为学术研究者，我们不能像《最后的汉族》作者一般以一种纪实性的故事讲述在最宽泛、最模糊的意义上定位石邮村为"最后的汉族"。且在事实上，面对中国如此广阔的汉族乡村村落，我们既无法断言石邮村就是汉族民族特性保存得最好、最"地道"因而是"最后"的汉族村落，也无法断定石邮村的跳傩仪式就充分体现了汉民族的文化特性，因为据笔者了解，傩仪式存活于中国广阔的乡村村落之中，其中既包括汉族村落，也包括数目众多的少数民族村落，甚至流布到日本、韩国、越南等环太平洋地区。也就是说，对于普遍遗存于中国乡村的傩仪，就它所体现的民族性而言，它并不具有《最后的汉族》作者所说的仅属于汉族的"民

---

〔1〕陈彤、刘春撰文，晋永权摄影：《最后的汉族》，中央编译出版社，2001年，第305页。

族性"，即傩仪并不具有某种能够概而言之的唯一的民族性，而是在历史变迁中各不相同的地域因为不同的族群或民族文化浸染而呈现出程度不等的族群或民族特性。或者更为准确地说，在傩仪的历史衍变以及族群间的交往互动过程中，傩仪因为调适、融合于各地域特定族群的文化而呈现出一种杂糅的文化形态，它既体现了某一特定族群的文化特性，也体现出一定程度上的中华文化共性。因此，傩仪不仅仅呈现了不同地域汉民族群体的文化特性，而且也兼具有其他民族或族群群体的文化特性，甚至有可能因为原有的族群文化特征被地方文化所覆盖而呈现出一种超越族群文化的地域文化特性。

尽管如此，这本书的书名无疑提醒着我们，除却宗族身份和地缘身份，跳傩仪式及傩艺人还承担着另一重身份——族群身份，无论这一身份所蕴含的族群性指向汉民族还是其他民族，抑或都有所指涉。

本章即是以江西傩艺人的族群身份为研究对象，尝试着以笔者自身为汉族的这一主位身份，来观察江西傩艺人汉族身份所处的文化尴尬境遇以及在不同展演情境中傩艺人族群身份呈现的特殊性。笔者不时跳出汉族研究者的主位身份体验，以客位观察的立场将傩艺人的汉族身份呈现与其他族群诸如土族、彝族中傩艺人的族群身份呈现进行比较，来分析江西傩艺人族群身份呈现的差异性，以及这种身份呈现与其所依赖之族群的文化记忆、社会地位和现实生存之间的关联，以期揭示出经由傩艺人的族群身份投射出来的特定的族群生存观念和特有的族群生存方式。

第一节 傩艺人族群身份的内涵

一 族群研究综述

"族群"（ethnic groups）历来都是一个处于不断界定与再界定过程之中的概念，"族群的定义一直以来都充满了弹性和实用性"[1]。为解决这一异常复杂的族群定义问题，《哈佛美国族群大百科全书》在界定族群时，罗列了族群可能具有的以下十四大特征，并且认为族群就是以下某些特征的结合：1. 共同的地理起源；2. 具有移民的性质；3. 种族；4. 具有共同的语言或方言；5. 具有共同的宗教信仰；6. 跨越了亲属、邻里和社区边界；7. 共同的传统、价值和象征体系；8. 具有共同的文化、习俗和音乐；9. 有着共同的食物偏好；10. 具有共同的居住和娱乐模式；11. 有着与居住地和美国相关联的特殊的政治利益；12. 有着专门用来维护和服务于该群体的组织机构；13. 有着族群区分性的内部意识；14. 能够被外部族群区分。[2] 虽然上述特征的组合结果所呈现出来的族群定义可能相差很大，但是就其本身所描述的族群特征而言，可谓是迄今为止较为完备的，几乎囊括了学术界关于族群界定时所能涉及的核心问题。

事实上，学术界关于族群的探讨因关注的重点不同而各有所侧重，而且随着研究对象和研究视域的拓展，族群理论也不断深入发展。早期的族群研究注重于从文化观察者的客位立场出发，探求族群构成的客观属性，认为族群是由享有共同的体质和某些客观的文化特征的人群组成，这些文

---

[1] Stephen Thernstrom (ed.), *Harvard Encyclopedia of American Ethnic Groups*, Cambridge, Mass.: The Belknap Press of Harvard University Press, 1980, pp. ⅴ – ⅵ.

[2] Stephen Thernstrom (ed.), *Harvard Encyclopedia of American Ethnic Groups*, Cambridge, Mass.: The Belknap Press of Harvard University Press, 1980, p. ⅵ.

化特征可能包括了诸如语言、服饰、宗教信仰、生活习惯等等要素。由于体质和文化特征被认为是先天赋予和与生俱来的，因此人们可依此客观的特征来识别不同的族群。这一理论也被后人称为客观特征论。20 世纪 60 年代，人类学者 Raoul Naroll 在尝试着将世界文化与人群进行分类以建立一个新的文化单位即族群单位时，也提议以客观的文化特征诸如语言、文化、社会组织等等来定义族群。[1] 这成为当时及后来学者反对的焦点。[2] 反对者的意见聚焦于：虽然人们可以根据某些客观的文化特征来辨认某一族群，但是这种把文化特征打包整合进行族群分类和识别的方式无疑使得"族群之间的比较成为文化特征清单之间的比较"，这就"忽略了族群成员自身的分类意识和偏见观点"[3]。而且由文化特征分类所决定的族群属性与族群的实际分化状态并不存在着一一对应的必然关系，即便是同一族群内部也可能存在着多样的有着不同强调重点和呈现形态的文化样式。这样，客观特征论既无法包容族群存在的文化多样性，也无法解释族群交往过程中族群身份的主观认同现象，更无法解释族群变迁过程中产生的认同变迁问题。

针对客观特征论在实际族群研究中所遭遇的理论困境，后来的族群研究者发展出诸多的族群理论，其中影响颇大的莫过于弗雷德里克·巴斯（Fredrick Barth）提出的族群边界理论（ethnic boundaries）。

弗雷德里克·巴斯在 1969 年编著了《族群与边界》（*Ethnic Groups and Boundaries*）一书，并在序言中明确提出：是族群边界而不是族群所

---

[1] Raoul Naroll, "On Ethnic Unit Classification," *Current Anthropology*, Vol. 5, No. 4, 1964, pp. 283 – 291.

[2] 文化特征论这一局限性的质疑主要源于英国人类学家埃德蒙·利奇及其在缅甸的田野调查发现。利奇在缅甸北部卡钦人（Kachina）的田野研究中发现，卡钦人认为他们与挥族的区别，并不是建立在他们与挥族之间的种族或文化区别之上，而是他们主观上认为存在着区别。详情可参见 Edmund Leach, *Political Systems of Highland Burma*, Norwich: Fletcher & Son Ltd., 1964, pp. 285 – 286。

[3] Fredrick Barth, introduction to *Ethnic Groups and Boundaries: The Social Organization of Culture Difference*, ed. Fredrick Barth, Boston: Little, Brown & Company, 1969, p. 12.

包含的文化内容定义了一个群体；族群是由其成员主动认定的范畴，一旦我们将族群界定为一个具有归属性和排他性的群体，族群单位的一致性本质便非常清晰，它依赖于边界的维持，而无论其文化特征是否明晰可辨，也无论是否存在着族群成员的跨边界流动——当然，一个族群的边界不一定指的是地理的边界，更主要的是社会边界——族群边界是在族群互动中得到维护的。[1]

虽然巴斯在质疑文化客观特征论这一静止的族群观点的基础上发展出自己的族群边界理论，强调了族群定义中族群成员主观认同与建构、维系族群边界的重要性，但是他并没有否认族群承载文化的功能。在他看来，族群边界的存在是族群文化得以建构的可能性的前提或动机：我们“与其将族群共享的文化看成是族群组织一个首要的具有定义性质的特征，不如将其看成是族群组织的某个可能的影响或结果”[2]。从这个意义上来说，族群文化便突破了以往客观特征论中认为文化是静止的、一成不变的论调，而被视为一个发展变化的建构过程。这样，族群边界的建构便与族群文化的建构处于一个共时的、交互影响的关联之中。具体而言，族群互动中族群边界的建构和维系使得族群文化处于不断地被借用、调适、重新发现与重新阐释的过程之中。与之相应，族群文化不仅保证了族群边界的维系，为族群性提供了内容和意义，而且它通过族群历史、意识形态、象征体系和意义体系的建构激活了族群边界，并使其具有可靠性和可证实性[3]。

巴斯的族群边界理论，将族群研究的关注视点从以往的对于族群起源历史和文化特征的一般性内涵的客观描述上，转移到了实际的族群交往互

[1] Fredrick Barth, introduction to *Ethnic Groups and Boundaries*: *The Social Organization of Culture Difference*, ed. Fredrick Barth, Boston: Little, Brown & Company, 1969, pp. 10 - 16.

[2] Fredrick Barth, introduction to *Ethnic Groups and Boundaries*: *The Social Organization of Culture Difference*, ed. Fredrick Barth, Boston: Little, Brown & Company, 1969, p. 11.

[3] Joane Nagel, "Constructing Ethnicity: Creating and Recreating Ethnic Identity and Culture," *Social Problems*, Vol. 41, No. 1, 1994, p. 162.

动过程中族群边界的建构、族群成员自身的人群分类意识和主动认同意识的研究上，这就为当时族群研究中一些特殊的、边缘的族群现象以及多族群研究中的复杂现象如族群认同的易变性质提供了理论解释的依据，也开辟了族群理论进一步发展的研究路径。

在巴斯以文化持有者的主位立场强调族群边界及族群的主观认同的理论的影响之下，围绕着族群主观认同产生的原因，发展出了以科恩（Abner Cohen）、赫克托（Michael Hechter）为主的族群工具论（instrumentalism）以及格尔兹（Clifford Geertz）、查尔斯·凯斯（Charles Keyes）、爱德华·希尔斯（Edward Shils）等人提出的原生论或根基论（primordialism）。

族群工具论者认为，族群边界的形成、维持和变迁是一种理性选择的结果，目的在于获取一定的政治、社会或经济利益。因此，族群边界的建构或特定族群认同的采用与呈现都可以被看成是获取个人或集体政治、经济利益的一种策略[1]，是政治、经济或其他社会利益竞争中的一种工具。这种竞争的策略不仅赋予族群某种权利优势，而且还会激发族群认同和族群的形成。科恩在研究尼日利亚豪萨人的族群性时，就发现豪萨的族群认同与争夺交易市场密切相关。[2]由于把特定的族群身份及其认同看成是利益竞争的一种工具，因此，族群的认同便经常发生变化。个体会依据情境的不同而选择不同的族群认同（也有人因此而把这种理论称为"情境论"），例如，Nagata在对马来西亚人的研究中就发现，个体经常会根据不同的情境在几个不同认同之中进行选择性认同，马来西亚的印度裔穆斯林后代有着在马来人认同与印度人认同之间选择的摇摆情况[3]。同样的，

---

〔1〕 Michael Hechter，"Nationalism As Group Solidarity," *Ethnic and Racial Studies*，Vol 10，1987，pp. 415–426.

〔2〕 Abner Cohen，*Custom and Politics in Urban Africa*，London and New York：Routledge，1969，p. 38.

〔3〕 详情可参见 Judith Nagata，"What is a Malay? Situational Selection of Ethnic Identity in a Plural Society," *American Ethnologist*，Vol. 1，No. 2，1974，pp. 331–350.

群体也会根据情境而进行认同选择，甚至发生群体的重组并由此而生发出新的族群认同。中国四川省甘洛县和越西县境内的尔苏人为了获得政治上和经济上的利益而形成两派，并发生族群认同上的分歧：两派尔苏人一方面各自理性地表达了不同的族群认同，另一方面又都承认他们同属于一个"布尔日-尔苏"群体。[1] 由此我们可以看到，根据工具论的观点，族群认同不再是稳定的、一劳永逸的，而是会随着工具利益的变化而发生变化的，这就使得族群性和族群认同具有了情境性、多重性和不稳定性。

与工具论者侧重于从外力作用（即外在的社会因素）寻找形成族群认同的原因不同的，是族群认同的根基论或原生论观点。提倡根基论观点的这一派学者关注不同的族群如何强调他们的族群文化及其价值，并以此作为区分他们自身与他者的根据。根基论认为，族群认同的维系来自于族群成员内心某种具有根基性的情感联系（primordial attachment）。这种情感联系之所以有根基性，是因为它来自族群内部成员的亲属传承，包括血缘、语言、宗教信仰、风俗习惯等等在内的文化内容则成为这种情感联系传承和滋生的载体。由于人一出生便处于特定的血缘关联之中，并由此而获得特定的语言、宗教信仰、生活习惯等等，因此，这种根基性的情感联系还是格尔兹所谓的既定资赋（givens）[2]。正是这种具有根基性的情感联系，促成了人们的族群认同。因此，所谓的"根基"，就是对"共享血统的文化阐释"（a cultural interpretation of sharing descent）[3]。值得注意的是，虽然根基论者强调既定资赋对于族群认同情感维系的重要性，但是这种既定资赋并非是以往客观特征论中所强调的具有客观性和固定性的文

---

[1] 详情可参见巫达：《理性选择与族群内心情感：中国四川尔苏人族群认同的个案研究》，《台湾人类学刊》2006 年第 1 期，第 113—147 页。

[2] Clifford Geertz, "The Integrative Revolution: Primordial Sentiments and Civil Politics in the New States," *Old Societies and New States: The Quest for Modernity in Asia and Africa*, ed. Clifford Geertz, New York, 1963, pp. 105‑157.

[3] Charles F. Keyes, "The Dialectics of Ethnic Change," in *Ethnic Change*, ed. Charles F. Keyes, Seattle: University of Washington Press, 1981, p. 5.

化特征，而是如族群的主观认同一般，离不开族群成员的主观认知，是族群成员主观认知的既定资赋，即一种主观认同的文化因素。

无论是工具论还是根基论，两者都是试图从不同的观察角度来对变迁的族群认同及多样的族群现象做出的解释：工具论从影响族群建构的外在社会因素出发，来解释基于获得利益而彰显族群认同特点的族群现象；而根基论者则立足于族群文化内部的视角，来研究拥有不同社会行为之族群成员的内在观念及其形成。因此，两种研究取向虽然在不同的族群分析语境中发挥的作用不同，但在本质上并非是完全对立而无法相容的。

虽然后来的研究者在探讨族群问题时更多地综合了两种理论取向的优势，针对不同的现象采取不同的研究视角和族群理论，但事实上，两种理论取向的争论仍然继续着。到了20世纪90年代末期，工具论逐渐占据了上风。此后关于族群性的建构、变迁和权力动因等核心话语的征用则显示了族群研究中工具论的理论垄断，而根基论则只在某些族群冲突研究或移民研究中以某种无法被辨识的形式存活。[1]

在族群问题更为凸显甚至族群冲突不断升级的全球化时代，有些学者更是回避了上述理论派别中都在试图回答的关于族群、族群性、族群认同"是什么"这些族群本体论层面上的问题，认为上述两种理论关于族群定义的本体论分歧和争论不仅无法解答本体论引发的经验性问题和分析性问题，而且还转移了人们对于为什么族群性会以不同形式出现这一问题的关注[2]。因此，这些学者另辟蹊径，或者结合了其他的学科方法，将研究对象放在一个统一比较的框架之下，来更为灵活地研究这些日益复杂的族

---

〔1〕 Footnote 4, in Andreas Wimmer, "The Making and Unmaking of Ethnic Boundaries: A Multilevel Process Theory," *American Journal of Sociology*, Vol. 113, No. 4, 2008, p. 972.

〔2〕 譬如 Andreas Wimmer 认为，根基论者和建构论者虽然讨论了族群本质如何如何，但是却无法解释族群特征在不同的族群现象中呈现出来的多样性。因此，他便回避了关于族群本质的争论，而是提出来一种多层级的过程理论（multilevel process theory），来解释族群特征是如何随着时间而产生并发生变迁的。详情可参见 Andreas Wimmer, "The Making and Unmaking of Ethnic Boundaries: A Multilevel Process Theory," *American Journal of Sociology*, Vol. 113, No. 4, 2008, pp. 970 - 1022。

群现象。

国内学者在面对中国的族群现象时，大多综合了根基论与工具论的观点，试图将西方的这些理论本土化，以发展出适用于中国本土族群复杂现象的研究理论。其中当以费孝通先生提出的"中华民族多元一体格局"理论为本土族群理论的代表。尽管"这一理论假设在过去的二十年时间里并未得到充分的发展"[1]，令人感到有些遗憾，但是国内学者依然对中国特有的族群现象进行了积极的探索。概而言之，中国的族群研究主要关注以下几个方面：或者研究某一特定族群的历史溯源、形成、分布及其文化表征并对其做出特写式的描述和分析；或者研究族群与区域文化的关联，如都市里的族群认同、某一少数民族内部因区域文化分化而形成的族群认同的复杂性；或者通过族群某些外显的文化形式如宗教、信仰、仪式以及某些艺术形式来探讨族群文化和族群认同的问题；或者把关注的目光转向受到现代性影响而发生的族群互动、族群关系演变与族群认同变迁研究，当代文化旅游与族群认同变迁之间的关联问题即为其中的一个热点研究话题。[2] 如此种种，研究成果丰富，笔者限于篇幅，无法一一详述，只能

---

[1] 关凯：《族群政治》，中国民族大学出版社，2007年，第252页。

[2] 第一类研究的主要成果有徐杰舜：《雪球——汉民族的人类学分析》，上海人民出版社，1999年；徐杰舜：《汉民族发展史》，四川民族出版社，1992年；菅志翔：《族群归属的自我认同与社会定义：关于保安族的一项专题研究》，民族出版社，2006年；王明珂：《华夏边缘：历史记忆与族群认同》，台北市允晨文化，1997年；王明珂：《游牧者的抉择：面对汉帝国的北亚游牧部族》，广西师范大学出版社，2008年；等等。第二类研究的主要成果有杨文炯：《互动、调适与重构：西北城市回族社区及其文化变迁研究》，民族出版社，2007年；李德宽：《中国回族城市族群空间聚落模式及演化途径的理论分析》，载周大鸣、何星亮主编《文化多样性与当代世界》，民族出版社，2008年；周大鸣、吕俊彪：《珠江流域的族群与区域文化研究》，中山大学出版社，2007年；等等。第三类研究的成果有林为民：《莫瑶的盘王神话传说与信仰：以粤北边阳（古连州）为研究区域》，中山大学出版社，2009年；周大鸣等：《当代华南的宗族与社会》，黑龙江人民出版社，2003年；刘还月：《台湾的客家族群与信仰》，常民文化事业股份有限公司，1999年；刘朝晖：《乡村社会的民间信仰与族群互动：来自田野的调查与思考》，《广西民族学院学报（哲学社会科学版）》2001年第3期；黄泽桂：《舞蹈与族群：赫章民族舞蹈考察》，贵州人民出版社，1997年；等等。第四类研究成果有诸如李远龙：《认同与互动：防城港的族群关系》，广西民族出版社，1999年；杨慧等主编：《旅游、人类学与中国社会》，云南大学出版社，2001年；等等。

从略。

值得注意的是,虽然笔者关注的是族群身份,但是"族群"一词与"民族"一词在概念的所指方面,往往有所重叠,在应用上也多有交叉,因此尚须做出一些说明。当然,限于本书篇幅,笔者无意于追述"族群"和"民族"二词的历史渊源及其在内涵解析和应用中引发的争论,关于这一点国内一些学者已经有过详细地解说[1]。而且,这两个概念往往因应用的情境和学者的学术理论背景不同而不断地发生变化,即便是现在,国内外学界也并未就两者在内涵上的区分和应用范畴达成共识。笔者只是想就"族群"和"民族"二词在本书分析语境中的强调重点和所指涉的对象范畴做出一些说明。

从强调的重点来看,本书中涉及的"族群"(与英文 ethnic group 相对应)概念更多地与文化因素(包括神话、象征、宇宙观、宗教仪式、传统习俗等)相关联,偏重于文化传统与血缘承续的意义。笔者以为,族群是指某一群体在历史迁移和与其他群体交往互动过程中经过融合—分裂—融合的不断循环淘洗之后形成的一个相对稳定的文化共同体。"族群这一术语之所以有用是因为它恰当地引起人们对文化相似性的关注,对于社会科学家来说,这比种族相似性更为重要并更具有解释力"[2],"它不必占据一方领地,但却要有群体共享的祖先神话"[3]。由此,我们可以看到在族群这一共同体之中,共同的神话祖先与共享的文化相似性成为族群凝聚的重要标识。这一点已毋庸置疑。而且,就本书的分析对象而言,傩神信仰

---

[1] 比如中国社会科学院民族研究所所长郝时远先生就"族群"和"民族"的概念和应用问题发表过一系列文章:《Ethnos(民族)和 Ethic group(族群)的早期含义与应用》,《民族研究》2002 年第 4 期;《对西方学界有关族群(ethnic group)释义的辨析》,《广西民族学院学报(哲学社会科学版)》2002 年第 4 期;《中文语境中的"族群"及其应用泛化的检讨》,《思想战线》2002 年第 5 期;《中文"民族"一词源流考辨》,《民族研究》2004 年第 6 期。

[2] Judson R. Landis, *Sociology: Concepts and Characteristics* (11th edition), US: Wadsworth-Thomson Learning, 2001, p. 182.

[3] Eric Kauffman, "Liberal Ethnicity: Beyond Liberal Nationalism and Minority Right," *Ethnic and Racial Studies*, Vol. 23, No. 6, 2000, p. 108.

和跳傩仪式本身就属于文化的范畴，它不仅与当地族群的生活密切相连，还承载了他们的族群记忆与文化观念，是当地族群生活方式的一种特殊体现。

从这个意义上来说，本书分析语境中的"族群"更多的是一个描述性的概念，侧重于文化现象的相对客观的描述。具体而言，笔者在使用"族群"这一概念时，更多的是用来描述傩仪及傩艺人身份中所承载的族群文化记忆和文化观念，强调傩仪及傩艺人身份所体现的族群性，既包括汉民族的族群性，也包括了各少数民族的族群性。此外，实际存活的傩仪形态还与特定的族群文化相结合而呈现出形态各异的特征，因此笔者使用"族群"的另一重目的则在于凸显族群文化上的差异性，强调傩仪及傩艺人身份所呈现的族群文化差异性。

与"族群"侧重文化的维度不同的是，在本书语境中，"民族"（与英文 nation 相对应）则更多地与政治因素相关联，偏重于一个政治实体的意义表述。国内有学者指出，英文 nation 实际上所指的"既不是以政治制度和国家机器为代表的'国家'，也不是主要反映血缘与文化传统的'族群'，而是一个兼有'国家'所内涵的领土、法制因素和'族群'所内涵的文化、血缘因素的共同体"[1]。虽然对于民族内涵的这一界定既包括了政治的因素也强调了文化的因素，但是就中国国内民族识别和划分的目的（"为贯彻执行中国共产党的民族平等、团结政策"）、必要性（"它直接关系到具体落实中国共产党的民族政策，建立和发展社会主义民族关系，加强民族团结，巩固祖国统一，实现国家长治久安的大局，特别是关系到民族区域自治政策的贯彻执行，省力地开展社会主义现代化建设，实现各民族的共同繁荣"）及其功能（"它对于中华人民共和国民族结构的确定，保持安定团结的政治局面，使各族人民同心协力共同建设社会主义起着推动

---

〔1〕马戎编著：《民族社会学：社会学的族群关系研究》，北京大学出版社，2004年，第60页。

作用"〔1〕) 而言, 中国的民族分类与识别显然更多地体现了国家政治治理逻辑运行的结果。

因此, 在本书语境中, 基于民族识别之上的民族身份表述在很大程度上就隐含了一种权力关系和地位状态。也就是说, 虽然族群的实际存在状况与民族的划分并不完全吻合, 也因而存在着一些民族身份与族群身份认同混淆不清的情况〔2〕(当然, 民族身份与族群身份之间并不存在本质上的区分), 但是从中国民族的发展进程及民族与族群之间的影响来看, 特定族群的民族身份是在民族国家 (nation-state) 这一政治共同体的总体框架之内建构并产生认同的。在这个框架之内, 基于共享的政治权益和社会地位而形成的民族身份对群体的影响明显要高于群体的其他文化身份诸如血缘、地域等等。因此, 在政治实践这一层面上, 民族身份的认同往往就在很大程度上优先于族群身份的认同。而且从事实层面来看, 国内各少数民族不仅接受了国家赋予他们的民族身份, 并在很大程度上将这样一种民族身份纳入自身身份识别的常识范畴, 甚至成为他们有意识地用以表达自身在国家政治结构中的构成和在国家文化资源中所占据位置的重要方式。因此, 笔者在使用民族身份来代替族群身份时, 就很显然地意在强调身份所凸显的政治内涵。

此外, 在本书的分析语境中, 民族身份的使用除了用来强调各个族群在国家政治和文化资源结构中的权力争夺和资源竞争, 还凸显了以 "中华民族""中国人" 及 "中华民族的文化传统""炎黄子孙的民族认同" 所指涉的民族整体或共同体为对象。这一指涉类别包括了所有被国家正式认可的五十六个民族以及尚未被正式确认而仍以各类群体如少数族群、移民族

---

〔1〕以上三处括号内的引言均引自黄光学、施联朱主编:《中国的民族识别: 56 个民族的来历》, 民族出版社, 2005 年, 前言第 1—2 页。

〔2〕比如跨居四川临源和云南宁蒗两县之泸湖两岸自称 "纳西" 的少数民族, 在四川的现被称为蒙古族, 在云南的现被称为纳西族, 比邻而居, 鸡犬相闻, 成了两个民族。详见费孝通:《关于我国民族识别问题》, 载黄光学、施联朱主编《中国的民族识别: 56 个民族的来历》, 民族出版社, 2005 年, 第 274 页。

群等形式存在的对象。从这个意义上来说，在傩仪展演的特定情境中，尤其是在关涉傩仪的国际展演情境中，民族身份超越了族群身份之间的界限，具有了一种民族整合的力量，凸显了特定情境中民族身份表述所呈现的一致的国家认同和政治信念。

综上，笔者在描述基于某一特定族群之傩仪及傩艺人身份的一般性内涵或各族群傩仪之间的比较时，往往使用族群身份这一概念，以凸显相对比较客观的、具体的现象描述；当族群身份的呈现与族群之间的政治利益或资源竞争相关联，则用民族身份来代替之；而在以统一的民族国家身份及其认同为强调重点的特定情境，民族身份的使用则无疑比族群身份的使用更具有文化整合、政治整合的功能和意义。

二 傩艺人族群身份的内涵

现代社会中族群身份及其认同问题的凸显与世界各地的民族运动及与此相应的对文化多样性的关注和文化多元主义的兴起有着密切的关联。自从马克斯·韦伯认为族群的成员身份及其认同首要地体现在集体利益的追求尤其是政治利益的追求上[1]以来，西方理论界便一直把族群身份的内涵及其认同功能与政治利益密切勾连。20 世纪 50 年代的民权运动、60 年代的新移民运动以及 90 年代出现的全球性第三次民族主义浪潮进一步促成了族群尤其是少数族群和边缘族群身份/认同意识的崛起。在许多国家，少数族群开始与民族国家要求甚至争夺身份表述的话语权，并通过宣称和张扬族群认同来为自身在国家的政治场域中争得一席之地。文化多元主义和文化多样性也因为聚焦于要求保障少数族群在政治上和文化上的平等诉求而成为一种政治主张。与此同时，在西方理论界，文化多元主义、自由

---

〔1〕 Max Weber, *Economy and Society* (2nd edition)，Berkeley：University of California Press，1978，p. 389.

主义、民族主义、社群主义等理论流派的论争大多都是围绕着族群与国家、族群认同与国家认同之间的关系而展开的。由此，现代社会聚焦的族群身份与族群认同更多地成为一种政治现象，与民族国家的叙事及其政治措施有着密切关联。

很显然，族群身份问题作为政治现象的日益凸显意味着现代西方的族群研究仍然是以族群关系的不平等为理论出发点的。族群研究虽然从早期对"孤立的""原始的""非西方"社会群体的研究转向以更为平等的、包容文化多样性的姿态关注所有社会中的异质现象（heterogeneity），即它的研究对象"已不再仅仅是一个社会中的少数族群，而且还涵盖了包括主流人群在内的族性、族籍和族群意识"[1]，但是这种关注的转向并非表明了人类总体文化关怀上对所有文化一律平等理念的真正认可，族群理论背后总是存在着某种矛盾性和虚假性。恰如后殖民理论家霍米·巴巴一针见血指出的，文化多样性研究中的文化仅仅"是主流社会能够包容的、于他们无害的、有选择性的他者的文化，是去除了政治色彩、被定格在古老的东方或过去的他者文化，允许其存在体现的是主流社会对边缘文化的大度与宽容。这和真正相互平等地尊重每种文化的差异还存在着一些本质的不同"[2]。族群身份问题的研究亦如此。而且，从当今世界不断凸显的族群冲突问题以及理论界对民族国家与族群之间关系的持续争论，从争执的焦点仍然汇聚于族群身份之政治或文化平等权利这一核心问题点来看，族群身份的内涵在西方理论界一直以来都被框定在被主流群体用以指称"少数"或"边缘"群体之类的范畴，这种在很大程度上把族群身份/认同理论应用于少数或边缘的族群的倾向，仍然是西方理论界的主要问题。

也就是说，在当代诸多涉及族群身份或认同的"主义"之争如自由主义与文化多元主义的争论背后，理论的架构都是建立在这样一个预设之

---

[1] Nanthan Glazer and Daniel Patrick Moynihan（eds.），*Ethnicity: Theory and Experience*，Cambridge，Massachusetts: Harvard University Press，1975，pp. 1 - 26.

[2] 转引自汪民安主编：《文化研究关键词》，江苏人民出版社，2007年，第521—522页。

上，即"族群"实质上仍然只是主流文化主导并进行群体划分的一个措辞委婉的分类范畴（"族群"的使用在很大程度上是用来代替"种族"这一具有明显偏激之见的概念），族群的这一分类范畴使得族群身份的讨论总是处于与"主流"形成的中心与边缘二元对立的范式之中。换言之，族群往往被当作"存在于一个较大社会中具有不同起源、历史记忆和文化特征的亚群体或少数群体"[1]。把族群研究的对象局限于"亚群体"和"少数群体"的范畴，就意味着族群实质上是被置于一种文化内部以主流文化为中心和以族群文化为边缘的二元对立范式之中来审视的，族群文化的价值因而便先在地以主流文化的价值为评判尺度。围绕着族群展开的诸如身份内涵、身份政治、政治权利、文化权利等等的争论在很大程度上便被框定在主流阶层及其文化设定的话语架构之下。从这个意义上来说，族群身份的西方理论便着重于凸显社会分层和地位甄别的意味，族群认同也因而在很大程度上被想当然地一概看成是经由族群身份表述之后寻求平等权利或利益的一种手段或工具。尽管加拿大政治哲学家威尔·金里卡（Will Kymlicka）以文化多元主义的立场来驳斥自由主义倡导的个人主义和文化中立性，致力于倡导一种从形式到内容的族群平等权利尤其指少数族群平等权利的实现，但是他对族群身份的定义——"少数族群基于特定的族群和族群意识而形成的文化成员身份"[2]，以及在关于文化成员身份的论述中仍然把族群身份限定于"少数族群""边缘族群"这一对象，则显然并没有挣脱族群理论所预设之主流文化与边缘文化二元对立范式的束缚。

在这里，我们遭遇了理论与实际的双重游离。一方面，西方族群身份理论对西方族群现象的解释本身就存在着许多不匹配性。族群身份理论的政治诉求、权力视角和二元思维，与西方族群现象的丰富性本身之间存在

---

[1] Werner Sollors, *Theories of Ethnicity*: *A Classical Reader*, New York: New York University Press, 1996, p. xii.

[2] 威尔·金里卡：《自由主义、社群与文化》，应奇、葛水林译，上海世纪出版集团，2005年，第154—171页。

着较大的罅隙。另一方面，西方族群身份/认同理论是基于西方的思维逻辑和理论传统以及在西方殖民主义和反殖民主义的过程中建构起来的，理论的应用很大程度上依赖于西方族群现象的研究情境。这些理论与中国的族群现象尤其是族群身份问题之间存在着程度不等的不匹配性。这样，我们在分析中国的族群身份现象时，就不能不假思索地照搬西方的这套族群身份理论，并将其不加审视地习惯性地应用于中国的族群现象研究。更何况，从中国本土的族群现象来说，尤其是当我们把族群身份的研究放在中国傩仪及傩艺人这一艺术行为及其主体的身上时，我们就会发现中国族群现象的本土特殊性。因此，在审慎借鉴西方族群身份理论的基础上，找到更贴近中国本土族群观察事实的研究方法和族群身份理论，才是中国族群研究的应有之义[1]。我们有理由相信的是，中国族群理论并不是西方族群理论的一个地方性特例，而是与其一道并肩立于族群理论的系统框架之中，以独特的民族丰富性和文化多样性，成为与西方族群理论并驾齐驱的一脉。

事实上，中国的族群现象本身就有其特殊性。无论是从中华民族的形成、中国民族政策的实施措施和目的，还是从各民族自身文化的历史变迁脉络和发展现状来看，中国内部的族群关系和族群文化往往呈现出一种交错复杂的现象。作为主体民族的汉族在历史变迁中如雪球般不断地吸收、融合其他的族群及其文化而不断壮大，汉族的族性和文化特性因而变得很不纯粹。其他民族也在与汉族的交往过程中不断被汉化，文化特性也显得模糊不清。汉族和其他族群之间因为文化、政治利益而使得身份认同发生摇摆的现象也常有发生，这使得族群身份及族群认同也呈现出多样性的复

---

[1] 虽然费孝通先生发展出了本土化的族群理论，提出了"中华民族多元一体格局"的族群理论，但是这一理论再未得到充分的发展。造成这种遗憾的主要原因，正如关凯所指出的："发生这种情况真正的根源在于我国学术界缺乏一种战略眼光和自信。我们有太多的学者秉承谦卑的仰视面对苏联或西方的经典理论，而现实中少数民族精英则在既有制度提供的资源里热衷于'多元'的话语而排斥'一体'的理论。"可参见关凯：《族群政治》，中央民族大学出版社，2007，第252页。

杂特征。中国族群之间的相互关联就在很大程度上形成了一种已为中国学界所一致认可的"中华民族多元一体"格局和民族理念，即中华民族是由"许许多多分散存在的民族单位，经过接触、混杂、联接和融合，同时也有分裂和消亡，形成一个你来我去、我来你去、我中有你、你中有我，而又各具个性的多元统一体"[1]。在这种以"多元"为前提、"一体"为目的的多元与一体并重的格局下（在西方理论中，"多元"在很大程度上成了"一体"的代价），中国的民族并存现象总体而言并不存在如西方族群发展中因为民族主义和反殖民主义的斗争而出现的普遍、尖锐的民族冲突问题，以至于使民族主义和多元文化主义"尴尬而危险地纠缠在一起"[2]；中国内部的族群现象更多地关涉如何确保族群自身及族群之间的差异呈现及相互容纳、相互吸收的多元文化发展，文化的认同、情感的杂糅在很大程度上高于政治诉求和权力色彩，这和西方多元文化主义、尖锐的民族主义主张之间的张力有着较大的不同。

更为重要的是，从本书的研究对象，也就是族群身份所涉及的主体——傩仪及傩艺人的实际存活状态来看，如若按照西方族群理论把族群身份的主体界定于少数族群或边缘族群，这在研究前提下就存在着理论误区和盲点。无论是就现存傩仪分布的地域还是傩神信仰的人数而言，汉族村落与汉族人口都占据了具有压倒性的比例。这就意味着，对于中国的傩仪与傩艺人而言，身份所隐含的族群性更多地指向中国这一多民族国家中的主体民族——汉族，傩仪呈现出来的文化特性也无疑在很大程度上体现了居于中国文化主流的汉族文化。这样，如果我们仍然以西方族群身份研究中中心与边缘的二元对立范式及其蕴含的价值尺度来审视中国傩艺人，把族群身份的主体局限于少数或边缘族群，那么我们很可能会陷入西方族群理论的预设和偏见之中，以至于不仅不能确切地把握中国少数族群中傩

---

[1] 费孝通：《中华民族多元一体格局》，转引自李景铭《民族理论与政策》，甘肃人民出版社，2008年，第2—3页。

[2] C. W. 沃特森：《多元文化主义》，叶兴艺译，吉林出版社，2005年，第1页。

仪和傩艺人的族群身份内涵及其功能，无法公正地看待其族群身份承载之族群文化的独特存在价值，也会无视中国傩仪存在的本土事实，而忽略族群身份所属的另一主体——汉族及汉族族群文化通过傩仪身份在呈现方式、功能和意义上显现的特殊性，更会以偏概全，用少数民族中傩仪和傩艺人的族群身份来简化甚至覆盖中国族群文化及族群经验在傩艺人族群身份中所呈现出来的复杂脉络，从而失却对中国本土傩仪和傩艺人族群身份整体状况最为本真的理解。

因此，在研究傩艺人的族群身份时，我们就必须根据中国本土傩仪的实际情况，超越西方族群研究主流和边缘这一二元对立范式，以艺术人类学学科所倡导的一种全景式的艺术景观立场[1]，树立一种全景式的族群主体观和族群艺术景观，立足于各族群文化的族群性格、文化观念、文化表达方式等情境性特点，在研究中把汉族文化和其他族群文化、汉族艺术和长期以来被主流文化界宰治而陷入研究边缘和非主流的其他族群艺术平等地置于文化研究和艺术研究的天平之上，用一种多维他者的眼光来转换汉族艺术和少数民族艺术身份研究中主流与边缘的二元对立关系，使两者的傩艺人族群身份处于一种经由差异化比较、同质性对照而形成的相互映射、你中有我、我中有你的互为他者的动态平衡关系之中，如此，才能够比较正确地解析出傩艺人的族群身份内涵，从而比较确切地体认到经由傩仪和傩艺人的族群身份而投射出来的各族群艺术对于各族群成员及族群整体而言的独特文化价值和生存价值。

在上述逻辑前提和学科框架之下，傩艺人"族群身份"中的"族群"和"身份"内涵便具有了某种同质性，即身份本身就具有族群性，而族群

---

[1] "全景式的艺术景观"是郑元者先生提出的艺术人类学学科的一个核心概念和学科理念。全景式的艺术景观，就是把各个历史时期、各个区域、各个族群和各种表达方式的艺术品与人工制品及其相应的观念与行为，平等地置于同一个人类艺术大景观、大历史的过程之中来考量……以期不仅重建迄今为止世界上所有民族的艺术性的生活方式，而且对艺术和人生的真理做出自己的理解。详见郑元者：《艺术人类学的生成及其基本含义》，《广西民族学院学报（哲学社会科学版）》2006年第4期。

性也是身份建构的一个基本要素，是经由社会化过程而获得的个体身份隐含的一种基本的群体分类和归属意识。虽然身份的问题更为直接地涉及个体自我与他人之间关系的认知，但是自我仅仅与他人的关联还不足以达成个体对自我最深刻最全面的认知，这种完全的自我观还依赖于个体对于社会群体类别的认知。"在任何涉足或卷入特定社会整体即有组织社会的个体的经验范围内把握该整体本身的广阔活动，是该个体的自我获得最充分实现的本质基础和必要前提：只有当他对他所属的有组织的社会群体所参加的有组织的、合作性社会活动或活动系列采取该群体所持的态度，他才实际发展出一个完全的自我即获得他所发展的完全的自我的品质。"[1] 易言之，人是社会化的动物，"群"的分类和归属是其重要特征，因此，身份不仅是一个与他人认知相关的概念，还与特定的社会群体分类认知密切相关。我们作为个体的存在，总是将自己依从于某个特定的社会群体类别，或是把自己作为群体的一部分，通过对群体的认知来获得自我的认知，从而获得个体的身份，或是把群体作为我们扩大了的"自我"的一部分，将自己的身份附着于这个特定的群体，从而获得身份的群体特性。因此，笔者以为，关乎"我是谁"的身份追问本身就指向了某种群体类别的归属，围绕着个体身份的意识、体验和行为，也总是呈现出特定群体的特征和群体意识。

而族群显然就是一种最初的基本的人类群体类别，它关联于特定历史情境中人们对于我群与他群进行区分或标识从而确定自己群体类别归属的过程。由于身份的识别和确认发生于个体与他人之间的社会交往和互动过程中，因此身份本身就是一种社会关系的表达和体现，是在个体的社会化过程中完成并塑模的。在经由与其他群体进行区分而形成族群的过程中，"个体的族群成员意识可能是伴随着诸如语言、宗教、非言语行为等许多

---

〔1〕乔治·H. 米德：《心灵、自我与社会》，赵月瑟译，上海译文出版社，2008年，第139页。

族群性标识而内化于人类早期的初级社会化过程之中"[1]。在这个初级的社会化过程中，关于自我、性别以及个体在社会关系中所获取的社会属性这些最初的、根深蒂固的关于身份的意识开始进入个体的自我认知之中，并与个体自我的完整性与安全感密切关联，因此，"族群性即便不是个体身份的原初维度（primordial dimension），也是一个最初的基本的维度（primary dimension）"[2]。从这个意义上来说，虽然在日常生活中，个体并不总是处于我群或他群的身份选择与认同选择之中，而且也可能由于后来所经历的更高层次、更为精细化的社会化过程赋予了个体更多的、对个体而言也可能是更为重要的其他身份，从而使得族群成员意识成为一种潜隐的身份意识，但是这种意识始终是存在于个体对自我身份的认知整体之中，并在特定的族群交往情境中呈现出来，甚至被强化。

质而言之，身份具有族群性，族群性构成了身份属性的一个基本维度。也正是由于身份本身就具有族群性，它"包含了一直以来被认为是'原初的亲缘与情感'，也构成了一个人生来就具有以及一出生便获得的身份"[3]，因此身份的这种族群归属意识在很大程度上并不容易发生改变。即便是在复杂社会中，个体出于某种利益的考虑而认同区别于原有族群的另一个群体组织，其身份中所内涵的这种族群意识仍然有可能在某个特定的情境中促使他继续联合原有族群的其他个体，哪怕这种联合有悖于他所认同的利益群体。笔者上述四川省两派尔苏人的例子便是明证，他们一方面基于利益而呈现出两种不同的族群认同，另一方面又基于同为一个族群的内心情感而都承认他们同属于一个"布尔日-尔苏"群体。

〔1〕 G. C. Bentley, "Ethnicity and Practice," *Comparative Studies in Society and History*, Vol. 29, No. 1, 1987, pp. 24 - 55; S. Fenton, *Ethnicity*, Cambridge: Polity, 2003, p. 88.

〔2〕 Richard Jenkins, *Rethinking Ethnicity: Arguments and Explorations* (2nd edition, 1st edition in 1997), London: Sage Publications Ltd., 2008, pp. 48 - 49.

〔3〕 Harold R. Isaacs, "Basic Group Identity: The Idols of the Tribe," in *Ethnicity: Theory and Experience*, eds. Nathan Glazer and Daniel Patrick Moynihan, Cambridge, Massachusetts: Harvard University Press, 1975, pp. 29 - 30.

从这个意义上来说，如果说个体身份的探求是围绕着"我是谁"而展开的，那么族群身份则构筑了"我们是谁""我们为什么和他们不一样"的追问内涵。这样，族群身份的主体范畴就不能仅仅限定于少数或边缘群体，族群身份亦由于是一种基于群体分类意识和归属意识的描述而成为一个具有中立性的概念，它并不如西方族群理论普遍预设的那般，先在地隐含着某种异质性，也不必然地指向少数群体或边缘群体。身份的族群性正如身份的家庭属性、部落属性一般，作为一种血缘延伸的共同体属性，它既不是少数族群的特定属性（attribute），也不能仅局限于异域他者（exotic other）[1]，它显然是人的某种类属性，体现了人的社会依赖关系。

综上，我们可以看到，身份具有族群性，族群性实质上是身份形成过程中一个不可或缺的因素，它总是以某种或隐或显的方式固着在身份意识之中，在某个特定的情境中，尤其是在族群交往的特定情境中，通过某种特殊的行为方式被唤醒并显现于个体的身份意识之中，并经由特定的情境性行为而被体验到，甚至获得有意识的强化。

至此，我们似乎可以这样来界定傩艺人族群身份的含义，即在特定的族群交往中，傩艺人基于特定的傩仪展演情境中被唤醒的族群意识而生成的文化成员身份。虽然傩艺人的这一族群身份内涵只能从傩艺人的具体展演情境和呈现方式的特殊性中得到进一步的解析，这一点尤其体现在江西傩艺人的族群身份呈现之上，也是本章接下来要阐释的重要内容，但是在正式进入更为详细的解读之前，尚有几点需要进行简单的说明和强调。

第一，作为族群记忆的一种具体化形态，傩艺人的族群身份所内涵的族群性，集中体现出经由傩仪投射出来的族源神话和族群文化特征。由于族群是血缘关系的延伸，或者更为准确地说，是"社会亲近和亲属制体验

---

[1] Richard Jenkins, *Rethinking Ethnicity：Arguments and Explorations* (2nd edition，1st edition in 1997)，London：Sage Publications Ltd.，2008，p. 90.

的最上限"[1]，因而族群身份在很大程度上便呈现出一种建立在（虚拟）血缘关系之上的文化共同体特征。这投射在傩仪之上，则往往使得傩仪的起源表述总是跨越地方傩神信仰的流布传说而与族群的神话祖先相关联，譬如毛古斯仪式中族群先祖的生产生育模式比拟性舞蹈、土家族的傩仪起源神话与祖先神话的结合、汉族的傩仪起源与黄帝驱傩神话的关联等等。傩仪所承载的文化及其价值观念在很大程度上也是整个族群文化和价值观念的投射。

第二，傩艺人族群身份的塑造离不开族群身份意识的被唤醒，而且这一族群身份意识的被唤醒具有很强的情境性规约。这一点尤其体现在江西傩艺人的族群身份呈现之上。江西傩艺人在民族性上是汉族，一方面，由于江西境内缺乏族群交往，傩艺人身份的汉族族群属性总是被傩艺人和江西傩仪研究者忽略；另一方面，尽管汉族居于中华民族的主体民族位置，但是在大多数研究者眼中，傩仪总是处于边缘文化或异文化的位置，这就加剧了江西傩艺人族群身份在研究中的被忽略程度。笔者以为，江西傩艺人族群身份的被忽略使得江西傩艺人的族群身份在很大程度上处于潜隐的状态之中，由此也更需要特定的傩仪展演情境来唤醒。

第三，傩艺人的族群身份意识往往是在特定的族群文化交往情境中得以唤醒并强化的，因此，与傩艺人宗族身份和地缘身份凸显内部同一性不一样的是，傩艺人的族群身份更多地呈现出族群之间文化上的强烈的差异性和区分性。也就是说，傩艺人的族群身份在很大程度上强调了它所承载之傩神信仰内容、傩仪行为结构、角色扮演规则及行为评价标准的族群差异性，以及由此投射出来的族群文化差异性。文化差异激发并引导了傩艺人的族群身份认同。在傩仪展演的特定情境中，族群之间的边界也是通过傩仪的族群文化特征及傩艺人族群身份呈现的特殊性来界定、维持并强化

[1] A. Fishman Joshua, *Language and Ethnicity in Minority Sociolinguistic Perspective*, Clevedon, England: Multilingual Matters, Ltd., 1989, p. 25.

的，无论这种族群身份及其认同是处于世界文化多样性的表述情境之中，还是以"中华文化多元一体"为主要表述核心的展演情境之中。

第四，傩艺人的族群身份虽然具有相对稳定的内核，但是也有着可伸缩的外延，因此，傩艺人的族群身份内涵及身份认同还处于一个层级化、不断丰富的过程之中。这与族群这一概念外延的伸缩性以及与中华民族"多元一体格局"的民族理念有着密切的关联。一方面，就族群而言，它是一个分类的范畴，隐喻着关系的比较和建构。当我们把某一族群置于不同的参照体系中进行比较时，族群所涵盖的对象范畴就会随着参照体系的不同而发生变化，由此而生成的族群身份，其所对应的参照主体便也相应地发生着变化，呈现出多层次的特征，形成一种不断扩展的多层次的族群认同系统。另一方面，在"中华民族多元一体"格局的民族理念框架之下，"多元"表现出族群的和文化的差异性和多样性，这就使得不同层次的族群身份及其认同能够并存不悖，保持其独特性和差异性；而"一体"则是国家和文化的整合，意味着中华民族各族群共享价值观和国家认同。虽然这种国家认同与各族群自身的身份认同并不冲突，但是在"多元一体"的民族理念和民族政策的强调之下，国家身份与国家认同显然在层级上和重要性上都要高于各族群身份。从上述意义上来说，族群身份被界定的层级及其重要性在很大程度上也是由族群身份被表述的情境决定的。

族群身份的层级化特征尤其体现在傩艺人的族群身份之上。傩仪及傩艺人的族群身份塑造于特定的族群交往过程之中，而且傩仪作为一种民俗、民间、民族艺术，具备被置于不同展演情境之中从而获得层级化表述的可能性和现实性。随着傩仪展演被放置的族群交往范围的扩大，傩艺人族群身份的参照体系也随之扩大，傩艺人在展演情境中被唤醒的族群意识以及由此而形成的身份认同也会由省级范畴扩展到民族国家，呈现为层级性的递增。

此外，当我们把傩仪看成是一种人类艺术行为的时候，傩仪及傩艺人族群身份所体现出来的特定的族群生存意识和生存价值，就已经超越了某

一特定的地方性时空范畴，而是更多地关联于人类艺术的可通约的情境性
经验[1]及其对整个人类的经验性存在价值。这或许也是世界多地呈现出
来的泛傩文化虽然各具地方性特色，却能够成为人类艺术文化交流手段的
一个根本原因。从这个意义上来说，傩艺人的族群身份就不仅具有地方性
的内涵，而且还具有超越地方性的内涵。

---

[1]"情境性经验"这一概念的提出来源于郑元者先生。郑先生在其论文《地方性知识的迷障：音
　　乐的中国经验及其艺术人类学价值》中，提出了音乐的中国经验是一种情境性的经验的观点，
　　以此来破除格尔兹"地方性知识"的理论迷惑性以及中国学人应用"地方性知识"阐释音乐
　　的中国经验上的局限性（即在很大程度上把地方性知识看成为一种地域性知识，从而将音乐
　　的中国经验及其价值归为一种地方性经验和知识），并为此而提出了音乐的中国经验"在艺术
　　人类学所着力追求的全景式的人类艺术景观图的建构、艺术真理和人生真理的理解中有其独
　　特的价值"。详见郑元者：《地方性知识的迷障：音乐的中国经验及其艺术人类学价值》，《音乐
　　艺术》2006 年第 2 期。

第二节　被忽视的汉族族群身份

一　汉族族群身份的边缘化和他者符号化

一个值得关注的现象是，尽管江西石邮村的村民包括傩艺人极力向笔者推荐了《最后的汉族》这本书，但是当笔者问及他们对于该书取名为《最后的汉族》有什么看法时，他们说几乎没有想过这个问题，也说不清楚，只是知道这本书里面描述的"跳傩"及所涉及的吴氏跳傩典故还比较符合村里发生的事实。不论类似于石邮村村民们"几乎没有想过这个问题"的情况在中国傩仪存留的广阔汉族乡村中具有多大的普遍性，这一事实表明，至少对于石邮村的傩艺人而言，他们对傩仪的汉族族群性及族群身份的意识并不像少数族群所表现出来的那么敏感，亦不具有石邮村村民们对自身作为当地吴姓或非吴姓之宗族身份的那份自觉。而且，笔者在随后的田野调查中也发现，"没有想过"之类的情况事实上普遍地存在于江西各地的傩艺人群体及村民群体之中。即便是在傩文化研究者眼中，相较于傩仪所承载之少数族群的族群性表述，傩仪及傩艺人呈现出来的汉族族群性及族群身份的专题研究亦是一个很大的空缺，更遑论江西这一特定地域之傩仪、傩艺人体现出来的汉族族群性。

概而言之，傩仪与傩艺人的汉族族群身份在很大程度上被包括江西傩艺人在内的汉族傩艺人以及傩文化研究者忽视了。这表明汉族傩仪所具备及体现出来的汉族族群性对于汉族成员——无论是处于边远乡村的汉族村民，还是代表了主流文化、自身为汉族的研究者——来说，具有了某种不证自明的属性。这就使得大多数汉族研究者往往对傩仪这一属于本族的艺术事项缺乏一种族群性研究的敏感度，由此缺失了一种族群自我观照、自我反思的人类学意识。这种族群自我反思意识的缺失集中体现在傩仪观察与研究中自我中心式的观察视角和思维习惯。

傩仪族群性研究中自我中心式的观察视角和思维习惯主要表现在，大多数研究者在研究傩仪时，想当然地用汉族文化中对驱鬼逐疫仪式所界定的"傩"名称来统称其他族群中的类似祭祀仪式，把"凡具有强烈的祭祀或庆典色彩的戏剧舞蹈，尤其是含有面具表演者，均使用'傩'这一术语一言以蔽之"[1]。在这里，以中国文化为他者文化或异文化研究对象的欧洲汉学家龙彼得，因为所处文化客位的立场，比较容易看出中国学人尤其是居于主流文化地位的汉族研究者研究中的某些弊端（尽管这一评述本身也包含着某些可供商讨的地方），提出了这一警示，但是这并未引起中国学人尤其是汉族傩仪研究者的充分关注。由命名所蕴含的自我中心式的思维习惯依然潜在地框定了傩仪之族群性研究的观察视域及表述话语。实际上，特定族群的仪式命名并不仅仅是名称与事件之间的偶然性勾连，而是蕴含了特定的族群记忆，反映了该族群特有的宇宙观和价值观，是族群文化的象征符号。把汉族傩仪的统称覆盖在其他族群的类似仪式上，在很大程度上将"傩"字所蕴含的具体所指与能指在极大的限度内重合了起来，从而割裂了少数族群仪式指称中符号与象征之间的地方性关联和族群性关联。这就无意或有意地呈现出了傩仪研究中以"傩"字为表征的自我中心主义研究立场。事实上，这一研究立场已经遭遇某些具有强烈族群身份意识的族群成员质疑。笔者在田野采访中，就有老一辈的研究者告知笔者，当他们在少数民族地区观摩祭祀仪式，并指出这些面具仪式就是"傩"时，当场就受到了某些当地人的质疑："你们凭什么把这个叫作'傩'？我们并不把这个舞蹈叫'傩'，这是我们民族自己的东西。"[2]

由此我们可以看到，当我们用"傩"这个字眼一言以蔽之地统称具有类傩特征的一系列文化现象时，就极有可能（事实上也往往是）把汉族傩

---

[1] 龙彼得：《序》，载薛若琳主编《中国巫傩面具艺术》，江西美术出版社，1996年，第13页。
[2] 笔者第一次田野调查时，拜访了江西省文联的余老师，他在谈及自己在少数民族地区调查傩事项的经历时，告知了笔者这一因为名称而引发的尴尬事件。

仪的历史变迁视为傩仪发展的正史甚至唯一史而不自知。在这种情况下，将汉族傩仪的肇端作为所有傩仪的源头，就很有可能以汉族傩仪的发展变迁来代替其他族群傩仪的历史发展，从而忽略其他族群傩仪的特殊发展变迁过程，忽略其他族群的历史表述。其实，从古代典籍和历史文本的细读来看，特定族群的傩仪也具有其自身的历史发展脉络，而且拥有不同发展史的傩仪在文化功能上也具有明显的分野。比如广西境内的主体民族，包括壮族、侗族、水族、仫佬族、毛南族、布依族等，均系古越族的后裔民族，因此，与汉族以驱鬼逐疫为核心功能之巫文化不同的是，"广西民间傩主要来自越'愿'宗教文化体系"，"把'愿'与傩合而为一并形成宗教文化体系的民族，却是古越族后裔民族所特有的"，"在古越族后裔民族看来，傩即是愿，愿即是傩，愿与傩融合为一，这是古越族后裔民族傩文化的特征"[1]。这种以愿为核心的祭祀仪式，不仅在现存仪式的功能结构和表现内容上与以驱鬼逐疫为核心的汉族祭祀仪式存在着差异，其历史的变迁发展过程也显示出它是原生傩仪发展的另一条脉络。

而且，以汉族傩仪统称其他族群的类傩仪式还容易将各不相同的类似面具仪式套入中国傩戏的进化论模式之中，用文化进化论的单线视角来分析其他族群的傩仪形态，把不同起源的傩仪视为单线进化论的某一个想象的序列进阶图。比如，有学者认为黔西南威宁县板底乡发现的彝族"变人戏"（彝语"撮泰吉"）处于中国傩戏发展的初级阶段，"它已完成了从傩到傩戏艺术的初步过渡，已经具备了初期傩戏雏形"，"阿布摩等形象……为人类研究从猿变成人的初期形态，提供了资料"；而黔东北土家族的傩堂戏则处于低级向高级的过渡阶段，"它脱离了早期的低级形态，已发展为傩坛为个别人家'还愿''冲愿'阶段。这时它同宗教祭祀活动仍然紧密联系在一起。但演出的小戏已出现反映世俗社会的作品"；而贵州安顺

---

〔1〕李陆阳：《广西傩文化探幽》，广西人民出版社，1993年，第65页。

地区的汉族地戏则处于高级阶段，因为它"已经基本戏曲化了"。[1] 这一认识尽管为戏剧史理论提供了一种思路，但对于我们客观地复现各民族傩仪的发展史和变迁史，是有着某种遮蔽性的，因为"每一种文化在艺术和审美创造的内容和形式上都有自己的历史和传统，史前艺术注重'内容特性'，现代土著部族在艺术的形式上有各自的偏重等，它们往往作为观念性的东西而成为惯例性的存在，换句话说，在艺术和'美'的观念上，也具有明显的情境性"[2]。也就是说，这种把各个族群的傩仪按照存活形态套入进化论序列图的做法在很大程度上忽略了各个族群傩仪发生发展的观念情境。仅就被认为是"初期傩戏雏形"的彝族"撮泰吉"来看，仪式表演中的"阿布摩"等形象及其动作表现的是当地彝族人对自己猴图腾部族远祖的模仿，是当地彝族人再现族群历史记忆的一个重要方式，目的是让象征着猴图腾的"撮泰"老人为他们扫除病魔邪恶，带来当地彝族族群的丰产和幸福。"撮泰吉"这一仪式行为显然是以彝族特有的祖先崇拜和族群历史观念为情境框架展开的。将"撮泰吉"所蕴含的彝族族群文化记忆和想象搬过来套入中国傩戏形式发展的进化史序列之中，并将其部落祖先神形象简化或等同于人类进化史序列中的古猿或古智人这一人类祖先形态，在很大程度上就把傩仪的表现内容与形式从彝族的观念形态中剥离了开来，恐怕有无视"撮泰吉"的族群文化观念特性之嫌。

更为重要的是，这种自我中心主义的研究视角和立场，反而将汉族傩仪尤其是江西傩仪的族群身份研究置于傩仪身份实际研究和表述上的边缘地位。这主要表现在以下几个方面。

第一，相对于少数族群傩仪的族群性研究，汉族族群身份研究被边缘

---

〔1〕曲六乙：《中国各民族傩戏的分类、特征及其"活化石"价值》，载庹修明、顾朴光等主编《中国傩文化论文选》，贵州民族出版社，1989年，第11—12页。

〔2〕郑元者：《艺术之根：艺术起源学引论》，湖南教育出版社，1998年，第271—272页。

化了。[1] 这主要是因为傩仪族群身份的研究对象和表述对象在很大程度上被框定在其他族群或少数族群。当汉族研究者将其他族群傩仪的族群性和族群身份放在研究中的显著位置时，汉族文化的族群性和族群身份要么会因为比较而获得观照，成为研究者反思的对象；要么因为缺席而被忽略，失却其人类学的反思意味。目前傩仪汉族族群性的研究状况显然仍处于后者，核心的表现则是傩仪族群性的文化特征表述往往聚焦于少数族群，汉族族群性鲜有被提及。即便是在被考虑的地方，汉族傩仪族群文化特征在很大程度上也只是成为其他傩仪族群文化特征描述时的比较对象，而比较方法自身所蕴含的文化人类学反思意义并未得到（充分的）阐释。

傩仪族群身份研究中汉族族群身份的边缘化，最主要的原因还在于，现有傩仪族群性的探究虽然聚焦于少数族群的傩仪形态之上，但这种研究实质上是被置于一种传统人类学学科上的他者文化或异文化研究视域之中，是以发掘和发现异文化为前提的。这种理论视角的运用，使得傩仪族群性的研究成为依据隐含与汉族主流文化有距离、有差异和有可能对立这类预设来建构的他者或异文化研究。所以即便是以他者族群傩仪为研究对象，专注于他者傩仪的族群性研究和族群文化特征描述，并由此而发掘出傩仪存活的多样性和差异性，其研究的立场和结果也只是对构成中华民族傩文化系统之必要的多样性和差异性的认可，这就使得傩仪的族群身份成为一个通过差异研究，利用差异研究而存活的身份概念。在这个身份概念的框架之下，汉族族群身份得以构造的他者虽然得到了较为充分的呈现，而观照身份的自我反而缺席了：或被凸显的外在他者遮蔽，或因为某种固

---

[1] 事实上，傩仪研究中的族群身份研究本身也有着很大的缺失。这不仅在国内傩仪研究的实际过程中呈现出来，也在以傩仪这一民族文化事项为中介而将中国文化推向国际文化（主要指西方文化）时呈现出来了。如中国本土学者提出的傩学研究五大基本概念：1. 傩的起源；2. 傩的本质与内涵；3. 傩与巫、傩文化与巫文化；4. 傩的分类与傩的家族；5. 傩戏发展形态和傩戏剧目分类。（转引自庹修明：《巫傩文化与仪式戏剧研究》，贵州民族出版社，2009 年，第 179 页。）这其中并未提及傩的族群性研究概念。又譬如由台湾施合郑民俗文化基金会资助的"民俗曲艺"系列丛书项目出版的八十余册中国各地傩仪资料和研究书目中，傩仪族群身份的理论研究阙如。

执己见的个人立场有意识地隐没了。无论是哪种情况，这都违背了身份概念提出的最初主旨，即身份最终指向的并非是差异，而是认同，是对自我的进一步认识和确证。由此，汉族族群身份研究的边缘化就极有可能抹去经由傩仪之他者族群身份的差异性研究而实现族群身份研究主体自我观照、自我反思的人类学意义，以至于傩仪族群身份成为研究中一个完全他者化的他者。傩仪的族群身份问题依然会是一个问题。

从笔者所谓"全景式的族群主体观"这一人类学学科立场来看，无论是相对于国际其他族群而言的中华民族文化身份，还是相对于国内各族群的族群身份，族群身份的建构都是在身份的族群自我与族群他者之间相互投射，互为观照的过程中完成的，且这一过程往往包含了内部自我和外部他者在区分和认同之中互为主体这两个各自反思的维度。如果缺失了族群自我身份的内视，那么虽然构成族群自我身份的一个个族群他者被挖掘出来了，族群身份的概念仍将是不完整和不完全的，不仅族群自我身份不能在族群他者身份的发掘和差异性比较中获得反思和完善的意义，族群他者身份在客观上也会因为主流身份话语的优势而丧失成为主体的机会，进而丧失其作为他者身份对他者自身的人类学反思意义，而沦为一个只具有能指功能的符号化他者。由此而塑造的身份概念亦是不完整，有缺失的。就傩仪的族群身份研究而言，即便是通过各个族群文化的发掘而证实了中国傩仪及民间信仰多样性的存在，这种多样性依然是处于以汉族为主体民族的主流文化话语框架之下的多样性，难以真正契合中华民族"多元一体"格局呈现出来的同一性文化身份，这也就很难达到有些学者或研究机构企图通过挖掘以傩仪为表征之民间信仰多样性的方式来达致傩仪及民间信仰研究本土化的学术目标，亦不足以借此而以足够的文化自信立足于国际族群文化比较（这里特指以傩仪为代表的民间信仰文化比较）的交流平台。

第二，即便是在汉族文化研究领域内部，傩仪汉族族群身份的研究也是处于边缘的他者地位。在实际的文化遭遇中，汉族傩仪的族群性研究是被置于汉族文化族群研究中的边缘位置，是相对于汉族主流文化研究诸如小说、诗歌、京剧所呈现的族群身份研究而言的一个他者。这一方面是因为，汉族地区的傩仪大多被发现于偏僻的乡村或者是交通不便的山区地带，它们远离城市，远离文明，具有程度不等地被现代文化污名化之愚昧、迷信、落后的特征。因此，被发现的汉族傩仪虽然具有汉族的族群属性，但是它既不具有汉族族群文化的代表性，也不可能在将来成为汉族现代文化中的弄潮儿，它与许多其他乡村文化一样，是一种"遗产"。类似于"我也是出于对原始文化的浓厚兴趣，一点点走进傩的"[1]研究兴趣，在研究者中普遍存在，即便是笔者本人，最初也惊异于傩仪之与现代主流艺术的不同。

更为重要的是，现存汉族傩仪的展演者大多是乡村社会中并不具有多少文化和书写能力的农民，在很多地方，有些傩艺人甚至因为语言不通而无法与外面的研究者进行交流和沟通。这就使得他们在很大程度上成为田野中"沉默"的他者。"沉默"就意味着傩艺人的傩仪话语表述权的缺失。傩仪的绝大多数知识及其表述大都是来自居于文化秩序中具有话语表述权的观察者或研究者。即便是当地人对自己傩仪的描述，或多或少亦呈现出多次与外界交流之后习得的主流话语特征（尤其是当傩仪逐渐成为被当地人意识到的一种文化资源时，傩艺人与外界交流时所使用的这种习得话语则显得更为突出）。这就意味着原本长于斯的傩仪，在傩仪的知识构成话语中反而成了当地人的他者。与京剧艺术家或小说家可以为"自我"自由言说并主动获得身份的认可不一样的是，乡村傩艺人大多以沉默或半沉默的被动状态来应对各种陌生的身份表述。这种被动的应对状态在某种程度上更加大了汉族乡村傩文化与汉族主流文化之间的距离。傩仪实质上仍是具备知识及话语表述权力之汉族文化人眼中的一种异文化形态，是汉族主流文化通过表述构拟的一个他者文化。

由此，我们可以看到，虽然表面上汉族傩仪及傩艺人因具有汉族族群

---

〔1〕李岚：《信仰的再创造：人类学视野中的傩》，云南人民出版社，2008年，第9页。

身份而被纳入"我们"汉族整体文化的一部分，但是在这个"我们"的背后和之上，存在着汉族乡村傩文化与汉族城市文明、汉族乡村当地人和汉族傩仪研究者甚至是汉族城市居民的身份上的不对等关系。最突出的例子莫过于"最后的汉族"这一表述。《最后的汉族》一书作者是基于以北京为代表的汉族现代文化之民族性不纯粹与以南丰县石邮村为代表的汉族传统文化之纯粹性的比较而提出了石邮村傩仪的汉族"民族性"，这对于忽略汉族傩仪之族群性特征的其他研究者而言，"最后的汉族"表述无疑具有某种振聋发聩的效果。但是深究起来，"最后的汉族"这一表述同时也意味着，石邮村傩仪之汉族民族性的性质与北京等大城市所代表之汉族民族性的性质并非完全一致，两者在时间尺度上并不属于同一刻度：前者属于过去，是传统；后者属于现在，是历史进化的结果。且不说作者把石邮村傩仪体现出来的民族性与"偏僻""不发达"等字眼对等起来，仅就书名中的"最后"这一修饰语便揭示出作者作为一个现代城市文化人看待石邮村傩仪的他者眼光，无形中动摇了作者在观察和描述石邮村傩仪时所持有的价值判断和文化立场。很显然，这里的"最后"是一个时间性的概念。作为社会进化词汇中的一个修饰语，它表述的是一个时间发展序列上的特殊阶段。当"最后"与"汉族"形成一种文字表述上的修饰关系时，它就成为文化叙事上的一种修辞，这种修辞虽然赋予作者"要传达的讯息以力量，也扰乱这些讯息"[1]。这些文字组合描述的南丰石邮村汉族傩仪就代表了汉族族群文化的初级或原始阶段，或者说是汉族族群文化现代性发展的前一阶段。这样，"最后"的表述实质上就把石邮村和北京所处不同地域的汉族文化之间的空间关系转化成为一种时间关系：在时间上，两者前后相续，甚至是断裂的。这种转化标识了原本同处于一个时空之下的汉族文化在进化等级序列上的划分，其中所蕴含的价值判断也提示着一种

---

〔1〕 詹姆斯·克利福德：《导言：部分的真理》，吴晓黎译，载詹姆斯·克利福德、乔治·E. 马库斯编《写文化——民族志的诗学与政治学》，高丙中等译，商务印书馆，2006年，第35页。

观察和研究视角上的时间距离。作为观察或研究客体的"最后的汉族"——江西南丰石邮村人，与作为观察或研究主体之间的关系亦是建立在这样一种时间距离之上的：石邮村的傩仪在呈现汉族族群性层面上代表的意义已经属于过去，是过去的标识，代表了文化的初级或原始阶段，这和观察主体所处或所代表的汉族文化显然是不处于一个进化发展的层次之上。在这里，"最后"和"非物质文化遗产"中"遗产"所标刻的时间尺度及其蕴含的价值、审美判断上的内涵不谋而合。"最后的汉族"实质上表述的是一种在空间上属于汉族非城市化的、在时间上属于早期的因此是"原始"的汉族族群。由此，虽然汉族研究者将自身族群所遗存下来的文化作为研究对象，但是这一研究对象的建构就如他们建构其他族群作为研究对象一般，是根据时间进化论的划分来建构的客体。这些客体指向的依然是边缘文化、原始文化或者少数族群文化。

第三，也是与本论题最为密切的是，江西傩艺人族群身份的研究尤其处于汉族族群身份研究的边缘位置。江西傩仪存活的人文地理环境是江西傩艺人族群身份研究边缘化的主要原因。江西地处华中地区，东、西、南三面都环山，构成半环绕之势，中部丘陵、盆地相互交错，境内亦呈环绕状地。这种地理构造在历史上因缺乏与周边地区的交流，使得江西在保持民风淳朴自然的同时，又处于一种封闭保守的状态之中，形成了江西民间意识形态保守的基本特征。[1] 在人口的分布上，汉族一直以来都占据了江西人口的绝大多数。中国第五次人口普查江西人口公报（江西省统计局 2001 年 4 月 6 日）显示，汉族占江西总人口的 99.73%，而各少数民族只有 0.27%；2010 年第六次人口普查中，汉族占 99.66%，而各少数民族占 0.34%，且少数民族人口主要分布在赣南。此外，江西人口大多分布在乡村地区，居住在乡村的大致占 72.33% 左右，居住在城镇的占 27.67% 左右。这种地理和人口的分布状况，一方面使得江西总体的经济、文化发展

<hr>

〔1〕余悦主编：《中国民俗大系·江西民俗》，甘肃人民出版社，2004 年，第 9 页。

并不发达，江西文化在崇尚现代文明的主流文化中亦处于默默无闻的边缘位置。另一方面，江西境内汉族与少数民族人口占比极度不均衡，因此并不具有中国其他地区诸如广西、云南等地的频繁的族群之间的交往，江西傩艺人的族群身份几乎都指向中华民族这一多民族国家的主体民族——汉族。在缺乏族群之间频繁交流的社会交往的背景下，江西傩仪的呈现并不被认为具有如贵州安顺地戏那般因其被少数民族包围所呈现出来的鲜明的汉族族群文化特征，其族群身份自然也就不会成为江西傩仪研究者的关注重点。江西境内族群交往情境的缺乏，也使得江西傩艺人自身的族群身份意识相对于其他有着频繁族群交往经验的汉族傩艺人或其他族群傩艺人来说，更为隐秘。此外，江西自古以来便是礼制文化的重镇，极为讲究尊孔复礼，在历史上曾因其儒学极为发达而一度成为历史上的经济和文化中心区域。与之相应的，江西乡村之中宗族文化极为发达，地方记忆中所蕴含的家族/宗族谱系观念一直都备受人们尊崇，而傩仪也大多依附于当地的宗族组织，呈现出强烈的宗族文化特征。这样，傩仪与傩艺人之宗族身份非常凸显，覆盖了族群身份。这也使得江西傩仪的研究者更为关注傩仪之宗族文化特性和宗族认同的文化功能，而极大地忽略了其汉族族群身份的呈现。

综上所述，我们可以看到，无论是汉族的傩仪族群身份研究，还是江西这一特定区域傩仪的汉族族群身份研究，都处于一种被忽视的边缘位置。

二　被忽视的根源：傩仪神话与汉族族源记忆的谱系关联

从历史的角度观之，傩仪研究中汉族族群身份被忽略的现象并非是偶然的，而是由傩仪族群身份的历史界定、现实表述和汉族文化的历史性地位协同作用造成的。作为族群记忆的一种具体化形态，傩仪的汉族族群身份是由原初傩仪的族群文化属性定位及历史传承建构的。原初傩仪族群身份的界定及其族群属性的传承使得傩仪成为汉民族族群文化记忆表述的一个部分，这便意味着傩仪在很大程度上被认为是汉族传统文化诸多身份象征符号中的一个。再加上中国历史上"华夷之辨"背后以汉族族群文化为核心的自我中心主义观念，使得但凡构成汉民族文化传统的文化艺术事项都在很大程度上被置于一种族群中心主义的视域之中，并在长期的历史过程中沉积为汉族族群成员的一种思维习惯。这种思维习惯的形成是"由'积淀'于个人身体内的一系列历史的关系所构成"，"是知觉、评判和行动的各种身心图式"[1]。傩仪的汉族族群身份属性在很大程度便与中国历史上的民族关系和自我中心主义的思维习惯有着深切的关联。因而，我们在进一步研究傩仪的汉族族群属性及傩艺人的汉族族群身份时，就有必要首先去探寻潜藏于傩神信仰中傩仪原初的族群属性。傩祭仪式的溯源及其与汉民族身份认同的历史谱系关联也就成为江西傩艺人族群身份课题研究之中的应有之义。

每个血缘族群在源起之初总是首先用神话来描绘其历史[2]，因此在远古社会这一特定的历史情境中，神话便在很大程度上承担了类似于正史的文化功能，"神话在太古时代以范例的方式起着统一世界观的作用"[3]。而宗教信仰和神话从一开始便存在着文化属性上的密切关联，"神话从一开始就是潜在的宗教"，"宗教在它的整个历史过程中始终不可分解地与神话成分相联系并渗透了神话的内容"[4]。在中国各个民族的原始宗教中，我们都不难发现那些依据血缘、地缘或族群文化观被具象化了的神灵形象，这样的神灵通过与特定群体勾连获得人格和个性，并在群体的仪式中得到认可和崇拜。因此，原始宗教对于一个群体的血统和它的文化系统的

---

〔1〕P. 布尔迪厄、L. 华康德：《实践与反思：反思社会学导引》，李猛、李康译，中央编译出版社，1998年，第17页。

〔2〕卡尔·亚斯贝斯：《历史的起源与目标》，华夏出版社，1989年，第78页。

〔3〕J. 哈贝马斯：《交往行动理论——行动的合理性和社会合理化》，重庆出版社，1994年，第68页。

〔4〕恩斯特·卡西尔：《人论》，上海译文出版社，1985年，第112页。

神化便在很大程度上被认为这种神化针对的就是社会本身。[1] 也就是说，由远古神话或宗教表现出来的神灵和凡人的分类谱系可以在很大程度上映射出远古社会最初的人类群体分类谱系，成为投射当时现实生活世界中族群成员界定身份并进行族群认同的判断标准和思维框架。通过特定神话呈现出来的文化事物和文化事件自然而然也会烙上特定族群的族群属性。尽管这种经由神话所传达出来的文化族群性会因其所经历过的族群同化、分化、融合等各种变迁发展而如草蛇灰线一般几难辨认，但是神话的功能却在于"它能用往事和前例来证明现存社会秩序的合理"[2]，这也就为后人认定文化事项的族群身份提供了历史合法性。

从这个意义上来看，当我们追寻现存傩仪中隐藏的族群信息密码时，便可以从傩祭仪式的源起神话中来推测出傩祭仪式所蕴含的族群分类信息和族群文化属性，也可由此而追踪到傩祭仪式与汉民族族源记忆在身份（表述）层面上的深层次勾连。

中国最早的驱傩故事出现在古代中国[3]以前的神话之中，总共有四则神话，且都与黄帝（距今四五千年）相关联。东汉王充《论衡·订鬼篇》中收录了一篇被《山海经》遗失的故事：

> 沧海之中，有度朔之山，上有大桃木，其屈蟠三千里。其枝间东北曰"鬼门"，万鬼所出入也。上有二神人，一曰"神荼"，一曰"郁垒"，主阅领万鬼。恶害之鬼，执以苇索而以食虎。于是，黄帝乃作礼，以时驱之；立大桃人，门户画神荼、郁垒与虎，悬苇索，以御凶魅。

〔1〕孟慧英：《中国原始信仰研究》，中国社会科学出版社，2010年，第534页。
〔2〕马林诺夫斯基：《文化论》，费孝通等译，中国民间文艺出版社，1987年，第73页。
〔3〕本书中的"古代中国时期"采用了考古学家张光直先生对中国古代历史的界定："'古代中国'一词，包括了公元前2000年中的主要阶段。在此期间，诞生了中国最早的历史文明——夏、商、周三个王朝。"详见张光直：《序言》，载《美术、神话与祭祀》，辽宁教育出版社，2002年，第1—2页。

在这则故事中，黄帝直接承担了驱鬼一职，举行祭礼以驱除万鬼：
"作礼，以时驱之。"（学界一致认为，"时"通"傩"，"以时驱之"即为
"以傩驱之"。）此外，涉及黄帝与驱傩故事的典故还可在唐代王瓘《轩辕
本纪》（书已佚失，为宋代张君房集辑的道教类书《云笈七签》卷一百所
录存）中找到记载：

> 帝周游间，元妃嫘祖死于道，帝祭之祖神，令次妃嫫毋监护于
> 道，因以嫫母为方相氏。

这与明朝刘元卿的《贤弈编·附录》记载有点出入：

> 轩辕黄帝周游，元妃嫘祖死于道，令次妃嫫母监护，因置方相氏
> 以防夜，盖其始也，俗名"险道神""阡陌将军"，又名"开路神"。

上述三则涉及傩仪的神话传说并没有给出傩祭仪式进程的具体描述，
且关于驱傩人的原型身份（或为黄帝，或为嫫母，或为方相氏）也存在着
分歧，但是我们仍然可以从这些记载中寻找到关于傩祭仪式族群属性的一
些重要信息。我们至少可以确定的是，以驱除鬼疫为核心功能的傩祭仪式
早在黄帝时期的原始氏族部落中便已经出现，而且驱鬼仪式行为的展开首
先要祭祀祖先，以示祖神即祖先神的意愿。这就意味着傩祭仪式中供奉的
神灵已经不再是自然神灵，而是氏族部落的祖先神。祖先神及祖先崇拜的
存在就意味着人们对于部族的血缘关系有了更为深刻的认识，"人们对血
缘关系的直接性、即生理继承的重视已转变成对亲缘关系的持续性，即文
化继承的重视"[1]。文化尤其是文化继承的重要性就在于，它们具有明确
区分谁属于和谁不属于该族群的功能。傩祭仪式作为一种祖先崇拜的方

---

[1] 王小盾：《原始信仰和中国古神》，上海古籍出版社，1989年，第114页。

式，表明了中国黄帝氏族部落时期的"血缘"关系已经不再是一种单纯生物性意义上的关系，而更多地成为一种"亲缘"关系。由"血缘"转变为"亲缘"就说明了由祖先崇拜所维系之氏族成员之间的身份认同不再以单纯的直系亲属承续序列来确定，而是在氏族部落战争之后以不同氏族成员之间形成的文化亲缘关系为身份认同的方式。这种身份认同是氏族血缘身份延伸之后，以一种拟血缘共同体的部落文化想象方式为特点，文化人类学家所谓人类的亲属关系主要以文化来界定[1]即可作如是观。

从这个意义上来说，寄寓了祖先崇拜的傩祭仪式对当时的黄帝氏族部落而言，部落文化承续的意味就要远远大于生物血脉继承的意味。这也进一步说明了，傩祭仪式所具有的文化族群性特征在黄帝氏族部落时期就可能已经得到了凸显，傩祭仪式因为承载了黄帝氏族部落的祖先记忆而成为该氏族部落特有的文化事件。因此，傩祭仪式显然已具有了族群身份认同的文化功能。由祖先崇拜需要而在后期逐步形成的诸如墓葬、宗庙、祠堂、祭祀仪式等等要素就更使得"中国人把生物复制式的延续和文化传承式的延续合二为一，只有民族的血脉和文化的血脉一致，才能作为'认同'的基础"[2]。

此外，傩祭仪式与黄帝的关联亦进一步使得傩祭仪式成为区分黄帝氏族部落与其他氏族部落的一个文化标识。从傩祭神话中驱鬼人的身份地位来看，不论黄帝是否就是当时具有驱傩巫术能力并施行驱鬼仪式的大巫师，仪式行为的展开都与该氏族的首领黄帝相关。当时的原始氏族部落首领往往既是整个集团的长老或族长，也是该氏族的族名，同时还是氏族首领的称号。[3] 也就是说，在远古中国氏族部落这一特定的历史情境中，

〔1〕可参考 Marshall Sahlins，*The Use and Abuse of Biology*：*an Anthropological Critique of Sociobiology*，Oxford，England：University of Michigan Press，1976.

〔2〕葛兆光：《中国思想史》第1卷，复旦大学出版社，2001年，第24页。

〔3〕"在原始社会，命名制度还处于萌芽时期，同一个名字，往往既指一个氏族的保护神（或图腾），也是该氏族的族名，同时也是氏族首领的称号。"详见陈建宪：《神祇与英雄：中国古代神话的母题》，生活·读书·新知三联书店，1994年，第193页。

氏族部落及其首领的称号是该氏族区别于其他氏族群体的一个象征符号。黄帝作为该氏族部落的首领，足以代表整个氏族的部落性或族群性。

这种以不同氏族部落命名来相互区分族类的方式与中国古代萌芽的逻辑判断思维是相吻合的。在古人的思维中，类别概念的界定与当时氏族的区分有着密切的关系。类别的概念首先是以氏族属性的同异为基本内涵的。"在古文字中，'类'字和'族'字同义"[1]，一些古代的典籍也对"类"与"族"的同义做出了解释：《尚书·尧典》"方命圮族"，孔注"族，类也"；段玉裁注《说文》"族族"作"族类"。由于"族""类"通义，古籍中经常是两词连用，以"族""类"来表示不同族别之间的区分。如《尚书·舜典》"别生分类"，孔注"别其姓族，分其类使相从"，又"君子以类族辨物"（《周易·同人象曰》），"教之训典，使之族类"（《国语·楚语》），"非我族类，其心必异"（《左传》成公四年）等等。这些记载均是以血缘基础形成的族类属性来作为氏族集团区分的标志，把氏族集团本身看作是自我及其所属群体同一性的关联，而氏族集团与氏族集团之间则成为彼此相异的类别："'类'作为最初的动物名演变而为'族'同义后，类族的含义就成了类概念最原始最基本的含义，类就是族，因而族同就是类同。"[2] 易言之，古人类别概念的萌芽，来源于他们对于族与族之间同一性与差异性的区分与判断。这种按照族同则类同的思维逻辑而形诸的部族实践，体现在祭祀方面，尤其是在氏族祖先神的祭祀中，族类属性同异的区分性规定则更为严格。各个氏族只能专门祭祀本族的祖先，而不能越俎代庖，所谓"神不歆非类，民不祀非族""鬼神非其族类，不歆其祀"（《左传》僖公十年、三十一年），"非其所祭而祭之，名曰淫祀，淫祀无福"（《礼记·曲礼》）、"非其鬼而祭之，谄也"（《论语·为证》），等等，便是对祭祀仪式之族类归属性做出的明确说明。

---

[1] 侯外庐等：《中国思想通史》第 1 卷，人民出版社，1957 年，第 239 页。

[2] 陈孟麟，《从类概念的发生发展看中国古代逻辑思想的萌芽和逻辑科学的建立》，《中国社会科学》1985 年第 4 期，第 117—127 页。

由此，我们可以看到，傩祭仪式与黄帝之间的历史性关联并非是偶然的，神话中傩祭仪式所属的部落就是黄帝氏族部落，该仪式本身就是以黄帝为代表的氏族部落敬奉氏族先祖并获得其庇佑的一种方式。而黄帝以族长之位为整个氏族执行驱鬼仪式，不仅说明该氏族对傩祭仪式的重视，更是通过长老权力以及傩祭仪式中祖先神的信仰力量和传承力量来维护氏族的族群亲缘关系，以确保该氏族成员的同一性关联并坚固其氏族边界的一个重要方式。

关于傩祭仪式所具有的黄帝氏族属性，我们还可以在第四则驱傩神话中找到一点补充：

> 神帝颛顼有三子，生而亡去为鬼，其一者居江水，是为瘟鬼；其一者居若水，是为魍魉；其一者居人宫室枢隅处，善惊小儿，于是命方相氏黄金四目，蒙以熊皮，玄衣朱裳，执戈扬盾，常以岁竟十二月从百隶及童儿而时傩，以索宫中驱疫鬼也。[1]

这则驱傩神话涉及的人物不是黄帝，而是颛顼。据《国语·鲁语上》载："夏后氏禘黄帝而祖颛顼，郊鲧而宗禹。"又《大戴礼记·帝系》载："黄帝产昌意，昌意产高阳，是为帝颛顼。"司马迁《史记·夏本纪》亦记载："禹之父曰鲧，鲧之父曰颛顼，颛顼之父曰昌意，昌意之父曰黄帝。"虽然这些直系同源记载被后人证实只是当时人们基于缓和民族矛盾理想的一种虚构[2]，但是这些谱系的记载乃至虚构至少告诉我们，不同

---

[1] 此则神话载于蔡邕的《独断》，因袭此说法的有《后汉书·礼仪志》注所引《汉旧仪》、晋朝干宝《搜神记》和郭璞的《玄中记》。

[2] 关于三代同源的问题，现在学术界一致认为这是一种血缘谱系的虚构。"为了缓和民族间的矛盾，为了把许许多多异族熔而为一，为了把四分五裂的七国统一称为一个整体的国家，在战国时代的知识分子脑筋中出现了三代同源的传说，并不奇怪；出现了秦楚吴越与北方中国民族同源的传说，也是很自然的事。司马迁就是根据传说来构成他的三代同源说的。"详见李亚农：《西周与东周》，上海人民出版社，1956年，第5—6页。

部落联盟之间存在着这样一种基于文化所诠释的亲缘关系。也就是说，谱系中的颛顼部落与黄帝部落至少在文化上有着不可分割的传承关系，颛顼驱傩的神话传说则进一步佐证了这种文化之间的传承，即傩祭仪式仍然是以驱鬼逐疫为核心功能的部落仪式。不容忽视的是，在这则神话中，作为氏族部落首领的颛顼帝依然是驱傩仪式的最高主持者。这就意味着，傩祭仪式中除了祖先崇拜的文化功能得到传承之外，这种以氏族部落或部落联盟之首领通过祭礼实现对族群成员束缚以控制族人的方式，也即仪式的族群性及族群成员身份认同的文化功能亦得到了传承。

有明确文字记载的西周傩仪依然体现了它的族群文化认同功能。传承至西周，傩祭仪式成为西周宗法制国家的宗教礼制，正式确立起"天子傩""国傩"和"大傩"的文化地位。周族，姬姓，"在一定程度上说，周朝是姬、姜两族联盟（即黄帝、炎帝集团——笔者注）建立起来的王朝"[1]。虽然周代统治辖区内存在着多个民族，但是宗法思想浓厚的周王朝对其他民族有着明显的排斥和歧视心理，西周和其他民族之间界限分明，存在着严重的民族壁垒。《周礼·明堂位》明确规定了其他民族的位置："九夷之国，东门之外，西面北上。八蛮之国，南门之外，北面东上。六戎之国，西门之外，东面南上。五狄之国，北门之外，南面东上。"[2]周代的宗法制和民族歧视制度使得作为国家宗法意识形态的傩祭仪式也具有等级阶层的严格规定。《礼记·月令》对此有明确记述，如"季春云'国傩'……唯天子诸侯有国者为傩""孟秋月云'天子乃傩'，唯天子得傩，诸侯亦不得""季冬云'乃命有司大傩'。言大，则及民庶亦难"[3]。

---

〔1〕周族，姬姓，奉后稷为始祖。姬姓出自黄帝集团，而后稷之母为姜姓有邰氏的女子，名姜嫄，因为踏上大帝的大脚印，感而有孕，生了后稷。姜即羌，而姜姓出自炎帝集团，与黄帝集团姬姓周人世为婚姻。在一定程度上说，周朝是姬、姜两族联盟建立起来的王朝。

〔2〕郑玄注，孔颖达疏：《礼记正义》卷三十一《明堂位第十四》，《十三经注疏》整理本，北京大学出版社，2000年，第1086页。

〔3〕郑玄注，贾公彦疏：《周礼注疏》卷第三十一《周礼·夏官》，《十三经注疏》整理本，北京大学出版社，2000年，第971—972页。

根据周制"王国百里为郊，二百里为州，三百里为野"，即居住于都、邑之内的为"国人"即自由民，居"州"之人是被周民族征服的"庶人"，而"野"则是指周朝为"中原"之外的蛮夷人。因此即便是普及百姓的大傩，也只是惠及国人和庶人，居于三百里的蛮夷人并不被允许"时傩"[1]。由此，祭祀仪式因为名堂制度和当时的周礼规制而具有了鲜明的族群属性规定。这就使得古傩祭仪式不仅在周代得以传承，而且还在很大程度上保存了原初傩祭仪式的文化地位和族群文化传承性。有学者也据此而把周朝的傩祭仪式称为"古傩样板"[2]。

至此，我们大致可以这样推断，傩祭仪式因为承载了黄帝氏族血缘与文化传承的内涵，所以它不仅通过祖先崇拜象征了一种集体的意志和精神，更是族内成员及后续传承者确定自身族群成员身份和等级地位的标识。

那么，傩仪神话与汉民族的族源记忆在身份谱系的表述层面上又存在着怎样的勾连呢？

傩祭仪式与汉民族族群认同之间的深度关联就在于，古傩祭仪式所承载的黄帝部落文化记忆亦是汉民族原初族群文化记忆即族源记忆表述的一个核心部分，两者之间在表述的层面上具有族群身份的互文性。这首先体现在，黄帝不仅是傩祭仪式神话表述中的核心人物，还是汉民族族源神话

---

[1] 当然，根据周礼，当时的蛮夷人是被排除在礼制之外的。但是，笔者以为，从原初傩仪出现的时间来看，原初傩仪在黄帝时期就已经出现，而当时的黄帝部落仍然处于原始氏族部落时期，并没有民族和国家的出现。（据相关学者研究，"夏朝的建立，不仅标识着我国中原地区从部落状态发展为国家形态，也标志着人们共同体从氏族部落发展为具有科学意义的和狭义的民族"，可参见田继周：《商代民族和民族关系》，载中国社会科学院民族研究所主编《中国民族史研究》，中国社会科学出版社，1987年，第314页。）因此，黄帝时期的傩祭仪式是氏族部落成员的一种集体祭祀行为。尔后，在部落战争中，各不同氏族之间经历了分化与融合，傩祭仪式也极有可能会随着氏族成员的分化而流传到各地，成为各地的一种民间行为。因此，笔者以为，虽然周代正式记载的傩仪具有明显的宗法规约，但是"乡人傩"即民间傩仪的行为可能并不止于上文所谓的"州""郊"范围，也有可能还存在于"野"的地域，只是并不被当时的王朝所承认。

[2] 曲六乙、钱茀：《东方傩文化概论》，山西教育出版社，2006年，第248页。

表述中的祖先神。黄帝姬姓，号轩辕氏，又号有熊氏，在历史上往往被追溯为华夏族也就是汉民族的先祖。尤其是商周以后的文字记载无不表明了古人尊崇黄帝为先祖的事实。《国语·周语》载，周灵王二十二年太子晋云："夫亡者岂繄无宠？皆黄、炎之后也。"《礼记·祭法篇》云："有虞氏禘黄帝而郊喾，祖颛顼而宗尧。夏后氏亦禘黄帝而郊鲧，祖颛顼而宗禹。殷人禘喾而郊冥，祖契而宗汤。周人禘喾而郊稷，祖文王而宗武王。"这些古典祭祀文字的记载表明，黄帝之后的氏族部落及至夏商周三代都尊奉黄帝为祖先，并以先祖的功德来为自己的统治正名（三皇五帝中以黄帝的功业最为突出[1]），黄帝即成为古代中国人（即华夏族）祭祀的始祖。"《山海经》《大戴礼记》等书记载古帝世系，溯源到黄帝却是一致的。历史上唐尧、虞舜以及夏、商、周三代，相传都是黄帝的后裔。"[2] 周以后的春秋战国时期，是汉族的初步形成时期。在荀子所谓"四海之内若一家"、孟子之"大一统"思想的影响下，"夏、商、周三族的祖先都纳入了'兼有天下'的黄帝体系之中"[3]。从民族史研究的角度来看，"虽然有夏商周不同的国号，也有夏人、商人、周人和在这三朝下面的数不清的地方和诸侯国的人称，但自夏以来形成的夏族或华夏族这个族称是夏商周的主体民族则是共同承认的……因此，在民族特征上不会有什么质的区别……他们的宗教信仰也基本相同"[4]。此后秦始皇统一六国，建立秦王朝，通过施行郡县制和"书同文""车同轨"等措施使得华夏民族成为一个统一和稳定的共同体；及至西汉，华夏族完成了向汉族的发展和转化，正式确立了作为民族标识的"汉族"族称，即为我们现在所谓"汉族"："汉族的族称，虽源于汉王朝，却早已与朝号无关，表明了汉族族称的确定性和稳

---

〔1〕神话传说中，三皇五帝都是文化英雄，其中以黄帝的功业最为突出。可详见袁珂：《中国神话传说辞典》，上海辞书出版社，1985年，第347页。

〔2〕范文澜、蔡美彪等：《中国通史》第1册，人民出版社，2008年，第17页。

〔3〕徐杰舜主编：《雪球——汉民族的人类学分析》，上海人民出版社，1999年，第39页。

〔4〕田继周：《商代民族和民族关系》，载中国社会科学院民族研究所主编《中国民族史研究》，中国社会科学出版社，1987年，第315—317页。

定性。"[1] 从汉民族的源起记忆表述中我们可以看到，作为文化英雄神出现的黄帝在有文字记载的历史中便被认为是华夏族，也即此后汉民族的始祖，那么人们对于此后的一切文物制度都可以在黄帝氏族部落的历史中找到其渊源。如此，与黄帝密切相关的傩祭仪式及其鬼神信仰无疑也就被认定是黄帝氏族部落流传下来的一种信仰仪式，这就使得傩祭仪式成为自古以来华夏族即汉民族的一种具有鲜明族群性文化传承特征的仪式行为。

不仅历史如此，当今人们在追溯自己的祖先时，也常常把黄帝尊奉为始祖。从专门从事汉民族历史发展研究的徐杰舜先生撰写的《汉民族发展史》《雪球——汉民族的人类学分析》等著作来看，无论是从先秦典籍的记载，还是从原始祭祖风俗以及考古材料的证实，都可以看出神话中的黄帝氏族部落被认为是后来华夏族形成的主要来源之一，黄帝也因此被今人奉为始祖。汉民族时代尊黄帝为鼻祖，把一切文物制度的创立都归功于黄帝，称之为"人文初祖"，至今位于陕西中部黄陵县传说为黄帝之墓的黄帝陵成为汉民族始源的象征。[2] 这一点已为当今学界所默认。虽然汉民族在西汉之后的民族融合历史中，不断地融合、同化其他的民族，其族群性也因为融合了其他民族而显得并不那么纯粹，但是起源神话及其所携带的原初族群文化基因总是以一种记忆碎片化的形式或多或少地沉积于历次融合的底层，为我们追溯族群文化记忆时"提供没有时间性的氛围、集体经验的记忆和社会组织结构，并将其本质化为族群认同的原生性部分"[3]。因此，当人们追溯傩仪的历史渊源和汉民族的历史渊源时，便自然而然地会把与两者同时有初始关联的黄帝及其所表征的族群性联系起来。

---

〔1〕徐杰舜主编：《雪球——汉民族的人类学分析》，上海人民出版社，1999年，第39—43页。

〔2〕徐杰舜：《汉民族发展史》，四川民族出版社，1992年，第26—33页。

〔3〕关于起源神话与族群认同之间的关联，具体可参见 D. Bruce Mackay, "Ethnicity," in *Guide to the Study of Religion*, eds. Willi Braun and T. McCutcheon, London and New York: Cassell, 2000, pp. 96 - 109。

此后，傩仪的发展变迁与汉民族的变迁融合是同步进行的。一方面，汉民族形成之后，一直居于民族凝聚的核心位置，即便是在历史上不同的民族大融合时期，汉族统治者也通过各种经济、文化、政策上的措施将本族群的文化意识尽可能地凌驾于或渗透进其他少数民族的文化传统之中。其中最为典型的就是，历史上大多数汉人统治的王朝对少数民族聚居地区施行不同程度上的羁縻政策，客观上把辖内的少数民族带入汉人共同的经济生活。汉族的文化思想亦随之不同程度地渗入各个族群的文化建构和传承，这其中自然也包括了流布于不同族群的傩祭仪式。另一方面，作为汉族族群记忆载体的古傩祭仪式，也在大多数的汉族统治朝代中以宫廷傩仪的方式进行官方性传承，而在其他族群统治的历史阶段如元朝和满族统治的清朝，傩仪被视为汉族的信仰而被禁止。傩仪在汉族与非汉族统治朝代的这种传承——禁止二元对立式的区别对待进一步加深了傩仪汉族族群性的表达。与此同时，傩仪承载的汉族族群文化思想亦随着不同朝代思想观念的交替或传承而发生着变化。宫廷行傩的行为不仅显著地标识了傩祭仪式身份的汉族族群性和文化上受重视的地位，而且也使得仪式中所蕴含的新旧思想能够自上而下地向民间扩散，而民间亦经由不同的调适使傩仪能够融合到当地的文化习俗之中。这样，历史上一直流布并活跃于民间的傩祭仪式，即便是经过了各族群民间文化生活的调适，其间也必然会受到汉族主流文化意识形态的影响。在古代社会以后，汉族傩仪尤其是汉族宫廷傩仪的变迁仍然与汉族族群的历史变迁紧密地结合在一起，其文化属性在很大的程度上并未发生本质上的变化，而是呈现出一种相互投射、共生互证的关系。

总而言之，无论是在傩仪神话还是在汉民族的族群记忆追溯中，黄帝都是文化身份的表征，以黄帝为起点和聚合点的源起叙事使得傩祭仪式与汉民族族群记忆在族群身份层面上具有互文性：作为汉民族始源象征的黄帝及其带有的部落文化族群性被烙印在傩祭仪式上，使傩祭仪式具有了汉民族的族群文化身份；作为汉民族族群记忆表述的一部分，黄帝驱傩神话承载的族群文化身份亦成为此后汉民族族群身份表述及身份认同的一种方式。傩仪神话与族群记忆在族群身份上的互文性，更成为中华民族在当下全球一体化进程中进行文化整合、身份整合的一种方式。以"炎黄子孙"为文化想象和文化表述所构筑的中华民族共同体，不仅使得传承至今的傩祭仪式成为汉民族追溯其族群传统的一个记忆符号，还是组成中华各民族经由传统文化而构建其文化同一性身份认同的一个符号表征。傩祭仪式与族群记忆之间的关联便使得地方傩仪具有了族群身份之于地方文化的超越性。

第三节 傩神信仰及仪式中族群身份意识的潜隐

虽然傩艺人的汉族族群身份被汉族傩艺人自身及傩仪研究者忽略，但族群身份作为身份的一个基本维度，它始终是固着于身份的整体认知之中，即便没有被主体意识到并得到凸显，也总是或多或少地在族群的文化艺术事项中呈现出来。江西特殊的地理、人口分布造成日常生活中族群交往情境的缺乏，汉族族群身份意识很大程度上在傩艺人身份意识中处于一种潜隐的状态。或者更为准确地说，汉族族群身份意识被江西傩艺人的诸如宗族身份、地缘身份等更为显著亦是他们自身更为关注的身份意识所覆盖，而处于潜隐的状态。但作为汉族族群记忆的一种承载形态，江西遗存的傩神信仰和傩祭仪式在本质上仍然呈现出自古傩祭仪式传承至今的汉族族群文化基因。秦汉时期的吴芮，在江西南丰开始传播傩祭仪式的时候，就曾明确地表明要"祖周公之制，传傩以靖妖氛"[1]。以南丰傩仪为代表的江西傩仪，无论是在仪式的功能结构还是观念内涵上，都体现了汉族文化的族群性。

一 跳傩仪式之驱鬼逐疫功能的族群性传承

从傩祭仪式的功能、结构来看，江西傩仪，尤其是南丰县、万载县的傩祭仪式传承了自周傩以来以驱鬼逐疫为核心的文化功能及基本的情境性结构要素，包括面具服饰之逐除装扮、执戈扬盾之逐除动作、唱和呼应之参与方式、索室逐疫之逐除方式以及参与者众多之集体逐除的性质。这些情境性要素既在结构上保证了驱鬼逐疫核心功能的实现，又是这一功能的具体呈现。

---

〔1〕傅太辉：《金砂余氏傩神辨记》，载江西南丰紫霄镇黄砂村民国年间《金砂余氏重修族谱》。

自有文字记载的周代傩仪之始，汉族傩仪传承的便是当时以驱鬼逐疫为核心的功能及其情境性结构要素。这首先表现在周代傩仪中"狂"这一总体情境性氛围特征及形成"狂"的一些基本情境性要素。"狂"，"盖饰鬼者以为人之鬼之灵魂凭依于身，故其动作为狂怪"。[1]然而，"狂"在傩祭仪式中显然并不止于动作的"狂怪"，还在于其他几个要素的协同作用。周代"方相氏，狂夫四人"[2]，"掌蒙熊皮、黄金四目、玄衣朱裳、执戈扬盾，帅百隶而时傩，以索室驱疫"[3]：周礼中方相氏由于丑陋[4]的面具装扮、执戈扬盾的狂怪动作，再加上强烈的驱逐鬼疫目的而呈现出一种类似于萨满巫术行为的"迷狂"状态。而且，无论是周傩仪式中的"狂夫四人"还是"帅百隶"，数字的约略描述均表明了傩祭仪式参与者的众多和逐除行为的集体性质，这种"狂怪"的逐除状态及由此而呈现出来的"巫术"氛围亦会因为仪式参与者人数的众多及集体奔突的气势更为凸显。

虽然自周以后傩仪经历过不同时代的演变，但演变只是发生在各情境性要素的具体表现形态之上，逐除行为的"狂怪"情境及情境性基本要素本身并没有发生根本性的改变。我们可以从历史上有文字记载的唐代不同形制的傩礼中窥见一斑。据《大唐开元礼》卷九十的《大傩》《诸州县傩》载：

> 大傩之礼前一日，所司奏闻：选人年十二以上、十六以下为侲子，著假面，衣赤布袴褶，二十四人为一队，六人作一行。执事十二

---

[1] 陈梦家：《商代的神话与巫术》，《燕京学报》第20期，1936年，第568—569页。

[2] 郑玄注，贾公彦疏：《周礼注疏》，中华书局，1980年，第946页。

[3] 郑玄注，贾公彦疏：《周礼注疏》，《十三经注疏》整理本，北京大学出版社，2000年，第971页。

[4] "丑陋"由"方相"而来。郑玄认为"方相，尤言'放想'，可畏怖之貌"；贾公彦疏："郑云'放想'，汉时有此语，是可畏怖之貌，故云方相也。"可参见郑玄注，贾公彦疏：《周礼注疏》，中华书局，1980年，第946页。很显然，方相氏奇特的扮相与中国古人"以丑制丑"的观念有着密切的关联。

人，著赤帻褠衣，执鞭。工人二十二人：其一人方相氏，著假面，黄金四目，蒙熊皮，玄衣朱裳，右执戈左执盾……其日……讫，出，命寺伯六人分引傩者于前长乐门、永安门以次入至左右上合，鼓噪以进。方相氏执戈扬盾唱，帅侲子和……周呼，讫，前后鼓噪而出，诸队各趋顺天门以出，分诣诸城门，出郭而止。……

（《大傩》）

　　方相四人，俱执戈盾。唱率四人。侲子（都督及上州六十人，中下州四十人，县皆二十人，其方相、唱率，县皆二人）取人年十五下、十三以上。杂职八人，四人执鼓，四人执鞭。前一日之夕，所司帅领宿于州府门外。未辨色，所司白刺史，请引傩者入。将辨色，宦者二人出门，各执青麾引傩者入。于是傩者击鼓，俱噪呼鼓鞭，击戈扬盾而入，唱率唱，侲子和……宦者引之，遍索诸室及门巷。讫，宦者引出中门，所司接引出，仍鼓噪而出。出大门外，分为四部，各趣城四门，出郭而止。[1]

（《诸州县傩》）

　　从上述文字记载中，我们可以看到，在唐代出现的大傩和诸州县傩，虽然仪式的总体排场及具体安排有所区别，但逐除情境的基本构成要素，如"方相氏""假面""玄衣朱裳""执戈盾""击戈扬盾""唱率唱，侲子和""遍索诸室及门巷""鼓噪而进（出）"等等并未有质的区别，逐除的总体情境性氛围亦由"鼓噪以进""鼓噪而出"等具体描述而呈现出"狂"的特征。即便是到了宋代，傩仪具有了更强的娱神娱人性质[2]，逐除的

---

〔1〕萧嵩等：《大唐开元礼》，民族出版社，2000年，第423—424页。
〔2〕傩仪在秦汉时期，第一次在政治性宗教礼典的基础上加进了鲜活的世俗成分，开始了娱乐化的进程。秦汉之后傩仪便开始走向娱乐化和世俗化，到了唐代，傩队进入庙会，傩舞进入纯娱乐、非宗教的广场庙会，是傩礼世俗化的一个重大突破。在唐代傩礼世俗化和娱乐化的基础上，官方和民间傩仪都继续发展，傩戏逐渐普及。参见曲六乙、钱茀：《东方傩文化概论》，山西教育出版社，2006年，第261—356页。

情境性结构和文化功能仍未发生质的变化。

　　汉族傩仪功能、结构的这些基本特征在江西傩仪中亦保存完好，以被誉为"中国傩舞之乡"及周傩"活化石"的南丰县石邮村傩仪为甚。如图3.1和图3.2所示。图3.1和图3.2是南丰县石邮村正月十六搜傩仪式的两个环节。图3.1是沿门逐疫仪式（俗称"搜傩"）环节[1]。傩神庙搜傩之后，傩班弟子即在十多挂一万响的鞭炮声、十多支炮铳的放炮声和一路上的尖锐呼哨声中奔向各家各户搜傩，沿途均有参与帮忙的村民或者举着火把，或者挑着桶（盛放傩神的供奉品），或者运送炮铳，二十余名村民随行奔突。在傩班弟子还未到达时，家户男主人就已经准备好爆竹，带领全家大小手拿点好的线香在门口恭迎傩神的来临，还有两三个炮手拿着炮铳立于门外。傩神一到，家户众人持香颂词迎神，与傩神相互应和，同时

图 3.1　石邮村沿门逐疫仪式（摘自《南丰傩》）

---

[1] 沿门逐疫是正月十六日晚在石邮村各家户的厅堂举行。笔者在 2010 年正月十六晚参与了这一
　　仪式，可详见第一章。

点燃爆竹，放炮铳，钟馗、开山和大神依次起跳小跑进入厅堂，进行搜傩。在火把、鞭炮、炮铳、颂神驱傩相互应和声的渲染下，气氛显得威严而又神秘。图3.2是搜间仪式[1]，即索室驱疫：图中开山与大神手持铁链亦为神链由上而下，由东往西击打四方，将躲藏在角落里的鬼疫赶出房间，旁边有一村民手持一面大锣敲击。

图3.2　石邮村索室驱疫仪式（摘自《南丰傩》）

从图3.1、图3.2中我们可以看到，在石邮村，虽然作为逐除核心人物的方相氏变成了钟馗、开山和大小神，但是逐除的面具装扮、逐除动作、逐除方式、唱和呼应、集体参与、逐除核心功能等情境性基本要素，以及由这些要素形诸而成的神秘狂怪的情境性氛围很显然与历史中的傩祭仪式一脉相承。这亦为石邮村之始祖太尹公明代传傩时的本来面貌，石邮

---

[1] 笔者在2010年参与搜傩仪式时，笔者的信息提供人告知笔者，并不是每一户都要搜间，一般情况下，只会在一些老房子里搜间，如太尹公家。除非有家户提前提出搜间要求被应允才会"搜间"。凡搜间的人家，每个房间包括厨房要先点燃一对蜡烛和三炷香。搜厅堂时，将房门关闭，以防鬼疫逃窜。当小神在厅堂翻过跟斗后，主人打开房门，开山神先行，左手做香火诀，右手持铁链，小神随后，双手做香火诀。在火把引导下，二神人作巫步，由上而下，由东往西，到各个房间搜索，用铁链敲击各处，将躲藏在角落里的鬼疫赶出房间，然后关上房门，防止鬼疫再次窜入。钟馗镇守厅堂，与开山、小神汇合，完成"搜傩"仪式舞。主人送傩班出屋后，关上大门，打开房门，意味着鬼疫已被赶走，当年此屋可太平无事。参见曾志巩：《江西南丰傩文化》上册，中国戏剧出版社，2005年，第116—117页。

村吴氏族谱中的《乡傩记》就有载：

> 春王元旦起傩，乐奏金鼓，以除阴气。玄衣朱裳，执戈戟斧钺驱
> 邪具物，蹈舞于庭，虽近于嬉戏欢娱，乡人至愚，犹不敢亵越视之，
> 此孔子朝服阼阶之意也。乡人名曰"演傩"。及至元宵后一夜，灯烛辉
> 煌，金鼓齐喧，诗歌自唱，手执铁链，铮铮然有声，房室堂庭遍处驱逐，
> 以除不祥，神威达旦。是夜寂然，鸡犬无声，乡人又名曰"搜傩"。[1]

不仅石邮村如此，江西其他乡村的傩祭仪式亦大多保存了驱傩仪式的
基本结构和功能：如赣北都昌县，"上元夜分，合族丁壮鸣锣击鼓放爆，
挨家循行，谓之逐疫；亦古傩遗意"[2]；赣西北靖安县正月十六，"各燔
薪于厅，事被除不祥……落灯风过，傩神出市，黄金四目，犹然周礼之
遗"[3]；赣西萍乡"立春先日，乡人舁傩集于城，俟官迎春后即驱疫于衙
署中及各民户"[4]；乐安流坑村《董印明房傩神会略》也有"元宵装扮神
像，扫荡街巷"[5]的记载；等等。

由此可见，除了江西土著居民在春秋战国时期融合于中原华夏族民成
为华夏汉民族的一部分，江西傩文化便体现了汉族傩文化的特征外，江西
历来保守的文化氛围亦使得大多数的乡村傩仪均传承了原初汉族傩祭仪式
之驱鬼逐疫的核心功能，傩仪逐除的行为方式和结构模式亦沿袭了历代汉
族傩仪遵循的沿门逐疫逐除模式。这与一些以"还愿"为核心的仪式如湖

---

[1] 吴其馨修撰：《乡傩记》，载《吴氏重修族谱》，清光绪十八年，第84页。
[2] 狄学耕等修，黄昌蕃等纂：《都昌县志》，清同治十一年刊本，成文出版社，1989年影印本，
第136页。
[3] 徐家瀛、舒孔恂等纂修：《靖安县志》，清同治九年刊本，成文出版社，1989年影印本，第
187—188页。
[4] 刘洪辟修，李有棻等纂：《昭萍志略》，民国二十四年刊本，成文出版社，1975年影印本，第
2363页。
[5] 清修《乐邑流坑董印明房傩神会略》，转引自李秋香、陈志华：《流坑村》，河北教育出版社，
2003年，第58页脚注1。

南、湖北、贵州、广西等地的汉族乡村和少数族群的傩堂戏、傩愿戏、师公戏相区别。傩堂戏、傩愿戏、师公戏等以祈愿还愿或红白喜事为仪式的核心目的，比如广西师公戏（包括汉族、壮族、毛南族、仫佬族、苗族、瑶族师公戏）便是一种个体家户延请师公的法事行为，仪式之一的文坛是专为死者做超度道场的法事，而武坛（俗称"跳神"）主要是为开办白事的人家调节化解悲痛的气氛而开设的祭祀仪式[1]。在这些以祈愿还愿为核心功能的仪式活动中，个体家户往往成为仪式的主要实施对象，傩祭仪式从集体参与变成个体操办，这就在很大程度上不会形成像江西傩仪这般众人呼和、齐心逐除的仪式情境氛围，古代傩仪所需要的一些情境性基本要素也会因为仪式核心功能的改变而发生变异：某些要素缺失或者直接转变成为地域性或其他族群性的文化标识性符号，从而使得汉族的古傩祭仪式"特化"为各种类傩仪形态或继发性傩仪形态[2]。比如青海省黄南藏族自治州同仁县的土族年都乎村每年的"跳於菟"仪式，虽然仪式的功能在于驱鬼逐疫，但是装扮者并无面具，而是在身上绘制其族群文化的标志——图腾"虎"的形象进行逐除，这就使得汉族古傩祭仪式与当地的土族文化结合之后成为"古代羌族文化的遗存""是青海古代羌人崇虎图腾意识的曲折反映"[3]；而青海省民和回族土族自治县的三川地区虽有被当地人称为"纳顿"[4]的面具舞蹈，但是其目的并非是驱鬼逐疫，而是在丰

---

〔1〕详见庞绍元、王超：《广西柳州市师公傩的文武坛法事》，财团法人施合郑民俗文化基金会，1995年，第18—20页。

〔2〕笔者这里的"特化"概念沿用了郑元者先生"图腾观念的特化"理论，即"原初性图腾观念在史前时代发生、发展过程中的专门化"（郑元者：《艺术之根：艺术起源学引论》，湖南教育出版社，1998年，第90页）。笔者以为，现存于中国各地乡村的傩祭仪式或类傩祭仪式，是汉族古傩祭仪式在历史的流布和变迁过程中与地域文化或族群文化相互融合而形成的，因其所承载的特定的地域文化观念和族群文化观念而成为特定人群或族群的一种"专门化"的仪式，形成汉族所谓"傩仪"外的一种亚类型或继发类型。也是从这个意义上来说，作为傩文化研究者的我们，并不能在研究立场和价值立场上以汉族"傩"一言以蔽之。

〔3〕刘凯：《藏戏及乡人傩新识》，中国戏剧出版社，1999年，第179页。

〔4〕"纳顿"系土语，意为游戏、娱乐，是当地的大型酬神活动。每个丰年的农历七月十二日的"纳顿"活动是当地土族人民最盛大的节日。详见刘凯：《藏戏及乡人傩新识》，中国戏剧出版社，1999年，第186—198页。

年时期以面具舞蹈感谢地方神灵的护佑,是当地土族一种典型的酬神活动。同为汉族的贵州安顺地戏,亦是古代汉族傩仪与屯堡地域文化相结合而发生特化的一个显著案例。也正是因为此,所以我们无法用"傩"字来统称所有类似的假面仪式。

值得注意的是,江西傩仪除了驱鬼逐疫的核心功能之外,当然也与当地民众的生活相结合,衍生出祈愿还愿的功能。即便是被称为古傩祭仪式"活化石"的石邮村傩仪也具有为村民求子祈愿还愿的功能。与沿门逐疫仪式不同的是,这些祈愿还愿仪式往往比较喜庆,表现出傩仪与当地社祭相互融合、渗透的特性[1]。但是傩仪的这种祈愿还愿仪式功能并不凸显,一般都是依附于驱鬼逐疫的核心功能之上,是村民于鬼疫逐除之外对风调雨顺、子孙兴旺、财源茂盛之纳吉祈福的愿望延伸。同时,江西大多乡村傩仪还衍生出类似于南丰石邮村"起傩""演傩""搜傩""圆傩"即请神—迎神—逐除—送神这几个固定环节的傩仪结构,复杂程度远远大于史书上记载的民间傩祭仪式。但是驱鬼逐疫的逐除环节(俗称"搜傩""解傩""跳夜迎""撑傩神"等)环节仍然是整个傩仪结构中的核心部分,也是村落正月仪式中最为隆重的一个部分。以驱鬼逐疫为核心功能的仪式结构和行为方式自然也就在很大程度上能够秉承汉族傩祭古礼。譬如南丰甘坊村的"解傩"仪式,其原意便如东汉王充:《论衡·解除》所言:"解逐之法,缘古逐疫之礼也……故岁终事毕,驱逐疫鬼,因以送陈、迎新、纳吉也。世相仿效,故有解除。"[2]

二 傩神信仰之文化观念的族群同一性表达

江西傩仪不仅在仪式的行为方式和功能结构方面保存了汉族古傩祭仪

---

[1] 江西的某些村落也发展出主要以酬神为目的的、融合了当地文化的、具有社祭性质的仪式,这些地方的仪式并不是以逐除鬼疫为核心目的,而更多的是新春闹喜,并兼具有许愿还愿的性质,比如南丰县石浒村的"跳八仙",乐安县流坑村的"玩喜",等等。

[2] 王充:《论衡》卷二十五,上海人民出版社,1974年,第386页。

式的面貌，其行为结构背后所蕴含的鬼神信仰及由此所承载的文化观念更体现出汉民族独有的族群宇宙观和文化价值观。

江西傩仪所蕴含的汉族族群文化首先体现为傩祭仪式中的时空观及其投射出的宇宙秩序观。时间的标刻及空间的布局往往是在历史上、文化上被限定的，投射出某一族群特有的宇宙秩序观。而宇宙的时间过程和空间格局又是支配神鬼系统的依据和建构的背景[1]，仪式便成为宇宙秩序观投射的直接方式。对于华夏族构成成分之一的周人而言，这种宇宙秩序就集中体现在被称作周礼的仪式规制之中。具体而言，周代具备了一套完整的时空观和鬼神观，借此而展开的傩祭仪式行为便具有严格的时空约定。

从时间的约定上看，《礼记·月令》记载：

季春之月，命国难[2]，九门磔攘，以毕春气。

仲秋之月，天子乃难，御佐疾，以达秋气。

季冬之月，命有司大难，旁磔，出土牛，以送寒气。征鸟厉疾。[3]

从上述记载来看，周代的傩祭仪式分别在季春、仲秋和季冬三个不同的时节举行。贾公彦在为《周礼》注疏中说到"'季春之月，命国难。'按彼郑注，此月之中，日行历昴，昴有大陵积尸之气，气佚则厉鬼随而出行，故难之""云'仲秋之月，天子乃难，以达秋气'者，按彼郑注，阳气左行，此月宿直昴毕，昴、毕亦得大陵积尸之气，气佚则厉鬼亦随而出行，故难之，以通达秋气，此月难阳气，故惟天子得难""云'季冬'之

---

〔1〕葛兆光：《中国思想史》第1卷，复旦大学出版社，2001年，第359页。

〔2〕对于《周礼·夏官》篇中的"难"字，学界一致认为"难"字为"傩"字之假借字，因此，"时难"也就是"时傩"。有学者详细阐释过驱疫"傩"字的渊源及其假借字。可参见曲六乙、钱茀：《东方傩文化概论》，山西教育出版社，2006年，第42—55页。

〔3〕郑玄注，孔颖达疏：《礼记正义》卷十六，《十三经注疏》，中华书局，1980年，第1374页。

月，命有司大难，旁磔，出土牛以送寒气'者，按彼郑注，阴气右行，此月之中，日历虚危，虚危有坟墓四司之气，为厉鬼将随强阴出害人也，故难之"。[1] 据此，我们可以看到，在"时难"的傩祭仪式情境之中，时间的约定是仪式举行的前提条件。这与中国古人的阴阳观[2]有着极大的关联。《周礼·疾医》载"四时皆有疠疾"，郑注"疠疾，气不和之疾"。[3]也就是说，疫病的发生产生于四时之恶气，在"季春""仲秋""季冬"三个特殊的时节，会产生阴气、阳气和寒气，并由此而引出不同的疫鬼，出而害人，因此，需要在这三个时节分别举行傩祭仪式，驱除疫鬼。不同的疫鬼是应时节的不同而各自"出行"，因此"时难"的时间不同，傩仪驱除的疫鬼对象也不同。

从空间的约定上看：

> 方相氏，掌蒙熊皮，黄金四目，玄衣朱裳，帅百隶而时傩，以索室驱疫。大丧，先柩，及墓，入圹，以戈击四隅，驱方良（魍魉）。[4]

《礼记·月令》中有记载云"命国难，九门磔攘，以毕春气"，注云"磔牲以攘于四方之神，所以毕止其灾也"；又"天子乃傩，以达秋气"，王居明堂礼曰"仲秋，九门磔攘，以发陈气，御止疾疫"；季冬"命有司

---

〔1〕郑玄注，贾公彦疏：《周礼注疏》，中华书局，1980年，第1043—1044页。
〔2〕《周礼》中大量使用了阴阳观念，譬如礼仪有阳礼、阴礼（《天官·内宰》）；祭祀有阳祀、阴祀（《地官·牧人》）；政令有阳令、阴令（《天官·内小臣》）；气有阳气、阴气（《春官·占梦》）等等。钱穆先生说，《周礼》把"整个宇宙，全部人生，都阴阳配偶化了"。可参见钱穆：《周官著作时代考》，《燕京学报》1933年第11期。
〔3〕郑玄注，贾公彦疏：《周礼注疏》，《十三经注疏》整理本，北京大学出版社，2000年，第131页。
〔4〕郑玄注，贾公彦疏：《周礼注疏》，《十三经注疏》整理本，北京大学出版社，2000年，第971—972页。

大难，旁磔，出土牛，以送寒气"，注云"旁磔于四方之门"。[1]《淮南子·时则训》注："旁磔四面皆磔犬羊以攘四方之疫疾也。"这里的"四隅""九门"皆体现了古代汉族的空间观。方位的出现说明了在"时傩"这一严格的时间约定中，空间观依然在发生作用：四时皆有恶气，由不同时间季候所生发的疫疾厉鬼，并不是到处都有，而是从宫室或居室的四方中逸出害人，因此"时傩"的时候，还必须在四方安置磔牲，以延请四方神来镇压、逐除四方鬼。

由此，周代傩祭仪式中时间和空间的观念是融合在一起的，体现了早期汉族时空一体、相生互证的族群宇宙秩序观。事实上，依据考古学界的发现，中国人在相当早的时代就已经有了天圆地方、大地有四极八方、四方有神祇的空间观念。[2]后在四方的观念上产生了"中"的观念，且其神圣性逐渐超过了"四方"。从发生认识论的原理来看，当"主体把自己的身体看作是处于一种时空关系和因果关系的宇宙之中的所有客体中的一个，他在什么程度上学会了怎样有效地作用于这个宇宙，他也就在什么程度上成为这个宇宙的一个不可分割的组成部分"[3]。"中"的观念便体现了古代汉族观察、体验宇宙方式的改变，即人开始作为一个能动的主体进入宇宙的整体体验和认知结构之中，并逐渐建构和掌控了天、地、人之和谐一体的象征秩序：中央不仅在空间秩序上统辖四方，而且在价值等级上也优于四方。"中国""中原"的称谓便表明了"中"之于"四方"的掌控，傩仪中"方相氏"居于中央戈击四隅便是鬼神观念中"中央"之于"四方"的掌控。随着"中"之观念的出现，"五行""五方""五岳"等等

---

〔1〕郑玄注，贾公彦疏：《周礼注疏》，《十三经注疏》整理本，北京大学出版社，2000年，第571、615、653页。

〔2〕详情可参见葛兆光：《中国思想史》第1卷，复旦大学出版社，2001年，第16—19页。后殷商时代继承了远古的传统，具有了相当完整的空间秩序观念。据甲骨文记载，殷墟卜辞中的四方实为四方地主之神，也就是山川土地风雨之自然神，其祭祀为三类，一为攘灾，二为祈年，三为方望之祭，后世祭四方也有三类，一为被攘，二为报地功，三为方望之祭。参见陈梦家：《殷墟卜辞综述》，中华书局，1988年，第584—589页。

〔3〕皮亚杰：《发生认识论原理》，王宪钿等译，商务印书馆，1985年，第24页。

也逐渐成为人们对于宇宙认知的重要观念，"由于日月运行、五星盈缩产生出来的'五行学说'，就是中国人社会思想的本质，也就是宗教信仰的中心"[1]。与空间观念发展的同时，时间观念也不断生发，并与空间观念相融合：四方各有星象，四方又与四季相连，四季又各有物候，四方与四季相关联暗含了"春生夏长秋收冬藏"的意思[2]。因为四方与四时的关系是对应的，所以四方帝亦发展为四时帝，四方、四时鬼疫的鬼神观念便依时空观念而得到了配置。

人们正是依据对宇宙天地的观察、体验和文化想象，把时间和空间进行了秩序化的配置，依此配置的宇宙秩序同构了人间的社会秩序，使其不仅有序化，而且通过种种文化上的强化措施如周代宗法制度的制定，使其呈现出与宇宙天地一样不证自明的合理性和权威性。天子祭四方在四郊，不仅在时间上要按照四季祭祀，而且在仪仗上也要仿效天象。[3]《礼记·郊特牲》所云："万物本乎天，人本乎祖，此所以配上帝也。"[4] 周代严格的宗法制度便是以此为理念的。作为礼制一部分的傩礼，"天子傩""国傩""大傩"的祭祀等级划分便是这种宇宙秩序投射为周代礼制秩序的表现。而傩礼的施行，也使得这种与天地宇宙秩序观相映射的社会秩序观念通过作为秩序象征之仪式的实施获得了肯定、进一步确认并得以传承。正是从这个意义上来说，虽然傩祭仪式自周以后，逐除仪式展开的时间和次数都发生了较大的变化[5]，但是仪式行为展开的具体时空约定仍然非常

----

〔1〕丁山：《中国古代宗教与神话考》，上海文艺出版社，1988年，第585页。
〔2〕詹鄞鑫：《神灵与祭祀——中国传统宗教综论》，江苏古籍出版社，1992年，第42页。
〔3〕葛兆光：《中国思想史》第1卷，复旦大学出版社，2001年，第52页。
〔4〕郑玄注，孔颖达疏：《礼记正义》，《十三经注疏》整理本，北京大学出版社，2000年，第934页。
〔5〕据史书记载，就宫廷傩礼而言，周代的傩仪按一年春、秋、冬三次举行。除了隋朝保持了一年三次傩礼之外，其他朝代大多是一年一次；一年两次的有秦、西汉和唐代的显庆傩礼，分别在季春和季冬之月举行；而非汉族统治的朝代如元代、清代等，并不举行宫廷傩礼。民间的傩仪则一般就是一年一次。在现存中国各地的傩仪中，仪式举办的时间也并非是固定的，大多数地方是每年举行一次，而有的地方是隔年举行，还有三年一次或更长时间举行一次。

严格，原初傩祭仪式中所承载的阴阳五行观及鬼神观念仍然传承至今。对于历史上便一直远离皇城，政不下县，而今仍处于现代化进程边缘的乡村社会，这些时空观念并不总是会以一套类似于周礼的礼仪制度凸显出来，而是如集体无意识一般隐藏在意识深处难以被察觉。傩祭仪式则是这一宇宙观得以重新呈现并强化的重要方式，因为仪式是"宇宙观知识的理想载体"，"在这些仪式中，宇宙观与平常百姓的种种体验相结合，因此，人们对宇宙观的理解以及与宇宙观打交道的方式是仪式的关键"[1]。

事实上，现存江西傩仪遵循的就是汉族族群宇宙观的时空观念。江西的大多数傩仪仍以驱鬼逐疫为核心功能，病疫鬼神的出没以及被逐除仍然是以时空观念的框架来想象并表达的，由此而来的仪式时空安排也相对严格地沿袭了历史上汉族傩祭仪式的时空约定模式。在时间安排上，江西傩祭仪式的时间安排大多遵从祖制，非常严格，不能随意更改。如在萍乡，"先春之日，乡人乃傩"，"驱疫疠以达阳气"，仪式的目的显然是为了在春天到来之际驱逐寒气以导阳气。南丰县石邮村吴氏族谱中的《乡傩记》载"春王元旦起傩，乐奏金鼓，以除阴气"，"及至元宵后一夜……乡人又名曰'搜傩'。如古者磔攘旁磔之法，以疫为阴之气所感，不可不有以除之也"。在这里，江西傩仪虽然被安排在元旦至元宵期间，与周礼略有不同，但是傩仪中鬼疫滋生的原理及其逐除的目的，仍然显示出江西傩仪这一时间安排及其背后的观念，在本质上与周礼傩祭中季节变换、阴阳更替进而鬼疫出没须神灵逐除的观念相一致。

除了时间的约定之外，江西傩仪也有着非常严格的空间规约。在空间安置上，江西傩仪一个较为独特的现象便是，江西乡村大多都有固定的傩庙建筑，如南丰县几乎每个有傩仪的乡村都有自己的傩庙或和合庙，萍乡

---

〔1〕Michael Herzfeld, *Anthropology: Theoretical Practice in Culture and Society*, Oxford: Blackwell Publishers, 2001, pp. 209-211.

则流传着"五里一将军，十里一傩庙"的民谚，这与许多地方的傩神信仰寄寓于当地的土地庙、社庙或临时搭建的神坛具有显著的区别。傩庙这一神圣空间的恒久性存在就意味着傩仪之鬼神信仰观念在江西傩乡乡民的历史记忆和日常生活空间中占据了一个非常重要的位置。除了具有固定的傩庙，空间观念尤其渗透进傩仪的逐除动作和诵神咒语之中。如万载县潭埠乡池溪村沙桥傩班（即丁姓傩班）在扫屋仪式中，雷公作为逐除的主神，念咒时站在房屋中央，面向门外，钟馗立于雷公前，面向雷公。头将站在东方，二将站西方，三将站北方，四将站南方，四大天将均面向雷公。雷公进入"总房"后，即拜东南西北四方，拎起一只雄鸡，先给鸡灌酒，又在五方的瓷碗中斟酒，口中念诵五方咒："一祭东方甲乙木神煞，二祭南方丙丁火神煞，三祭西方庚辛金神煞，四祭北方壬癸水神煞，五祭中央戊己土神煞。"宁都中村的傩戏"判官点书"节目中，判官要用唱的方式点东、南、西、北、中对应的五方神来收复五方小鬼，继续用唱的方式来表达写文画符以驱鬼的内容，最后以"五方小鬼都化尽，判官无事归天宫"的道白来重复强调鬼疫被逐除的主题。乐安县东湖村傩舞节目中的"鸡嘴""猪嘴"在进屋搜傩逐疫之前，傩班领头人就要率众弟子揖拜四方神，念诵"伏兮伏兮，十方四界，值日星宿，功曹使者"，以祈求四方神灵附体显威，逐除鬼疫。在这些逐除仪式之中，作为逐除的主神总是站立于中央，号令或者指挥四方神来镇压逐除四方鬼，这不仅体现了历史上汉族观念中"中央"之于"四方"的主导地位，而且通过人敬奉牺牲供品延请五方神灵，佩戴面具装扮成神，并挥舞法器的逐除四方鬼疫的方式体现了傩祭仪式之人、鬼、神各自回归其本位，天、地、人和谐一体的宇宙秩序观。

其次，江西傩仪宣扬的价值观和人生观亦为汉民族一直崇尚的儒家价值观与人生观。儒家所倡导的学说自董仲舒"独尊儒术"的论断被汉武帝采纳后，儒学便成为根深蒂固的"汉家制度"。西汉以降的两千年中，儒学作为社会的主流意识形态或者说官方意识形态地位并没有受到过根本性的冲击，一直牢牢地处在社会核心价值的位置上，主宰着中国传统社会的大的风气与人心向背。[1] 江西历史上便推崇儒学，崇古尚礼，境内各州县都将儒学奉为圭臬，如境内袁州府（即今宜春市），其俗以"艺文儒术为盛"，"儒风之盛，甲于江右"[2]，南丰则"承先士文献之后，故士多俊才，礼教信义不减东鲁，兼有上世遗风"[3]，因而"儒家思想意识是江西继原始鬼神观念之后的又一文化主体意识，是江西人文进化层中最为重要的一个构成因素"[4]。至今江西傩仪仍然保存了诸多体现儒家思想观念的表演内容。笔者前面所论及的傩仪之宗族依附及其中所呈现出来的诸多如"孝""贤""忠""义"等儒家传统伦理价值观就集中体现了汉族儒家传统的伦理价值观。

此外，就傩仪的江西地域文化特征而言，最突出的一点则是江西大多乡村傩仪中对"魁星"的崇拜。魁星俗称文曲星，是传说中主管文化和科举的神灵。魁星崇拜显然与江西历来重视文化教育与进仕科第的人生观密切相关。江西的经济文化在宋代达到鼎盛，这一时期，随着隋唐科举制度的改革，平民知识分子也具有了参政议政的可能，这就极大地激发了人们学习文化、进仕科举的热情。当时江西的文化教育以官学和书院两种形式出现在江西各地，十分普遍。名满天下的"四大书院"之首便是江西的白鹿洞书院。[5] 当时的江西也是宋代理学渊薮之一，理学思想成为社会主流思想之一。理学大师王阳明的学说是在江西任巡抚的四年半中成熟的，所以王阳明死后"江右王门"（即江西）最盛。黄宗羲在《明儒学案》里

---

〔1〕朱承：《治心与治世：王阳明哲学的政治向度》，上海人民出版社，2008年，第28页。

〔2〕严嵩原修，季德甫增修：《袁州府志》卷一《风俗》，明嘉靖四十年刊本，成文出版社，1989年影印本，第84页。

〔3〕孟炤等修，黄祐等纂：《建昌府志》卷八《风俗考》，清乾隆二十四年刊本，成文出版社，1989年影印本，第313页。

〔4〕余悦主编：《江西民俗》，甘肃人民出版社，2004年，第10页。

〔5〕关于这一时期江西经济、文化的兴盛，可详见余悦主编：《江西民俗》，甘肃人民出版社，2004年，第6页。

说阳明之道赖江右而得以不坠，"阳明一生精神，俱在江右"[1]，即是指江西理学的兴盛及其精神的传承。而南宋大理学家朱熹在江西任职讲学期间，各地学生纷至沓来，江西学风大盛。他与陆九渊在江西讲学时的"鹅湖之辩"，更成为学术思想开放的标志。书院教育加上理学思想的兴盛促使了江西进士科第人生观的形成，也使得江西成为当时全国最有成绩的科举大省之一。据初步统计，自隋唐科考开展以后，江西的进士就有一万一千一百多人，占全国的百分之十二以上。宋元明三代，全国各省之中江西之科名都在前五名之内。两宋时期，江西省有进士五千四百多位，有晏殊、欧阳修、王安石、曾巩、黄庭坚和文天祥等杰出人物。明代则有进士三千二百多位，有解缙、杨士奇、况钟、谭纶、宋应星等。两朝在一甲三名之内的至少有七十位以上。这些数字在全国都位居前列[2]。江西的这些地方文化精英"做官大都从事儒家文化的传播，通过教化的努力把统一的精英价值贯彻到地方的行政中去，贯彻到当地的民众生活中去"[3]。

江西教育及科举进仕的文化传统成为江西的一大地方特色文化，这一地方性文化特征投射到民俗中，则使得魁星也很自然地成为傩仪信仰中的一个神灵。据笔者了解，江西众多乡村的傩仪中，跳魁星尤以傩仪传播范围较广的抚州地区为甚。抚州地区素有"才子之乡""文献之邦"的美誉，"旧志云，地无乡城，家无贫富，其子弟无不学，诗书之声尽室皆然"[4]，其人"好古务学，崇礼尚贤，科名辈出，蜚声仕籍"[5]。其中最典型的村落要数抚州地区流坑村。流坑村以董氏为宗族大姓，从宋真宗到明宪宗的

---

〔1〕黄宗羲著，沈芝盈点校：《明儒学案》（修订本）上册，中华书局，2008年，第331页。
〔2〕以上数据来自周文英等编著：《江西文化》，辽宁教育出版社，1991年，第221页。
〔3〕南昌大学江右哲学研究中心编：《赣文化研究》（2007年，总第14期），江西人民出版社，2008年，第14页。
〔4〕童范俨等修，陈庆龄等纂：《临川县志》卷十二《风俗》，清同治九年刊本，成文出版社，1989年影印本，第814页。
〔5〕孟炤等修，黄祐等纂：《建昌府志》卷八《风俗考》，清乾隆二十四年刊本，成文出版社，1989年影印本，第310页。

四百多年间，全村有三十二人中进士（其中董氏占了二十七人），其中有一门五进士，还有一人中了状元。此外，晏殊、晏几道、曾巩、王安石、陆象山、李觏、汤显祖等等这些历史上的著名文人政客均为抚州人。这种文化传统使得抚州傩仪成为一个崇尚儒道、礼于诗书、遵循周礼旧制之汉族族群文化记忆的载体，魁星面具成为傩神的象征，接受人们的供奉，跳魁星亦几乎成了这些乡村傩舞表演的一个固定节目（见图3.3、3.4），如

图3.3-1、3.3-2、3.3-3
南丰县两种典型的魁星面具与水北村的和合面具及其道具朱笔、握墨与算盘（笔者摄于2008年12月）

南丰县的瑶圃、水北村、上甘坊、周家堡、罗家堡，乐安县的流坑村，宜黄县，广昌县，崇仁县，等等。

从图3.3-1、3.3-2中我们可以看到，南丰县的魁星面具虽然颜色和纹饰上不太一样，但是其形象大体上是一致的，都是面目粗犷，头上两个犄角，额头上鬓角竖起呈耳状，两眼暴突，火焰眉，阔嘴露齿，上齿向下长，有两个大獠牙，鼻子、两颊和下巴分别有不同颜色的纹饰。从图3.4则可以看出，在傩舞表演中，魁星大多右手执朱笔，左手拿着红布包好的斗（流坑村的木雕魁星左手拿乌纱帽），表现士子考试时魁星举笔点试的情境。在跳傩时，魁星作持笔沾墨点投状，点天，点地或点人，有的在跳时，还会唱着"魁星顶顶圆，得崽中状元"的彩词。据笔者了解，在跳傩过程中魁星会不时向观众点笔，据说被他点中的定会金榜题名，成就仕途。这样，魁星面具和跳魁星不仅体现了江西傩仪的地方文化特色，更是历代汉族崇尚礼制、读书博取功名、积极进仕科第之人生观的投射。

与傩舞跳魁星一样蕴含有汉族族群文化属性的，则是江西傩仪中普遍存在的和合神崇拜与跳和合傩舞节目（见图3.5）。据《建昌府志》载，"小儿辈戴面具戏舞于市，似古傩礼"，指的便是和合。和合神在民间有很多传说[1]，然而其观念意识却早在古代中国就已经出现了。"和""合"二字首先被发现于甲骨金文之中，先秦时期，"和"被赋予了"合"的含义，从而出现了完整的"和合"概念。"'和'指的是和谐、和平、中和等，'合'指的是汇合、联合、融合等。'和合'，就是指对立的相互渗透和统一，而且，这种统一是处于最佳状态的统一，对立的双方没有离开对方而突出自己。"[2]和合观念被春秋各派思想家征用，并在历经各代思想

---

〔1〕关于和合神的来历，不同历史时期有着各不相同的传说。可详见吕宗力、栾保群：《中国民间诸神》，河北教育出版社，2001年；马书田：《中国民间诸神》，团结出版社，1997年。

〔2〕杨建华：《中华早期和合文化》，浙江人民出版社，1999年，第1页。

图 3.4　南丰县罗家堡众傩神，左二为魁星（来自南丰县文化部门内部
资料）

图 3.5　南丰水北村的和合傩舞（摘自《南丰傩》）

家的阐释之后衍变至今，成为中华民族的一个重要思想观念。这种大传统
思想融入江西地方文化之中，形成节奏轻快、娱乐成趣的傩舞和合舞，以
南丰县桥北乡水北村的傅姓和合班最为著名。江西有着各具不同象征意义
的和合舞节目，有象征夫妻和谐恩爱的三坑、神岗和合舞，文武双全的罗
家堡和合舞，祈神赐福禄财喜的田东、上甘、水北、南城、广昌和合舞等

等。江西傩仪中的和合舞大多表达了江西乡民对于日常生活所求之和谐喜庆的朴素生活观，正如水北村和合舞中祈祷词所言，"读书者，聪明智慧；求功名者，早登金榜；做生意者，一钱为本，万串为利"，这和江西以外其他地方汉族民间年画《和气致祥　一品当朝》《和合二仙　状元及第》《五子夺魁》《赐福财神》《端阳庆喜》中的生活寓意并无二致，正所谓"愿世间和万象之新，合一元之气，并和气而保福禄财喜，合理而升公侯伯子男"[1]，反映了汉族文化的传统生活理想。

综上所述，我们可以看到，无论是从功能、结构还是文化观念上来看，江西的傩祭仪式及傩神信仰呈现出来的都是汉族傩仪一脉相承的汉族文化，是汉民族主流文化思想向江西民间社会的投射和延伸。不同的是，作为大传统的汉民族文化观念往往以种种可见的甚至是制度化的思想体系出现，并在历史发展中不断向下位移到民间社会；而民间社会则往往受其影响，在传承自己群体历史记忆的同时，根据实际具体的日常生活体验和感知，做出各种灵活多变的适应性积极改造，并将其紧密地与当地的世俗文化融合，使得系统化的主流思想转化为当地民间的各种生活知识和生活技术，进而演变为民间的小传统。从这个意义上来说，作为江西乡村传统文化记忆承载方式的傩祭仪式，在本质上承载的是汉族族群文化的身份属性，与汉族族群主流文化具有文化上的同一性，体现了汉族族群主流文化与江西乡村文化之间的互动统一关系。

---

[1] 清乾隆年间抄本《戏剧四种》中《天赐和合》语，转引自李修生主编：《古本戏曲剧目提要》，文化艺术出版社，1997年，第788页。

第四节　被唤醒的族群身份自我意识

一　族群身份自我意识被唤醒的情境性约定

族群身份的建构通常包括了这样两个方面，即作为辨异过程的社会识别方面和作为认同过程的自我确认方面。族群身份的社会识别方面实际上又包含了族群交往过程中其他族群对于本族群的区别性界定以及在一个较大族际范围之内本族群所在地方各种社会力量（主要是政治的和经济的力量）对本族群的界定。族群身份的自我确认方面也包括了两方面的内容，即族群成员个人对于自己族群归属的认知、确证以及整个族群群体对自己族群名称及其文化特征的确定。江西的傩仪与傩艺人的族群身份，无论是在社会识别方面还是自我确认方面，都被明确地界定为汉族。然而，江西傩仪及傩艺人族群身份在很大程度上被人们忽略了。也就是说，较之于其他少数族群或处于族际交往频繁的其他汉族群体而言，江西傩艺人并未能够如其对宗族或地缘身份一般，具有一种清醒的甚至是清晰到足可以自我表达的族群身份自我意识。江西傩艺人的族群身份意识要能够从潜隐的状态中凸显出来，成为一种自我能够意识到并描述的身份意识，必须以某种情境尤其是以族群交往之特定情境及其所传递的族群身份信息为条件或手段而被唤醒，以至有可能被傩艺人有意识地纳入甚至内化于自我身份的自觉认知之中。

换言之，江西傩艺人族群身份的呈现离不开族群身份意识被唤醒的情境，族群身份意识的被唤醒就发生于特定的情境之中。虽然身份本身就具有族群性，但是在社会交往过程中，族群身份意识的强弱并不总是以某种均等的程度呈现于个体的身份意识之中，而是随着族群现象的演变和个体对自身族群身份的强调程度而发生变化。因此，江西傩艺人族群身份意识的激活以及从身份的其他意识中的凸显，往往具有强烈的情境性规约。

虽然由于个体的差异和被唤醒具体情境的差异，族群身份被唤醒的程度也并不一样，但是，总体而言，族群身份意识激活的情境性规约主要体现于族群之间交往的情境特殊性及傩仪展演的情境特殊性。

一方面，是族群交往的情境性约定。一般而言，族群之间的交往包含了生活、文化、经济、政治等方方面面的内容。族群成员之间的频繁交往大多体现在生活上和文化上，且这种交往通常是通过日常生活中的互动来完成的，是在生活中实现的交往。由于中国的族群在很多地方都呈现为一种大杂居、小聚居的生活格局，因此族群彼此之间的文化在很大程度上并未形成一种泾渭分明的族群文化边界，而是呈现出一种相互影响、彼此杂糅的文化不纯粹性状态，日常的生活交往在总体上也就显得比较稳定、平和。这种相对稳定的族群日常交往并不总是能够凸显出族群之间的文化边界，交往的行为在很大程度上也并不像族群中的精英分子一般因为注重族群整体利益的获得而表现为一种相对较为强烈的族群身份意识。族际交往中的个体成员在经过一段时间的族际交往及文化磨合之后，会逐渐形成对某些事物和行为的共享意义，从而以某种特定的方式来理解事物和现象。因此，日常生活中的族群交往如果不涉及根本性的差异和利益冲突，标识着族群差异的文化特征和行为方式往往会以一种文化惯习的方式被交往双方默认、接受并形成彼此之间的一种交往惯习。交往惯习的形成就意味着交往的过程并不需要时刻具备某种强烈的、显而易见的族群身份意识，更多的时候，这种族群身份意识是以一种被惯习弱化的、潜隐的方式停留在身份潜意识之中。即便是对于那些对自身族群身份较为敏感的少数族群成员而言，日常生活的交往惯习也会使得族群个体成员的族群身份自我意识处于一种潜隐状态。比如，大多数保安族只有在填写标明自己民族身份的表格时或者是在提及自身族群文化特征时，才会意识到自己的民族身份，

"上学报名，写了保安族，才知道自己是保安族"〔1〕。因此，我们可以说，在一般的族际日常交往情境中，族群身份亦不会凸显出来。

从上述问题的另一面来说，族群身份意识从潜隐到被唤醒进而成为一种自觉，往往是发生在某个特殊的、异于一般的族群交往情境中。也就是说，族群交往的情境发生或者建构必须具有某种强烈的目的性，在很大程度上直接关联于各个族群整体利益的获得或族群情感的维护。当然，对于族群身份意识被唤醒的大多数族际交往情境而言，族群文化差异的比较及凸显总是与族群整体利益的获得以及族群情感的维护相互关联，族际交往若是以文化差异的比较为主要方式和目的，那么这种族际交往的方式及目的在很大程度上就是为了争取、获得更多的族群整体利益或者维护族群的某种情感。

因此，在族际交往中，族群身份得以凸显的情境性规约在很大程度上就在于族群身份被有意识地操作成为该族群整体利益获得或族群情感维护的一种重要手段或者工具。这一点，即便是对于现存傩仪这样一种族群属性极不明确的文化事项来说，亦不例外。在某些地方，傩仪的族群身份界定成为争夺族群文化资源的操作手段。譬如，贵州德江县把该县傩仪界定为土家族特有的民族文化标志，在很大程度上就是为了获得民族优惠政策所带来的更多经济、文化资源。德江县的这种做法，"成功地把傩这个兼具汉族和土家族的文化特征，并在地域文化特征上涵括了当地苗族、仡佬族、回族、壮族等少数民族的宗教仪式，变成土家族独有的民族文化标签。由此，德江县以确凿无疑的证据，抵制了铜仁地区行署的反对意见，为全县近20万群众恢复了土家族身份"〔2〕，因此，在1986年德江县民族

---

〔1〕菅志翔：《族群归属的自我认同与社会定义：关于保安族的一项专题研究》，民族出版社，2006年，第218—219页。

〔2〕李岚：《信仰的再创造——人类学视野中的傩》，云南人民出版社，2008年，第318页。

识别工作结束之后的 1991 年，"德江县享受了民族自治县的经济体制待遇"[1]。很显然，傩仪土家族身份的获得是基于某种族群利益而进行操作的结果，傩仪族群身份成为德江县少数民族地区身份建构的一个重要手段。

另一方面，则是唤醒傩艺人族群身份意识的傩仪展演特殊情境。当傩艺人的族群身份尚未成为一种有意识被表达或被表述的对象时，傩艺人的傩仪展演总是特定族群的一个文化惯例性行为，是该族群的内部文化事件。如果跳傩仪式展演不涉及族群交往与交往过程中有意识的族群文化比较，那么，族群身份及其认同在很大程度上就不可能有任何意义，因为身份与认同本身就是一个关系的建构（relational construction），"最孤立隔离的传统群体，可能是在自我族群意识上最弱的群体"[2]。换言之，傩仪的展演并不必然地涉及族群差异的感知及族群认同的建立。傩艺人族群身份的被唤醒不仅必须以傩仪展演为手段，且展演情境建构的目的也必须异于当地惯例性傩仪行为的目的，即以族群之间文化差异的比较为直接目的，而并不是依惯例进行的驱鬼逐疫、祈愿降福。

由此，族群交往的特殊目的以及傩仪展演的特定情境便成为傩艺人包括江西傩艺人族群身份意识被唤醒的情境性条件。傩艺人族群身份得以被唤醒的族群交往情境，其特殊性就体现为一种被傩艺人自身意识到的、以族群文化差异比较的方式获取族群利益或维护族群情感为首要目的的族群交往情境，而且这种交往情境的目的是以傩仪的展演为主导行为和实践方式来实现的。只有这样，族群日常生活和惯例性傩仪展演中隐秘的族群身份意识才能被唤醒，得到强化，并浮现于身份意识的表层，进而有可能成为自觉的族群身份意识。这样，在以族群文化差异比较为主要呈现方式的

---

[1] 李觉序主编：《德江县志（初稿）》，1993 年，第 262 页，转引自李岚《信仰的再创造——人类学视野中的傩》，云南人民出版社，2008 年，第 318 页。

[2] Eugeen E., Roosens, *Creating Ethnicity：The Process of Ethnogenesis*, Thousand Oaks, CA, US：Sage Publication Inc., 1989, p. 19, p. 12.

族群交往过程中，傩仪展演便成为傩艺人族群意识被唤醒的情境性手段，也是族群身份体验的方式。

二　惯例性傩仪观念情境与被唤醒傩仪观念情境的张力

值得特别关注的是，与族群交往频繁地区的特定傩仪情境相比，江西傩艺人族群身份被唤醒的情境具有更多的不确定性，这也使得傩艺人的族群身份体验具有了更多的不确定性。根本原因就在于江西傩艺人惯例性傩仪展演的观念情境与族群身份唤醒展演的观念情境在某种程度上并非是吻合的，而是极有可能存在着某种张力。

一方面，江西傩艺人惯例性傩仪行为的观念情境是以地方性家族/宗族文化观念为核心的。江西境内家族、宗族支系盘生，族际交往极其贫乏，个体成员身份的群体属性在很大程度上由当地的宗亲血缘关系决定，家族/宗族身份因而在成员身份意识中占据了压倒性的比重。江西的傩艺人亦如此。他们尽管在身份的官方界定上是汉族，但仪式行为展开的总体观念情境始终被纳入当地的家族或宗族文化之内，并以此为表达的核心。而且，作为江西傩艺人身份体验方式的傩仪，无论是从表现形式、内容还是展演情境上来说，都与当地的家族或宗族文化记忆紧密相连。地方性的家族/宗族文化及其价值观念往往以一种划定疆界之包围圈的方式弥散于当地傩艺人的身份体验和认同之中，傩艺人的信仰认同与家族/宗族文化认同在很大程度上是契合的，家族/宗族身份亦总是显著地呈现在傩艺人身份意识之中。这种身份意识如此强势，以至于它不仅会在傩仪惯例性的展演情境中被傩艺人体认到，亦会渗透进族群身份被唤醒的特定傩仪展演情境中，不同程度地影响到傩艺人对于族群身份的体验。

另一方面，族群身份意识被唤醒的特定情境显然是围绕着差异性的族群文化呈现和体验而构建的，无论是对情境中的展演者还是参与者，它都要求实现一种更大时空范围的文化体验，这种体验对江西傩艺人来说是某种对地方性家族/宗族文化的超越。族群，作为"社会亲近和亲属制体验的最上限"[1]，是以涵括最大化的文化记忆作为框架而凝聚的文化想象共同体。因此，族群身份中的"族群"在很大程度上并不强调地方性的家族/宗族血缘归属，而是超越了血缘范畴，是血缘关系最大范围的延伸，因而族群身份更为强调想象性的文化亲缘关系。这种文化亲缘关系的重要性对少数族群来说，是不言而喻的。大多数少数族群由于各种自然的或历史的原因在人口、文化、经济和政治地位上处于某种劣势，他们在族群变迁的过程中总是会经历某种阶级或种族方面的压迫或歧视，这种共享的被压迫或受难的体验使他们在很大程度上能够超越血缘的局限而自觉地以族群的形式凝聚在一起。因此，族群的概念和族群文化的归属对于这些少数族群成员而言尤其重要，族群身份对他们的影响在很大程度上要高于他们在实际生活中所具有的其他身份（例如地域、性别身份等等）。这不仅表现在大多数少数族群成员都能够比较清晰地表达自己族群文化的某些特征，与他们族群文化融合在一起并承载其族群记忆的傩仪亦显著地体现了这样一种族群身份的归属。

与江西傩仪突出地方性家族/宗族文化相比，少数族群傩仪更多地包含了该族群的历史记忆，体现出来的亦多为该族群的整体文化特征。比如土家族的傩堂戏，其源起传说就与洪水神话中的土家族兄妹相关联，现存傩仪中供奉的傩公傩母据说就是洪水神话中土家族兄妹祖先的化身。而彝族的"变人戏"，则直接表现了图腾部落时期彝族先祖的生产、生活内容和图腾信仰内涵。由此我们可以看到，少数族群的族群文化归属意识具有极强的身份归约性，它代替血缘成为身份识别的总体框架。同样地，少数族群的惯例性傩仪观念情境承载的就是该族群特有的族群文化观念，这与族群身份意识被唤醒的观念情境在很大程度上是重合的。由于少数族群傩

---

[1] A. Fishman Joshua, *Language and Ethnicity in Minority Sociolinguistic Perspective*, Clevedon, England: Multilingual Matters, Ltd. , 1989, p. 25.

艺人体验到的文化身份在很大程度上就是族群文化身份，是在超越血缘的基础上形成的，因此当他们与江西傩艺人同处于族群身份意识被唤醒的情境之中时，他们便无须再进行身份体验的某种超越。族群身份意识即便是由于交往惯习的作用而沉潜，也能够即时被唤醒。

与少数族群成员重视族群身份并能够不断体验到族群身份不同的是，族群这种想象性的文化归属对占据人口绝大多数、一直居于历史主流地位且文化上向来以儒学之现世追求为目标的汉族人来说，尤其是对远离中心、偏于一隅、观念保守的江西乡民而言，并不具有某种强烈的、必不可少的规约作用。而且，虽然江西傩仪承载的家族/宗族文化记忆投射出汉族的族群文化属性，傩仪的表现内容和表现形式却是具体的，呈现的是在江西这一特定地域生长出来且与人们的具体生活交织在一起的地方性知识，这种具体化的地方性文化显然与集约化的、包容性极大的汉民族族群整体文化并不处于文化的同一个层面。事实上，不仅是汉族文化的族群属性及其特征概括，还有江西傩仪汉族族群性的投射，在很大程度上都是在置身其外的阐释者而不是在身处其中的乡民的层面上发生意义并构成一种阐释的。因此族群性意义往往是针对文化精英而言的，江西傩艺人与其他族群的辨异意识在很大程度上是很薄弱的，族群的概念对于他们来说几乎没有。或者更为准确地说，在江西傩乡，族群概念的重点更多地侧重于"族"的概念，即以当地血缘承续的家族/宗族等价值来限定的"族"，而"群"亦是由当地的血缘宗族群或地域群来界定的。而这对于少数族群来说，则刚好相反，文化亲缘"群"的意识往往在很大程度上覆盖了生物血缘"族"的意识。因此，以文化亲缘关系所凝聚的汉族及其民族性在江西傩艺人的身份意识里是缺席的。

江西傩艺人的身份意识更多的是以惯例性傩仪展演所围绕的家族/宗族文化观念为核心而生成的，这与被唤醒情境以超越血缘的方式生成的族群文化观念便形成了某种张力。张力的形成就意味着，在族群身份意识被唤醒的傩仪情境中，江西傩艺人对族群身份的体验首先就必须跨越日常生活维系之家族/宗族这一具体的地方性文化层面，而进入几乎是概念化、集约化的汉族族群这一文化整体层面的理解。

很明显的是，江西傩艺人对汉族族群这一整体文化并没有多少接触和理解，超越式的身份体验情境和过程对于他们来说，充满了意义的不确定性。对江西傩艺人来说，这种以想象性族群文化为凝聚核心的族群身份被唤醒的情境实际上外在于江西傩艺人以地方性家族/宗族观念为核心指向的生活情境和文化情境。即便是在族群身份被唤醒的情境中，族群文化的内涵与表现形式对他们来说亦是新鲜的、陌生的。一方面，激发傩艺人族群身份意识的他者族群文化对江西傩艺人来说，是陌生的。由于族群身份被唤醒的傩仪特定情境着眼于各不相同的族群文化差异在傩仪上的呈现，因此在这种情境中，由差异所标识的族群文化他者形象往往以一种特征集中的、刻意凸显的方式得到呈现。即各个族群往往把最能够体现该族群特色的傩仪形式和内容作为情境展演的核心。这种刻意凸显的文化形象对江西傩艺人而言在很大程度上是新鲜的、陌生的，异于他们自身的地方性文化。另一方面，在族群文化差异呈现的傩仪情境中，虽然江西傩仪展演的目的在于呈现汉民族的地方文化意味（这主要是针对情境中的信息接受者而言），但江西傩艺人对汉民族文化的实质性内涵及文化特征并没有一个清晰的概念。事实上汉民族文化因其雪球般吸纳融合的能力而形成的包容性极大的文化内涵和文化特征，也并非是现存江西傩艺人及普通乡民能够了解和触及的。所以，以汉民族文化为归属目标和承载母体的族群文化自我形象对江西傩艺人来说亦是陌生的。同时，族群身份意识体验的特定傩仪情境亦是从傩艺人连续性的生活中抽离出来的，是在打断日常生活进程的基础上建构起来的，因而族群身份体验在时空意义上与日常生活体验是断裂的。这种断裂性在某种程度上加剧了惯例性傩仪之观念情境与被唤醒傩仪之观念情境的张力以及江西傩艺人族群身份体验的不连贯性。

这样，无论是族群文化他者形象还是汉族族群文化的自我形象，抑或是族群身份意识被唤醒的情境本身，对江西傩艺人来说都是陌生的，与他们的日常生活和文化是有区别的。这就意味着江西傩艺人在自有的文化观念情境中并未能够像少数族群成员那样对族群文化形成某种定型化的自觉，他们对超越宗族群体的族群文化尚处于懵懂之中。因此，江西傩艺人的族群身份体验并非是能够被轻易唤醒的，而是存在着种种体验的间断性与不确定性。其中最显著的表现莫过于，当笔者问及江西傩艺人有关当地傩仪的一些文化归属时，他们首要地将其归属于某某家族或宗族的，然后是某某地方的[1]，最后在笔者的提醒中，有人才会指出，傩仪是中华民族的传统文化。

这实质上就意味着，族群所蕴含的超越地方血缘的亲缘文化想象与家族/宗族强调的地方血缘凝聚的乡村文化现实之间，如若没有任何情境性要素的介入作用如各种显性、隐性的族群利益、族群情感的大力宣传与强力植入，两者总是处于某种占比极不平衡的状态，从而形成江西傩艺人惯例性傩仪的观念情境与族群身份被唤醒的观念情境之间的张力。

三 族群身份的跨层级认同

在探究江西傩艺人族群身份意识被唤醒的情境时，我们发现族群身份意识被唤醒的观念情境与惯例性傩仪观念情境之间存在着某种张力。而族群身份事实上能够被江西傩艺人意识到并形成某种认知甚至认同，显然是这种张力得以消解，或者更为准确地说，是江西傩艺人对特定傩仪的观念情境和身份体验暂时达致某种程度的调适。换言之，在族群身份被唤醒的傩仪情境中，江西傩艺人在特定傩仪展演的情境性要素介入之下，经过某种调适，在主观上使得地方性家族/宗族文化赋予他们的家族/宗族身份意识暂时让渡给特定傩仪情境中蕴含的族群文化意识，并在这一身份意识让

---

[1] 江西很多地方的傩班就是以某某家族或宗族或该乡村的名称命名的，如水北村傅姓和合班、石邮吴氏傩班、石源村李姓傩班等等。

渡的过程中体验到了只对他们而言具有某种独特意味的族群身份意义。笔者在对江西傩艺人的采访中发现，当傩艺人在笔者的提醒下转向傩仪更大的文化属性时，他们绝大多数人都认为，傩仪是中国人的傩仪，是中华民族的传统文化或文化遗产。类似于"是中华民族的文化"这种经过一番思索而给出的并非十分肯定且并不明其所以然的答复，普遍存在于江西傩艺人及其他乡民之中。

"中国人""中华民族的文化"的答复就意味着，不同跳傩行为观念情境之间的张力在经由情境性要素介入之下的结果便是江西傩艺人的身份认同呈现出跨层级认同的特征。具体而言，江西傩艺人在被唤醒其潜隐的族群身份之后，所意识到的并不是真正意义上的由汉族所指向的族群文化身份（如一般情况下少数族群所做出的身份体验反馈一样），而是以文化整合、政治整合为情境特征和功能呈现的中华民族之民族国家的文化身份。或者更为准确地说，江西傩艺人对于族群身份与民族国家身份的混淆，实质上是把族群身份本应归属的汉族文化内涵扩大化以至等同于中华民族的民族国家身份及其文化内涵。

而很显然的是，汉族文化并不能够被等同于中华民族文化，中华民族的民族身份亦不能够约化为汉族族群身份。首先，从事实层面上来讲，虽然在中国，汉族文化居于中国文化的主流位置，不仅在历史上是其他族群文化被同化的目标文化，即便是在现代社会中，当现代化进程裹挟着以进化论为主导的发展观念走进少数族群的日常生活时，先进的汉族文化即主流文化亦再一次成为他们自觉或不自觉转向的历史进化目的地；但是，汉族文化依然在其涵括的实质性内容和表现形式上与其他族群文化存在着差异，且其他族群文化即便是在向着汉族文化同化的过程中，亦还保留了自身独特的一些不易、不容改变的文化习性，如一些族群特有的信仰禁忌至今仍然规约着当地族群的日常生活。族群文化的多元存在仍然是中国这个多民族国家的一大文化特色，汉族文化只能是中华民族文化的一个构成部分（虽然汉族是"多元一体"民族格局中的凝聚核心），而不是全部，它与国内其他各族群文化一起共同构成了中华民族的整体文化。因此，汉族文化认同并不能够等同于中华民族的文化认同。这一点已经为清醒地意识到文化多样性存在及其与之关联的社会公正问题诉求的学人所普遍认可，亦是中华民族"多元一体"概念提出之"多元"族群文化格局的显性表达。

其次，汉民族文化认同与以汉族为主体民族构成之民族国家的认同及其文化认同在概念上都不是重合的。虽然中国的民族识别和民族划分是在民族国家这一政治共同体的总体框架之内完成，且已为国内各族群所接受，但是就各个民族的文化认同而言，它并非是基于这样一种政治因素之上的划分而形成的，即民族的政治划分与文化认同并非总是呈现为一一对应的关系。这一点笔者在本章第一节中已有详述，故此处不再赘言。值得注意的是，这种非一一对应的关系同样说明了民族国家的认同与文化认同之间的不一致性。"政治意义上的归属于一个国家、拥有一本护照，远远不足以厘清认同的问题"，因为"文化认同不能单单援用民族国家认同这样的术语，个人的、群体的、社区的以及阶级的文化认同，事实上其本质是多面向的"。[1] 也就是说，民族国家作为一个政治概念，它并不是严格地依据文化认同进行组合的，因此，它与文化认同并不完全吻合。"多元一体"的中华民族格局虽然指向的是各民族内在联系和民族利益的"一体"，但是这种"一体"是必须以保证内部各民族或族群文化的多元存在和尊重不同的文化认同为前提和条件的。"事实上，多数的民族国家根本没有同质的文化实体，强行建构这种同质性神话，在民族国家内部语境看，无异于另一种文化压迫或文化侵略。"[2] 质而言之，以民族国家形式出现的中华民族政治实体，并不存在一个完全同质性的文化实体（不仅是中国，世界上其他国家亦为如此，除非是一族一国的情况），而是一个基

---

[1] 汤林森：《文化帝国主义》，冯键三译，时报文化出版公司，1994年，第140—141页。

[2] 陶东风：《全球化、文化认同与后殖民批评》，载王宁编《全球化与文化：西方与中国》，北京大学出版社，2002年，第344页。

于民族融合之文化亲缘关系的想象共同体。因此，以中华民族的文化归属而形成的身份认同显然是一种对于国内各族群包括汉族进行政治整合与文化整合之后塑造的具有想象性的文化共同体身份认同。从这个意义上来说，中华民族的文化认同更多地倾向于一种共同的文化价值观和国家认同，这种认同与族群自身的认同并不冲突，反而要高于族群认同。这样，汉民族文化认同所指向的族群文化认同显然不能代替亦不能代表其他族群或民族的文化认同而构成为对中华民族这一民族国家及其文化共同体的想象性认同。

由此我们可以看到，江西傩艺人在被唤醒情境性要素的介入之下，不仅出现了民族身份之于族群身份的跨层级认同，而且即便是有意识地认知到自身展演的傩仪是中华民族的文化，这种认知既不是建立在以汉族族群文化为基点向外扩延至民族文化的理解之上，亦不是建立在对于中华民族之文化整合层面上的确切认知之上，而更多地倾向于一种基于自身为中国人这一政治实体归属意义上的认知，其族群身份认同实质上仍是一种民族国家的身份认同。

江西傩艺人将汉族族群身份直接等同于中华民族之民族身份，这一身份认知上的混淆、等同，在很大程度上是由族群身份意识被唤醒的特定傩仪情境所导向的。在这里，作为特定傩仪情境性建构要素的情境建构者（主要指代表了主流文化的文艺界和学术界）及相应媒体的宣传发挥了不可替代的重要作用。正如笔者前面所说的，族群身份被唤醒之特定傩仪情境的建构是以具有差异性的族群文化呈现为方式的，目的在于通过呈现各个族群，其中包括不同民族属性、同一民族不同族群、不同地域傩仪所承载之族群文化的差异，来展现并宣传中国民间、民族文化在傩仪表现上的多样性和丰富性。

情境建构者与媒体宣传者对中国民间、民族文化多样性和丰富性的强调显然与20世纪末中国学界的知识体系转型及全球化进程这一宏大历史背景有着密切关联。20世纪90年代中国学界经历着知识体系的深刻转型，重建知识体系与重建文化认同一直是紧相勾连、不可分离的。[1] 在全球化语境中，经济全球化不仅造成了全球文化向同质性发展，也凸显了文化存在的多样性和异质性，"我们所观察到的同质性与异质性的增加其实是一枚硬币的两面，而不是相反的过程"[2]。文化同质性的倾向和文化多样性的凸显使得民族文化身份边界模糊不清，全球，尤其是第三世界都陷入文化身份认同的大危机之中："中国和西方的多元文化论者与后殖民主义批评家都认定，西方资本主义的文化扩张导致了第三世界民族文化传统与文化认同的危机，使得他们的文化身份变得模糊、分裂，产生了深刻的身份焦虑。"[3] 因而，20世纪90年代中国文化认同的话语也更多地聚焦于民族文化（族性）认同问题，即文化身份建构的核心由20世纪80年代的"我是谁"更多地转向了"我们是谁"这一群体归属的身份问题。中国学界的文化本土化诉求则毫无疑问地成为抵制文化殖民、重建民族文化身份认同的一个重要方式。在寻求并重新整合民族国家的文化、重塑民族文化身份认同的过程中，民间的一些传统文化和信仰仪式就进入了国家主流文化的表述语境，并与整个华夏文明以及中华民族的精神及身份认同联系在一起。在本书语境中，傩仪，这一自西周便有文字记载且广泛地遗存于乡村，承载了族群历史记忆，亦在很大程度上并未被现代化完全碾磨的本土仪式，亦被艺术界、学术界发掘出来，成为20世纪90年代艺术研究和文化研究的一个热点话题。傩仪同时也被追求文化本土化的学者表述成为文化本土化的研究对象和研究素材：20世纪90年代在全国范围内组织海峡两岸学者挖掘傩仪，承担"民俗曲艺"系列丛书的重大项目的负责人

---

〔1〕陶东风：《全球化、文化认同与后殖民批评》，载王宁编《全球化与文化：西方与中国》，北京大学出版社，2002年，第342页。

〔2〕泰勒·考恩：《创造性破坏：全球化与文化多样性》，王志毅译，上海人民出版社，2006年，第140页。

〔3〕陶东风：《全球化、文化认同与后殖民批评》，载王宁编《全球化与文化：西方与中国》，北京大学出版社，2002年，第348页。

就曾明确指出，傩仪的挖掘和研究成为"中国人类学本土化的一项工作"[1]。而江西傩艺人也就是在这个时候不断地参与到各种类型的傩仪展演情境之中。

另一方面，"非物质文化遗产"项目在全国范围内的推行亦促成了民族文化身份的重建。1992 年 11 月联合国通过了建立"人类口头和非物质文化遗产代表作"的决议，并于 2000 年 4 月正式启动申报、评估工作。中国的昆曲艺术、古琴艺术先后名列于 2001 年、2003 年的项目之中。自此，中国积极实施了各项非物质文化遗产保护措施。非物质文化遗产往往象征了一个民族集团的历史记忆，可以反映出该民族集团的起源及其传承的"活"的历史。因此，从共有的文化遗产这个意义来说，各个民族所指向的民族性最终可以在整合为一致的国家民族整体及其成员个体当中，产生一种文化认同感或文化认同意识。中国政府部门显然亦意识到了非物质文化遗产的身份整合功能。2005 年 4 月 26 日，中国国务院新闻办公室就国家办公厅关于分级保护非物质文化遗产意见的颁发举行新闻发布会，文化部副部长周和平发表了重要讲话，进一步明确了非物质文化遗产所具有的民族文化认同功能："我国非物质文化遗产所蕴含的中华民族特有的精神价值、思维方式、想象力和文化意识，是维护我们文化身份和文化主权的基本依据。它与物质文化遗产共同构成中华民族文化财富，成为全人类文化遗产不可或缺的组成部分，为人类进步发挥了重要作用。"[2] 非物质文化遗产项目的重视及其在全国范围的推行，进一步加强了民族文化的整合及民族身份认同的重建。

由此，以民间、民族文化呈现为主要方式，以民族文化整合和民族文化身份的重建为显性或隐性目的的各类展演情境在全国范围内展开。傩仪

---

〔1〕当时"民俗曲艺"系列丛书的负责人王秋桂教授语，转引自庹修明：《中国傩学研究的回顾与展望》，《汉学研究通讯》，22∶1（总 85 期），2003 年 2 月。
〔2〕资料来源于中华人民共和国国务院新闻办公室网站，http∶//www. scio. gov. cn/ztk/xwfb/09/6/201006/t657087. htm

文化展演情境亦不断地以各种名目建构起来，江西傩艺人就是在这样一个特定的历史大环境中不断地参与到特定傩仪情境的建构之中。这一点我们可以从江西各地傩艺人参与的名目繁多的展演中看到。据笔者所能掌握到的材料，自20世纪80年代改革开放之后，江西不同地方傩艺人外出参与的比较大型的傩仪表演情境主要有两大类：一类是国内举办的各种形式的民间文化展演、广场文化展演或各种类型的民族文化踩街活动，比如江西南丰傩班1995年参加了"中国泉州广场民间文化艺术节"演出，萍乡傩班参与了1991年底广州"中华百绝"民间艺术博览会展演，等等；另一类情境便是国内举办的以"国际"为标识之各民族国家之间文化差异性的呈现情境或者直接出国进行表演。前者如萍乡傩班参与了2001年10月在杭州举办的"第五届国际民间艺术节"（一百多个国内外民间艺术团体参加了这一艺术节），此后在2005年11月又参与了在佛山举办的"第七届亚洲艺术节"（有亚洲各地诸多的艺术团体参加），江西多地傩仪都参与了2006年5月江西南昌举办的"中国·江西国际傩艺术周"（有日、韩、美、法、德、墨西哥、比利时、伊朗等国家艺术团体或学者参与）。后者如江西南丰石邮傩班2001年赴日本东京参加中日韩戏剧节演出，2008年赴法国参加原生态艺术节表演，等等。在这一类展演中，尤其是直接出国表演，江西傩艺人能够很清晰地认知到自己是作为一个中国人，代表中国参与表演。此外，江西傩艺人还参与了各式的媒体宣传。比如，江西多地傩仪被制作成电视专题片经由地方或中央电视传媒进行播放：江西电视台文体部和国际部就南丰傩仪分别制作了电视艺术片《乡傩》和电视专题片《梦幻之神》，萍乡傩也被拍摄成《呼之欲出话傩舞》《钟馗传奇》等电视专题片，在央视播放，此外央视四套《走遍中国》栏目还就萍乡古傩面具制作了《面具之谜》进行播映，等等。

　　毋庸置疑的是，在上述表演情境和媒体宣传情境中，建构者或宣传者是江西傩艺人身份的表述核心，而江西傩艺人则在很大程度上成为情境中的信息接受者及信息传播介质。之所以说江西傩艺人是该类情境的信息接受者，是因为在这类情境中，信息宣传的话语表述权掌握在情境建构者手中。江西傩艺人只是因为自身所掌握的傩仪程序和技艺而被用来作为传播情境建构者所需要传播信息的文化介质[1]。所以表面上看，江西傩艺人是情境的信息传播者，但实质上，与情境中的观赏者或参与者一样，他们同样是情境的信息接受者，只不过接受的方式有所差别：江西傩艺人是在与表演相关的事件中（包括表演之前的准备以及表演自身，这种表演也是情境建构者眼中的一种传播方式）接受信息；观赏者或参与者是在与观看相关的事件中接受信息的。无论是表演情境的建构者还是媒体宣传者，他们都非常明确展演情境建构的目的和意义，那就是借由本土文化尤其是民间传统文化的发掘和研究，重建学术的中国话语，进而为重建民族文化身份认同做出一些努力和尝试，并将这样一种试图重建的民族文化身份通过媒体进行传播，使其弥散于民间，从而达致民间身份意识不断地倾向于官方或主流文化宣传的身份意识，实现民族民间文化整合基础之上民族国家的凝聚和文化身份认同。因此，在族群身份被唤醒的特定傩仪情境中，情境建构者和媒体宣传者不仅掌握了傩文化的话语权，还掌控了傩仪展演情境的建构权和表述权。而对于情境中真正展演的江西傩艺人来说，无论是傩仪表演的形式、内容解读还是价值评判，都依附于情境建构者的安排和内容宣传。

值得注意的是，傩仪展演行为情境的建构目的在主观上可能并非是为了唤醒傩艺人的族群身份意识，即情境建构主要不是为了唤醒族群成员对自身族群文化身份的归属意识，而是情境建构者进行文化整合以达成民族文化身份认同的一种诉求方式。因此，情境建构的最终目的显然是唤醒超越族群身份之民族文化身份的认同。但是族群文化的差异比较这一情境性呈现方式却在事实上不同程度地唤醒了傩艺人尤其是少数族群傩艺人日常生活中潜隐的族群身份意识。只不过对于江西傩艺人而言，这种被唤醒的

---

[1] 笔者使用"介质"一词就说明了信息传播的过程中存在着因为傩艺人个体认知水平的差异而导致的信息理解及信息传播的个体差异。

身份意识发生了认同层级上的跨级。也就是说，与同一情境中少数族群身份意识有可能倾向于自身族群文化认同[1]所不同的是，江西傩艺人被唤醒的是认同层次中最高层次的民族国家身份意识，而不是家族/宗族身份之上的汉族族群身份意识。

实际上，对于江西傩艺人来说，无论是在事实层面还是逻辑概念层面，他们都并未能够如笔者一般清晰地区分和阐述族群身份与民族身份的内涵差异。因此，虽然族群身份是整体身份构成中的一个层次，江西傩艺人意识到的身份及其认同实际上是由地方性家族/宗族身份和中华民族身份两个层次叠加而成的。他们能够超越地方性家族/宗族身份，跨越族群身份而达致民族身份的认同，不仅是因为族群身份的文化内涵外在于他们的生活、文化，更是特定傩仪情境性要素的介入和导向作用。关于这一点，我们可以通过分析江西傩艺人参与傩仪特定情境表演的两种类型，来具体探究江西傩艺人这一情境化的民族身份意识是如何超越家族/宗族身份，跨越汉族族群身份这一层面而被唤醒的。

在江西傩艺人参与展演的情境中，第一类情境即国内民间文化、广场文化类展演情境，一般都包括了国内各具特色的族群文化表演，以文化上的民间性与差异性来呈现此类情境建构的重要目的，极力凸显中国国内民间文化的本土性与多样性。这一类情境建构的显性目的在于呈现"本土的""民间的"文化，如"中国泉州广场民间文化艺术节""中华百绝""民间艺术博览会"名称中所明确标识的那样，而情境隐含的将民间文化导向民族化以进行文化整合的隐性目的，对情境建构者和宣传者来说也是不言而喻的。在这类以民间文化标识的表演情境中，民族文化身份的表述信息及表述权力所传达的意义显然在更大程度上超越了情境中民间文化以

---

[1] 少数族群在把族群文化的仪式转化为某种文化展演的情境时还有可能形成少数族群成员族群身份意识与民族身份意识之间的冲突，如有学者就发现在特定仪式展演情境中保安族宗教表达与民族表述之间的困境。详见昝志翔：《仪式和庆典中的族群身份表达——以保安族为例》，《云南民族大学学报（哲学社会科学版）》2007年第4期。

显性方式呈现出来的意义。比如在萍乡傩艺人参与的"中华百绝"博览会
上，时任全国人大常委会副委员长的廖汉生在看完萍乡傩舞演出之后，在
现场即挥毫写下了"弘扬民族文化，展现民族风采"的题词，赠予萍乡傩
班；又，1992年南丰石邮傩班赴广西桂林为中国广西傩戏国际学术研讨
会进行专场演出之后，被授予的荣誉锦旗上"弘扬民族文化"的表彰亦明
确地标识了傩仪文化的中华民族性（见图3.6）。在这里，傩仪之"民族
文化"的界定使得傩文化的民间性被极大地拔高到了文化的民族性这一层
次，且其表述者兼信息传达者——全国人大常委会副委员长或者荣誉锦旗
上的签名落款"广西傩戏国家学术研讨会"则以其无可辩驳的政治权力和
文化权力对其予以了承认和肯定。正如戴维·莫利和凯文·罗宾斯所指出
的那样，"'民族'的概念……使人民享有相互的认同感……作为一种促进
'融合'且提供'意义'的涵盖一切的象征或符号而发挥作用"，这样的民
族性呼应了"需要有根深蒂固的、有疆界限定的、全面完整的和真实可信

图3.6　1992年南丰石邮傩班赴广西桂林为中国广西傩戏国际学术研讨会
　　　　进行专场演出所获得的锦旗。上书"江西省南丰县石邮傩班　弘
　　　　扬民族文化"落款"广西傩戏国际学术研讨会1992年5月"（摘
　　　　自《南丰傩》）

的同一性的感觉"。[1]

这样，一方面，对于国内民间文化、广场文化类展演情境的建构者和媒体宣传者而言，他们只不过是把寄寓文化整合、社会整合目的之"民族国家"主题的文化类教育宣传情境有意识、有目的地置换成某种特殊的"民间文化节日"或"民间文化节庆"，以特定的具有民间文化娱乐性质的表演情境来加深主流文化将民族国家文化身份认同理念弥散于民间大众集体话语和意识之中的程度，把民族国家的概念深深植根于共同的价值观念之中，使得无论是情境中的表演者还是观赏者都能够在一种自觉或不自觉的状态中接收并接受民族国家文化身份认同的话语表述和意识灌输。这样，作为一种地方性文化景观的江西傩仪，它原本所具有的浓郁地方文化色彩被民间艺术之民族文化身份的表述覆盖，而与一种抽象的中华民族观念联系起来，并通过权力的彰显和辅助把这种表述强力植入江西傩艺人对傩仪民族文化身份的认知之中。

另一方面，类似于"弘扬民族文化"这一语录式的主流或官方话语表述及其附加的认可权力，至少在唤醒江西傩艺人民族身份意识方面的作用是非常显著的。它使得多次参与此类表演情境的江西傩艺人不仅能够通过"民族文化"这一类的话语表述意识到傩仪的民族文化性质，也能经由"民族文化"的标识意识到傩仪的某种重要性及这种重要性延宕至他们实际生活的某种意义，如当地政府更多的经济扶持、文化资助等。这就使得傩仪之"民族文化"的身份归属性能够被逐步深广地推延至他们的身份意识之中，逐渐取代家族/宗族身份意识而暂时成为被唤醒情境中的主导身份意识，并被纳入当时情境及此后生活中他们经由经验而形成的某种有意识的身份表达情境之中。换言之，当江西傩艺人一次又一次地参与到宣扬民族文化的傩仪展演情境中，"民族文化"这一概念就会像一个符号一样附着在他们展演的傩仪之上，使得他们不仅在族群身份意识被唤醒的傩仪

---

〔1〕转引自安德鲁·西格森：《民族电影的限制想象》，李小刚译，《世界电影》2003 年第 1 期。

展演情境中意识到，也会不自觉地将其带入自身的生活之中。尤其是当傩仪在当地已经成为一种文化资源，并由此而不断被"外面的人"凝视时，傩艺人就有可能在把自身所属的当地文化客体化以传达给外来他者时，不经意地流露出已被唤醒的民族文化身份意识，并自觉地将这种民族文化身份赋予自己展演的傩仪。即便是那些没有参与特定傩仪展演情境的当地村民，在江西傩艺人和外来他者的影响之下，亦会依从、习得类似的表达而将傩仪所属的民族文化性质作为当地傩仪的一种共享品质进行宣传，甚至将其移植到地方记忆的重新表达之中，成为地方记忆和地方宗族记忆的一种重构方式。笔者发现，新编的石邮村吴氏族谱中就有几处新增了傩仪之民族文化属性的描述。关于这一点笔者后文亦有详述，此处从略。

如果说江西傩艺人参与的第一类情境还只是为傩艺人原有的身份认知附加了一层民族身份的意识，那么在第二类型的表演情境中，江西傩艺人则拥有更多机会更为主动地意识到自己的民族身份。第二类型表演情境的一个突出特点就是，不同国家的文化差异成为表演情境的核心呈现。这类表演情境强调的是傩仪所表征之同属一个文化传统的文化在最大程度上的同质性归属，及其与不同国家文化传统的文化哪怕是在最低程度上的异质性比较。在这种情境中，傩仪自身所呈现出来的国内族群文化差异性总是被有意识地淡化，而与其他国家类似仪式的差异性则得到凸显。傩仪在国内被界定为中华民族的传统文化这一事实在国际表演情境中则变成了民族文化身份一个显著的象征符号，其作用就在于把傩仪所承载的众多分散的族群文化暂时地整合并凝聚为一个文化整体，贴上了中华民族传统文化的同一类型归属标签。这样，在这类傩仪展演情境中，傩仪作为中华民族的一种传统文化，无论其起源如何，表现形式差异如何，信仰内涵差异如何，都为中华民族这一共同体的认同性意识提供了一个基础，并且培育了一种民族国家差别感和民族荣誉感，它本身就说明自己不同于其他民族。这种文化整合的目的和实际效果虽然不能被江西傩艺人清晰地认知到，但是傩仪之中华民族的文化归属因为情境中民族国家文化差异的比较和民族情感的维护而被放大，也就自然而然地能够被他们意识到。

实际上，江西傩艺人在为出国表演做准备时就已经强烈地意识到了"我是中国人"的身份。也就是说，即将建构的出国表演情境已经唤醒并凸显了潜隐在傩艺人身份意识之中的民族国家身份意识。除了最初由组织出国的领队强调的诸如"代表中国人"之类话语表述，江西傩艺人在随后的参与表演中也更为主动地意识到了傩仪的民族国家身份。出国参与表演的江西傩艺人告诉笔者，他们在国外表演的时候都非常认真，要好好演，不能丢了中国人的脸。表演之前都有时间长短不一的排练，如 2006 年萍乡傩舞代表团为去韩国参加"韩日中吴姓文化遗产研讨会暨江陵端午祭学术交流和傩舞展演活动"，在萍乡市文联组织的专家指导下，排练了近两个月。额外的排练行为本身就直接传达出傩艺人"代表中国"这一身份意识。这层身份意识不需要经过某种强力植入就能够被江西傩艺人主动接受，因为除了自然而然存在的民族情感，这类情境本身就能够激发傩艺人的民族身份意识。尤其是在国外的傩仪表演情境，陌生的环境更容易引发一种"同是中国人"的民族情感。从身份协商的角度来看，当个体在自己熟悉的文化群体内进行传播，在情感上会具有更高的安全感、归属感，身份协商的情境因而也具有更多的可预测性、联系和一致性；但如果是在不同的文化群体之间进行传播，那么个体的体验则正好相反，有可能会更容易受到伤害，会具有更高的疏离感、不可预测性、自治程度和改变，这些体验会导致个体缺乏稳定性，因而更有可能改变自己。[1] 身份协商情境的不可测度往往会使得同属于一个文化系统的人更容易超越狭隘的群体认同而产生情感共鸣，从而凝聚起来，寻求一种更大认知框架之中的、更为稳定的文化安全感和归属感。"中国人"与"中华民族传统文化"显然为出国表演情境中缺乏语言沟通及由此形成交流困难的傩艺人提供了这样一

---

〔1〕斯蒂芬·李特约翰、凯伦·福斯：《人类传播理论》（第 9 版），清华大学出版社，2009 年，第106 页。

种身份认知的框架。

大多数具有出国经验的江西傩艺人在准备出国的时候就能够自发地意识到"中国人"这一民族身份，这已是毋庸置疑的事实。石邮傩班弟子六伯告诉笔者，他们去法国那次，虽然没有被组织排练，但是他们自发地在村里进行了排练："手脚（动作）不能跟在（乡村）厅堂里跳那么随意，要按照鼓声来跳，配合音乐，否则就不好看，会丢中国人的脸……我们是中国人，在国外表演时当然会因为自己是中国人而自豪。"石邮傩班主动排练这一行为实际上就说明了"中国人"的民族身份在未出国门的时候就已经被纳入并主导了这群傩艺人对于即将到来之情境性身份的认知。而且，他们外出参与表演的方式也不断地提醒他们作为中国人的这一民族身份。江西傩艺人总是被安排与国内其他族群的傩班弟子一起参与国际性的表演或者出国参与表演。这种把不同族群成员聚合在一起的方式，使得在国内原本具有差异性族群身份的各个"他们"组成了具有文化亲缘共性的"我们"：同为中国人，同是中华儿女。"同为中国人"的成员同一性与同为"中华民族传统文化"的文化共享感自然而然地能够唤醒甚至不断强化该类情境中江西傩艺人的民族身份意识，江西傩艺人也就自然而然地超越宗族身份认同、跨越族群身份认同而直接进入民族身份认同这一更高层次的认同层面。

由此，我们可以看到，江西傩艺人依着特定情境的建构及情境所传达出来的文化身份信息而被唤醒乃至拥有了一种特定情境中的身份意识，即民族身份意识。这种被唤醒的民族身份意识并未能像原有的家族/宗族身份意识一般渗透进江西傩艺人的日常生活之中。江西傩艺人虽然能够表达"中华民族文化传统"，但是大多数人限于自己的知识范畴及认知水平，并未能确切地说出中华民族传统文化的内涵及其意义。因此，这种民族身份意识往往是通过类似于"我是中国人""不能丢脸"这样一种态度或立场呈现出来的。在这里，江西傩艺人被唤醒的跨层级的中华民族身份意识更多地变成了一种经由传播而生成的"情境化"的身份态度和立场。绝大多数江西傩艺人通过特定情境获得的民族身份只是限于基本常识的一种简单的身份意识，还未能真正内化到江西傩艺人的惯常身份意识之中。这也是江西傩艺人的民族身份意识往往需要特定情境来唤醒的根本原因。

但是，我们可以确定的是，民族身份意识一经唤醒，往往就会被江西傩艺人有意识地去契合进唤醒情境（如他们主动进行排练），进而得到强化，使得惯例性傩仪展演中的家族/宗族身份意识能够在当下或将来的生活中随着特定情境的建构而有意识地让渡于民族身份意识。在全球化遭遇文化身份认同的处境中，傩仪之民族文化意义的强调甚至有可能使得傩艺人身份中的民族身份意识不断地挤压家族/宗族身份而成为傩艺人身份意识中的主导意识。现阶段傩艺人有意识地凸显傩仪的民族身份事实上亦成为他们调适自身身份、重构地方记忆的重要方式之一。

第四章

身份调适与地方记忆的选择性重构

在向"外面的人"开放的傩乡，傩仪已经分化为傩祭仪式和傩舞、傩戏表演这样两种形态。这两种形态并存于傩仪之中，在不同的行为情境中各有侧重，甚至相互影响，使得即便是在仪式行为情境中，我们仍然能够因为外来者及各种摄像镜头的参与而找到其为文化、艺术研究而刻意表演的一面，也能够在表演行为情境中发现为还原传统的真实而刻意仪式化的一面。笔者在田野调查中就了解到，2010 年石邮村的正月演傩仪式中，应一些外国研究者的要求，增加了因为耗时过长而被停演多年的"挤判"表演环节，着意凸显了仪式的传统形态。庙前村的傩艺人受访者则告诉笔者，正月期间政府官员来了，他们都会跳得比以往更为认真，以此来吸引政府的更多关注。这种为表演而刻意仪式化和为仪式而刻意表演的现状普遍地存在于江西大多数傩乡之中。这就意味着传统傩仪的身份发生了变化，它不仅仅是基于傩神信仰的祭祀仪式，还成为被现代主流文化关注和扶持的文化或艺术展演。傩仪身份的改变很显然已经被当地的大多数村民接受，他们甚至欣然于这种改变。傩艺人亦逐渐接受了傩的这两种形态，并且表达了一种能够不断受到邀请外出表演跳傩的强烈期待。

这就说明了，在不断参与跳傩表演行为的过程中，傩艺人已经有意识地去改变自己惯有的根植于传统仪式情境的角色意识和角色扮演，并以不断累积的表演经验去主动地适应不断建构的表演情境。与此相应的，地方乡民也在表演情境建构延宕于地方利益的争夺意识的推动下，积极地参与并致力于当地跳傩仪式情境与跳傩表演情境的维护，致力于当地傩神信仰传统、地方记忆和知识的选择性重构。

由于身份的认同蕴含着自我与他者之间期待与被期待的双向互动过程，因此，与身份的被赋予或被动接受同时还存在另一过程，也即身份的主动接受和主动调适过程。由于原有的身份已经被赋予新的内涵，因此身份的调适实际上就是他们如何将这种被赋予的，对他们来说虽然不能完全理解但意义同等或更为重大的身份纳入自身身份的识别之中，并依照情境的约定将自己置于恰当的位置，以尽可能符合他人的角色期待。

那么，在不断参与表演情境的过程中，村民和傩艺人又是如何在变换的傩仪情境中感知并试图赋予跳傩仪式身份改变的合理性？是什么原因促使他们调适身份改变带给他们的身份不适应感，甚至主动地向他者敞开自身的文化"秘密"，并积极地、有选择性地重新编写自己的地方记忆？身份调适与地方记忆的选择性重构成为本章探讨的主要议题。

第一节　身份调适的原因之一："内""外"文化的影响

在笔者试图走近和走进江西傩乡的过程中，傩艺人普遍表达了他们非常渴望走出村子，到外面的城市尤其是出国去表演跳傩的愿望。在采访中，大多数傩艺人都告诉笔者，他们很希望能够出去表演，这样可以开阔眼界，多了解外面的世界。当他们和笔者谈到外出表演的场景时，他们觉得"观众肯定有看不懂的，不知道我们在做什么"，并为此流露出某种无奈。但是当他们在回想外出或出国表演的情景，并把一些留影的照片翻出来给笔者看时，话语里却无法抑制住对表演的喜悦和向往。万载县池溪村的跳傩弟子说"在舞台上跳傩，下面的观众多就觉得很兴奋"；水北村的跳傩弟子说"每个人都有这种愿望，愿意被邀请出去"；石邮村的跳傩弟子说"在家里待久了，就很想出去跳傩，很想出去看看。一年里总有这么几次出去跳傩的机会，我觉得很好"；石邮傩班的大伯告诉笔者，当年他们第一次去桂林参加跳傩时，虽然他们的节目被安排为最后一个："人家（观众）都基本上快要回去了，但是我们的鼓声一响，他们就不回去了，跳完了，人家鼓掌，还拉着我的手说，你们跳得太棒了。（他们）鼓掌鼓得太响了。特别是国外的观众，说我们跳得很好，我们心里就觉得很高兴。"现为石邮村傩班骨干的六伯还跟笔者说："我很喜欢出去，因为每个地方都不一样，很新鲜。"（见图 4.1）。

从大的历史语境来看，傩艺人对跳傩表演的向往与期待，最为直接的原因是来自文化方面的影响。这一影响既包括外来文化（这里的"外来文化"主要是指被大部分学者称为"大传统"的主流文化）对于跳傩仪式遗存之江西乡村文化的影响，及由此影响带来的傩艺人对跳傩仪式行为转变为跳傩表演行为的接受和期待，也包括当地乡村文化自身对外来文化的接纳及其开放的程度——这也在某种程度上影响了江西乡村传统跳傩仪式的展演者是否能够以及在多大程度上能够接受外来文化，走出乡村及由此

图 4.1　2008 年石邮傩班应邀参加法国巴黎原生态艺术表演（该照片受赠
　　　　于傩班六伯）

"走出"而带给他们对于表演情境的期待程度和自身身份的调适程度。傩
艺人走出去的愿望与外来者（包括研究者、媒体、游客和政府官员）走近
和走进他们的趋势有着某种较为紧密的互动性。

　　一方面，从外来文化的影响来看，主流文化对于傩仪的文化身份定位
和身份表述在很大程度上直接影响了江西傩艺人及当地村民信仰者对该身
份定位的接受、反馈和调适的程度。在外来者及其携带的外来文化价值进
入江西傩乡的过程中，外来文化对傩乡的影响是通过对傩仪的发现和挖掘
来实现的，而且外来文化对傩仪及傩艺人的身份表述在很大程度上遵循了
不同历史情境中主流文化价值观的定位与要求，呈现出与乡村文化自身对
傩仪及傩艺人身份描述的不同特征。外来文化对傩仪及傩艺人的身份表述
更为强调特定历史时期主流文化价值观念之下的整体身份表述框架和表述
特征。比如江西傩仪在 20 世纪 60 年代被认为是封建迷信而被取缔，而在
20 世纪八九十年代被认为是传统文化（遗产）受到保护。江西傩仪的不
同的遭遇显著说明了傩仪及傩艺人的身份表述直接受到不同历史时期文化
观念和价值评判的影响。关于此，笔者前面多有论述，故此处不再赘言。

　　另一方面，从傩乡作为被影响者来看，虽然国内的大多数跳傩仪式附

属于某个宗族或族群，有着较为严格规约的传承规矩、仪式结构和观看禁忌，但不管傩仪承载的地方性文化传统是趋于保守的还是开放的，就笔者现在所能接触到的文献资料以及本人田野调查的结果来看，在现代化的今天，无论是源于哪方面的原因，大部分傩乡事实上是向着"外面的人"敞开了跳傩仪式这一原本属于自己的文化"秘密"，尽管各地傩乡敞开的过程和程度各不相同。

值得注意的是，外来文化和乡村自身文化对傩艺人不同时期的表演期待并不具有同等程度的影响效应。比如20世纪80年代以前跳傩仪式虽然被代表主流文化价值的外来者发现，但是由于当时的主流文化具有很强的政治意识，因此这一文化发现给大多数乡村带来的文化意义在很大程度上是隐晦不明的。在这种历史语境中，傩艺人及当地乡民并未能意识到傩仪的文化艺术价值所隐含的对他们将来生活的意义，他们对仪式行为的解释及期待仍然固着于乡村传统傩神信仰的价值框架之内。20世纪80年代之后，代表主流文化价值的研究者们更多地以一种开放性的"寻根"姿态回归乡村，这不仅促使了乡村文化的复苏，更是在思想观念层面上给予了乡村另一重意义上的文化震撼：傩仪被表述为值得关注的传统文化。大部分老一辈傩艺人在谈到傩班出去表演的时候，都会对村里傩仪不断受到外界的关注和邀请而唏嘘感叹。南丰县水北村傩艺人谈到他们多次外出表演[1]时，说"这个（跳傩外出表演，尤其是出国表演——笔者注）真的是想不到啊"，"以前我们都不敢说跳傩，怕会说成是封建迷信，也从来没有想过现在跳傩会出名，还能出去表演"。

由此我们可以看到，改革开放之后主流文化对于傩戏的发掘及由此发掘而带给村民们种种实际的、看得见的地方利益和好处，使得村民和跳傩弟子们切身感受到了乡村傩仪对他们现实生活的另一重意义和存在价值，

---

[1] 水北村的和合傩舞在1995年去过泉州参加表演，还去了北京、济南、南昌等地表演，2006年他们的傩班受到邀请，到日本参加表演。

从而产生诸如"想不到"等基于不同情境的感受。这些感受使得当地的村民和傩艺人愿意接受主流文化对傩仪的考察、开发和各种可能的身份表述，也促使他们能够主动地去迎合外界，并积极地调适身份。

第二节　身份调适的原因之二：
##　　　经济利益的考虑——从"礼物"的视角看

　　傩艺人调适身份的第二个原因是经济利益方面的考虑。这是改革开放以来外来文化冲击带给乡村价值观变化最为显著的一个后果，也是以经济利益最大化为普遍追求的现代市场经济社会中，最令人自然而然将其归结于傩艺人向往表演并主动调适身份的一个重要原因。在这里，笔者之所以把经济方面的考虑限定于"现代市场经济社会"，是因为据笔者了解，在过去较为封闭的江西传统乡村，在跳傩仪式并未成为一种常见的对"外面的人"开放的表演行为之前，仪式行为的展开与"金钱""收入"等具有经济或利益指向的字眼并不具有强烈的关联意味。虽然即便在社会结构更为简单的小型社会中，艺术家的个人艺术行为犹有着"能够从（市场中）获得他或她所制造的艺术品得以交换时的报酬"这一方面的原因，但是这一个体的艺术行为显然"并不能提供足够的收入使得该艺术家成为一个全职的甚或是兼职的职业艺术家，他的艺术行为必须依附于这样一些谋生的基本行为之上，譬如农业种植、商业交换或者从事其他一些传统的工作如木工"[1]。尤其是当这一艺术行为关联并覆盖于整个部落、族群或社区群体时，这种经济利益，特别是艺术家个人经济收入方面的考虑更是极大地被艺术家本人和该艺术行为的所有参与者有意识或无意识地忽略了。同样的，传统傩祭仪式中最可能涉及经济利益的环节即礼物馈赠中的个人经济算计在很大程度上亦被傩艺人和乡民忽略了。然而，跳傩仪式行为向民俗表演行为的逐步转变，使得隐藏于礼物馈赠中的经济利益开始以一种日益增多的金钱报酬的形式凸显出来，成为傩艺人向往表演并调适身份无法忽

---

〔1〕关于在小型社会中艺术家的报酬问题，详见 Richard L. Anderson, *Art in Small-Scale Societies*, New Jersey: Prentice-Hall, Inc., 1979, pp. 99 - 102。

略的一个因素。这样，我们便可以借由跳傩仪式行为中最有可能凸显经济利益的仪式环节——礼物馈赠，以及不同跳傩行为中礼物馈赠的文化功能转变，来探究经济利益是如何被纳入傩艺人向往表演和调适身份的考虑之中。

一 跳傩仪式行为中的精神性"礼物"馈赠——人与神

在传统跳傩仪式情境中，傩艺人个人收入指向的经济因素往往在很大程度上被村民和傩艺人忽略了。特别是当该村落的跳傩仪式行为具有强烈的宗族或族群依附性质，承载着当地的宗族、族群记忆时，跳傩仪式行为就在很大程度上和大多数小型社会的集体性艺术行为一样，都是当地村民种族繁衍、生存护佑之民俗心理的行为表达。因此，跳傩仪式期间，村民们对仪式承担者的报酬在很大程度上就是一种象征性的赠神之物，是村民个人和村落集体答谢神灵护佑而回赠神灵的礼物表达。傩艺人作为人与神的沟通者，自然而然地接受并分享了这些馈赠之物。

从表面上来看，传统跳傩仪式行为中的礼物与乡村中其他诸如结婚、生子、拜寿、丧葬等仪式性礼物一样，表达了仪式性礼物中所蕴含的赠礼者与受礼者之间的权利与义务，即村民信仰者馈赠了礼物，似乎就享有了傩神的护佑，而接受馈赠的傩艺人也似乎必须在整个正月期间不断奔波于家户和村落之间跳傩，借用傩神的魔力来为村民消灾降福。当然这种礼物馈赠的行为在某种程度上也能反映出仪式关联于当地乡村社会血缘承续、姻亲发展及社会地域关系网络的结构和社会关系资本的分流和利用，呈现出乡村社会关系和社会资本不断来往交流的状态。

然而，与乡村其他仪式性礼物不一样的是，传统傩祭仪式中的礼物馈赠具有自身的特殊性。第一，全体村民均参与仪式，成为礼物的馈赠者；第二，礼物是傩神信仰者赠予傩神的，因此它在本质意义上是一种赠神之物，不容僭越，亦无须回礼；第三，赠神之物虽然名义上馈赠给傩神，但是实际接收方是傩艺人，傩艺人围绕着礼物赠受实践其人神沟通者的身份；第四，傩艺人接受了赠神礼物，并通过即时回馈一小部分赠神之物以及在傩庙与仪式组织者或其他村民一起共餐来分享礼物。因此，傩艺人表面上的回礼行为本质上是赠神之物的分享。

傩仪中的赠神之物及馈赠过程更多地呈现了礼物本身及赠受双方所象征之人与神之间的情感交流和精神关联，是当地村民与傩神之间的一种特殊交往模式，它集中表达了礼物馈赠、收受过程中信仰者对傩神的敬畏感恩之情与脱离困厄的欣悦之情，也是傩艺人身份实践和认同的一个重要方式。这种人神之间的情感和精神交往在很大程度上并不能用一般性的礼物交换模式来考量。我们可以从赠神之物中所涉及的两个显性代表方——村民信仰者和傩艺人来考察这个问题。赠神之物中的礼物、馈赠行为与受赠行为对村民信仰者和傩艺人的意味并不相同。

一方面，对于馈赠方——乡民信仰者来说，跳傩仪式的礼物馈赠承载了乡民们对傩神护佑和解除自身生活困厄的期冀的情感表达，这种情感的表达并不是以交换互惠的方式来实现的，而是通过一种想象性的精神交换来实践的。在以傩神信仰为一种生存技术的观念框架之下，傩神总是处于精神信仰层面最高的位置，只接受信仰者的朝拜和供奉，却并不允诺每一次供奉之后的必然回报。也就是说，傩神是否显圣显灵，是否对馈赠者施以神力的回报和护佑，并不是礼物馈赠行为所能够决定的，尽管在大多数虔诚的傩神信仰者眼中，困厄的解除和愿望的达成往往是因为他们馈赠了傩神礼物（也许在我们看来，事实的真相在他们眼里并不重要，因果关联也往往被他们忽略甚至倒置，或者说，偶然性的信仰经验事实往往加强了这种倒置的因果关联）。尽管如此，对于傩神信仰者来说，他们要获得傩神的护佑，就必须供奉礼物祭品，因为他们坚信不馈赠傩神是会受到神灵的惩罚的，而礼物的馈赠再加上馈赠行为本身即奉迎傩神的种种仪式，就能够表达他们对于傩神的虔诚之情（见图4.2、图4.3）。在他们看来，馈赠如若能够得到傩神的欢喜，他们就能由此获取傩神魔力，实现驱鬼逐疫、消灾降福的愿望。在傩庙祭拜傩神及在跳傩仪式奉迎傩神的过程中，

图4.2 祭拜傩神的供品，即赠神之物（摘自《南丰傩》）

图4.3 村民虔诚并充满喜气地撒粮迎竹马，他们期待瘟疫驱除，来年丰收（摘自《中国橘都：南丰》）

村民信仰者总是将自己的期望寄寓于精心准备给傩神的礼物之中，并在奉迎傩神、馈赠礼物的仪式过程中虔诚谨慎，恪守禁忌。因此，傩神信仰者供奉给傩神的礼物是必需的，且礼物的性质已经超越了自身的物质形式，它不仅承载着人们欲借助超自然力量战胜灾难的愿望，更承载了礼物可能带来的给予信仰者护佑的傩神的神秘力量。

从这个意义上来说，傩神神力的回报本质上是一种精神性的回报，是建立在信仰者"信"这一心理层面之上，驱鬼逐疫的仪式行为则是"信"这一心理的外化。在村民眼中"戴上面具即为神"的傩艺人接受馈赠，则代表了傩神的受赠。礼物的收受者虽然是傩艺人，但是在信仰者心里，礼物中蕴含的愿望和信仰却是通过傩艺人传达到了傩神那里。在村民信仰者与礼物的关联环节中，村民按照自身对于现世世界的认知而想象出比人更具有力量的神灵，愿望实现的可能性很大一部分就依赖于赠神之物的馈赠，是借由馈赠于神灵的礼物来传达并达致一种想象性的交换结果。正是由于赠神之物只是神秘力量的想象性传达，承载的是传达行为背后村民受神秘力量护佑的愿望，所以它本身并不包含着要求回赠的义务，也就不具有乡村其他礼物馈赠中因为"负债"而形成的自上而下式的流通性和交换性。

因此，村民信仰者对傩神的礼物馈赠事实上只是信仰者的单方面精神契约，是一种单向度的、自下而上的礼物流动：神并不回赠礼物，或者更为准确地说，神回赠的只是附身于傩艺人并通过他们神与人之角色的扮演而给予信仰者的一种精神上的抚慰和允诺。而且，赠神之物中基于想象性交换而呈现出来的功利性意味，往往也会在较大程度上被信仰者的虔诚以及对傩神的畏惧、感恩、欣悦心情淡化甚至覆盖，因而并不凸显。

由此我们可以看到，"信"是村民们馈赠礼物的主要动机，而"报"则是他们对于馈赠礼物的一种想象性的、颠覆了因果关联的结果。这也是大多数村民信仰者对于神灵存在"宁可信其有"并不断馈赠神礼物的根本原因。在这里，给予傩神的礼物馈赠便成为信仰者精神依赖和信仰受惠关系的支撑和标记。

另一方面，对于礼物收受方——傩艺人来说，他们接受的礼物馈赠表面上看是一些实物性的东西，比如橘子、茶饼之类，但是这种礼物实质上也具有非物质性的意义指涉，并不能用经济利益的标准来衡量。这首先体现在傩艺人加入傩班成为人神沟通者并不是起因于经济利益的考虑。笔者发现大多数傩艺人对于自己为什么加入傩班，都有着类似以下的陈述："当初我进入傩班是因为好玩，我母亲也同意我去跳傩，她说傩神爷会照顾我们这些跳傩的，保佑我们身体健康，生活平安。"（石邮傩班大伯语。）在采访中，石邮傩班六伯的母亲也告诉笔者，当初她极力赞成六伯参加傩班，因为她觉得"傩神老爷会保佑我的儿子，让他越来越好的"。从这些访谈中，我们可以看到，大多数傩艺人加入傩班，并不是为了赠神之物带来的家庭收入的增加，而是跳傩仪式行为能够在某种程度上满足个人对于"跳"或"舞"（有的地方也把"跳傩"叫作"舞傩"）的热情和愿望，这亦是傩仪本身所包含的艺术因子对傩艺人和村民精神愉悦的激发。此外，加入傩班能够更为直接地让傩艺人及家人受到傩神的护佑。由于拥有了人神沟通者身份的体验和确证，大多数傩艺人都相信自己及家人是能够得到傩神的直接护佑的。按照当地的说法就是，跳傩弟子戴上了傩神的面具，就成为傩神的化身，他们接受了傩神的附体，施行了法力，傩神爷反过来就会直接惠顾和护佑他们及他们的家人，给他们带来健康和平安。在传统乡村社会面对灾难无所适从，亦无法便捷地求助于医学或科学的条件下，这种精神上的护佑和慰藉显然比礼物本身那一点微末的物质意义要重要许多。

其次，亦为乡村傩仪事实的是，傩艺人的仪式行为大多是义务性质的，傩祭礼物本身并不会带给个人多少经济利益。笔者发现，在跳傩仪式并未被发掘成为跳傩表演之前，绝大多数傩艺人的跳傩行为都是义务性的，没有报酬或报酬很低。万载县池溪村的丁姓傩艺人（跳傩在当地俗语为"跳魈"，傩班弟子俗称为"跳魈案班"）为丁氏宗祠跳魈不收钱，为接案家户跳魈则没有规定的价钱，而且每年为家户跳魈所收取的红包最后均归于丁氏宗祠，跳魈人员并不分红，只是在每年正式跳魈开始前，每人

"由祠堂发一把雨伞钱"作为报酬[1]。石邮傩班艺人告诉笔者，以前跳傩结束后八位弟子都会平均分发各家各户敬奉给傩神爷的豆茶（当地俗语，即米果、橘子之类的贡品）和红包，红包很少，当时大家都很穷，一般都是给几分钱，稍微多一点的有一两毛钱，有的人家没钱，不给也就算了。去掉给傩神庙的香火钱以及跳傩期间的一些开销，最后分到傩班弟子手中已所剩无几。

最后也是最为重要的是，当我们回到礼物馈赠自身的层面来探究，就会发现，傩艺人对于赠神之物的分享，虽然没有涉及多少经济利益，但是分享的行为却成为傩艺人人神沟通者身份实践及获得认同的一个重要方式。也就是说，作为人与神之间的沟通者，傩艺人不仅享有收受和不回赠礼物的神灵身份特权，更需要通过赠神之物的收受、分享和不回赠行为，来实践人神沟通者的身份及其认同。因此，赠神之物的收受和分享是傩艺人人神沟通者身份进一步被认同的仪式化过程，认同是通过人神沟通者身份的仪式性承担来实现的。比如傩艺人在代表傩神接受馈赠时，要给予馈赠者神的祝福：石邮村的跳傩弟子在接受主人家馈赠的米果、线香，纸钱、红包时，必须把其中一半的米果重新交还给主人，双手托着还礼并念道："人财两旺，财源茂盛。"由于礼物承载着村民对傩神神力护佑的愿望，因而在村民眼中，赠神之物便具备了能够驱使傩神发挥神力的神秘力量，而傩艺人的礼物收受及投注于礼物之上的祝福则使得这一神秘的力量有可能最终实现，因为"归还一半的东西好让主人家吃后没病没灾"（石邮头人语）。受礼仪式过程中的祝福语无疑就意味着神灵力量通过礼物自

---

[1] 万载县池溪村的沙桥案班在1949年前归丁氏宗祠管理。"出案"即参与跳傩仪式的二十七位弟子均由丁氏宗祠决定，全部为丁姓族人。在春节出案期间，案班除了为丁氏宗祠和各个房支的祠堂跳魈之外，还为家户跳魈。为丁氏宗祠和祠堂跳魈不收钱，但是可被招待餐饭；为家户跳魈，收取数额不等的红包，"红包随意给"。在外所得的红包归丁氏宗祠，跳魈人员不分红。1949年之后，跳魈由村乡规民约小组管理，稍微有所变化，祠堂不再安排餐饭，但是为丁氏宗祠跳魈时仍不收钱，为家户跳魈的红包仍归跳魈仪式案班公用。详见毛礼镁：《江西省万载县潭埠乡池溪村汉族丁姓的"跳魈"》，财团法人施合郑民俗文化基金会，1993年，第70—73页。

身的回赠传达到了馈赠者手中。主人在跳傩弟子接受馈赠之后，他们的应答"约老爷"（即为"托傩神老爷的福"）就意味着村民信仰者的主观意念中已经认定了傩神爷接受了他们的虔诚和心愿，礼物的接受就意味着傩神的护佑。

除了驱鬼逐疫和布施祝福外，接受馈赠的傩艺人还要承担起祭司和占卜者的双重功能。在石邮村跳傩仪式的最后一个环节即"圆傩"仪式中，跳傩弟子都要进行一项"报饭单"的仪式（见图 4.4[1]）。报饭单，即跳傩弟子在傩仪最后一个环节向傩神通报在他们跳傩期间家户供饭和点心的各家支祖名单，这可以说是礼物馈赠关联于家户个人是否能够得到傩神护佑的最后一个环节。搜傩仪式结束后，傩班回到傩神庙内，列队向傩神太子跪拜，傩班仪式主持者位于中间，念"跳傩回饭单"："某年某月，某某

图4.4　石邮村"报饭单"仪式，三伯手持"跳傩饭单"向傩神通报，旁边的大伯在掷筊以判断傩神神意

---

〔1〕图 4.4 来自余大喜、刘之凡合著《江西省南丰县三溪乡石邮村的跳傩》一书中的图片。

公供饭（或点心），保佑公下子孙合家吉庆，财源茂盛。求愿中祷告。"念完之后，由大伯掷筊，若掷成阴阳筊（即两个筊片一阴一阳），说明供饭者或供点心者，诚心诚意。主持者方可继续报告下一家支祖宗名字。如果掷成阳筊或阴筊，则说明该供饭或供点心者诚意不够，傩神怪罪，主持者这时候就必须代供饭或点心者向傩神道歉，说："若有心三口四，求愿中祷告。"再掷一次，直至掷成阴阳筊。这个仪式充分体现了礼物馈赠过程中傩艺人人神沟通者身份的仪式性实践。仪式的供饭和点心如同仪式中供奉于傩神的礼物一般，同样是供饭家户敬神的一种信仰表达。既然傩艺人以傩神的身份接受了饭食点心的供应，他便须通过圆傩仪式中报饭单和掷筊这一行为来向傩神传达信仰者的诚意，并再一次为家户祈福。即便掷出来的不是阴阳筊，跳傩弟子也要承担着村民信仰者在仪式供饭过程中无意中犯下的诸如供奉饭食的诚意不够或供奉中可能触犯禁忌等触犯傩神的过失，承担着代替村民信仰者这一"人"的角色，请求傩神的原谅，并为家户重新占卜，通过自身化身为"神"而具有的神秘力量，以掷筊的方式与傩神沟通，为村民重新赢得傩神的护佑。如果按照"在祭司那里，人对神说话；而在占卜者那里，神对人说话"[1]的沟通方式来看，那么，在"报饭单"这个涉及供饭—食饭—报饭单—祈福的礼物馈赠仪式中，跳傩弟子则同时充当了"祭司"（代表村民——"人"对傩神说话）与"占卜者"（代表"傩神"为人祝福）的双重角色。由此，傩艺人人神沟通者的身份通过礼物的馈赠和受赠仪式再一次获得了实践、认同。

此外，在礼物馈赠过程中，傩祭仪式中赠神之物的分享具有类似于北库页岛上的基里亚克人分享熊图腾餐的意义："我们吃熊肉不是为了果腹，而是为了使熊的力量转移到我们身上来。"[2] "共享祭品的目的最主要的

---

〔1〕William A. Lessa and Evon Z. Vogt（eds.），*Reader in Comparative Religion：An Anthropological Approach*，New York and London：Harper and Row Publisher，1979，p. 302.

〔2〕N. H. 尼基弗罗夫：《宗教是怎样产生的？它的本质何在？》，上海人民出版社，1956年，第8—9页。

是为了表示神和人们间的'休戚与共'。"[1] 赠神之物的分享同样体现了
傩神信仰者与傩神之间的文化同一性。馈赠给神的礼物经由代表神灵的傩
艺人重新分享给人，礼物分享便等同于分享了傩神的愿力和灵力。这种分
享使得信仰者能够不断地信仰傩神，认同傩神，与傩神保持"同一性"，
成为傩神的虔诚信徒。与此同时，傩艺人围绕着受礼而进行的神、人角色
扮演以及他们与村民信仰者分享赠神之物的仪式性行为，不仅完成了礼物
自下而上而后又自上而下的圆满流通，更是实现了赠神之物在人与神、人
与人之间的精神交流和乡村共同体认同。

从这个意义上来说，在传统的跳傩仪式中，无论是对馈赠方——村民
信仰者还是收受方——傩艺人来说，赠神之物都是信仰者个人和集体之信
仰情感、信仰体验和生存意志的精神性表达。这种表达对安心于乡村生
活、恪守传统文化价值的村民来说，本质上是反市场理性、非经济利益
的，它承载着当地现世生活与历史记忆交流的规范和逻辑，"这不是市场
和利润的规范与逻辑，而是要抵挡它们的"[2]。也就是说，村民信仰者在
赋予鬼神强大的超自然力量的同时，也赋予了它强大的道德力量和精神力
量，与此相关联的赠神之物以及馈赠的仪式亦被附加了强大的道德力量和
精神力量。这就使得江西传统乡村社会在跳傩仪式上的个人经济利益考虑
几乎可以忽略不计。

二 跳傩表演行为中的商品性"礼物"计算——人与人

当跳傩仪式越来越成为一种民俗展演，被傩艺人及村民意识到并不断
重视的时候，经济利益作为一种"生活理性"，开始越过传统跳傩仪式之
礼物馈赠中的神性成为仪式的一种功利性算计。商品经济所带来的个人主

---

〔1〕西格蒙德·弗洛伊德：《图腾与禁忌》，中央编译出版社，2009 年，第 173 页。
〔2〕莫里斯·古德利尔：《礼物之谜》，王毅译，上海人民出版社，2007 年，第 8 页。

义意识开始逐渐代替由傩神信仰所规约的乡村共同体意识，赠神之物呈现的人与神的精神交流，也逐步被人与人的经济交流所取代。在地方信仰和神性不断弱化甚至被磨灭的民俗表演中，经济利益的驱动，在很大程度上成为傩艺人向往表演并调适身份的一个不容忽视的因素。

也就是说，当江西乡村傩仪成为一种民间、民族文化艺术的传播手段并走向舞台表演时，跳傩仪式中的礼物馈赠行为及礼物自身的意味便发生了根本的改变。实物馈赠为主的馈赠方式转变为以金钱形式为报酬的支付方式，连接馈赠行为的馈赠方主体与收受方主体的构成也发生了变化。一方面，赠送主体由仪式情境中的村民信仰者转变为舞台表演情境的建构者或观众。情境建构者或观众在观看中无须参与祭拜神灵，无须精心准备供奉神灵的礼物，亦无须在馈赠礼物的时候恪守禁忌、毕恭毕敬，他们只需要以金钱的方式支付给舞台上表演者报酬。以金钱方式作为支付的唯一报酬，就意味着神消失了，人与神之间的精神交流、精神慰藉转变成了人与人之间的经济交换或人文交流，傩仪由此转化为一个剥离于生活的文化艺术事项，可以单独拿出来欣赏，具备了商品交换的价值。另一方面，礼物的收受方也发生了变化。虽然舞台上表演傩仪的还是乡村的那一群跳傩弟子，但是他们在表演情境中的身份发生了变化。舞台表演的情境性制约把傩神信仰从傩神扮演中剥离出来，神灵信仰的不复存在以及实际表演过程中神灵的缺席使得傩艺人的人神沟通者身份失去了存在的依凭。"民间艺术家"的身份取代了人神沟通者的身份。"民间艺术家"的身份表述就意味着，傩艺人的扮演行为展演具备了艺术交换价值。这一价值同样也是以金钱报酬的方式来偿还的。而且，以金钱为回馈方式的报酬是由傩艺人和村民一起进行分享的。以纪实的方式来述说石邮村及其傩仪的《最后的汉族》，就有着关于傩仪所带给村民的利益分享的生动描述：

吴轩云听说小晋（即《最后的汉族》一书的摄影师晋永权——笔者注）要办采访证，骨牌也不打了，让我们稍候。过了一会儿，他脑袋冒汗，跑去跑回，手中举了个红本本，就是那个在当地非常管用的采访证。他接过小晋 100 块钱，然后把采访证郑重递上，小晋也郑重接着。吴轩云也许被小晋那股认真劲儿打动，说："如果一个人要照相，100 块，不照相的，我们有一个功德箱子，愿意捐多少，随你自己。各位记者和机关的人，如果要跳一台傩给你们看，收 200 块。跳傩的工资另外给。"一副老老实实做生意的姿态。[1]

于此，我们可以看到，在表演情境中，赠神之物转化为酬金，馈赠关系由村民信仰者和承担人神沟通者身份的傩艺人转变为现代观众与以"民间艺术家"为身份标识的傩艺人。在这些转变之中，神性消失了，赠神之物隐含的精神受惠关系被表演中以酬金为支付的商品交换关系取代，以酬金表达出来的文化艺术使用价值和商品交换价值日益凸显。

当然，乡村跳傩弟子并没有被认定为真正的艺术家，傩仪展演也并未能以艺术商品市场的价值交换规则来判定。尽管如此，以金钱形式支付给他们的报酬，事实上已经成为傩艺人一笔重要的、不可忽略的收入，对于某些颇有名气的傩班弟子来说，甚至可以说是其家庭收入的一个重要来源。笔者 2008 年第一次田野调查时就得知，在石邮村，凡是来到村里要求傩班弟子表演傩舞的，一般都要支付 600 元的香火钱，其中一半给傩神庙，另一半则由参与表演的傩班弟子平分，而他们一年里或多或少都要接待好几批这样的观看者。如果傩班弟子外出表演，则由邀请方支付报酬。1998 年石邮傩班弟子应邀去北京表演了三个月，一般每天上午表演，下午没有游客就不表演，老板支付他们每人每天 50 多元的劳务费，那么跳傩弟子每人每个月就可以有至少 1 500 元的收入，三个月就有至少 4 500 元。这样一笔钱对于当时年平均收入只有 2 047.98 元的江西农民[2]来说，

<hr>

[1] 陈彤、刘春撰文，晋永权摄影：《最后的汉族》，中央编译出版社，2001 年，第 177 页。
[2] 这一数据摘编自《中国农业年鉴 1999》，来源于 http://tjsj.baidu.com/pages/jxyd/5/22/6a4245c4adef275c50939377345e87ba_0.html

是一笔不可忽略的财富。村里人告诉笔者，其中一位傩艺人现在自己住的房子就是用1998年去北京表演时赚的这一笔钱盖起来的。此外，笔者还了解到，2008年石邮傩班去法国表演，前后大约一个星期的时间，得到的报酬是每人3 000多元人民币。

跳傩表演带来的经济利益日益凸显，这同样影响到了乡村社会中的传统跳傩仪式。对于不断向现代社会及其价值观念开放的傩艺人和村民而言，跳傩仪式中赠神之物的红包，在礼物馈赠中的意义不再是能够被馈赠方和收受方忽略不计的，而在某种程度上成为他们无法忽略并纳入利益算计之中的一个部分。当然，这一方面源于改革开放之后乡村生活水平的极大改善。改革开放之后，随着农村生活水平的普遍提高，家户所给予赠神之物中的红包也就越来越多，家户红包中金钱的数额及其在个人收入上所占的比重，开始因颠覆了其在过去几乎可以忽略不计的传统而受到傩艺人和村民越来越多的关注，通过红包所获取个人收入方面的追求也就逐渐凸显出来。据笔者了解，自20世纪80年代之后，正月跳傩仪式的傩艺人的收入事实上有了极大的增加。被采访的大多数傩班弟子告诉笔者，大家生活好了，给的红包也就更多。以改革开放后石邮村傩班弟子的收入为例，1992年傩班正月跳傩之后，每位跳傩弟子分得113元，1993年分得130多元，而石邮村村民1992年的年平均收入才785元。[1] 在乡村社会生活并不是很富裕的条件下，跳傩弟子半月辛苦跳傩所获取的日益增多的收入是无法被忽略掉的。虽然包括红包在内的赠神之物的神性意味仍然留存，但是随着红包金额数目的增加，红包对于家户家庭生活的意义也就越来越重要。

此外，石邮傩班不断外出表演使得石邮村跳傩仪式的名声越来越响，石邮村也因此得到了文化部门的重视。这不仅使石邮村获得了相对更多的地方利益，也使得傩神信仰者增强了对石邮村傩神灵验的信心，因为他们

---

[1] 这一数据来源于余大喜的田野调查结果。见余大喜、刘之凡：《江西省南丰县三溪乡石邮村的跳傩》，财团法人施合郑民俗文化基金会，1996年，第101页、第9页。

大多数人把石邮村的发达归因为傩神爷的护佑，由此供奉给傩神的红包自然也就更为丰厚。这种丰厚的礼物馈赠虽然依然承载了礼物馈赠者的虔诚信仰和精神慰藉，但是与传统礼物馈赠中畏惧、感恩、欣悦之情淡化礼物功利色彩相反的是，通过丰厚红包来实现的礼物馈赠始终无法遮掩馈赠者因为追求更多利益而更为功利的一面。一些在外地做生意成功的大老板在正月期间馈赠傩神的丰厚礼物无疑成为他们未来赢得更多利益同时赢得其他村民尊重和炫富的一种手段。

由此，我们可以看到，即便事实上笔者采访中的大部分石邮傩班弟子对于跳傩收入的多少隐晦不谈或置之坦然，言谈中也并没有明确表示他们会出于收入的考虑而向往表演，但是无论是从跳傩表演的实际收入状况还是从村民实际生活需求上来看，这样一种远远超出乡村农事所得的收入状况，也极有可能会是跳傩弟子向往跳傩的一个重要因素。

从经济因素影响傩仪传承的层面上来看，跳傩表演收入的多寡也正在逐渐演变成为某些村庄跳傩仪式能否继续传承的一个重要因素。尤其是对那些傩神信仰历史并不久远、跳傩仪式传承并未得到当地宗族维护的乡村来说，经济方面的原因尤显重要，甚至成为当地傩仪可能面临失传的一个重要原因。1950 年才创建傩班的南丰县下坊村便面临着此一难题。下坊村的老一辈傩班弟子告诉笔者，现在政府把重点放在石邮村，对于下坊村的支持很少，投入的经费也很少，几乎没有，"我也搞不下去了"：

> 2008 年，我们的少儿傩班参加了奥运会开幕式，那时候是每人每天一百元报酬。平常孩子们到县城表演只有三十元每天，太少了。现在没钱谁去啊？少儿傩班的孩子们现在都长大了，二十多岁了，每个人都要养家了。一天三十元的工钱他们都不会去。每次去都要向打工的老板请假，而且要请好几天，老板们也不愿意啊。……失传了也没有办法。继承也很难搞……都说，没有钱，搞不到钱，不去了。……

当然，这类由于经济因素的考虑而导致乡村传统民俗趋于失传的现象并不仅限于跳傩仪式，而是普遍存在于大多数乡村之中。更重要的是，在表面的经济因素之下，生活方式的现代化对包括傩仪在内的传统文化合法性的冲击，或许是仪式失传更加深层的原因。

　　由此，我们可以看到，虽然在某些乡村如石邮村，跳傩仪式的传统框架和仪式结构并没有发生很大的改变，但是从赠神之物及馈赠行为的视角来看，傩仪的文化意义与功能在某些方面已经呈现出与传统大相径庭的一面。在传统跳傩仪式中用来敬奉给傩神的，因而蕴含了村民们虔诚心理的具有象征性的、非物质性意义的礼物，在改革开放带来经济利益计算的总体文化背景影响下，在某种程度上被赋予或增添了一些超出信仰本身的功能。赠神之物越来越倾向于一般意义上具有（利益）交换功能的礼物。通过这种礼物馈赠传达出来的，除了信仰方面的精神表达残余之外，可能更多地蕴含了村民信仰者包括傩艺人在内的个人经济利益计算、地方上的利益计算或一些互惠性质（包括个人、地方、地方部门之间）的利益表达。这种种可能的以及正在呈现出来的工具性意义也在很大程度上促使傩艺人向往表演并主动调适身份。

第三节　身份调适的原因之三：
现代地方性认同意识的增强

虽然从傩艺人自身向往外出表演的动机来看，他们最初在很大程度上并没有把地方利益考虑进去，但是从跳傩表演事件发生的实际效果来看，傩艺人外出表演跳傩事实上给地方上带来了许多切实的利益尤其是经济利益，丰富了传统地方性认同的内涵，促使了现代地方性认同的生成，而且这种正在形成的现代地方性认同反过来成为傩艺人向往表演和调适身份的动机之一。

很显然，跳傩表演情境的建构以及傩艺人不断参与国内、国际表演，在事实上给当地村民和政府带来了跳傩外出表演初期没有预想到的利益。以南丰县为例，县政府为了保护傩舞，确保申办"国家级非物质文化遗产项目"的成功，给全县有傩仪的乡村尤其是比较有名的几个傩仪村庄如石邮村、甘坊村等投入了大量的资金。根据南丰县政府非物质文化遗产申报书（2005 年）所说明的："1982 年至 2005 年 8 月，县文化部门投入 80 万元，用于傩舞普查、采编、录像工作，资助傩班外出表演，组织历届蜜橘节傩队踩街活动，开支临时性的傩舞表演补贴等等……1988 年至 2005年，各乡镇政府投入 30 万元，用于傩班恢复、资助傩班调演、补助出省演出、雕刻面具、修缮傩庙、改造环境（主要是三溪石邮村）、改建道路、接待考察等等。"其中受益最大的无疑就是被评为"国家级非物质文化遗产"的石邮村。为了将石邮村打造成为一个傩舞与南丰蜜橘相结合的乡村民俗旅游景点，南丰县政府不仅扶持石邮村的傩舞发展，而且加大了与之配套的经济、文化建设投入，譬如修缮道路，建立自来水管供水系统，建立农村公共卫生设施，加强村级学校教育，等等。

毫无疑问，石邮村村民因为政府对傩仪扶持力度的倾斜而获得了诸多利益，受益也是很直接的。据笔者了解，跳傩表演给村民带来的最实惠的好处，莫过于他们大多数时候不再需要自己掏钱来支撑村里的跳傩仪式及与仪式有关的一切事物，诸如修缮傩庙、为傩面具开光等等开销，因为政府的宣传和支持为村里带来了诸多游客，也自然而然地增加了傩庙的收入。笔者田野调查时偶然看到了石邮头人记录在案的 2009 年至 2010 年的傩庙收入和开支账本：及至 2010 年正月跳傩仪式完全结束，除却跳傩仪式期间的所有开销，傩庙仍然结余有 19 000 多元钱（见图 4.5）。这些开销在跳傩仪式尚未成为跳傩表演时，都是村民们各家各户自己掏钱凑集的。此外，政府加大的投入也同样给他们的生活及文化带来了诸多便利。

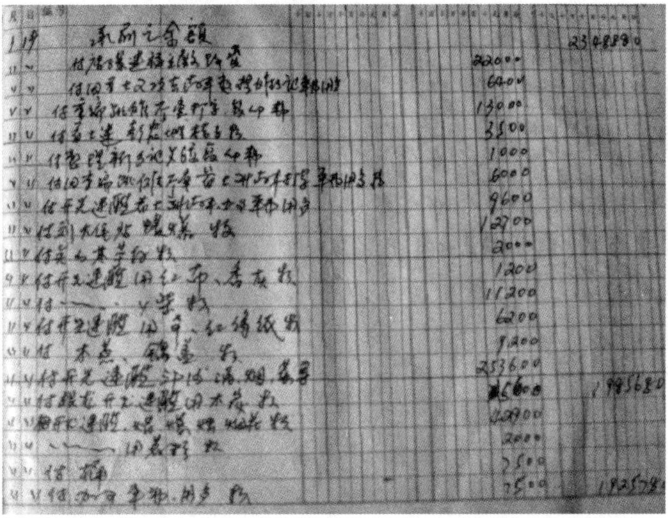

图 4.5　笔者拍摄的石邮村傩庙收支账本。本页为 2010 年 1 月 19 日傩庙
支付款项和结余，账面上显示的当天结余是 19 257.8 元

　　跳傩表演给地方上带来好处的同时，也强化了傩艺人和村民以地方性利益为关联方式形成的地方性认同意识。2007 年年底加入傩班的八伯对笔者说："村里人对我去跳傩，还是有一点羡慕了。不过他们都要我好好学一下，学好一点。""羡慕"当然是村里人基于跳傩收入和外出长见识的个人利益缺失而滋生的个人情绪，然而要求八伯"好好学""学好一点"则完全是出于村落集体的考虑，希望八伯能够通过跳傩表演为村落带来更多的地方性利益，从而惠及村民个人以及部分地补偿个人利益缺失的心

理。从这个意义上来说，村民们这种把个人利益的获取寄托于集体利益之分享的心理，使得地方性认同的情感经由跳傩表演不断得到了增强。

实际上，这种看似由利益而引发的地方性认同意识增强的事实，在其他小型社会中也同样存在着，尤其是当当地的某种文化特色，如乡村跳傩仪式或类似的少数民族地区的民俗文化及与之相关的文化制品，因为旅游市场的需求而成为一种旅游文化消费产品时，这种由现代商品市场交换而生成的地方性认同则更为显著。譬如，美国大平原地区基奥瓦人（Kiowa）的现代珠饰品（beadwork）虽然是为旅游者而制作，但是它的重要性实际上已经超越了商品经济的范畴："从事这种旅游商品制作的人们把他们的制作看成是印第安人的传统制作……因为这些珠饰品是印第安人特意制作并卖给非印第安人的，这种珠饰品的制作由此而加强了印第安人的身份认同：制作品的颜色、设计和技艺都是用来向购买者呈现一种印第安人的艺术，这就正如一个印第安妇女所说的，'上帝给了白人读写的能力，他却给了我们印第安人珠饰品，让我们能够凭此而获得生活'。……和语言、历史一样，珠饰品也是基奥瓦人的身份。"[1] 研究小型社会艺术的安德森（Richard L. Anderson）也认为："如果艺术的商品化并不完全是表现为一种经济利益/惠益，那么它确实能够给予制造该艺术的社会某种不一样的益处：那就是艺术的商品化可能成为不断崛起之民族身份的关注焦点，这种民族身份是制作者独一无二之文化传承的象征。"[2] 虽然江西傩乡的傩仪并没有完全成为一种艺术商品，但从礼物馈赠方式的变化上来看，傩仪实际上已经具有了艺术商品交换的价值，而且这种价值也正通过某种个人利益如傩艺人个人收入增加或地方性利益获得的方式显现出来。尤其是地方性利益的获得使得当地的村民、政府部门意

---

〔1〕 Remarks of Mary Jane Schneider, in Richard L. Anderson, *Art in Small-Scale Societies*, New Jersey: Prentice-Hall, Inc., 1979, p. 176.
〔2〕 Richard L. Anderson, *Art in Small-Scale Societies*, New Jersey: Prentice-Hall, Inc., 1979, p. 176.

识到了蕴含在傩仪之中的、对于村民集体生活或当地政府而言可利用开发的各种价值，傩仪成为地方利益竞争的一项文化资源。而地方性利益的竞争也使得被现代化进程瓦解的地方性认同重新得以生成。从这个意义上来说，与小型社会艺术的商品化成为不断崛起之民族身份关注的焦点相同的是，乡村傩仪的不断开发亦成为傩乡现代地方性认同的关注焦点和关联方式。

换言之，跳傩表演这一艺术行为同样具有建构并增强地方性认同的功能。表面上看，跳傩表演行为的展开与印第安人制造出售的现代珠饰品一样，都是为了适应某种外在的利益需求，诸如旅游观光、地方经营或商品市场交换需求。但是"在人们的认同与人们所使用的物品之间存在着某种连接"[1]，当满足交换需求的产品或文化活动是以该产品或活动所代表的地方性文化的独一无二性为交换价值时，这种商品或文化活动乃至这一交换过程自身就隐喻了一种深层次的身份认同。尤其是当文化活动的展开或物品的使用处于某个特定的情境，且这一情境又关联到族群整体之间某种利益关系的时候，交换过程中涉及的文化活动或物品显示出来的文化特征与文化偏好就会成为行动者或使用者下意识或有意识呈现自身文化身份认同的关联物，甚至是标识物。我们仍然可以以印第安人珠饰品的商品交换为参照来进一步佐证和理解上述跳傩表演行为的展开是如何增强地方性认同意识的。

在印第安人与非印第安人之间进行珠饰品商品交换的过程中，印第安人交换出去的珠饰品代表了印第安人的某种文化特性，珠饰品的颜色、设计和技艺都是印第安人的艺术，这种经由艺术而呈现出来的文化特性在印第安人眼中是"非印第安人"属性的。"非印第安人的"这一称谓则在印第安人的表述意识中赋予了印第安人珠饰品一种超越物品自身的功能，即

---

[1] 凯瑟琳·伍德沃德：《认同与差异》，林文琪译，韦伯文化国际出版社有限公司，2006年，第17页。

印第安人身份自我与他者之同一性与差异性内涵的识别功能。换言之，代表了印第安人艺术的这些珠饰品在商品交换中凸显了"印第安人"这一称谓表征的"属我性"的成员同一性以及"非印第安人"表征的"不属我性"这一差异性。这种"属我性"即是珠饰品交换中呈现出来的文化身份认同内涵，因为非印第安人文化介入而激发出来的印第安族群身份认同由此得到了强化。

当傩仪在某种程度上具有文化或艺术产品交换价值时，它所表征的文化地方性就像印第安人的珠饰品一般会在交换/交流中激发出由于文化差异性的凸显而增强的地方性认同。由此，我们可以看到，在地方性认同情感被意识到并得到增强的商品交换情境中，交换的物品（如印第安人珠饰品）或展开的行为（如石邮村的跳傩表演）实质上是充当了一种地方性文化身份表述的符号或者象征物，这一符号或象征物因为其凸显的文化差异性或异质性而标示了"我"与"你"的分野。这种"我"与"你"之身份差异性的分野就在交换中不仅实现了商品交换的价值，也实现了文化差异性或异质性的价值，从而进一步增强了其中所隐含的文化认同价值与认同意识。

这种因为外出跳傩而增强的现代地方性认同感，也逐渐成为傩艺人期待表演的主要动机之一。在采访中，石邮傩班弟子五伯告诉我：

> 我觉得把名气搞大一点，发扬光大，对我们也好，对地方也好。我们有多一点的机会到外地去，地方的发展也好。上面投资的钱下来，修公路、公共卫生、自来水。没出名之前就想着只要把傩跳好就行了，没有想过地方上的事情。现在会想一些地方上的事情。刚开始两年，那时还小，觉得无所谓。过了几年，想把它坚持下去，一代传一代。刚讲到的这一原因（即地方上的原因——笔者注）也是一方面……

很明显的，随着跳傩表演的意义逐渐超越了乡村文化的局限，并由此带给地方乡村更多实际好处，这种原本对当地村民来说似乎是不可抗拒的外来文化压力不仅逐渐被村民们接受，而且也借由跳傩表演带来的各种实际的地方性利益而成为一种越来越被当地人意识到并主动加以利用的文化生产力。文化压力反而转化成为一种文化推动力，不仅丰富了传统乡村跳傩仪式的文化意味，而且从另一个层面即文化资源利用层面增强了原本只是基于血缘族群、地缘关系形成的地方性认同。

第四节　身份调适的原因之四：
傩艺人身份重新认知的内在要求

在这样一个全球化时代，"身份已经和世界本身一样处于变动之中，是变动不居、难以描述、不易把握、无法定性的……（因此），从文化上和精神上来说，地点（对身份的影响和身份界定的重要性）正在不断地被贬值和削弱"[1]。然而，对傩艺人及村民而言，即使世界已经全球化为"地球村"，他们的村落仍处于全球化之"外"，或正在缓慢地走向全球化，因此流动尤其是自由的流动——这里依照傩艺人的说法就是不用自己掏钱就可以去别的城市甚至出国——依然并不容易。随着外来者的与日俱增，以及他们越来越多地走向村外的世界，傩艺人越来越感觉到"自己"不属他们原本向往的"外面的世界"，他们需要以更多的形式走近并试图走进"外面的世界"。从这个意义上来说，傩艺人对外出表演的"向往"在很大程度上就意味着，他们在走进城市（隐喻着"现代"）、走出乡村（隐喻着"传统"）的过程中，表演情境中凝视与被凝视的关系使得他们朦胧意识到身份内涵及其意义的某种不确定性，由此而可能产生某种隐秘的、不自觉的认同选择疑虑和身份不安全感。因而，外出表演的期待是傩艺人需要进行身份重新认知和确证的一种内在要求。

一　不同傩仪情境中身份体验模式的差异

傩艺人对身份重新认知和确证的内在要求源于不同身份体验模式之间的差异。"尽管其他人和媒介能够把个人身份与文化身份赋予我们（这能

---

[1] Zygmunt Bauman, "Identity: Then, Now, What For?" in *Polish Sociological Review*, No. 123, 1998, pp. 205 - 216

够对我们体验自己的身份的方式造成重大影响），但我们却是体验这种个人身份和文化身份的最终的自我。"[1] 也就是说，身份总是需要个体去体验并确证其意义，才能够最终被纳入自我认同之中。在传统乡村社会遭遇外来文化冲击之前，傩艺人在跳傩仪式情境中对自身身份的体验和自我确证依赖于集体性的身份共享，由传统傩神信仰赋予傩艺人的身份投射出来的总是一个特定地方性群体"自我"的文化身份，因此傩艺人身份能够得到程度极高的集体性一致认同。这种集体认同不仅确证了傩艺人的个人身份，更提供了一个基于传统生活方式之上的具有连续性、整体性的身份概念，能够给予傩艺人一劳永逸、不证自明也无须重复自我确证的身份安全感和集体归属感。因此，在传统乡村，傩艺人身份的体验模式是稳固的、不证自明的。

然而，跳傩表演情境的不断建构及由此带给传统乡村文化价值观的重重冲击，使得傩艺人身份的表述具有了超越传统乡村生活意义的可能性和现实性。尽管傩艺人在某种程度上能够借由表演情境给个人或地方带来的可见利益而意识到他们被赋予身份的某些价值和意义，但是每一次跳傩表演情境的文化交流过程及由此预设的特定情境认同模式都不相同，表演情境对傩艺人的身份体验所造成的影响也就各不相同。因此，区别于传统仪式身份体验情境的程式化和模式化特征，跳傩表演的身份体验情境呈现出更为深刻的差异性和多样性。

而且，傩艺人在表演情境中的身份体验是变动不居的。跳傩表演情境中与傩艺人交流互动的另一方不再局限于熟人范畴，还有处于凝视立场且携带各不相同之观看目的、文化观念和个体成见的各色观众。共享的文化经验被具有差异性的文化遭遇代替，身份体验的集体惯例亦被多样性的表演情境改写，身份的互动过程由此变得复杂多样、变动不居。这一过程由

---

[1] 约斯·德·穆尔：《赛博空间的奥德赛——走向虚拟本体论与人类学》，麦永雄译，广西师范大学出版社，2007年，第163页。

于交流双方对彼此信息知悉程度的差异而不能保证总是能够——或者更为准确地说，往往很难——达成较高程度上双方认可的情境认同，在很大程度上也无法顾及身份协商是否能够达成、互动是否顺畅，身份体验的结果由此变得不可预测。

体验情境的差异性、体验过程的变动不居以及体验结果的不可预测，在很大程度上培育出了傩艺人身份生产的新模式，即身份协商模式。身份协商就是指傩艺人身份是在与表演情境中各色观众的互动中产生、实践和体验的，且这种互动总是以该情境预设的傩仪的某身份特征或身份意义作为身份认知和体验的主要方式。这种身份认知和体验模式对傩艺人来说往往是标签式的，即情境赋予的各具特征的身份内涵及意义对傩艺人的现有认知水平而言，往往是模糊、不清晰、不明确的，在很大程度上就像标签一样附着于他们的身份意识上，并没有真正内化到他们对身份的深层认知和认同之中。身份协商的过程很显然地就产生于特定情境中被附着身份特征的呈现与理解层面。即便是在这一层面，也存在着交流过程中傩艺人和观众双方对这些身份特征的呈现与理解发生错位的可能，更何况这种身份认知模式中的协商也并非具有"协商"一词所蕴含的协商双方在主体性地位上的真正对称性。

与此同时，表演情境赋予傩艺人的新的身份体验又不同程度地受到了傩艺人传统乡村身份的持续性牵绊和影响。傩艺人原有身份所承载的地方记忆和价值观念在特定的表演情境中总是会以某种隐性或显性的方式影响着特定表演情境中的身份体验。这种影响表现最为明显的莫过于他们自身对于表演情境中傩神扮演动作改变的解释。当笔者问及石邮村傩班弟子关于他们在日本表演时增加向日本观众洒水这一动作的看法时，六伯便说："这也没有什么，这样也可以让他们沾沾我们傩神老爷的光。"很显然的是，在这里，首次出国表演的傩艺人对增加洒水动作的认可在很大程度上仍然是以传统的傩神信仰为解释框架来达成的。让日本观众"沾傩神爷的光"无疑表明了他们过往的人神沟通者身份经验和身份价值观仍然影响着他们在新的表演情境中的身份体验。

这样，在傩艺人新旧身份的体验模式之间便形成了某种张力：一方面，傩艺人被表演情境赋予了不同的现代身份版本，并或多或少感知到这些身份于他们个人与地方上的积极意义，因而，他们总是乐意并期待去尝试接受和体验这些不同的身份版本；另一方面，现代身份表述的公共性和多样性撕裂了一直为他们原有身份提供稳定感的同一性价值，使他们身份中具有个体性、差异性的一面不断浮现于身份被表述的中心，甚至凸显出来，并被他们意识到。但是傩艺人缺乏足够的身份反思、应变能力，因此他们在面对现代文化景观，并与外面的他者进行身份协商且遭遇显性或隐性的身份权益不对称待遇时，又会不自觉地用原有身份的解释框架来为新的身份寻找合法性。新旧身份的体验由此产生张力。新旧身份体验模式之间的张力无疑就会加剧傩艺人尤其是年轻一代傩艺人对自我身份的失措感和迷惑感。笔者发现，老一辈的傩艺人因为安心于传统的农村生活方式往往会无视这种压力，而大多数年轻傩艺人在不得不借助于原有身份中的传统文化符码来自圆其说的同时，会更希望通过不断走出去表演的方式来征得外界对于他们身份的进一步认同。

二 身份协商的不对称性及其体验

恰如美国社会学者戈夫曼所说："在有观众在场的情况下，一个典型的个人总是会在他的行为中注入某种信号来刻画和强调他的角色身份，而这种信号在无人在场的时候往往是含而不露。"[1] 同样的，接受笔者访谈的傩艺人亦会在知晓被采访意图的情况下基于各种考虑而在访谈中表现得比较配合，但我们依然能够从其事后追述的情感表达和某些自相矛盾、模

---

[1] 欧文·戈夫曼：《日常生活中的自我呈现》，黄爱华、冯钢译，浙江人民出版社，1989年，第75页。

糊隐晦或含而不露的话语当中看到外面世界对他们表演评判与其身份定位的模糊甚至相左之处，以及他们对自己被表述身份的某种不解、迷茫和无奈。

傩艺人对身份的迷茫和无奈尤其体现在旨在开发傩仪旅游文化价值的情境展演当中。在谈及石邮傩班弟子 1998 年在北京为一个文化公司表演了三个月的经历时，他们虽然总是强调观众们都很喜欢他们的表演，可是当笔者问到如果有观众没有等他们表演完就跑掉，作为表演者的他们是否觉得难过的时候，六伯显得有点支吾：

> 这样怎么说呢？我也跟傩班其他人说了，这也没什么，人家老板又没有说不要你在这里演。这里（他们在一个文化宫里为游客表演——笔者注）又不算是个景点。如果我是游客，我也会不愿意的，花了 60 元钱买了张票，就十几分钟的表演。有的观众看得不太懂，就跑掉了。人家不理解这个，我们也不会想那么多。不了解就没有这个味道，我们也就不会和观众交流了。……无论人多人少，还是要演的。演也是一样地演（即表演得还是很认真——笔者注）。他们（主办方——笔者注）叫我们那些暂时没有节目的人在演出后面戴上面具做动作，装鬼一样，我们也没什么不愿意的，拿了别人的钱就要好好演。演出嘛！人家不理解这个。傩神我们也就不会想那么多了（笔者曾问及他们在当时表演时是否会想起家乡的傩神——笔者注）……

虽然六伯尽量从积极方面来理解那些没有看完就中途退场的观众，但是从其随后的支吾声中，我们依然可以感觉到傩艺人在走进外面世界时遭遇的某种无奈，也能够看到他们如何极力地用自己的话语表达来解释"外面的人"对他们同时即是傩艺人又是地方乡民这一双重身份的不同态度。很显然，六伯把即便观众中途退场他们仍坚持演出归因于"老板没有说不要你在这里演""拿了别人的钱就要好好演"以及表演场地不对，且六伯所谓"人家不理解这个"的说法并不能遮掩当时傩艺人遭遇观众中途退场的尴尬及他们对表演身份意义判断的迷惑。这种遭遇在乡村传统的跳傩仪式情境中是不可能出现的。戴上面具的傩艺人是受到尊敬和崇仰的，他们拥有乡村文化的自主权和尊严感。但是在表演情境中他们不得不根据建构表演情境的主办方的要求来完成他们的表演，完全失去了自主权。"演还是一样地演"就意味着，无论观众是否能够看懂表演，也无论傩艺人是否愿意按照主办方的说法来表演，他们都被要求根据特定情境中所具有的特定观演模式去达成某种程度上的情境性认同。

在这里，被置于情境性认同建构的傩艺人与观众这两方显然并不具备达成情境认同的条件，彼此缺乏相互匹配的认同密度，因此表演情境充其量只能建立在交流双方暂时的不充分认可的程度上。建构旅游文化表演情境的主办方即便认识到了傩仪中傩舞、傩戏表演的文化观赏和文化交流价值，但显然并没有完全考虑到表演情境中直接交流的双方即傩艺人与游客观赏者之间达成认同所必需的条件，比如对傩舞、傩戏表演信息的知悉理解、跳傩弟子和观众双方的交流意愿和要求等等。因此，这种表面上架构起来的交流情境虽然因为表演情境本身的观演约定而暂时被傩艺人和游客接受，但是情境认同的内在意义在很大程度上是交流双方都不能完全理解的。在实际的表演交流过程中，观众对表演情境的认可具有更多的随意性和偶然性，他们对表演情境的认可所蕴含的文化密度总体而言就偏低。部分观众的退场就意味着这一交流过程中所预设的认同情境并不是这些观众所认可的，也不是他们必须要维持的。对傩艺人来说，他们继续表演，维持表面的情境性交流是因为他们"拿了老板的钱"。就这一点而言，正是傩艺人与老板之间的利益关系促使傩艺人以暂时高于该表演情境本身所预设之认同密度与老板进行了交换，因此他们表演得还是"很认真"。由此，我们可以看到，基于经济利益而进行的傩文化展演情境中，傩艺人对表演情境的高密度认同与观众的低密度认同甚至不认同就构成了这一表演情境交流双方身份协商的不对称性，这也是傩艺人在此类表演情境中遭遇身份意义不确定性和身份体验不安全感的主要原因。

在诸如此类的跳傩表演情境中，虽然傩艺人总是能够有意识地去体会、迎合表演情境所预设的各种交流目的，但是他们对自身行为意义和价值判断的自我意识并不具备足够的自觉性和反思性，因而他们的身份体验以及他们对身份意义的判断在很大程度上仍然依附于情境建构者或表演观看者的现场反应。因此，他们在身份协商的过程中往往处于弱势的、被部分地或完全地剥夺身份权益的一方，在表演情境中所获取的身份内涵及意义很大程度上由特定情境中的他者及由此他者所表征之文化价值来决定。这一点显然区别于已经居于主流文化地位的、具有身份表述话语权的戏剧艺术家。

换言之，傩艺人在表演情境中对身份的体验和意义判断，与他们所处情境的具体他者息息相关。他们对身份的体认方式更多地呈现为"此时此刻"的表演情境中他者的一种身份投射，且这种投射在很大程度上是基于利益的想象性，甚至是误读式的自我意识投射。经由这种方式所获取的身份体验并不具有稳定性、持续性，而是呈现出某种游移性和偶然性。这与跳傩仪式行为赋予傩艺人人神沟通者身份体验而令其获取的尊重感和稳定感，显然是不同的。因此，表演情境自身预设的身份协商对称性往往与实际交流过程中交流双方身份的（严重）不对称性发生冲突，这种冲突势必会带给傩艺人对跳傩行为意义及自我身份意义心理上、情感上的冲击。

此外，在北京表演的这三个月之中，当笔者问及六伯，他们有没有感觉自己是在打工，六伯说他们没有被看成是打工者。但是事实上从他们居住的地方（他们居住在地下室）、他们被要求表演的方式（每天9点就要到达场地进行表演）以及他们表演的目的之一——赚钱（"拿了别人的钱就要好好演"），可以看出来，他们实际上至少是被该文化公司的老板当成了打工者，所不同的只是他们从事的是体面的文化表演打工：付出的辛苦更少，获取的报酬更高，能够给旅游者和借此机会认识世界中的自己带来情感上的愉悦。正如六伯后来自己所说的："跳傩比人家打工好多了，没有那么辛苦，时间也没有那么长，包吃包住，比打工更好。"

从这一点上来看，傩艺人的跳傩表演实质上仍然是各色主办方加以利用的文化展演道具，并没有成为一种诸如舞蹈、音乐、戏剧一样为人类审美经验所共享因而能够得到足够尊重、足够敬畏的文化艺术。虽然傩艺人在形式上走出了乡村，并有了暂时停留在外面世界的机会，但是他们所进入的"外面的世界"依然是一个边缘化的世界，并没有被外面的世界真正接受。在大多数身份协商的过程中，他们往往是弱势的、失语的。身份协商的不对称性体验使得大多数傩艺人在很大程度上难以或并没有在外面的世界中找到作为主体"自我"的感觉，也并不拥有自我的主体地位。南丰县水北村老艺人在多次外出表演时仍有"戏子"的感觉，实质上也同样反映了这样一种在边缘文化空间之中主体自我的游移和缺失。这样，傩艺人对外出跳傩表演的"想"和"向往"，就正如格尔兹之"地方性知识"的表述预设了一个非地方性知识一般，"想"和"向往"的背后也预设了跳傩弟子所"向往的世界"与实际的现实世界之间的边界和距离：对傩艺人来说，他们向往走出去表演，就意味着他们并没有真正进入外面的世界之中，或者他们正处于尝试走近、走进的途中。

而且，当"外面的人"经由他们的跳傩仪式部分地了解了他们的生活，并越是肯定、越是惊叹地称他们为"最后的汉族"时，他们被全球化时代飞速抛弃的不安感可能会越来越强。他们迫切希望在"外面的世界"中得到更多的承认，找到更多的自我确认，才能够平衡内心的不安感。他们希望通过走出乡村、走进外面而打开"眼界"，实质上是希望能够在越来越多的作为"外面的人"的"我们"的眼神中看到"他们"和"我们"是"一样"的，而不是"最后"一个汉族。"最后"在某种意义上就表明，在简单进化的思维中，在同一个空间上不同的时间进化链条中，他们是时间链条上的最原始者。在接受采访时，每次谈及自己的跳傩，他们可能出于各种考虑，都会有意无意强调自己傩舞的古老。这里的"古老"，作为时间链条上的最原始者，虽然可以看作是对傩舞艺术典范性的一种强调，但问题的另一面却是，当他们在谈及外出跳傩时所表现出的那种向往以及外面世界带给他们的满足感时，作为时间链条上最原始者所代表的"古老"，在某种程度上成了"现代"的否定。这也可能是他们想要极力克服的一种落后状态，所以他们极力想要通过不断地走出表演来获得现代社会的认同和肯定。

三　身份认同张力背后的价值选择之摇摆

从身份认同张力背后所蕴含的价值选择倾向和立场来看，笔者以为，傩艺人对外出表演的向往或许更深层地根源于普遍人性之中面对种种身份表述及身份体验所产生的对自身存在价值及归属感的一种探寻、认知和确证的需要。"知道我是谁，就是知道我站在何处。我的认同是由提供框架或视界的承诺和身份规定的，在这种框架和视界内我能够尝试在不同的情况下决定什么是好的或有价值的，或者什么应当做，或者我应赞同或反对什么。换句话说，这是我能够在其中采取一种立场的视界。"[1] 泰勒从历史叙事的角度，在现代性认同与道德意义上的善及其来源的关系的历史脉络中来探究人类对自我的现代理解的生成问题。这与中国特定历史语境中特定人群的身份认同内涵实际上是有着某种本质性的区别的。因为仅就现代傩艺人的身份内涵而言，它并不仅仅局限于某种普遍性道德及其意义的抽象范畴，而是更多地关涉于特定历史阶段全局或地方之政治的、经济的和文化的具体内涵。比如笔者前面所阐释之傩艺人身份调适几个方面的原因，就傩艺人身份内涵的建构而言，就已经超越了乡村传统和现代伦理道德的普遍性意义框架，而成为特定历史语境中内涵不断变化之政治、经济、文化等种种现代话语交叉表述的载体。这种种身份表述，对傩艺人而言并不仅仅是身份认同之传统或现代道德价值取向的问题，而是一种在跨

---

[1] 查尔斯·泰勒：《自我的根源：现代认同的形成》，韩震等译，译林出版社，2001年，第37页。

入不同文化情境进行身份协商过程中所遭遇的前所未有之身份体验的心理震撼和认同立场取向上的多样性选择，其原因部分地如白鲁恂在《中国政治精神》一书中所阐释的："在适应由于与现代世界的冲击而引起的文化变迁的种种要求时，大多数处于过渡阶段的亚洲和非洲民族都受到强烈的心理震撼，它常常被描述为一种认同危机。但对中国人来说，问题并不出在认同方面。相反，他们的焦虑和迷茫却有着与众不同的缘由，这可追溯到中国传统文化的一种特殊敏感性，即敏于感受权威对人类感情的潜在破坏性所具有的重要意义。在权威、秩序、礼仪和对感情的抑制之间所存在的密切心理联系系统都指向深层的文化意识：一个人只有作为社会的人才能发现自身的意义。这种关于自我的关键性意识一定起源于对集体的归属感……"[1]

尽管如此，泰勒对于身份认同与价值取向（orientation）或立场之间基本关联性的阐释，在我们分析傩艺人向往跳傩表演的深层动机时，却依然值得我们借鉴。就现阶段傩艺人的身份而言，地方政治、文化、经济等方面的因素对傩艺人身份内涵及意义的建构不仅具有某种价值导向性的意义，而且这些因素中所蕴含的现代价值观与传统乡村的价值观在很大程度上是不一样的，在时空含义上具有强烈的异质性和延展性。这种异质性和延展性在很大程度上已经超越了处于这一特定历史时期的乡村大众对传统乡村文化道德价值的接受和认同情感，从而也就在较大程度上动摇了地方性传统道德伦理和基本价值观赋予其身份的确定性含义和认同取向的不证自明性，使傩艺人对建构自身身份所需要依附的价值归属感出现了选择性摇摆，并呈现出鲜明的地域性差异。如石邮村的傩班弟子都是外姓，他们既依赖于地方政府来反抗来自吴氏宗族传统身份表述的压力，又同时表现出对其依赖之政府表述权威不同程度的不满和迷惑。即便是在傩班弟子内部，他们对身份理解的不同也会呈现出认同立场取向上程度不等的差异

---

[1] 转引自汪晖：《汪晖自选集》，广西师范大学出版社，1997年，第39页。

性。而在万载县池溪村，跳傩弟子都是丁氏族人，因此，和石邮村傩艺人身份认同方式不同的是，他们既期望于政府对他们外出表演的扶持，极大地认同傩仪被赋予的现代价值，又能够在政府无法为他们提供参与表演的机会时，依赖于他们自身原有的传统宗族力量和传统信仰来为自己的身份表述创造可能性。无论石邮村跳傩弟子还是池溪村跳傩弟子采取何种方式来确证自己，这种被夹杂在传统文化价值与现代文化价值之间的困惑情状却并无二致，且据笔者了解，这种情状实际上普遍地存在于江西和其他地区的傩乡之中。

因此，傩艺人身份内涵中自我的概念与所关联之价值立场的取向问题所具有的内在联系，也并非如传统文化般具有不证自明性，而是具备了更多的可能性。这种可能性，源于一方面被赋予身份之主流文化价值撕裂了他们传统身份所依附的同一性价值，却还没能够在短时间内给他们提供某种确定的、具有足够安全感的身份认同参照体系；另一方面，又凸显了身份表述和身份协商过程中的差异性和不对称性特征，并将一种暂时还不能为傩艺人所理解并为其提供确定性意义的现代主流文化价值观植入这种差异性之中。这就在某种程度上使得傩艺人身份处于一种新旧价值观和认同情感不平衡的状态之中，甚至会出现身份既被肯定又被边缘化而导致的认同情感冲突，从而使他们在体验身份时陷入一种类似于现代人普遍遭遇身份认同的不安全感甚至是危机感。

但是，与现代人已有的身份认同危机感及由此危机感所生发的身份焦虑感、身份支离破碎感甚至是身份自主解构、重构过程中的反讽效应（如一些后现代理论认为的"身份的碎片化和可塑性特征有的时候被捍卫成是个人获得自由、谋取解放的一种模式"[1]）不同的是，江西绝大多数傩艺人对自我身份的认知尚只是经验型的感性认知。外出跳傩表演的身份体验

---

[1] Joseph E. Davis, "Not Dead Yet: Psychotherapy, Morality, and the Question of Identity Dissolution," in *Identity and Social Change*, ed. Joseph E. Davis, New Brunswick, New Jersey: Transaction Publishers, 2000, p. 156.

并不是一个具有周期性的、连续性的过程，而是间断的，没有成为他们日常生活的惯例性经验，身份经验在很大程度上依然是植根于乡村传统文化的生活行为习惯、人际交往规则和乡村道德价值观念。尽管如此，外出跳傩表演的身份体验，以及由此而感知到的傩仪文化（资本）意义，对傩艺人和傩乡来说无疑是一种震撼式的价值观冲击。在笔者看来，这种冲击使傩艺人的价值观虽然大部分还停留在传统的乡村文化之中，如石邮村傩班弟子依然接受吴氏头人的监督，但是由跳傩表演所体验到的新的价值观足以成为对他们原有身份认知的一种巨大破坏力和现有身份认知的巨大吸引力。因而，他们在个体意识不断增强的条件下，在迷惑的同时感到有必要在进一步走出表演的过程中去体验、熟悉并试图去清楚地认知自身被赋予、被表述之种种身份特征中的文化意义，以便在进一步面临受到过冲击的——因而对于他们来说是比较陌生的——价值空间中重新认知自己，做出选择。事实上，有些傩艺人在日常生活中已经开始在尝试着把这样一种自己所理解的区别于乡村传统价值的现代观念付诸自己的日常生活实践。[1]

从这个意义上来说，傩艺人向往跳傩表演中关联于文化的、经济的和地方性认同的原因便成为跳傩表演的情境性隐性压力或诱因。这一压力或诱因在很大程度上是在表演情境所建构的意义超越了乡村跳傩仪式之后又被跳傩弟子和大部分村民感知到的。与此同时，这一压力或诱因亦体现了傩艺人身份内涵超越地方记忆的约定而呈现出非约定性的一面，这就造成了傩艺人对自我身份的不确定感甚至是认同危机感。尽管如此，与压力或诱因伴随而来的地方性利益却在乡村价值理性逻辑的层面上为傩艺人提供了外出跳傩表演的合法性，压力或诱因从而具备了促使傩艺人和乡民调适

---

[1] 譬如石邮村某傩班弟子因不太能忍受傩班严格的规矩而退出傩班。但他傩舞技术很好，普通话讲得比较好，人也很聪明，所以一直是外来研究者的信息报告人，并与其中某些人保持了联系，由此而比其他村民接受和认同了更多的主流社会价值观念。这使得他在日常生活中的某些行为总是不能为其他村民理解，被认为"很怪""不好相处"。

身份并对地方记忆进行选择性重构的功能和意义。

　　但是从身份认同之自我价值取向这一维度来看，傩艺人想走去表演的"想"，或者对于表演的"向往"本身，恐怕才是他们真正向往表演的内在的、深层次的根本原因。因为仅就"想"或者"向往"本身而言，它表明了傩艺人因着情境压力或诱因进行公众自我扮演之中、之下及之外，形诸私下自我或内在自我对未来自我形象、自我价值空间所取立场的某种隐秘的选择和愿望，亦是傩艺人的理想凝视者投射于舞台空间之中塑造为理想自我的心理诉求，即一种对于自我现在身份的确证方式和对未来身份（"我应该这样做吗""未来的我是谁""未来的我是怎样的我"）的隐秘向往与期盼。

第五节　身份调适与地方记忆的选择性重构

一　身份调适与地方记忆选择性重构的必然性关联

作为地方记忆的一种具体化形态，傩艺人的身份正是地方记忆得以呈现并成为人们彼此之间感受文化共享和维持连续性认同的一种具体方式。身份与地方记忆具有相互约定性：身份承载并维护了记忆，而记忆规约并成就了身份。在江西传统傩乡，傩神信仰及其跳傩仪式不仅是地方记忆的一种具象化方式，也是当地村民与过去的一种交往模式。作为仪式展演者的傩艺人身份则是在这种交往模式的实践中形成的。当然，对于大多数的傩乡村民及其信仰者来说，与其说他们是通过这种仪式性的方式在与过去有意图地打交道，倒不如说这种有意图的记忆表述方式在很大程度上已经于历年轮回式的仪式操演中成为一种无意识的文化惯习。傩乡村民这种与过去打交道的方式虽是从过去传承下来的，并经过了有意识的选择和刻意表述，但是却已然成为一种地方性传统，也已经内化为村民现有生活实践的一部分，成为他们共时性生活的某种行为惯例。很显然，这种行为惯例的实践并不被村民强烈地意识到并加以有意识地表达，而是被内化为一种生活方式或生存技术。傩乡村民与过去打交道，信仰傩神并一丝不苟地展开跳傩仪式活动，这种行为实践和情感体验并不是为了形成传统这个目的而制作出来的，而是它本身便承载了历史和记忆，并在村民的个体生活应用和集体交往中形成着过去。

从这个意义上来说，江西傩艺人的身份是历史形成的。它在稳定的乡村传统社会结构中，不仅受到了当地历史记忆和文化惯例的规约，而且还承载了当地的历史记忆和文化惯例，并通过傩神信仰和跳傩仪式呈现出来，担负着传承、维护地方记忆的功能。因此对绝大多数乡民和傩艺人来说，身份的生成具有历史的命定性，它似乎生来就有，是一个无须经由每一个个体自我追问、自我选择、自我承担的同一性延续。

当这种以傩神信仰和跳傩仪式为承载方式的文化惯例成为当今主流社会认可之传统文化的一种表现方式时，仪式行为才成为一种具有鲜明目的性和意图性的现代文化实践，被纳入国家的非物质文化遗产保护项目，转化为地方性的文化资源。这种文化实践的结果使得傩艺人的身份内涵因为被附加上了主流文化的意义表述而显得更为丰富、驳杂，也使得傩仪的功能明显与过去不同。当跳傩仪式逐渐演变为现代社会中的一种民俗表演，并不断通过类似于舞台表演的方式及主流文化的评价模式来得以重建并呈现其功能的时候，仪式原本传承、维护地方记忆的功能发生了改变。傩仪的重建行为虽然被要求复现历史，但是这种复现行为更多的是以一种民族文化传统的理想的隐喻模式来被要求实践和被阐释的。再加上民俗生活本身具有不可复制性，因而这种重建行为在某种程度上已经脱离了真实的生活。仪式重建就意味着仪式原本承载的具体的地方记忆在很大程度上浓缩成为一个记忆符号，超越了傩乡这一特定的地域时空范畴，而被无限地回溯至中华民族这一想象共同体的历史纵深之处。这种被阐释的民俗、民族文化隐喻模式和被赋予的身份内涵虽然并未能被当地乡民和傩艺人（完全）理解，但是它所附带的意义却能够通过个人利益和地方性利益的获得部分地传递到他们的生活之中，使得他们无法拒绝也不愿拒绝改变，而是能够迎合这种隐喻模式的实践要求，进行某种程度上的记忆改写甚或创造。

从这个意义上来说，傩仪重建情境无疑就杂糅进了某种程度上的文化想象与创造，复现记忆的过程也在某种程度上呈现为记忆的改写、重构过程。傩艺人的身份在经由调适之后，地方记忆亦随之做出了相应的调整和重构：或者某些记忆被淡化甚至忘却，或者某些记忆重新被提起，甚至被创造出来，纳入地方记忆的重新书写之中，使其愈益丰富。当然，地方记忆的淡化、被遗忘或丰富的程度，一方面要视原有的地方记忆是否能够以及在多大程度上能够于共时性层面即现有生活的层面上得到进一步确认，是否及在多大程度上值得记忆；另一方面还取决于现有及未来地方记忆的表述主体，如何并以何种方式来建构地方记忆及界定当地傩仪在地方记忆中的位置。此外，傩艺人自身在不同情境中看待地方记忆的方式亦影响着身份对地方记忆的功能呈现。无论地方记忆如何发生改变，它都是在身份超越地方记忆的约定性框架基础上做出的适应性重构。

由此，在乡村现代化的过程中，身份与地方记忆的相互约定性遭遇了一定程度的破坏。地方记忆虽然仍在一定程度上规约着傩艺人身份的内涵，但是这种归约的程度显然在不断地弱化。也就是说，傩艺人身份的整体内涵中仍然包括了家族/宗族身份、地缘身份和族群身份，但是这三类身份在整体身份内涵的重要性序列中发生了改变：家族/宗族身份内涵被有意识地淡化，地缘身份内涵日渐凸显，地缘身份中的地方性内涵因为地方这一概念的层级性拓展甚至与民族身份勾连起来，成为傩艺人身份中的核心身份。此外，傩艺人的族群身份，或者更准确地说是民族身份，亦从意识的潜隐状态中被唤醒，并经由特定的被唤醒情境而成为傩艺人能够主动意识到并能加以利用的一种身份。与此同时，由于"文化身份的形成以对'他者'的看法为前提，对文化自我的界定总包含着对他者的价值、特性、生活方式的区分"[1]，因此外来他者带来的文化价值观念和生活方式观念在一定程度上亦引起了当地乡民对自身文化价值观念和生活方式的怀疑。原有的一向被认为是连贯稳定、理所当然的身份在与外来他者多样复杂的交往中被质疑。在强势的外来文化面前，在无法拒绝的切身利益面前，各个不同的乡村群体如家族/宗族精英分子群体、傩班弟子群体、普通村民群体都努力在文化适应的过程中调适着自己的身份。

身份的主动调适进一步破坏了身份与地方记忆的相互约定性。当身份

---

[1] 乔治·拉伦：《文化身份、全球化与历史》，载包亚明主编《后大都市与文化研究》，上海教育出版社，2005年，第298页。

内涵呈现出超越地方记忆规约的一面时，身份就为地方记忆的重构提供了可能。也就是说，在江西傩乡，身份调适并不是单方面进行的，地方记忆在很大程度上会伴随着身份内涵的变化而同时或事后做出适当的调整，新的记忆（包括以往被遗忘的那部分记忆）会被选择性地纳入地方记忆的框架之中，成为地方记忆的一个新的构成部分，原有的那些不断被有意识强调的记忆或许会被有意识地遗忘，或以一种更为隐秘的方式留存下来。

因此，当傩乡原有地方记忆的某些方面不再适合新的文化变迁和身份构建，而新的身份内涵对于傩乡乡民和傩艺人来说是不可抗拒、无法抗拒——在某种程度上亦是他们不愿抗拒——的时候，身份调适行为的发生就必然会引起地方记忆重构行为的发生。所不同的只是，对不同傩乡而言，地方记忆重构的程度不同而已。从这个意义上来说，现代化进程中傩乡艺人的身份调适与地方记忆的选择性重构之间便存在了某种必然性的关联。

二　地方记忆的选择性重构与地方记忆内涵的变异

傩艺人身份的调适必然引起地方记忆的选择性重构。重构并不等同于颠覆。在一般情况下，记忆的重构并非是在原有记忆完全被颠覆的基础上重新建构出来的，而是在原有记忆的基础上进行选择，并加以润饰、完善的结果。"尽管我们确信自己的记忆是精确无误的，但是社会却不时地要求人们不能只是在思想中再现他们生活中以前的事情，而是要润饰它们，削减它们，或者完善它们，乃至于赋予它们一种现实都不曾有的魅力。"[1] 因此，地方记忆的重构是有选择性的重构。有选择性就意味着，地方记忆的重新建构无论是从重构的手段还是重构的内容及目的来看，都具有地方的差异性和多样性。虽然限于本书的篇幅和行文的逻辑，我们无

---

[1] 莫里斯·哈布瓦赫：《论集体记忆》，上海人民出版社，2002 年，第 91 页。

法就地方记忆的选择性重构之差异性和多样性做出一一具体的论述，但是我们仍然可以从差异性和多样性中看到江西乡民在选择性重构地方记忆时所体现出来的一些共性。

据笔者的田野调查，江西傩乡地方记忆的选择性重构集中体现于地方记忆之乡村公共话语的选择性重构之上。

传统江西傩乡的地方记忆内核是围绕着当地家族/宗族的文化及其伦理价值观建构的，但是它实际上是当地全体乡村成员共同拥有的，是地方上的公共记忆。因此，地方记忆具有公共性，公共性指的就是"那些与我们同见同闻的人原本私人性的个体经验、主观情感通过与他人的交流而得到确证后的普遍性意义，"它代表了我们每个人身处其中的共同世界具有一种依赖与'他者'或公共场域中的方方面面发生联系的同体性"[1]。从这个意义上来说，傩乡地方记忆的公共性就在于它能够为全体乡村成员提供一种记忆的公共话语，这种公共话语不仅建构了当地乡民的具有普遍性意义的伦理价值观和宇宙秩序观，而且维持了乡村成员之间持续性的情感联系和身份认同。一般而言，地方记忆的公共性总是通过地方公共空间中一些特有的记忆标识性事物如傩乡中的傩庙、戏台广场等或某些定期举办的公众活动如跳傩仪式等来不断地得以激活并获得维护，以维持一种共同的认同感。在地缘与血缘高度重叠的江西傩乡，地方记忆的公共性亦能借由着一些具有标识性的物事如祠堂、牌坊或修谱、祭祀祖先等活动来呈现出村落成员由血缘、亲缘编织的成员同一性。由于公共记忆总是能够提供一种记忆的认同感，因此公共记忆在本质上就具备了某种规范性的意义，它通过某种人为的记忆选择而规范了人们应该记住什么、遗忘什么。因此，地方记忆亦是在记忆的公共话语筛选过程中塑造的。

当然，地方记忆的公共性是相对而言的。比如说对于一个传统的封闭式乡村，地方记忆对于当地的村民来说，是共有共享的，因而是公共的；

---

[1] 汉娜·阿伦特：《人的条件》，竺乾威等译，上海人民出版社，1999年，第38、44页。

但是如若把这个封闭的乡村作为一个记忆整体，那么，对于其他的乡村尤其是对于外面的开放世界来说，它又呈现为公共话语私密化的特质。地方记忆公共话语的私密化特质就体现为它是由该乡村独有的发展变迁历史和当地人无可替代的生活经验累积而构成的、对于当地乡民而言具有普遍性意义的记忆，这种记忆对于当地的乡民来说具有普遍性的意义，对于非当地人来说却是特殊的、私密的，其内涵和意义在很大程度上是难以为外人所把握和改写的。也正是因为这样，江西傩乡的发掘会被主流文化界定为现代文化语境中的他者。"最后的汉族"这一命名，哪怕是文艺性的，也足够说明问题。

傩乡作为主流文化他者身份的发现和界定，亦打破了江西傩乡地方记忆自成一体的格局，其私密性也随着傩艺人不断走出乡村进行舞台表演和外来者不断走进傩乡观看表演而被破坏。与傩乡地方记忆之私密性遭遇破坏同时的，则是走出和走入行为携带给傩乡的各种关于傩仪和傩艺人的主流公共话语。为了以示区别，笔者将地方记忆原本属于当地人而在外来者看来是私密的公共话语标识为乡村公共话语，而把主流文化对于乡村傩仪和傩艺人的表述称为主流公共话语。很显然，主流公共话语主要以主流文化或市场经济的价值观为导向，虽然其内涵在很大程度上不能为当地乡民所理解，但其意义却程度不等地成为傩乡傩仪重建、身份调适和地方记忆重构的情境性压力和诱因。由此，地方记忆不再是当地乡民的公共记忆，其公共性逐渐向"外面的人"敞开，关于傩仪和傩艺人的主流公共话语及其表述亦有选择性地被纳入当地人的地方记忆建构之中，成为地方记忆话语重构的重要部分。

在笔者所调查的江西傩乡，将主流公共话语有选择性地纳入地方记忆之乡村公共话语的重构之中，主要体现在有关傩仪的现代重建行为和主流公共话语被纳入当地家族/宗族记忆的选择性重构之中。傩神信仰和傩祭仪式在江西傩乡的传播往往起因于当地家族/宗族某一先祖的偶然性行为，其传承也依赖于当地的家族/宗族势力。正因为这样，傩乡关于傩神信仰和傩祭仪式活动的公共记忆总是要从当地傩仪所依附之家族/宗族的历史叙事开始，关于傩神信仰和傩仪的公共记忆也总是与家族/宗族的记忆缠绕在一起，傩仪实质上成为家族/宗族记忆的一个载体和具体化形态，而家族/宗族记忆也借由傩神信仰和傩仪活动强化了自身在地方记忆中的核心地位。对于当地的乡民而言，家族/宗族记忆尤其是家族/宗族的文化记忆具有类似于地方记忆的公共性特征，其中所蕴含的伦理价值观和秩序观在村落公共空间的层面上具有普遍性和规范性的意义。这样，当傩神信仰和跳傩仪式全然依附于家族/宗族，被赋予家族/宗族的文化价值观和宇宙秩序观时才获得了强大的生命力，并在历次的仪式实践中成为全体乡民的一种生活把握方式，并由此获得公共性，成为地方记忆的主要承载方式。

在现代化的过程中，依附于地方家族/宗族势力的傩仪并没有因为家族/宗族势力的削弱而隐退，它不仅作为一种传统信仰仍为当地的村民所崇拜，而且愈发被表述为一种民间、民族传统文化或艺术，而成为主流文化转向傩乡的关注焦点。傩仪因其文化的独特性被主流社会关注并认可，从而给傩乡带来各种地方性利益。这在很大程度上使得傩仪的保护成为当地乡民的一种自觉，傩仪亦成为地方记忆之乡村公共话语重新建构的主要内容。这一点已是毋庸置疑。

更为重要的是，主流文化对于傩仪公共话语的建构使得关涉于傩仪的主流公共话语不仅被纳入地方记忆乡村公共话语的重构中，更成为家族/宗族记忆选择性重构，以维持家族/宗族地方记忆话语表述地位的一个重要方式。

在石邮村，傩仪再一次被纳入吴氏宗族记忆的选择性重构中，主要是以族谱的重新编写方式呈现出来的。笔者在翻阅石邮村吴氏重修族谱时就发现，吴氏重修族谱，不仅把已经损毁的旧谱中关于石邮村傩仪的渊源加进去，还增加了许多关于傩仪现代重建行为和关涉于傩仪之主流公共话语表述的内容（见图4.6）。比如由署名为"吴宣公三十六世孙乐清"的作

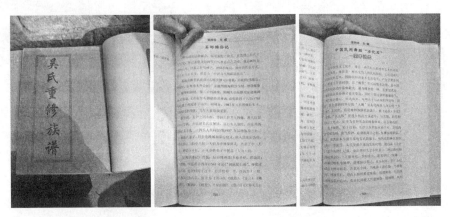

图 4.6-1、4.6-2、4.6-3
《吴氏重修族谱》封二及《石邮傩俗记》《中国民间舞蹈"活化石"——南丰傩舞》(笔者摄于 2008 年 12 月)

者所撰写的《石邮傩俗记》(族谱第 721—722 页),不仅重述了石邮傩仪的吴氏渊源,更大量添加了石邮傩仪参与的外地的各类表演、获取的各类奖项等等内容,"我祖之傩亦渐见世人所知""我石邮因傩走向了世界,世界亦因傩认知了石邮""我石邮傩……真正成为中国第一傩"。紧接其后的则是一篇署名为吴均的《中国民间舞蹈"活化石"——南丰傩舞》(族谱第 723—726 页),作者将古傩源起、南丰县傩的源起与现存南丰傩舞情况纳入族谱的编写之中,并重点突出了石邮傩舞的古老地位——"它是南丰傩舞的突出代表,最具特色",重申了现代社会关于南丰傩舞为民间舞蹈"活化石"的表述,还特别引注了中国傩戏学研究会会长曲六乙先生的评价:"有幸看了南丰傩舞,兴奋不已,夜不能寝,我认为,它比周边省份的傩文化更古老稚拙,更粗犷豪放,更具原生形态特征,因而在人类学、宗教学、民俗学、艺术学、戏剧学等领域具有巨大的学术价值和资料价值。"接下来的则是由"石邮续谱事事会"编写的《傩舞经历坎坷》(族谱第 727 页)。该篇文章虽然篇幅很短,却陈述了石邮傩面具在"文革"被毁,后经重新雕刻,又遭遇偷盗的过程,其语调与《石邮傩俗记》中的以下表述如出一辙:"而今,唯一让我祖支下子民缺憾之事,为我大傩未申得专利，得民间文化艺术部门之保护，以至于 2003 年 5 月 15 日，傩神像被盗，此案至今未结，不了了之。望子孙后代为光复祖业，保我大傩而不懈努力。"（摘自《石邮傩俗记》）

从上述族谱的记载中，我们可以看到重构的吴氏宗族族谱在傩仪的记载方面诉诸的叙述策略。其中最显著的一点就是，编撰者一改过去族谱中以傩仪作为一个记忆片段的编撰方式，而在新修族谱中将傩仪当成宗族记忆中的一个关键事件进行了连载。具体地说，吴氏族谱的编撰人员不仅把傩仪的现代重建行为及傩仪承载的主流价值评判纳入宗族历史的重新构建之中，而且将其与石邮傩仪的吴氏渊源在记忆叙述的序列中排列在一起，在叙述时间上将傩仪的过去、现在和未来的发展状况统统纳入了傩仪的族谱记载之中，使得这三个事件在时间上形成了记忆事件的连贯性序列。这就在记忆的叙述上造成了吴氏宗族之傩仪事件连续发展的迹象，即傩仪不仅在渊源上与吴氏祖先联系起来，而且在现代文化语境中的发展及其所获得的被主流社会认可的身份定位也与吴氏的今人紧密联系在一起，是吴氏今人继承祖业、发展祖业的一个贡献。而《傩舞经历坎坷》又将傩仪的发展寄寓于吴氏后人的努力，并将其中的某些遗憾也留给了下一代人，以待后人解决。

吴氏族谱在记忆的重构过程中选择了关涉于傩仪的这三个事件并将其按照事件发展的时间序列进行叙述，这种重构记忆的方式显然并非是偶然的。"如果我们想要将历史融入我们对社会活动的分析与解释当中，我们就必须关注人们建构过去的方式。"[1] 在这三个被选入族谱记载的傩仪事件中，如果说石邮傩仪的源起事件因为傩仪依附于吴氏宗族而成为吴氏宗族的私密化记忆，这似乎无可厚非；那么，将南丰傩舞现存状况以及现代石邮傩仪参与各类文化展演并被赋予中国民族民间文化或艺术之类的主流

---

[1] 海斯翠普：《他者的历史——社会人类学与历史制作》，贾士蘅译，中国人民大学出版社，2010 年，第 16 页。

公共话语纳入宗族内部记忆，则显然是族谱编撰人员有意图的记忆书写行为，在很大程度上体现了吴氏宗族维护自己的宗族记忆并极力使之继续成为某种形式之公共话语以维持乡村公共话语表述权的努力意图。至少对于本族成员来说，他们在阅读族谱时，很可能会因为傩仪事件这种叙述时间的配置而在心理上产生傩仪历史与本族历史不可分割、交织发展的关联感。而强调石邮傩为现存南丰傩舞中"最为突出""最具特色"则无疑隐含了石邮（即石邮吴氏）在整个南丰地区的核心位置，从而激发本族成员的集体荣誉感，由此而重新凝聚起来。在这里，我们不难发现，重构记忆就是重组时空，是将交错的时空配置成以自我为中心而延展的线性心理呈现。此外，族谱傩仪叙述中的以"我祖之傩""我石邮傩"第一人称叙述视角的强调，亦极力凸显了傩仪的吴氏宗族属性，同样体现了吴氏宗族通过傩仪在家族/宗族记忆中的重构以维持吴氏宗族乡村公共话语表述权的努力意图。

吴氏宗族在重构宗族记忆中所呈现的这一努力意图与石邮村吴氏宗族威望的衰退和宗族记忆在地方公共话语权上的不断淡化有着密切的关联。在现代文化语境中，随着吴氏宗族力量的削弱，吴氏宗族记忆在地方记忆中亦不断淡出，而愈益退守成为宗族私密化的记忆。宗族记忆的私密化程度越大，就意味着宗族记忆的公共性就越小，在地方记忆重要性的占比程度也就越小，宗族在地方乡村的公共话语权亦会随之而不断被削弱，这就使得宗族的整体权威在乡村公共空间中呈现出进一步衰退的态势。这显然是吴氏宗族精英不愿接受的，因为他们的血脉传承观念要比一般的家族/宗族成员更为根深蒂固。正如20世纪80年代复兴傩仪的吴氏头人吴金煌跟笔者诉说复兴傩仪的动机时表现出的宗族观念之根深蒂固性那样："我当时任村里的大队书记，如果不能把它（傩仪）恢复起来，在群众中没有威信，更重要的是我在村里也无法做人，这个书记也不用当了。"对家族/宗族精英而言，他们需要面对不同的文化情境，对本族的社会认可、社会进入和现实处境负有责任，维护和传承宗族的记忆亦是他们作为宗族精英不可推卸的责任。

由于公共记忆的一个最基本功能就是形成认同感，将傩仪的现代发展轨迹及其承载的主流公共话语编排进宗族的记忆当中，就使得宗族记忆有可能随着傩仪被主流文化关注的凸显而进入主流文化的关注视野之中，从而在某种程度上维持宗族记忆在地方记忆中的认同地位，进而维持宗族在乡村公共空间中话语表述尤其是傩仪话语表述的权威，这反过来又会使得宗族成员更为凝聚，宗族记忆也更具有绵延性而不致衰亡。实际上，江西大多数傩乡的宗族亦在与各类他者包括身为外姓的跳傩弟子、外面的研究者、参观者、各类政府人员交往中调适自身身份的同时，积极地进行着宗族记忆的选择性重构。把傩仪所承载的各类公共话语纳入族谱的重新编撰之中便是吴氏宗族最为重要的记忆重构方式。从身份调适和记忆选择性重构的效果来看，吴氏宗族记忆也确实因为傩仪而进入主流文化的关注视野，因为"外面的人"若想要了解石邮傩仪，最有可能接触到也可能是最为理想的信息知情人无疑就是在乡村公共话语中将当地傩仪当作祖先遗产并不断加以维护的吴氏宗族成员尤其是精英分子，譬如笔者上面所提及的吴氏头人吴金煌等。而且吴氏宗族记忆亦会因为傩仪进入傩文化或艺术研究的视域，成为包括笔者在内的傩文化研究者不能绕开的一个研究对象。一些具有明确宗族记忆标识的公共建筑如祠堂、牌坊等亦随着地方对于傩仪的开发和研究而进入乡村公共话语和诸如文物保护之类的官方话语建构之中。在这里，吴氏宗族记忆反而不仅因为傩仪的公共性具有了地方文化的公共性，也在文化开发和文化研究的意义上具有了转向主流文化的公共性。这就正如吴氏族谱中所表达的那样，"我石邮因傩走向了世界，世界亦因傩认知了石邮"（《石邮傩俗记》）。由此，傩仪重建及其携带的主流公共话语在某种程度上成为宗族记忆得以传递并获得其文化公共性特征的一个媒介。

此外，将主流公共话语有选择性地纳入地方记忆选择性建构之中还表现在，地方性傩仪活动包括傩仪表演的重要场合大量征用并且有意识地放大了国家或各级文化部门赋予傩仪的各类身份符号，这使得村落公共空间成为彰显民族国家话语、重构地方记忆的场域。在笔者田野调查过的几个乡村，国家赋予傩仪或傩艺人的各类身份符号似乎无一例外地占据了傩仪活动的重要空间——傩庙。笔者看到的乡村傩庙，无论大小，都在醒目的位置上挂上了各级政府或文化部门颁发的各类证书、奖状或者合法性认可证书，如图 4.7 所示，从上到下依次展示的是石邮村傩庙悬挂的"傩舞之乡"（江西省舞蹈家协会颁发）、小槐村傩庙悬挂的"江西省文物保护单位"（江西省人民政府颁发）、庙前村傩庙悬挂的"优秀表演奖"（中共南丰县委、南丰县人民政府颁发）。

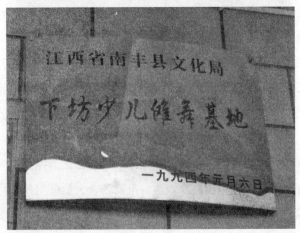

图 4.7-1、4.7-2、4.7-3
各傩庙内所悬挂的牌匾（笔者摄于 2008 年 12 月）

　　在傩庙内外醒目的廊柱上，也粘贴着歌颂政府功德的鲜红对联，如石邮村傩庙内柱上的对联"迎新舞傩呈祥诸般瑞色必然有，爱国神圣职责公民不可无"，池溪村沙桥傩庙内有诸如"拜佛当思国前程，求神应尽我心愿""政策放宽沙桥傩神上银幕，跳魁舞乐拍成电视映中华""沙桥傩神省地展览居前列，报道是龙果然获得荣誉归"等等各色对联。这些牌匾和对联都直接明了地表征了傩仪的民族国家身份。这就意味着，在地方记忆之乡村公共话语的选择性重构中，由于国家及各级政府所赋予傩仪的公共身份版本（当然这些公共身份版本是以傩仪为民族国家的文化遗产或传统文化为核心指向的）及其意义不断地激发了当地乡民的民族国家身份意识，这种民族国家的身份意识虽然不能成为他们日常生活中的惯常身份意识，但是却在村落公共空间中以其醒目的标识不断提醒着乡民民族国家及其权力的在场，使得他们能够自觉地将傩仪的民族文化性质当成地方文化的一种共享品质而引以为自豪，并予以宣传。傩仪之民族国家的话语表述也自然而然地成为地方记忆之乡村公共话语建构的一个组成部分。

　　由此，我们可以看到，在江西大多数傩乡，虽然当地政府和主流文化以程度不等的关注方式介入当地的傩仪活动之中，并在很大程度上成为傩仪重建行为和傩仪公共话语表述的主体，但是由于傩仪活动的具体管理和组织在很大程度上仍然由当地的家族/宗族来操办，这就使得地方的家族/宗族能够以自己认为是恰适的方式调适自己的身份，并选择对于维护家族/宗族记忆有效的地方记忆来进行家族/宗族记忆的重构，使得这种家族/宗族记忆总是在争取与主流话语的主导方向保持一致的情况下而得以维系，也使得家族/宗族在乡村公共话语中能够适时地表现出自身的血缘归属感和历史感。

综上所述，我们可以看到，在江西传统的傩乡，地方记忆之"地方"与"记忆"的内涵具有相互生成性、相互规约性。"地方"存储、延续了"记忆"，"记忆"塑造、凝聚了"地方"。不被记忆所覆盖的"地方"，在文化意义上等于不存在；不被地方所容纳的"记忆"，只能被遗忘。

在朝着现代社会开放的乡村，地方记忆因为身份调适之后的选择性重构而发生了内涵的变异。原本由两个内涵上具有同质性的"地方""记忆"组成的"地方记忆"被分割成两个在所指上各具独立性的概念。"地方"成为"记忆"的一个修饰语，两者之间的匹配因而也发生了某种程度的偏移甚至错位，"地方记忆"的概念成为一种具有不确定性意味的话语修辞方式。在江西傩乡，无论是对不断走进乡村的外来他者，还是对不断走出乡村的傩艺人，地方记忆之"地方"实际上成为跳傩仪式承载之记忆、传统创造与再创造的"场"。地方傩仪或者被纳入围绕着地方文化利益展开的争夺之中，或者被纳入"地方"概念背后预设之"非地方"——民族主义和民族身份认同——的文化语境之中，着意凸显傩仪、傩艺人的民族文化身份。由此，具有地方特殊性的傩仪在被重构和公共化为傩舞、傩戏等民族民间文化或艺术之后，呈现出趋于抽象化、普泛化的样态。具体而言，傩仪的地方特殊性就体现为某一特定历史时空意义上的地方傩仪及其记忆对于当地村民生活的意义及原有地方文化的传承意义。因此，地方记忆是经由当地真实的生活及其经验而被感知并塑造的，而现代话语表述中的傩仪及其所依托的地方记忆在很大程度上脱离了具体生活形态，通过某种往往是被夸大的类似于宗族之联宗行为所体现的模拟血缘关系来暗示其与过去的某种连续性，且这里的"过去"显然不再是地方傩仪原本所承载之地方记忆中的"过去"，而是涉及民族文化记忆中的"过去"，是与某一个共同之神话祖先所象征的"过去"。由此，地方记忆呈现为一种时空延展之后的具有想象性特征的"地方"和"记忆"。

从这个意义上来说，地方记忆之"地方"也脱离了其原有的文化意味而成为"记忆"的修辞。"地方"的内涵不再是单一的，而是超越了它原有的地域时空的限制，成为一个开放性的，因而也具有不确定性的概念，其具体内涵取决于不同情境中记忆的表述主体及表述意图。由于"地方"被放大并被置入不同的参照体系之中，乡村傩仪承载的地方记忆就不再固着于某一特定时空意义之内的、作为过程的当地文化生活之上，而是一个漂浮的指涉某一文化生活事项的抽象符号，投射出一个更大的、作为他者意象呈现的话语表述情境。因此，"地方记忆"就具有了多义性和不确定性的特征。

　　本书以新式艺术人类学的理念、方法和立场探究了从传统到现代的社会大转型过程中江西傩艺人身份的变异以及身份与地方记忆在变异中的互动关联。江西傩艺人的身份内涵是由傩仪所属社会群体的地方记忆来界定的，身份是地方记忆的具体化形态。在以地方记忆分布为单位的基础上，傩仪承载的地方记忆实质上就是家族/宗族记忆、村落公共空间记忆和族群记忆的分布。傩艺人身份的变异导致了各类型身份所对应之地方记忆的生产与再生产。傩艺人身份的变异不仅投射出傩艺人原有身份在地方记忆分布上发生的变化，而且在很大程度上影响了地方记忆结构的平衡，促使了地方记忆的选择性重建。

　　作为地方记忆的具体化形态，身份承载、维系和传承着地方记忆，但是这并不表明傩艺人的身份与地方记忆之间存在着某种牢固不变的匹配性。一方面，傩艺人身份中家族/宗族身份、地缘身份和族群身份这三个层面在不同的傩仪展演情境中占比程度是不同的，身份受情境的制约程度更大，地方记忆却具有强韧的历史绵延性，受情境的制约程度更小。这就造成了不同历史时期不同傩仪展演情境中傩艺人身份与身份对应之地方记忆的匹配关系并非总是处于一一对应的状态。另一方面，在不同历史情境中，地方记忆对江西傩艺人身份的约定程度不同，江西傩艺人的身份不仅能够被地方记忆约定，也能超越这种约定性，呈现出身份自身非约定性的一面。身份与地方记忆的匹配程度由此也会发生变化。地方记忆与傩艺人身份之间的匹配性在很大程度上不仅取决于地方记忆框架的稳固程度，还取决于傩艺人身份被表述、被认同的方式以及作为身份认同主体的傩艺人所处的特定文化情境与特定傩仪展演情境。因此，在不同的历史时期以及在同一时期的不同跳傩展演情境中，傩艺人所被赋予的以及傩艺人自己体认到的行为情境中占核心位置的身份，无论它们是家族/宗族身份、地缘身份、族群身份抑或是被赋予的某个新的身份，其与记忆内涵中客观存在的家族/宗族性、地缘性或族群性都不是始终相互契合、一一对应的，甚至存在着不同程度的分歧。

因此，江西傩艺人的身份与地方记忆的匹配关系始终处于一个历史变化的过程之中，傩艺人身份与地方记忆的匹配程度也随之出现不同的变化，在不同的历史情境甚至在不同的跳傩展演情境中，地方记忆对于傩艺人身份的约定性和非约定性之程度也并不相同。

一般来说，在传统的江西乡村社会，地方记忆对傩艺人身份具有很强的规约性，地方记忆与傩艺人身份具有很高的匹配程度，两者之间的匹配关系总是趋于一一对应。地方家族/宗族能够有效地规约常态的生活方式和人际交往，使得地方上的社会结构和人们的日常生活方式、社会交往模式处于稳定甚至是趋于某种程式化的状态之中，由过去的经验和知识所形成的地方记忆框架也被确保是稳固有效的，能够在这一特定的历史时段中指导人们的日常生活。家族/宗族往往还借助于信仰仪式的重复性操演来规约人们的现实生活。由于仪式模仿了社会结构和宇宙论上的结构[1]，因此，跳傩仪式的重复性操演实质上便成为地方记忆的具象化形态，以此

---

[1] 桑迪：《神圣的饥饿——作为文化系统的食人俗》，郑元者译，中央编译出版社，2004年，第50页。

来复现乡村历史并规约现实生活。

在稳固的地方记忆框架之中，傩艺人和村民信仰者在由仪式所规约的社会互动框架内能够安然于自己的角色扮演，辨识自我与他人的同一性和差异性，形成对自我身份连续性的体验和认知。因此，傩艺人的家族/宗族身份内涵与地方记忆中的家族/宗族文化记忆内涵形成一种高度匹配的关系，这种占比程度极高的匹配关系也使得傩艺人的地缘身份与族群身份处于与村落公共空间记忆和族群记忆高度匹配的关系之中。地方记忆对于江西傩艺人身份的约定确保了以家族/宗族文化为核心的地方记忆能够在傩艺人身份的实践中保持历史的延续性。

因此，虽然在江西傩乡各地，由特定的地方文化所形成的地方记忆各不相同，具有明显的地域文化特征，使得各地傩艺人身份内涵的具体内容并不相同，但是各地傩艺人身份的内涵从本质上讲都是当地地方记忆的一种具体化形态，身份的功能亦都围绕着承载并传承当地的地方记忆这一核心功能而展开。地方记忆对身份的规约决定了傩艺人的身份与地方记忆之间无论是在内涵上还是功能上都是高度匹配的。

当然，即便是在传统的乡村社会，随着人们生活方式的变迁、乡村家族/宗族势力格局的变化和乡村文化自身的发展变化，地方记忆的内容也会发生着程度不等的调整，一些记忆会被人们选择性遗忘，而新的记忆或某些旧的东西亦会被纳入地方记忆之中。但只要地方记忆的内核和实质性内涵并没有发生本质的改变，且傩神信仰和跳傩仪式仍然是地方记忆的主要承载方式，那么傩艺人身份的内涵和功能就不会发生本质的变化。身份与地方记忆之间依然存在着占比程度极高的匹配性。

然而，当乡村传统的社会结构发生根本的变化，乡村传统的价值观念受到主流文化冲击，村民的认知认同方式也一再受到解构时，地方记忆的传统框架亦会发生动荡、摇摆甚至坍塌，对傩艺人身份的约定也会逐渐解除，失去效应，使得傩艺人身份能够超越地方记忆的约定而呈现出身份之于记忆非约定性的一面。地方记忆对身份的非约定性不仅表现在傩艺人原有的身份内涵与地方记忆的内涵在各个层面上的匹配程度发生了改变，更表现在新的身份内涵不断地被嵌入傩艺人对于自身身份的体认之中，并因其所携带的主流文化价值和所带来的实际利益而程度不等地被他们及其他村民认同，这就进一步破坏了身份原有内涵与地方记忆内涵的匹配关系，促使了身份的调适和地方记忆的选择性重构。傩艺人身份与地方记忆的匹配具体表现为如下变化。

第一，江西傩艺人家族/宗族身份与家族/宗族记忆之间的匹配性发生了较大的变化。江西傩艺人身份内涵中虽然留存着家族/宗族记忆，但是家族/宗族记忆在很大程度上不再是傩艺人身份承载的核心，且身份传承、维护家族/宗族记忆的功能也发生了变异。地方上的跳傩仪式越来越疏离于当地家族/宗族文化的依附，而开始向着主流文化的价值观靠拢，傩艺人身份中的家族/宗族身份意识不断淡化，个体身份意识则逐渐得到增强。与此同时，全球化所引起的民族身份认同危机使得包括江西傩仪在内的大多数中国民族民间艺术都被赋予了承载并体现民族文化身份的历史重任。因此，傩艺人身份承载的地方家族/宗族记忆不再被置于地方记忆的核心，甚至被有意识地挤压到了地方记忆的边缘。家族/宗族对于地方记忆的表述权威亦由此而不断被削弱。

与此同时，江西傩乡的各地家族/宗族为了能够传承记忆并适应文化的变迁，不仅主动调适自己的身份，还积极转换家族/宗族记忆的表述方式，重构家族/宗族文化记忆。由于各地家族/宗族适应社会变迁的方式并不相同，其适应能力以及对于地方记忆的支配或书写程度也不相同。各地家族/宗族对于傩艺人身份内涵的表述权力和表述方式不同，使得各地傩艺人对家族/宗族身份重新体验的程度也不同。这就意味着，傩艺人家族/宗族身份对于地方家族/宗族记忆的文化功能不再只限于传统乡村中身份传承和维护地方记忆的单一功能，而是呈现出功能上的多样性差异。有些傩乡的傩艺人不断尝试着摆脱家族/宗族记忆的约束，对于这些傩艺人来说，那些原本被边缘化的非地方性认同的记忆往往成为他们更容易接纳主流文化价值，疏离家族/宗族依附，增强个人身份意识而淡化家族/宗族身份意识的一个因素。在这里，身份不仅有可能不再维护家族/宗族记忆，还有可能起到破坏、颠覆记忆的作用。在某些傩乡，因为地方傩仪管理由家族/宗族式管理转变为联村式委员会管理或股份制管理，身份中的家族/宗族记忆不再成为傩艺人身份体验的主导性要素，而被傩艺人有意识地忽视，或者被他们想象、再创造为某种民族记忆。当然在那些宗族势力依然强大的傩乡，如万载县池溪村，傩艺人身份承载的宗族文化记忆不仅没有被淡化，反而由于当地宗族对记忆的选择性重构而以一种更为隐秘、更具弹性的方式留存下来。在这里，虽然家族/宗族身份与地方记忆的匹配关系表面上发生了断裂，但是身份与宗族记忆的匹配程度却反而因为记忆的重构而得到了增强。

由此我们可以看到，不同情境中身份作用于地方记忆的功能有着非常显著的地域性差异，身份对记忆诸如破坏、颠覆、创造、隐秘性维护的功能多样性也无法被我们忽略。从这个意义上来说，傩艺人身份与其所承载的家族/宗族记忆不再是一一对应的关系，傩艺人身份对当地家族/宗族记忆的文化功能亦呈现出多样化的方式，而且各地家族/宗族记忆的调适也使得傩艺人身份与家族/宗族记忆之间的匹配程度呈现出较为明显的差异性。

第二，地缘关系的拓展增强了江西傩艺人的地缘身份意识，但是这一增强的地缘身份内涵并非是以传统的地缘关系及原有村落公共空间的记忆为核心而获得的。随着跳傩活动方式分化为跳傩仪式活动和跳傩表演活动，跳傩活动构建的地缘关系不断地呈现出梯级上升式的拓展。与此同时，在围绕着跳傩活动"走出""走进"的过程中，傩艺人和村民不断与外面的他者相遇，村落公共空间的公共性因为跳傩活动作为传统文化的共享品质也不断得以向外拓展。一些关于当地傩仪的主流公共话语被纳入村落公共空间记忆的建构之中，围绕傩仪重建的相关叙事正成为村落公共空间记忆关注的焦点。傩仪空间的公共性亦不断增强，它不再被局限于原有的乡村地理空间，而是呈现出类似于石邮村—抚州—江西—中国—世界一般逐级向上、向外扩张的趋势。不断拓展的地缘关系改变了以往传统家族/宗族关系在村落空间的投射和延伸的方式，而逐渐成为乡村社会结构中的主导关系，是村民、傩艺人和外来他者三者之间复杂关系的呈现。傩艺人的地缘身份意识也往往越过传统的家族/宗族身份意识，而成为他们身份意识的核心。

由于地缘关系的拓展，地缘身份的内涵亦发生了变异。它不再以村落传统公共空间形成的记忆为核心，傩艺人和村民之间以成员同一性为主导性身份标识的"小我"与"大我"之间的关系也发生了转变，逐渐转变为各类他者与傩艺人之间"我"与"他/他们"之间的关系。以跳傩连接的地缘关系成了主要关涉于地方文化资源争夺以及傩艺人地缘身份再生产的手段。傩艺人原有地缘身份所承载的村落空间记忆也因各类文化他者的闯入而变得更具有异质性，村落空间记忆的内涵反而因为地缘身份对地方记忆的超越而得到了丰富。

第三，从傩艺人的族群身份来看，在民族民俗文化展演情境中呈现出来的傩艺人族群身份与其应该承载的汉族族群记忆之间的匹配是不对称的。在传统的傩乡，傩艺人的族群身份意识和族群记忆总是以一种不证自明的潜意识之形式处于身份意识结构和地方记忆结构的底层，因此族群身份与族群记忆的匹配性亦成为某种不证自明的东西而得以存在。当傩艺人不断参与到各类民族民俗文化表演情境中，情境对于民间文化族群性差异的强调会唤醒潜隐在他们身份意识中的族群身份意识，但是这重被唤醒的族群身份意识并不是以其相对应的汉族族群身份意识呈现出来的，而是因为情境的文化整合、身份整合功能的强调，跨越了族群身份的层次，直接进入了民族国家身份的意识层面。这样，傩艺人的族群身份不仅成为特定情境中占比程度具有压倒性的身份意识，而且被唤醒的族群身份与族群记忆之间亦发生了内涵匹配的不对称：傩艺人呈现出来的族群身份实际上是民族国家身份，其承载的记忆也是以中华民族的传统文化记忆为核心的，而不是真正意义上的汉族族群记忆。

第四，当出现傩仪、傩艺人身份与地方记忆之间匹配程度比较低、匹配部分错位甚至不再匹配的情境时，身份在此情境中就具有了对地方记忆的超越性。也就是说，身份在某种程度上可以超越地方记忆的规约而被重新纳入身份的认知甚至是有意识的建构之中，从而呈现出其非约定性的一面。我们也可以说，当身份呈现出超越地方记忆的约定并由身份主体进行调适时，身份就为地方记忆的重构或者创造提供了一个契机，或者说身份被赋予的新的内涵就可能成为地方记忆被重构或被创造的诱因。

第五，无论是身份、地方记忆还是两者之间的匹配，都具有鲜明的情境性。江西傩艺人身份的生成具有历史的情境性，身份的实践和体验是在实际的傩仪展开过程中——而不是在某个固化了的理念世界之中——发生的，傩艺人对身份的认知亦是在日常生活的感性理解中——而不是在身份的反思中——达成的。他们的身份确证和身份认同离不开这种情境性，受到情境的约定。因为身份的变异而发生的地方记忆重构也是依据特定的情境做出的选择性行为。身份与地方记忆的匹配关系、匹配程度亦皆取决于特定的观念情境和实践情境。而且，虽然身份、地方记忆以及两者之间的匹配都处于变异之中，但是这种变异并非是自断根脉式的，身份和记忆的回溯之根和重构之本仍深深地扎根于文化情境或文化传统之中。

中文文献

1. 汉娜·阿伦特:《人的条件》,竺乾威等译,上海人民出版社,1999年。

2. 汉娜·阿伦特:《公共领域和私人领域》,载汪晖、陈燕谷主编《文化与公共性》,生活·读书·新知三联书店,2005年。

3. 诺贝特·埃利亚斯:《个体的社会》,翟三江、陆兴华译,译林出版社,2003年。

4. 本尼迪克特·安德森:《想象的共同体——民族主义的起源与散步》,吴睿人译,上海人民出版社,2003年。

5. 玛格丽特·奥琳:《"凝视"通论》,曾胜译,《新美术》2006年第2期。

6. 奈杰尔·巴利:《天真的人类学家:小泥屋笔记》,何颖怡译,上海人民出版社,2003年。

7. 罗兰·巴特:《明室:摄影纵横谈》,赵克非译,文化艺术出版社,2003年。

8. P. 布尔迪厄、L. 华康德:《实践与反思:反思社会学导引》,李猛、李康译,中央编译出版社,1998年。

9. P. 布尔迪厄、J. C. 帕斯隆:《再生产——一种教育系统理论的要点》,刑克超译,商务印书馆,2002年。

10. 包亚明主编:《后现代性与地理学的政治》,上海教育出版社,2001年。

11. 北京市艺术研究所、上海艺术研究所组织编:《中国京剧史》中卷·上,中国戏剧出版社,2005年。

12. 彼得·布鲁克:《空的空间》,中国戏剧出版社,1988年。

13. 蔡社宝、周关主编:《赣傩》,江西教育出版社,2007年。

14. 常建华:《宗族与农村基层社会控制的历史和现实——考察宋以来江西宗族的发展》,载肖唐镖、史天健主编《当代中国农村宗族与乡村治理:跨学科的研究与对话》,西北大学出版社,2002年。

15. 常建华:《20世纪的中国宗族研究》,《历史研究》1999年第5期。

16. 常建华:《明代宗族研究》,上海人民出版社,2005年。

17. 陈多:《古傩略考》,《戏剧艺术》1989年第3期。

18. 陈建宪：《神祇与英雄：中国古代神话的母题》，生活·读书·新知三联书店，1994年。

19. 陈来：《古代宗教与伦理：儒家思想的根源》，生活·读书·新知三联书店，1996年。

20. 陈连开：《民族研究新发展的良好开端——1990年民族研究国际学术讨论会纪闻与体会》，《西北民族研究》1990年第2期。

21. 陈梦家：《商代的神话与巫术》，《燕京学报》第20期，1936年。

22. 陈梦家：《殷墟卜辞综述》，中华书局，1988年。

23. 陈孟麟：《从类概念的发生发展看中国古代逻辑思想的萌芽和逻辑科学的建立》，《中国社会科学》1985年第4期。

24. 陈三青：《成年的礼俗二：少数民族的成年礼》，载王秋桂等编《神话、信仰与仪式》，稻香出版社，1996年。

25. 陈彤、刘春撰文，晋永权摄影：《最后的汉族》，中央编译出版社，2001年。

26. 陈圣燕：《50年来江西傩研究述评》，载白庚胜等主编《追根问傩：国际傩文化学术研讨会论文集》，江西人民出版社，2007年。

27. 陈跃红、徐新建、钱荫榆编：《中国傩文化》，中央编译出版社，2008年。

28. 程砚秋：《程砚秋戏剧文集》，文化艺术出版社，2003年。

29. "当代中国"丛书编辑委员会编：《当代中国的江西》，当代中国出版社，1991年。

30. 《德江傩堂戏》资料采编组编：《德江傩堂戏》，贵州民族出版社，1993年。

31. 诺曼·K. 邓金：《解释性交往行动主义》（第2版），周勇译，重庆大学出版社，2004年。

32. 邓启耀：《访灵札记》，上海文艺出版社，2000年。

33. 狄学耕等修，黄昌蕃等纂：《都昌县志》，清同治十一年刊本，成文出版社，1989年影印本。

34. 《第欧根尼》中文精选版编辑委员会编选：《文化认同性的变形》，商务印书馆，2008年。

35. 丁山：《中国古代宗教与神话考》，上海文艺出版社，1988年。

36. 丁武军：《江西傩文化的旅游开发研究》，载丁武军等主编《文化与旅游》，中国文联出版社，2004年。

37. 丁耀华：《沙桥丁氏族谱》，民国二十五年修。

38. 杜赞奇：《文化、权力与国家——1900—1942年的华北农村》，江苏人民出版社，1994年。

39. 范文澜、蔡美彪等：《中国通史》第1册，人民出版社，2008年。

40. 范晔撰，李贤等注：《后汉书》，中华书局，1999年。

41. 方志远：《明代国家权力结构及运行机制》，科学出版社，2008年。

42. 费孝通：《乡土中国》，上海人民出版社，2007年。

43. 费孝通：《乡土中国 生育制度》，北京大学出版社，1998年。

44. 费孝通：《关于我国民族识别问题》，载黄光学、施联朱主编《中国的民族识别》，民族出版社，2005年。

45. 米歇尔·福柯：《性经验史》，佘碧平译，上海人民出版社，2000年。

46. 弗洛伊德：《梦的释义》，张燕云译，辽宁人民出版社，1987年。

47. 傅衣凌：《中国传统社会：多元的结构》，《中国社会经济史研究》1988年第3期。

48. 格尔兹：《文化的解释》，译林出版社，2008年。

49. 欧文·戈夫曼：《日常生活中的自我呈现》，黄爱华、冯刚译，北京大学出版社，2008年。

50. 耶日·格洛托夫斯基：《迈向质朴戏剧》，魏时译，中国戏剧出版社，1984年。

51. 菲利克斯·格罗斯：《公民与国家：民族、部族和族属身份》，王建娥、魏强译，新华出版社，2003年。

52. 葛兆光：《中国思想史》第1卷，复旦大学出版社，2001年。

53. 莫里斯·古德利尔：《礼物之谜》，王毅译，上海人民出版社，2007年。

54. 顾朴光编：《中国傩戏调查报告》，贵州人民出版社，1992年。

55. 顾朴光：《贵州傩文化研究回顾与展望》，《贵州民族学院学报（哲学社会科学版）》1998年第3期。

56. 关凯：《族群政治》，中央民族大学出版社，2007年。

57. 广西艺术研究所编：《广西傩艺术论文集》，文化艺术出版社，1990年。

58. 广田律子：《"鬼"之来路——中国的假面与祭仪》，望王汝澜、安小铁译，中华书局，2005年。

59. 郭淑云：《原始活态文化萨满教透视》，上海人民出版社，2001年。

60. J. 哈贝马斯：《交往行动理论——行动的合理性和社会合理化》，重庆出版社，1994年。

61. 莫里斯·哈布瓦赫：《论集体记忆》，毕然、郭金华译，上海人民出版社，2002年。

62. H. 哈肯：《信息与自组织》，四川出版社，1988年。

63. 简·艾伦·哈里森：《古希腊宗教的社会起源》，广西师范大学出版社，2004年。

64. 马文·哈里斯：《文化人类学》，李培茱、高地译，东方出版社，1988年。

65. 马丁·海德格尔：《世界的图像时代》，载孙周兴选编《海德格尔选集》，生活·读书·新知三联书店，1996年。

66. 海力波：《道出真我——黑衣壮的人观与认同表征》，社会科学文献出版社，2008年。

67. 海斯翠普编：《他者的历史——社会人类学与历史制作》，贾士蘅译，中国人民大学出版社，2010年。

68. 韩明德：《与神共舞——毛南族傩文化考察札记》，广西人民出版社，2006年。

69. 郝时远：《Ethnos（民族）和 Ethic group（族群）的早期含义与应用》，《民族研究》2002年第4期。

70. 郝时远：《对西方学界有关族群（ethnic group）释义的辨析》，《广西民族学院学报（哲学社会科学版）》2002年第4期。

71. 郝时远：《中文语境中的"族群"及其应用泛化的检讨》，《思想战线》2002年第5期。

72. 郝时远：《中文"民族"一词源流考辨》，《民族研究》2004年第6期。

73. 贺来：《边界意识与人的解放》，上海人民出版社，2007年。

74. 河竹登志夫：《戏剧概论》，陈秋峰、杨国华译，中国戏剧出版社，1983年。

75. 侯杰、范丽珠：《世俗与神圣——中国民众宗教意识》，天津人民出版社，2001年。

76. 侯外庐：《中国思想通史》第1卷，人民出版社，1957年。

77. 胡妙胜：《戏剧与符号》，上海文艺出版社，2008年。

78. 胡妙胜：《戏剧演出符号学引论》，中国戏剧出版社，1989年。

79. J. 胡伊青加：《人：游戏者》，成穷译，贵州人民出版社，2007年。

80. 黄光学、施联朱主编：《中国的民族识别：56个民族的来历》，民族出版社，2005年。

81. 黄泽桂：《舞蹈与族群：赫章民族舞蹈考察》，贵州人民出版社，1997年。

82. 黄宗羲：《明儒学案》（修订本）上册，沈芝盈点校，中华书局，2008年。

83. 斯图尔特·霍尔编：《表征：文化表象与意指实践》，徐亮、陆兴华译，商务印书馆，2003年。

84. 吉尔兹：《地方性知识》，王海龙、张家瑄译，中央编译出版社，2000年。

85. 伽达默尔：《哲学解释学》，夏镇平、宋建平译，上海译文出版社，1994年。

86. 菅志翔：《族群归属的自我认同与社会定义：关于保安族的一项专题研究》，民族出版社，2006年。

87. 菅志翔：《仪式和庆典中的族群身份表达——以保安族为例》，《云南民族大学学报（哲学社会科学版）》2007年第4期。

88. 姜亮夫：《傩考》，《民族》第2卷第10期，1934年10月。

89. 江西省舞蹈家协会：《关于申请建立"中国傩舞研究中心"的报告》，赣舞（2005）1号。

90. 金第修，杜邵斌撰：《万载县志》卷十一，清同治十年刊本。

91. 威尔·金里卡：《自由主义、社群与文化》，应奇、葛水林译，上海世纪出版集团，2005年。

92. 金耀基：《从传统到现代》，中国人民大学出版社，1999年。

93. 恩斯特·卡西尔：《人论》，上海译文出版社，1985年。

94. 道格拉斯·凯尔纳、斯蒂文·贝斯特：《后现代理论》，张志斌译，中央编译出版社，1999年。

95. 康保成：《傩戏艺术源流》，广东高等教育出版社，2005年。

96. 康纳顿：《社会如何记忆》，纳日碧力戈译，上海人民出版社，2000年。

97. 泰勒·考恩：《创造性破坏：全球化与文化多样性》，王志毅译，上海人民出版社，2006年。

98. 罗伯特·科恩：《戏剧》，费春芳译，上海书店出版社，2006年。

99. 约瑟夫·弗里德里希·克拉托赫维尔：《文化和认同：国际关系回归论》，金烨译，浙江人民出版社，2003年。

100. 詹姆斯·克利福德、乔治·E.马库斯编：《写文化——民族志的诗学与政治学》，高丙中等译，商务印书馆，2006年。

101. 库利：《人类本性与社会秩序》，华夏出版社，1999年。

102. 保罗·拉比诺：《摩洛哥田野作业反思》，高丙中、康敏译，商务印书馆，2008年。

103. 乔治·拉伦：《文化身份、全球化与历史》，载包亚明主编《后大都市与文化研究》，上海教育出版社，2005年。

104. 凯瑟琳·勒维：《古希腊戏剧史》，傅正明译，北京大学出版社，1988年。

105. 李德宽：《中国回族城市族群空间聚落模式及演化途径的理论分析》，载周大鸣、何星亮主编《文化多样性与当代世界》，民族出版社，2008年。

106. 李华林主编：《德江傩堂戏》，贵州民族出版社，1993年。

107. 李景铭：《民族理论与政策》，甘肃人民出版社，2008年。

108. 保罗·利科：《过去之谜》，綦甲福等译，山东大学出版社，2009年。

109. 李岚：《信仰的再创造：人类学视野中的傩》，云南人民出版社，2008年。

110. 李立：《寻找文化身份：一个嘉戎藏族村落的宗教民族志》，云南大学出版社，2007年。

111. 李陆阳：《广西傩文化探幽》，广西人民出版社，1993年。

112. 利普斯：《事物的起源》，李敏译，陕西师范大学出版社，2008年。

113. 李秋香、陈志华：《流坑村》，河北教育出版社，2003年。

114. 黎世宏：《德江傩堂戏的分类与特色》，载曲六乙、陈达新主编《傩苑：中国梵净山傩文化研讨会论文集》，中国戏剧出版社，2004年。

115. 斯蒂芬·李特约翰、凯伦·福斯：《人类传播理论》（第9版），清华大学出版社，2009年。

116. 李文主编：《国史论丛：〈当代中国史研究〉十年文选》，当代中国出版社，2004 年。

117. 李文治、江太新：《中国宗法宗族制和族田义庄》，社会科学文献出版社，2000 年。

118. 李向平：《信仰、革命与权力秩序——中国宗教社会学研究》，上海人民出版社，2006 年。

119. 李修生主编：《古本戏曲剧目提要》，文化艺术出版社，1997 年。

120. 李亚农：《西周与东周》，上海人民出版社，1956 年。

121. 李亦园：《寂寞的人类学生涯（代序）》，载乔建《漂泊中的永恒——人类学田野调查笔记》，山东画报出版社，1999 年。

122. 李亦园：《中国文化中小传统的再认识》，1994 年杭州"中国文化：20 世纪回顾与 21 世纪前瞻"研讨会论文。

123. 李远龙：《认同与互动：防城港的族群关系》，广西民族出版社，1999 年。

124. 廖奔：《中国古代剧场史》，中州古籍出版社，1997 年。

125. 克劳德·列维-斯特劳斯：《忧郁的热带》，王志明译，生活·读书·新知三联书店，2000 年。

126. 克劳德·列维-斯特劳斯：《面具的奥秘》，知寒等译，上海文艺出版社，1992 年。

127. 林河：《中国巫傩史：中华文明基因初探》，花城出版社，2001 年。

128. 林为民：《莫瑶的盘王神话传说与信仰：以粤北边阳（古连州）为研究区域》，中山大学出版社，2009 年。

129. 刘朝晖：《乡村社会的民间信仰与族群互动：来自田野的调查与思考》，《广西民族学院学报（哲学社会科学版）》2001 年第 3 期。

130. 刘恩伯、孙景琛：《桂北"跳神"》，载中国舞蹈艺术研究会编《舞蹈丛刊》第 4 辑，上海文化出版社，1957 年。

131. 刘洪辟修，李有鋆等纂：《昭萍志略》，民国二十四年刊本，成文出版社，1975 年影印本。

132. 刘厚生：《关于东方戏剧的几点认识》，载沈炜元主编《阐释戏剧·戏剧总论卷》，上海百家出版社，2008 年。

133. 刘还月：《台湾的客家族群与信仰》，常民文化事业股份有限公司，1999 年。

134. 刘凯：《藏戏及乡人傩新识》，中国戏剧出版社，1999 年。

135. 刘锡诚：《傩仪象征新解》，《民族艺术》2002 年第 1 期。

136. 刘芝凤：《戴着面具起舞——中国傩文化》，黑龙江人民出版社，2005 年。

137. 陆益龙：《乡土中国的转型与后乡土性特征的形成》，《人文杂志》2010 年第 5 期。

138. 约翰·洛克：《人类理解论》，关文运译，商务印书馆，1983 年。

139. 罗丽荣：《中国神庙剧场史》，里仁书局，2006 年。

140. 罗竹风主编：《中国社会主义时期的宗教问题》，上海社会科学院出版社，1987 年。

141. 吕光群、纪明庭：《安徽贵池傩戏调查报告》，载顾朴光等编《中国傩戏调查报告》，贵州人民出版社，1992 年。

142. 吕宗力、栾保群：《中国民间诸神》，河北教育出版社，2001 年。

143. 乔治·E. 马尔库斯、米开尔·M. 费彻尔：《作为文化批评的人类学——一个人文学科的实验时代》，王铭铭、蓝达居译，生活·读书·新知三联书店，1998 年。

144. 《马克思恩格斯选集》第 1 卷，人民出版社，2009 年。

145. 马林诺夫斯基：《文化论》，费孝通等译，中国民间文艺出版社，1987 年。

146. 马林诺夫斯基：《巫术·科学·宗教与神话》，李安宅译，中国民间文艺出版社，

1986 年。

147. 马戎编著:《民族社会学:社会学的族群关系研究》,北京大学出版社,2004 年。

148. 马书田:《中国民间诸神》,团结出版社,1997 年。

149. 克里斯蒂安·麦茨、吉尔·德勒兹等:《凝视的快感:电影文本的精神分析》,吴琼编,中国人民大学出版社,2005 年。

150. 茆耕茹:《目连资料编目概略》,财团法人施合郑民俗文化基金会,1993 年。

151. 毛礼镁:《江西古傩新探》,载白庚胜编《追根问傩:国际傩文化学术研讨会论文集》,江西人民出版社,2007 年。

152. 毛礼镁:《江西傩及目连戏:宗教民俗文化研究》,中国戏剧出版社,2004 年。

153. 毛礼镁:《江西省万载县潭阜乡池溪村汉族丁姓的"跳魈"》,财团法人施合郑民俗文化基金会,1993 年。

154. 孟慧英:《中国原始信仰研究》,中国社会科学出版社,2010 年。

155. 孟炤等修,黄祐等纂:《建昌府志》卷八,清乾隆二十四年刊本,成文出版社,1989 年影印本。

156. 乔治·H. 米德:《心灵、自我与社会》,赵月瑟译,上海译文出版社,2008 年。

157. 约斯·德·穆尔:《赛博空间的奥德赛——走向虚拟本体论与人类学》,麦永雄译,广西师范大学出版社,2007 年。

158. 南昌大学江右哲学研究中心编:《赣文化研究》(2007 年总第 14 期),江西人民出版社,2008 年。

159. 尼采:《悲剧的诞生》,周国平译,生活·读书·新知三联书店,1986 年。

160. 欧阳修、宋祁等:《新唐书》卷十六,中华书局,1986 年。

161. 庞少元、王超:《广西省柳州师公傩的文武坛法事》,财团法人施合郑民俗文化基金会,1995 年。

162. 彭兆荣:《人类学仪式的理论与实践》,民族出版社,2007 年。

163. 约瑟夫·皮柏:《节庆、休闲与文化》,黄藿译,生活·读书·新知三联书店,1991 年。

164. 詹姆斯·皮科克:《人类学透镜》,汪丽华译,北京大学出版社,2009 年。

165. 皮亚杰:《发生认识论原理》,王宪钿等译,商务印书馆,1985 年。

166. 钱茀:《傩俗史》,广西民族出版社,2000 年。

167. 钱茀:《韩国傩史:兼说中越韩日国际傩礼圈》,学苑出版社,2001 年。

168. 钱穆:《周官著作时代考》,《燕京学报》1933 年第 11 期。

169. 钱穆:《中国文化史导论》,台湾正中书局,1951 年。

170. 乔健编著:《印第安人的诵歌》,广西师范大学出版社,2004 年。

171. 邱坤良:《"中国仪式剧场之仪式剧目"研究初稿》,《民俗曲艺》第 39 期,财团法人施合郑民俗文化基金会出版,1986 年。

172. 秋浦:《鄂伦春社会的发展》,上海人民出版社,1980 年。

173. 秋浦主编:《萨满教研究》,上海人民出版社,1985 年。

174. 曲六乙、钱茀:《东方傩文化概论》,山西教育出版社,2006 年。

175. 曲六乙、钱茀:《中国傩文化通论》,台湾学生书局,2003 年。

176. 曲六乙:《中国各民族傩戏的分类、特征及其"活化石"价值》,载庹修明、顾朴光等主编《中国傩文化论文选》,贵州民族出版社,1989 年。

177. 荣格:《心理学与文学》,冯川、苏克译,生活·读书·新知三联书店,1987 年。

178. 容世诚:《戏曲人类学初探》,广西师范大学出版社,2003 年。

179. 汝信主编：《社会科学新辞典》，重庆出版社，1988年。

180. 萨赛：《戏剧美学初探》，《古典文艺理论译丛》第11辑，人民文学出版社，1966年。

181. 桑迪：《神圣的饥饿——作为文化系统的食人俗》，郑元者译，中央编译出版社，2004年。

182. 山西师范大学戏曲文物研究所编：《戏曲研究新论：祝贺黄竹三先生七十初度暨戏曲研究新思路漫谈会文集》，三晋出版社，2009年。

183. 上海师范学院编选：《欧洲哲学史原著选编》，福建人民出版社，1981年。

184. 沈福馨等编：《安顺地戏论文集》，文化艺术出版社，1990年。

185. 沈福馨、周林生编：《世界面具艺术》，人民美术出版社，1994年。

186. 盛捷：《江西省"傩舞"的介绍》，载中国舞蹈艺术研究会编《中国民间歌舞》，上海文化出版社，1957年。

187. 石邮吴氏续谱董事会编：《吴氏重修族谱》，2006年。

188. 斯特伦：《人与神：宗教生活的理解》，金泽、何其敏译，上海人民出版社，1991年。

189. 爱德华·W. 苏贾：《后现代地理学：重申批判社会理论中的空间》，商务印书馆，2004年。

190. 查尔斯·泰勒：《自我的根源：现代认同的形成》，韩震等译，译林出版社，2001年。

191. 覃光广等主编：《文化学辞典》，中央民族学院出版社，1988年。

192. 谭霈生：《戏剧艺术的特性》，上海文艺出版社，1985年。

193. 汤林森：《文化帝国主义》，冯键三译，时报文化出版公司，1994年。

194. 汤因比：《艺术的未来》，王治河译，广西师范大学出版社，2002年。

195. 陶立璠：《傩文化刍议》，载庹修明、顾朴光、潘朝霖主编《傩戏论文选》，贵州民族出版社，1987年。

196. 陶东风：《全球化、文化认同与后殖民批评》，载王宁编《全球化与文化：西方与中国》，北京大学出版社，2002年。

197. 维克多·特纳：《戏剧、场景及隐喻——人类社会的象征性行为》，刘珩、石毅译，民族出版社，2007年。

198. 田继周：《商代民族和民族关系》，载中国社会科学院民族研究所主编《中国民族史研究》，中国社会科学出版社，1987年。

199. 田仲一成：《中国的宗族与戏剧》，上海古籍出版社，1992年。

200. 田仲一成：《新加坡莆仙同乡会逢甲普度目连戏初探》，载容世诚、张学权《南洋的兴华目连戏与超度仪式》，《民俗曲艺》第92期。

201. 田仲一成：《江西傩舞参观记》，《江西画报》1994年第4期。

202. 田仲一成：《中国祭祀戏剧研究》，布和译，北京大学出版社，2008年。

203. 田仲一成：《中国戏剧史》，云贵彬、王允译，北京广播学院出版社，2003年。

204. 田仲一成：《中国的宗族与戏剧》，钱杭、任余白译，上海古籍出版社，1992年。

205. 同春芬：《转型时期中国农民的不平等待遇透析》，社会科学文献出版社，2006年。

206. 童范俨等修，陈庆龄等纂：《临川县志》，清同治九年刊本，成文出版社，1989年影印本。

207. 庹修明：《巫傩文化与仪式戏剧研究》，贵州民族出版社，2009年。

208. 庹修明：《中国傩学研究的回顾与展望》，《汉学研究通讯》22：1（总85期），2003年2月。

209. 约翰·尤瑞：《游客凝视》，杨慧等译，广西师范大学出版社，2009年。

210. 万建中：《赣傩的历史地位及文化意蕴》，载余悦等主编《江西民俗文化叙论》，光明日报出版社，1995年。

211. 王充：《论衡》卷二十五，上海人民出版社，1974年。

212. 王国维：《王国维文集》第1卷，中国文史出版社，1997年。

213. 王恒富、谢振东主编：《贵州戏剧史》，贵州人民出版社，2004年。

214. 汪晖：《汪晖自选集》，广西师范大学出版社，1997年。

215. 汪民安主编：《文化研究关键词》，江苏人民出版社，2007年。

216. 王明珂：《华夏边缘：历史记忆与族群认同》，台北市允晨文化，1997年。

217. 王明珂：《游牧者的抉择：面对汉帝国的北亚游牧部族》，广西师范大学出版社，2008年。

218. 王水根、张来芳：《先秦时期的江西傩舞》，载白庚胜编《追根问傩：国际傩文化学术研讨会论文集》，江西人民出版社，2007年。

219. 王小盾：《原始信仰和中国古神》，上海古籍出版社，1989年。

220. 王晓路等：《文化批评关键词研究》，北京大学出版社，2007年。

221. 王兆乾、吕光群编著：《中国傩文化》，汕头大学出版社，2007年。

222. 王兆乾：《谈傩戏》，《文艺月报》1953年7月号。

223. 哈拉尔德·韦尔策编：《社会记忆：历史、回忆、传承》，季斌等译，北京大学出版社，2007年。

224. 艾·威尔逊等：《论观众》，李醒等译，文化艺术出版社，1986年。

225. 格林·威尔逊：《表演艺术心理学》，李学通译，上海文艺出版社，1989年。

226. 卫鹓鸣修、郭大经撰：《万载县志》，清道光十二年刊本。

227. C. W. 沃特森：《多元文化主义》，叶兴艺译，吉林出版社，2005年。

228. 乌丙安：《神秘的萨满世界——中国原始文化根基》，生活·读书·新知三联书店，1989年。

229. 巫达：《理性选择与族群内心情感：中国四川尔苏人族群认同的个案研究》，《台湾人类学刊》2006年第1期。

230. 凯瑟琳·伍德沃德编：《认同与差异》，林文琪译，韦伯文化国际出版社有限公司，2006年。

231. 吴尔泰：《民俗民艺论丛》，中华文化出版社，1993年。

232. 吴其馨修撰：《吴氏重修族谱》，清光绪十八年版。

233. 吴毅：《记述村庄的政治》，武汉人民出版社，2007年。

234. 安德鲁·西格森：《民族电影的限制想象》，李小刚译，《世界电影》2003年第1期。

235. 夏写时、陆润棠编：《比较戏剧论文集》，中国戏剧出版社，1988年。

236. 夏增民：《儒学传播与汉晋南朝文化变迁》，华中科技大学出版社，2009年。

237. 夏征农等主编：《辞海》（第6版），上海辞书出版社，2009年。

238. 萧兵：《傩蜡之风：长江流域宗教戏剧文化》，江苏人民出版社，1992年。

239. 萧嵩等：《大唐开元礼》，民族出版社，2000年。

240. 肖唐镖、史天健主编：《当代中国农村宗族与乡村治理：跨学科的研究与对话》，西北大学出版社，2002年。

241. 理查德·谢克纳：《人类表演学系列——谢克纳专辑》，孙慧柱主编，文化艺术出版社，2010年。

242. 理查德·谢克纳：《环境戏剧·空间》，《戏剧艺术》1989年第4期。

243. 林恩·休谟、简·穆拉克：《人类学家在田野》，龙菲译，上海译文出版社，2010年。

244. 许怀林主编：《江西文化》，安徽教育出版社，2004年。

245. 徐家瀛、舒孔恂等纂修：《靖安县志》，清同治九年刊本，成文出版社，1989年影印本。

246. 徐杰舜主编：《雪球——汉民族的人类学分析》，上海人民出版社，1999年。

247. 徐杰舜：《汉民族发展史》，四川民族出版社，1992年。

248. 薛曼尔：《神的由来》，上海文艺出版社，1990年。

249. 薛若琳主编：《中国巫傩面具艺术》，江西美术出版社，1996年。

250. 卡尔·亚斯贝斯：《历史的起源与目标》，华夏出版社，1989年。

251. 严嵩原修，季德甫增修：《袁州府志》卷一，明嘉靖四十年刊本，成文出版社，1989年影印本。

252. 杨慧等主编：《旅游、人类学与中国社会》，云南大学出版社，2001年。

253. 杨建华：《中华早期和合文化》，浙江人民出版社，1999年。

254. 杨美慧：《礼物、关系学与国家——中国人际关系与主体性建构》，江苏人民出版社，2009年。

255. 杨启孝编：《中国傩戏傩文化资料汇编》，财团法人施合郑民俗文化基金会，1993年。

256. 杨文炯：《互动、调适与重构：西北城市回族社区及其文化变迁研究》，民族出版社，2007年。

257. 米尔希·伊利亚德：《神秘主义、巫术与文化风尚》，光明日报出版社，1990年。

258. 于贝斯菲尔德：《戏剧符号学》，宫宝荣译，中国戏剧出版社，2003年。

259. 余大喜、刘之凡：《江西省南丰县三溪乡石邮村的跳傩》，财团法人施合郑民俗文化基金会，1996年。

260. 于建嵘主编：《中国农民问题研究资料汇编》第2卷上册，中国农业出版社，2007年。

261. 于建嵘：《人民公社的权力结构和乡村秩序》，中国人民大学复印资料《中国现代史》2002年第2期。

262. 余悦主编：《中国民俗大系·江西民俗》，甘肃人民出版社，2004年。

263. 袁珂：《中国神话传说辞典》，上海辞书出版社，1985年。

264. 曾志巩：《江西南丰傩文化》，中国戏剧出版社，2005年。

265. 丹·扎哈维：《主体性和自身性——对第一人称视角的探究》，蔡文菁译，上海译文出版社，2008年。

266. 詹鄞鑫：《神灵与祭祀——中国传统宗教综论》，江苏古籍出版社，1992年。

267. 张光直：《美术、神话与祭祀》，辽宁教育出版社，2002年。

268. 张建建：《冲傩还愿——贵州傩仪的结构、类型、意义》，贵州人民出版社，1997年。

269. 章军华：《临川傩文化》，江西高校出版社，2001年。

270. 张廷玉等撰：《明史》卷五十，中华书局，1974年。

271. 郑玄注，孔颖达疏：《礼记正义》卷三十一，《十三经注疏》整理本，北京大学出版社，2000年。

272. 郑玄注，贾公彦疏：《周礼注疏》（黄侃经文句读本），上海古籍出版社，1990年影印本。

273. 郑玄注，贾公彦疏：《周礼注疏》，《十三经注疏》整理本，北京大学出版社，2000年。

274. 郑元者：《艺术之根：艺术起源学引论》，湖南教育出版社，1998年。

275. 郑元者：《美学观礼》，中国发展出版社，2000年。

276. 郑元者：《艺术人类学与知识重构》，《文汇报·学林版》2000年2月12日。

277. 郑元者：《美学与艺术人类学论集》，沈阳出版社，2003 年。

278. 郑元者：《艺术人类学立场与美学新思维》，《中文自学指导》2003 年第 5 期。

279. 郑元者：《〈本土化的现代性追求：中国艺术人类学导论〉述要》，《文艺研究》2004 年第 4 期。

280. 郑元者：《地方性知识的迷障：音乐的中国经验及其艺术人类学价值》，《音乐艺术》2006 年第 2 期。

281. 郑元者：《艺术人类学的生成及其基本含义》，《广西民族学院学报（哲学社会科学版）》2006 年第 4 期。

282. 郑元者：《中国艺术人类学：历史、理念、事实和方法》，《杭州师范学院学报（社会科学版）》2007 年第 6 期。

283. 郑元者：《完全的艺术真理观：艺术人类学的核心理念》，《文艺研究》2007 年第 10 期。

284. 中国艺术研究院戏曲研究所编：《傩戏·中国戏曲之活化石：全国首届傩戏研讨》，黄山书社，1992 年。

285. 《中国民间故事集成·江西卷》编辑委员会编：《中国民间故事集成·江西卷》，中国 ISBN 中心，2002 年。

286. 中国民间文艺研究会上海分会、上海文艺出版社同编：《中国民间文学论文选（1949—1979）》上册，上海文艺出版社，1980 年。

287. 周大鸣、吕俊彪：《珠江流域的族群与区域文化研究》，中山大学出版社，2007 年。

288. 周华斌：《中国当代傩文化研究》，《传统文化与现代化》1997 年第 4 期。

289. 周文英等编著：《江西文化》，辽宁教育出版社，1991 年。

290. 朱炳祥：《村民自治与宗族关系研究》，武汉大学出版社，2007 年。

291. 朱炳祥：《社会人类学》，武汉大学出版社，2004 年。

292. 朱承：《治心与治世：王阳明哲学的政治向度》，上海人民出版社，2008 年。

293. 朱伟华等：《建构与生成》，广西师范大学出版社，2008 年。

294. 朱熹：《论语集注·乡党第十》，载丁宝桢等校《十三经读本》，清同治十一年山东书局刊本。

295. 诹访春雄：《中日韩民间祭祀仪礼的比较研究》，黄强、叶汉鳌译，财团法人施合郑民俗文化基金会，1997 年。

二　英文文献

1. Nilgun Aksan, Buket Kisac, Mufit Aydin, Sumeyra Demirbuken, "Symbolic Interaction Theory," *Procedia Social and Behavioral Sciences*, No. 1, 2009.

2. Richard L. Anderson, *Art in Small-Scale Societies*, New Jersey: Prentice-Hall, Inc., 1979.

3. Richard D. Ashmore, Lee Jussim and David Wilder (eds.), *Social Identity*, *Intergroup Conflict*, *and Conflict Reduction*, New York: Oxford University Press, 2001.

4. James M. Baldwin, *Dictionary of Philosophy and Psychology*, Vol 1, New York: The Macmillan Company, 1998.

5. E. Ward Barbara, "Not Merely Players: Drama, Art and Ritural in Traditional China," *Man*, *New Series*, Vol. 14, No. 1, 1979, published by Royal Anthropological Institute of Great Britain and Ireland.

6. Chris Barker, *The Sage Dictionary of Cultural Studies*, London: Sage Publications Ltd.,

2004.

7. Fredrick Barth, introduction to *Ethnic Groups and Boundaries*: *The Social Organization of Culture Difference*, ed. Fredrick Barth, Boston: Little, Brown & Company, 1969.

8. Zygmunt Bauman, "Identity: Then, Now, What For?" *Polish Sociological Review*, No. 123 , 1998.

9. Zygmunt Bauman, "From Pilgrim to Tourist-or a Short History of Identity," in *Questions of Cultural Identity*, eds. Stuart Hall and Paul Du Gay, London: Sage Publications Ltd. , 1996.

10. G. C. Bentley, "Ethnicity and Practice," *Comparative Studies in Society and History*, Vol. 29, No. 1, 1987.

11. Maurice E. F. Bloch, *How We Think They Think*: *Anthropological Approaches to Cognition*, *Memory*, *and Literacy*, Colorado and Oxford: Westview Press, 1998.

12. Edgar F. Borgatta (editor-in-chief) and Rhonda J. V. Montgomery (managing editor) , *Encyclopedia of Sociology* (2nd edition), New York: Macmillan Reference, USA, 2000.

13. Peter J. Burke, " The Self: Measurement Requirements from an Interactionist Perspective," *Social Psychology Quarterly*, Vol. 43, No. 1, 1980.

14. Peter J. Burke, "Identities and Social Structure: The 2003 Cooley-Mead Award Address," *Social Psychology Quarterly*, Vol. 67, No. 1, 2004.

15. Peter J. Burke (ed.), *Contemporary Social Psychological Theories*, California: Stanford University Press, 2006.

16. Peter J. Burke and Jan E. Stets, *Identity Theory*, New York: Oxford University Press, 2009.

17. Peter J. Burke and Judy Tully, "The Measurement of Role/Identity," *Social Forces*, Vol. 55, No. 4, 1977.

18. Abner Cohen, *Custom and Politics in Urban Africa*, London and New York: Routledge, 1969.

19. Randall Collins, *Four Sociological Traditions*, New York: Oxford University Press, 1994.

20. Charles Horton Cooley, *Human Nature and the Social Order*, New York: Scribner's, 1902.

21. Charles Horton Cooley, *Social Organization*, New York: Scribner's, 1909.

22. Jeremy Coote and Anthony Shelton (eds.), *Anthropology*, *Art and Aesthetics*, New York: Oxford University Press, 1992.

23. James E. Côté and Charles G. Levine, *Identity Formation*, *Agency*, *and Culture*: *A Social Psychological Synthesis*, Mahwah, New Jersey and London: Lawrence Erlbaum Associates, Publishers, 2002.

24. Pamela Kyle Crossley, Helen F. Siu and Donald S. Sutton (eds.), *Empire at the Margins*: *Culture*, *Ethnicity*, *and Frontier in Early Modern China*, Berkeley, Los Angeles and London: University of California Press, 2006.

25. Joseph E. Davis, "Not Dead Yet: Psychotherapy, Morality, and the Question of Identity Dissolution," in *Identity and Social Change*, ed. Joseph E. Davis, New Brunswick, New Jersey: Transaction Publishers, 2000.

26. Kenneth Dean, *Taoist Ritual and Popular Cults of Southeast China*, Princeton, New Jersey: Princeton University Press, 1993.

27. Kenneth Dean, *Lord of the Three in One: the Spread of a Cult in Southeast China*, Princeton, New Jersey: Princeton University Press, 1998.

28. Mary Douglas, *Implicit Meanings*, London and Boston: Routledge and Kegan Paul, 1975.

29. Hobsbawm Eric and Terence Ranger (eds.), *The Invention of Tradition*, Cambridge: Cambridge University Press, 1983.

30. S. Fenton, *Ethnicity*, Cambridge: Polity, 2003.

31. Clifford Geertz, *The Interpretation of Culture*, New York: Basic Books, Inc., Publishers, 1973.

32. Clifford Geertz, *Local Knowledge: Further Essays in Interpretative Anthropology*, New York: Basic Books, Inc., Publishers, 1983.

33. Clifford Geertz (ed.), *Old Societies and New States: The Quest for Modernity in Asia and Africa*, New York: The Free Press, 1963.

34. Paul Gilroy, "Diaspora and the Detours of Identity," in *Identity and Difference*, ed. Kathryn Woodward, London: Sage Publications and Open University, 1997.

35. Nanthan Glazer and Daniel Patrick Moynihan (eds.), *Ethnicity: Theory and Experience*, Cambridge, Massachusetts: Harvard University Press, 1975.

36. C. A. Gregory, *Gifts and Commodities*, London: Academic Press, 1982.

37. Maurice Halbwachs, *The Collective Memory*, trans. Francis J. Ditter and Vida Yazdi Ditter, New York: Harper and Row Publisher, 1980.

38. Stuart Hall, D. Held and T. McGrew (eds.), *The Question of Cultural Identity, Modernity and Its Future*, Maidenhead: Open University Press, 1992.

39. Stuart Hall, "Cultural Identity and Diaspora," in *Theorizing Diaspora: A Reader*, ed. Jana Evans Braziel and Anita Mannur, New Jersey: Wiley-Blackwell, 2003.

40. Evelyn Payne Hatcher, *Art as Culture: an Introduction to the Anthropology of Art* (2nd edition), Lanham: London University Press of America, 1999.

41. Michael Hechter, "Nationalism As Group Solidarity," *Ethnic and Racial Studies*, Vol. 10, 1987.

42. Michael Herzfeld, *Anthropology: Theoretical Practice in Culture and Society*, Oxford: Blackwell Publishers, 2001.

43. Michael A. Hogg, Deborah J. Terry and Katherine M. White, "A Tale Of Two Theories: A Critical Comparison of Identity Theory with Social Identity Theory," *Social Psychology Quarterly*, Vol. 58, No. 4, 1995.

44. Michael A. Hogg and Dominic Abrams, *Social Identifications: A Social Psychology of Intergroup Relations and Group Processes*, London: Routledge, 1988.

45. Michael A. Hogg and Dominic Abrams, "Towards a Single-Process Uncertainty-Reduction Model of Social Motivation in Groups," in *Group Motivation: Social Psychological Perspectives*, eds. M. A. Hogg and D. Abrams, London: Harvester Wheatsheaf, 1993.

46. David Hume, *A Treatise of Human Nature*, eds. David Fate Norton and Mary J. Norton, Oxford: Oxford University Press, 2000.

47. Lynne Hume and Jane Mulcock (eds.), *Anthropologists in the Field: Cases in Participant*

Observation, New York: Columbia University Press, 2004.

48. Harold R. Isaacs, "Basic Group Identity: The Idols of the Tribe," in *Ethnicity: Theory and Experience*, eds. Nathan Glazer and Daniel Patrick Moynihan, Cambridge, Massachusetts: Harvard University Press, 1975.

49. William James, *Psychology: The Briefer Course*, New York: Holt, 1892.

50. Richard Jenkins, *Rethinking Ethnicity: Arguments and Explorations* (2nd edition, 1st edition in 1997), London: Sage Publications Ltd. , 2008.

51. David Johnson, Andrew Nathan and Evelyn Rawski (eds.), *Popular Culture in Late Imperial China*, Berkeley: University of California Press, 1985.

52. A. F. Joshua, *Language and Ethnicity in Minority Sociolinguistic Perspective*, Clevedon, England: Multilingual Matters, Ltd. , 1989.

53. Eric Kauffman, "Liberal Ethnicity: Beyond Liberal Nationalism and Minority Right," *Ethnic and Racial Studies*, Vol. 23, No. 6, 2000.

54. Charles F. Keyes, "The Dialectics of Ethnic Change," in *Ethnic Change*, ed. Charles F. Keyes, Seattle: University of Washington Press, 1981.

55. Judson R. Landis, *Sociology: Concepts and Characteristics* (11th edition), US: Wadsworth-Thomson Learning, 2001.

56. Edmund Leach, *Political Systems of Highland Burma*, Norwich: Fletcher & Son Ltd. , 1964.

57. William A. Lessa and Evon Z. Vogt (eds.), *Reader in Comparative Religion: An Anthropological Approach*, New York and London: Harper and Row Publisher, 1979.

58. Steven Leuthold, *Indigenou Aesthetics: Native Art, Media and Identity*, Austin: University of Texas Press, 1998.

59. Charles Lindholm, *Culture and Identity: The History, Theory and Practice of Psychological Anthropology*, Oxford: Oneworld Publications, 2007.

60. John Locke, *An Essay Concerning Human Understanding*, ed. Roger Woolhouse, London and New York: Penguin, 1997.

61. John Locke, *Some Thoughts Concerning Education and of the Conduct of the Understanding*, eds. Ruth W. Grant and Nathan Tarcov, Indianapolis, IN and Cambridge, MA: Hackett Publishing, 1996.

62. D. Bruce Mackay, "Ethnicity," in *Guide to the Study of Religion*, eds. Willi Braun and T. McCutcheon, London and New York: Cassell, 2000.

63. Bronislaw Malinowski, "Culture," in *Encyclopedia of the Social Sciences*, eds. Seligman and Johnson, Macmillan Pubishing Co. , Vol IV, 1931.

64. Freya Mathews, *The Ecological Self*, London: Routledge, 1994.

65. G. McCall and J. Simmons, *Identities and Interactions* (revised edition), New York: Free Press, 1978.

66. George H. Mead, *Mind, Self and Society: from the Standpoint of a Social Behaviorist*, Chicago: University of Chicago Press, 1934.

67. Linda D. Molm, "Symbolic Interaction," in *Contemporary Social Psychological Theories*, ed. Peter J. Burke, California: Stanford University Press, 2006.

68. Glenn R. Morrow, "Review Mind, Self and Society: from the Standpoint of a Social

Behaviorist," *The Philosophical Review*, Vol. 44, No. 6, 1935.

69. Judith Nagata, "What is a Malay? Situational Selection of Ethnic Identity in a Plural Society," *American Ethnologist*, Vol. 1, No. 2, 1974.

70. Joane Nagel, "Constructing Ethnicity: Creating and Recreating Ethnic Identity and Culture," *Social Problems*, Vol. 41, No. 1, 1994.

71. Raoul Naroll, "On Ethnic Unit Classification," *Current Anthropology*, Vol. 5, No. 4, 1964.

72. Linda Nicholson, *Identity Before Identity Politics*, Cambridge: Cambridge University Press, 2008.

73. Charlotte M. Otien, *Anthropology and Art: Readings in Cross-Cultural Aesthetics*, New York: the Natural History Press, 1971.

74. Lucian W. Pye, *The Spirit of Chinese Politics*, Cambridge, Massachusetts: Harvard University Press, 1990.

75. Paul Ricoeur, *Memory, History, Forgetting*, trans. Kathleen Blamey and David Pellauer, Chicago and London: University of Chicago Press, 2004.

76. Eugeen E. Roosens, *Creating Ethnicity: The Process of Ethnogenesis*, Thousand Oaks, CA, US: Sage Publication Inc., 1989.

77. Jean-Jacques Rousseau, *The Confessions*, trans. Angela Scholar, New York: Oxford University Press, 2000.

78. Marshall Sahlins, *The Use and Abuse of Biology: an Anthropological Critique of Sociobiology*, Oxford, England: University of Michigan Press, 1976.

79. Arnd Schneider and Christopher Wright (eds.), *Contemporary Art and Anthropology*, Oxford: Berg, 2006.

80. Marvin E. Show and Philip R. Costanzo, *Theories of Social Psychology* (2nd), New York: McGrow-Hill Book Company, 1982.

81. Helen F. Siu (萧凤霞), *Agents and Victims in South China: Accomplices in Rural Revolution*, New Haven: Yale University Press, 1989.

82. J. Z. Smith, *To Take Place: Toward Theory in Ritual*, Chicago: University of Chicago Press, 1987.

83. Marian W. Smith, *The Artist in Tribal Society*, London: Routledge and Kegan Paul, Ltd., 1961.

84. Martin Sökefeld, "Debating Self, Identity, and Culture in Anthropology," *Current Anthropology*, Vol. 40, No. 4, 1999.

85. Werner Sollors, *Theories of Ethnicity: A Classical Reader*, New York: New York University Press, 1996.

86. Jan E. Stets and Peter J. Burke, "Identity Theory and Social Identity Theory," *Social Psychology Quarterly*, Vol. 63, No. 3, 2000.

87. Sheldon Stryker, "Identity Salience and Role Performance: The Importance of Symbolic Interaction Theory for Family Research," *Journal of Marriage and the Family*, Vol. 30, 1968.

88. Sheldon Stryker and Richard T. Serpe, "Commitment, Identity Salience, and Role Behavior," *Personality, Roles, and Social Behavior*, eds. W. Ickes and E. S. Knowles, New York: Springer-Verlag, 1982.

89. Henri Tajfel, "Social Psychology of Intergroup Relations," *Annual Review of Psychology*, Vol. 33, 1982.

90. Henri Tajfel and John C. Turner, "An Integrative Theory of Intergroup Conflict," in *The Social Psychology of Intergroup Relations*, eds. W. G. Austin and S. Worchel, Monterey: Brooks-Cole, 1979.

91. Charles Taylor, *Sources of the Self: The Making of the Modern Identity*, Cambridge, Massachusetts: Harvard University Press, 1989.

92. Stephen Thernstrom (ed.), *Harvard Encyclopedia of American Ethnic Groups*, Cambridge, Mass.: The Belknap Press of Harvard University Press, 1980.

93. John W. Thibaut and Harold H. Kelley, *The Social Psychology of Groups*, New York: John Wiley & Sons, 1959.

94. Peggy A. Thoits, "Multiple Identities: Examining Gender and Marital Status Differences in Distress," *American Sociological Review*, Vol. 51, No. 2, 1986.

95. John C. Turner, "Towards a Cognitive Redefinition of the Social Group," in *Social Identity and Intergroup Relations*, ed. H. Tajfel, Cambridge: Cambridge University Press, 1982.

96. John C. Turner, Michael A. Hogg, P. J. Oakes, S. D. Reicher, and M. S. Wetherell, *Rediscovering the Social Group: A Self-Categorization Theory*, Oxford: Blackwell, 1987.

97. Ralph H. Turner, "The Role and the Person," *American Journal of Sociology*, Vol. 84, 1978.

98. Victor W. Turner, *From Ritual to Theatre: the Human Seriousness of Play*, New York: Performing Arts Journal Publications, 1982.

99. Max Weber, *Economy and Society* (2nd edition), Berkeley: University of California Press, 1978.

100. C. Weeden, *Feminist Practice and Poststructuralist Theory*, London: Blackwell, 1987.

101. Mariët Westermann (ed.), *Anthropologies of Art*, Williamstown, Mass: Sterling and Francine Clark Art Institute, 2005.

102. Anne Whitehead, *Memory*, London and New York: Routledge, 2009.

103. C. J. F. Williams, *What is Identity?*, New York: Oxford University Press, 1989.

104. Andreas Wimmer, "The Making and Unmaking of Ethnic Boundaries: A Multilevel Process Theory," *American Journal of Sociology*, Vol. 113, No. 4, 2008.

105. Paul S. Wingert, *Primitive Art: Its Traditions And Styles*, New York: Oxford University Press, 1962.

106. Ellen Winner, *Invented Worlds: the Psychology of the Arts*, Cambridge, Massachusetts: Harvard University Press, 1982.

107. Kathryn Woodward (ed.), *Identity and Difference*, London: Sage Publications and Open University, 1997.

108. William Wordsworth, "Lines Written a Few Miles Above Tintern Abbey, On Revising the Banks of the Wye During a Tour, July 13, 1798," in *Lyrical Ballads* (2nd edition), eds. R. L. Brett and R. Jones, Oxford and New York: Routledge, 1991.

109. Yan Yunxiang, *The Flow of Gifts: Reciprocity and Social Network in a Chinese Village*, California: Stanford University Press, 1996.

以傩艺人的身份问题为本书的聚焦点，不仅是一个不断寻找、追问傩艺人身份和身份认同的过程，同时也是本人不断寻找自我身份认同的过程。

回首逝去的时光里走马灯似地披挂置换过的诸多身份，大抵只有五年的博士生求学身份，能够在各类身份的凡庸忙碌之中留下隽永的馨香，它时刻提醒着我：那个承载着个体人生最本质、最核心意义的自我就在这里，需要我不断地去自觉、自省地进行对象化和自我实现。用五年的时间攻读博士学位，对于通常只需要三年时间就毕业的其他学子来说，也许算是比较漫长和奢侈的。对我而言，这五年的时光所营造的求学空间却显得非常短暂而又弥足珍贵，它恰如蒙田想要拥有的那间书房，那是"完全属于我们自己的，完全自由的，旨在实现我们真正的自由，就像无妻、无子、无物、无仆那种情景"。

本书是在博士论文的基础上打磨而成的。现在呈现在读者诸君面前的这部著作，已经从博士论文的差不多五十万字精减到了现在的三十万字。在成书的修改过程中，本人把毕业之后对身份问题的一些零星思考加入了核心论证之中，凸显了身份的情境性特征。攻博期间因为写兴正浓而堆叠出的喋喋不休式的论证得到了压缩，一些不合宜或不合意的表述、思维素材、田野图片或被删减，或被修正。绪论部分把研究主题和研究方法作为专节列出，在研究主题中把前人关于傩仪、身份的研究成果名目放在了脚注之中，凸显了本书的研究主题。研究方法部分则增加了本人长期以来对人类学研究者在田野中可能遭遇的身份困境问题的思考，以本人在田野调查中的身份体验与正文中傩艺人的身份问题形成某种呼应。此外，博士论文的附录部分亦未保留。如此等等。

感谢我的导师郑元者先生。读博以来最珍贵的莫过于聆听先生的每一次教诲。无论是在公开课、博士生小课、单独面谈甚至是每一次暴风骤雨般的批评中，都能够聆听、体悟到先生对思想创见的孜孜追求和对学术清明的拳拳守护，从而使我得以窥见学术为何、人生如何的高远境界。也正因为自身拥有这样一份严苛的守护、追求以及对于学生的殷殷期待，先生对学生的要求极高，哪怕是论文中的一个小小词语，也要求我们能够恰如其分地契入写作和思考的立意之中，达到"如意"的程度。因此，虽然记忆中难免因为老师对学生"爱之深，责之切"般的严厉批评而感到痛苦，然而痛苦之后老师对我每一次思想拓进、境界提升的鼓励和进一步启发，都令我更加振奋，更加充满斗志。先生对我的每一次无情鞭策和亲切鼓励，都能促使我在痛苦的反省之中不断感悟学术，体悟人生，构筑了灵魂面向自我绽放、自我净化、进化升腾的成长阶梯。于此而言，痛苦本身就是幸福，一种莫大的、无与伦比的幸福。感谢命运让我在人生选择迷茫、困惑之际结缘先生，并有幸求学问道于门下，让我能够在不断淡化社会性身份的同时以艺术性身份进行学术写作，在进行精神探索的过程中触摸到幸福的真谛！

在为人上，先生亦给我春风化雨般的教诲，教我学会与生活淡然相处，这使我明白生活与学术并非是截然二分的不同选择，而是能够通过生活更为切近地反思人性的复杂性和多样性，培育学术中普世深切的人类关怀，亦能通过学术更为深刻地体悟人生，直至成就为一种学术人生、艺术人生。

感谢为本书的出版付出大量心血的责任编辑刁俊娅女士，没有她的尽心帮忙，拙作不会如此顺利地问世。在拙作即将问世之际，得到了上海社会科学院"创新工程"之"国际文化交流"项目的出版资助，在此特表谢忱。另外，我的硕士生导师王松林教授在我硕士毕业之后依然关注着我的成长，给予我朋友般的关怀；浙江大学历史系的陈新教授一直以来对我的业务进展表示关心并给予指点；我能够顺畅地进行田野调查，还有赖于江西师大的傅修延教授的多次帮助。在此一并感谢！在异常艰辛的田野调查中也有幸得到诸多人的帮助，除了田野采风人员和政府部门人员，还有那些默默无闻的乡民和跳傩弟子们，其中，石邮村的吴义胜和池溪村的丁钟在整个田野调查期间都热忱地陪同我到各地寻访傩艺人，甚至在我博士毕业之后还时常给我提供当地傩仪的各种信息，让我能够及时了解其发展的动态，而石邮村的傩班弟子大伯、六伯则对我的田野调查本身倍加关照，对相关受访细节表现出格外的耐心，可以说，如果没有他们默默的接纳和宽容，我无法完成一次又一次的田野考察。虽然田野时光已渐行渐远，但他们迄今让我无比感怀！

感谢我的家人，尤其是我的父母，在我求学的道路上能够支持我，不仅时刻关心着我的身体状况，更以羸弱的身体承担起照顾我儿子的责任，没有他们的分担和照顾，我不可能安于多年的时光来写作、修改自己的博士论文。其间他们所付出的艰辛和无私爱护总是让我深怀愧疚，无以为报。感谢我的妹妹一家，总是在我需要的时候帮助我分担照顾父母、孩子的责任。

虽然本书即将付梓，但是这并不意味着没有缺憾，书中可能存在的纰漏，敬请各位方家批评指正。

记得2010年当我决定主动延期时，导师郑元者先生就跟我说过，如果能够用自己的全部心血、全部智慧把论文写好，就意味着从"地狱"往"天堂"迈出了一步甚至几步。我一直都牢记这句话，并努力向往着"天堂"，奋力迈步前行。期间因为我的学术身份和工作身份的冲突而不时出现停滞不前的境况，先生一句"学术身份直奔人生的价值等级和尊严归属，只有那种承载了人类最内在的自由的学术身份才具有异乎寻常的价值和尊严"，令我醍醐灌顶，由此才真正明白学术身份、学术德性的内涵，以及摒弃凡庸需要何等自省之心、磨砺之志！谨以此书作为自己在学术志业上重新出发、不断奋进、上下求索的起点。

是为后记，以此自勉。

曾澜

2018 年 4 月 10 日

复旦书馨公寓